新编21世纪社会学系列教材

农村社会学

第二版

陆益龙 著

Rural Sociology

中国人民大学出版社
·北京·

内容简介

中国农村正经历着巨变，村庄在减少，农村人口在减少，农业在转型。为记录和更好地理解巨变中的农村，本书立足于社会学的学科视角，以中国农村社会发展经验为基础，系统回顾、记述和阐述农村从何处来、农村现状如何、农村将向何处去等农村社会学的基本问题。本书按照农村社会学的基本问题、农村社会学研究方法、村落与农村社区、农民及其社会特征、农村社会关系与网络、农村社会的组织、农业与农村经济、农村政治与乡村治理、农村的社会分层与流动、乡土文化与农村生活方式、农村社会问题及其应对、农村社会变迁与乡村振兴这一逻辑主线和知识框架，概括解释核心概念，引入并评述相关社会学经典理论，解析理论及相关研究所包含的方法，结合实际经验阐述“三农”问题和农村社会学的立场观点。

本书有两个显著特点：一是独著教材保证了内容和写作的统一性和整合度，也在教材通识性与学术性之间取得了更好的平衡；二是倡导并注重社会学的学科范式，强调学科意识和规范意识的养成。本书突出了对农村基本社会事实和农村社会学基本概念的解释，为社会学、人口学、社会工作、老年学、农林经济管理、公共管理等专业的本科生了解和理解农村提供了有益指引；本书对农村社会学研究和时势政策动态有广泛而深入的论述和解读，因而也可作为相关专业研究生的教材和“三农”实际工作的参考用书。

作者简介

陆益龙 安徽枞阳人，北京大学社会学人类学研究所社会学博士，中国人民大学社会学系博士后。现为中国人民大学社会与人口学院教授、博士生导师，教育部人文社会科学重点研究基地中国人民大学社会学理论与方法研究中心副主任，教育部新世纪优秀人才，教育部马克思主义理论研究和建设工程重点教材《农村社会学》编写课题组首席专家，有两部学术著作入选《国家哲学社会科学成果文库》。研究领域主要涉及农村社会学、法律社会学、户籍制度研究、水资源与社会研究等。已出版的学术著作有：《治水：环境社会学视角》《纠纷风险防范与和谐社会建设》《后乡土中国》《转型中国的纠纷与秩序：法社会学的经验研究》《制度、市场与中国农村发展》《农民中国：后乡土社会与新农村建设研究》《定性社会研究方法》《户籍制度：控制与社会差别》《流动产权的界定：水资源保护的社会理论》《超越户口：解读中国户籍制度》《嵌入性适应模式：韩国华侨文化与生活方式的变迁》《嵌入性政治与村落经济的变迁：安徽小岗村调查》。此外，在《中国社会科学》《北京大学学报（哲学社会科学版）》《中国人民大学学报》《社会学研究》《人口研究》《人民日报》《光明日报》等报刊发表学术论文百余篇。

第二版前言

重读自己的旧作，修订已印的文字，不只是更新信息，也不止于完善作品，重要的是进行一次学术反思。费孝通曾回忆，在重读自己的旧作《生育制度》后，有了新的体会，创作了《个人·群体·社会》一文，由此开启了学术的自省与反思。学术的反思既为“温故而知新”，也是对“敬惜字纸”文化传统的传承。我们对自己写下的文字，特别是教材，一定要有敬畏之心、崇敬之心。反思是要回过头来重读，看自己能不能看得过去，再体会读者的感受。正是本着这一精神，我欣然答应出版社提出的本书第二版修订的提议，静下心来认真地做了全面修订。

记得完成本书初稿是五年前的事，写作这本教材前前后后也花了几年，从初稿写作到现在修订，虽然时间跨度不算长，但倍感时间流逝之快、社会变化之大。一个特别明显的感受是，在本书初稿写作时，把贫困问题作为农村社会问题的重点内容，且在第一版付印前，及时增加了“精准扶贫”方面的内容，但随着 2020 年中国脱贫攻坚取得全面胜利，这些内容与现实已有明显脱离。教育需要与时俱进，向学生传播知识的教材更要跟上时代步伐，引导学生更好地把握和理解世界的变化以及变迁之道。

对中国社会学来说，农村社会学不只是一门分支学科，从某种意义上说，也是基础学科。不理解乡土中国，就难以真正理解现代中国。不了解农村，就难以看清社会从何而来，以及将向何处去。新中国成立之初，百分之九十的人生活在农村；改革开放之初，仍有百分之八十的人生活在农村；如今，仅有三分之一左右的人生活在农村。可见在大变局时代，农村的变化更大、更凸显。对农村巨变及其社会效应进行研究和认识，社会学有着义不容辞的责任。而要对农村问题有系统和深刻的认识，离不开农村社会学的理论和方法基础。

写作本教材的初衷，是为学习和研究农村社会学提供一个较为完整、较为系统的理论和方法框架，这个框架的构建一方面有社会学学科知识积淀基础，另一方面有较丰富的农村研究基础。不应将农村社会学等同于农村研究，因为不是所有的农村研究皆属农村社会学范畴。教材的要义是以教学为目的，教学不仅仅要传授知识，更要引导思想。只有独立、规范、系统、深刻地思考才能形成思想，对学科规范、理论体系和方法体系的掌握，是培养独立思考能力的基础。本教材在内容设计上，基本遵循这一理念，注重对核心概念的辨析、对理论脉络的梳理、对重要研究的呈现，以强化农村社会学的学科意识和理论自觉意识。

此次第二版修订，没有在框架结构上做出较大调整。这一是考虑到要保持教材知识内容的延续性和稳定性。尽管社会现实在不断地变化，但学科基础理论和方法需保持自己的定力。二是尽量维持本教材的特色。独著教材与团队编写教材不同，团队编写教材可能因主编意图和团队构成的改变出现教材框架结构的变化，而对独著教材而言，在没有充分理由和成熟思考的情况下，不会轻易对已有框架结构做出大幅度改变。

不过，没有进行框架结构的调整并不意味着没有实质性修订。为了此次修订，我逐字逐句地重读了全书，并认真修改了全书不够规范、不够准确、不够精练的文字表述，力争使本书在细微之处有质的提升。语言文字表达问题在学术研究中常被人们忽视，人们在强调宏大理论叙事时，却不太看重文字表述的精练和准确。事实上，对人文社会科学研究来说，文字表述和概念使用显得尤为重要，既是学术研究的基本功，也是严谨治学的重要表现。此次修订可以说在文字表述方面对全书做了一次全面“体检”，并进行了相应的改进。

在百年未有之大变局中，中国农村正经历着急速巨变，农村政策也在不断变革。为呼应农村社会快速转型的事实，此次修订的另一个重点内容是更新重要数据信息，包括增加较新近的统计数据，以更贴近当下现实。此外，根据“三农”政策调整，更新、修改相关内容，以保持与大政方针相一致。例如，对新农村建设和精准扶贫战略的叙述，从政策解读转换为历史经验记录；对乡村振兴战略的阐述和探讨，增加了中国式现代化的视角。

受能力和时间所限，此次修订仍会有疏漏、不足之处，甚或有谬误之处，还请广大读者不吝赐教。

诚挚感谢策划编辑盛杰，她为本书第二版修订做了大量协调和编校工作！在此想对我的妻子俞敏和儿子陆亮说，谢谢你们，有你们的陪伴和鼓励，我的生活和工作变得更有意义！

本教材为中国人民大学研究生精品教材建设项目和重大规划项目“农村社会学与乡村振兴的理论和实践研究”成果，得到中国人民大学2022年度“中央高校建设世界一流大学（学科）和特色发展引导专项资金”支持，在此表示感谢！

最后，谨以《道德经》中的“上善若水”命题与有志农村社会学研究的同人共勉：“居善地，心善渊，与善仁，言善信，正善治，事善能，动善时。”

陆益龙
2023年8月12日
于时雨园

前 言

这是一本农村社会学教材。我之所以要独自撰写这本教材，而不是采用通行做法去主编教材，一方面是因为自己一直以来就有这个心愿。另一方面是因为自己的学术理念，尽管“团队作战”的做法现在在学术界很流行，但我总觉得这种做法可能更适合自然科学研究，而不太适合人文社会科学研究。因为人文社会科学研究需要思想，而思想是有主体的，且每个主体的思想是不同的，所以，我个人一直认为人文社会科学的训练需要有别于自然科学，需要注重独立思考能力的培养。我独立完成这本教材的写作，一个简单的想法就是要让使用这本教材的学生能够读懂如何独立思考和研究农村社会学问题。

为师者，其天职就是“传道、授业、解惑”。我非常热爱教师这一职业，到现在已经在大学从教 31 年了。我也非常乐于“传道”，认为写教材就是教师传道的一种重要方式，虽然著述教材不被认定为科研成果，但我自己乐在其中，而且也认为这是自己的一项职责。

我的研究兴趣很广泛，从户籍制度研究到水资源保护研究，再到纠纷及其解决机制的法社会学研究以及农村社会学研究，但在“骨子”里，我最感兴趣的还是农村社会学研究，对这一领域的研究也更为自信。因为我是从农村走出来的，从小就干农民的活儿，对农村、对农民始终有一种特别的情感，也有一种独到的理解。从对安徽小岗村的个案研究，到自己尝试提出“后乡土中国”的理论，我一直关心和关注着大转型时期中国农村的变迁与发展。我也一直有将自己的这些经验、自己的理解以及自己所做的理论解释通过教科书的方式表达出来的愿望，独立撰写这本《农村社会学》教材，目的是为大学生理解中国农村提供一个新视角。

最初萌生撰写《农村社会学》教材的想法是在 2009 年，当时为了申报中央实施马克思主义理论研究和建设工程重点教材建设项目，我就认真设计了教材的提纲目录，并对教材的撰写理念进行了充分论证。很荣幸，项目评审委员会审核通过，让华中农业大学的钟涨宝教授、北京师范大学的董磊明教授和我三人作为“马工程”《农村社会学》教材编写课题组的首席专家。之后，我既参与了该教材编写工作的研讨，也实际承担了部分章节的写作。在此过程中，我也学习和积累了更多的关于撰写《农村社会学》教材的知识和经验。

2014年，当中国人民大学出版社的编辑宋义平和我商讨将我那本《定性社会研究方法》修订成教材出版时，我就跟他提出要出版自己独立撰写的《农村社会学》，他欣然答应，很快向出版社申报并顺利通过了这个选题。签订出版合同后，由于我写作进度比较缓慢，所以一直拖至今年，在潘宇社长和盛杰编辑的“鞭策”下才交稿。这一过程让我深刻体会到，独自撰写教材或许是一件“吃力不讨好”的事。

在设计和撰写这本教材时，我力图使之具有这样几方面的特色：

第一，更具社会学范式特征。农村研究有多个学科的视角，如人类学、经济学、政治学和公共管理等，农村社会学既然是社会学的分支学科，其教科书应更加注重对社会学学科的理论和方法体系的运用。所以，我在书中强调农村社会学在方法上不宜局限于定性研究，需要加强和拓展理论导向的定量研究。在研究内容上，也不宜只关注乡村治理和问题取向的研究，而要沿着社会学理论脉络不断拓展新的领域、发展新的理论。

第二，要有主导思想和理论主线。教材通常与学术著作不同，强调对基本专业知识的介绍，而忽视贯穿整个教材的思想与理论主线的重要性。但对更为专业的分支学科教学来说，不应局限于知识传授，而要更加注重独立思考和分析问题能力的训练。我在写作本书时，始终想结合自己在农村社会学方面的专题研究经验和体会，并以后乡土中国理论为主线将一些知识点串联起来，目的就是鼓励学生多做学理分析、注重经验与理论关联。

第三，框架体系更完备与合理。一本教材不可能将一门学科的所有东西都装进去，因而就需要经过选择和取舍之后形成一个框架体系。衡量这个框架体系是否完备，主要依据所纳入的内容是否涵盖了该学科的主要范畴，合理与否则要看框架的构造所遵循的理论原则。在构建本教材的框架体系时，我主要遵循由结构-变迁、功能-问题两个坐标轴构成的理论体系，以及史、论、法相结合的原则，建立起既包括农村社会学历史、理论和方法，也包括农村的社会、文化、经济和政治方面的现状、变迁与问题的体系。

当然，由于我的能力所限，书中难免有各种不足、疏漏甚至错误，也望广大读者朋友“赐之芰正，示以未知”。

在本书写作过程中，我得到了多方面的关心。首先，我要感谢我的母亲，她是地地道道的农民，却教会了我坚持和坚毅，让我这个学术道路上“孤独的长跑者”能够坚持跑下来。感谢妻子俞敏和儿子陆亮一直以来的陪伴和默默支持，他们给了我无穷的前进动力。其他亲人也为我分担了许多负担，非常感谢他们！

最后，感谢中国人民大学科学研究基金“农村社会学与乡村振兴的理论和实践研究”（批准号：18XNLG09）项目提供的资助，为我今后进一步开展农村社会学研究提供了有力支持。

陆益龙

2018 年 5 月 18 日

于时雨园

目录

第一章

农村社会学的基本问题

认识一门学科，一般从认识这门学科的基本问题开始。农村社会学这门学科的基本问题，主要包括：农村社会学研究的对象、农村社会学研究的问题、农村社会学研究的意义，以及农村社会学研究的经验基础与视野范围。

第一节　什么是农村社会学

关于农村社会学的定义，每一本教科书可能都有一种界定。然而无论何种界定，其目的都是明确农村社会学的研究对象，确定农村社会学的内涵、边界、性质，以及学科的逻辑体系。

一、农村社会学

农村社会学是社会学的一门分支学科，是专门探讨和研究农村社会构成与运行机制和规律的社会科学。通过这个定义，我们明确了农村社会学属于社会学的分支学科。作为一门分支学科，农村社会学的研究自然与普通社会学的理论和方法有着不可分割的联系。在这个意义上，农村社会学是从社会学的视角和运用社会学的方法来研究农村社会的学科。此外，就分支学科与主干学科的关系而言，分支学科的研究对象主要是为了学科分工而设定的。如果说普通社会学的研究对象是社会整体，那么农村社会学的研究对象则是社会整体的构成之一——农村社会。

农村社会学对农村社会的探讨和研究，主要分为两个方面：一是静态的结构问题，二是动态的运行问题。静态结构研究实际包含两个基本维度：一是农村社会的构成要素，也就是农村社会现象或社会事实的结构成分；二是农村社会的构成机制，亦即农村社会现象形成的基本原理。简言之，农村社会学研究静态结构主要关注和回答这样几个基本问题：农村社会的现实是什么？农村社会现象和农村社会的现实是由哪些因素构成的？农村社会的现实和问题又是怎样形成的？

在动态运行研究方面，农村社会学既要探究农村社会运行和变化的机制，即揭示农村社会是怎样运行、怎样变化的，也要探索和揭示农村社会运行及发生变化的规律。

就学科性质而言，农村社会学是一门独立的社会科学学科。所谓独立学科，是指在学科分工中形成自己的独立体系和系统理论的较为成熟的学科。独立学科不同于“混合体”学科或“剩余”学科，一门学科的发展如处于不成熟的阶段，通常会表现为各种各样不成系统、没有逻辑关联的研究或针对一些琐碎问题的研究的混合，也可能表现为关注和研究学科主流未涉及的“剩余”领域。

中国农村社会学之所以说是独立学科，是因为其发展至今已经较为成熟。社会学自传入中国，其在中国的传播和发展过程，与对农村社会的关注和研究有不可分割的关系。无论是早期学院派的杨开道、言心哲、冯和法、乔启明等，还是乡村建设学派的梁漱溟和晏阳初，以及社区学派的吴文藻、费孝通和林耀华等，都曾致力于对农村社会的研究和思考，对农村社会学的发展做出重要贡献。

改革开放后，中国社会学研究在中断 27 年后得以恢复发展。恢复重建后的社会学，有大量研究聚焦于农村社会，这对促进农村社会学学科发展起到非常关键的作用，推动农村社会学研究日臻成熟。

作为一门社会科学，农村社会学既不同于哲学和政治经济学关于农村社会的思考和论述，也不具有狭义自然科学的意义，而是注重系统地运用社会科学方法，来寻求达到更准确地认识和理解农村社会的目的。

二、农村研究

虽然农村社会学是专门研究农村的社会学分支学科，但农村社会学并不等同于农村研究，农村研究是一个更广的范畴，是一个多学科参与的研究领域。不仅有社会学、人类学的农村研究，也有经济学、政治学、历史学的农村研究，不同学科的研究不仅视角不同、关注的问题不同，研究的方式方法也有所不同。

农村社会学不等同于农村研究，两者的区别主要表现在两个方面：一是研究的问题，二是研究的方法。

在研究的问题方面，农村社会学所要考察、探讨和研究的问题并非农村的所有问题，更不是其他学科研究所剩余的问题，而是重点考察和研究农村社会方面的问题，亦即以农村社会为研究对象。当然，农村社会方面的问题并非孤立存在的，而是与农村经济、政治、文化、历史等方面密切联系。所以，农村社会学在研究农村社会时，也会经常参考和借鉴经济学、政治学、人类学和历史学等学科在农村研究方面的理论和方法。但是，作为一门独立的社会学分支学科，农村社会学会保持学科自身的核心研究问题。例如，自 20 世纪 80 年代中期以来，费孝通对江苏、浙江及河南等地农村的考察，探讨了中国较早发展起来的农村地区为何走出了一条“离土不离乡”的乡村工业化和小城镇化道路[1]。对工业化和城镇化问题的研究，并非为农村社会学所独有，费孝通从农村社会学视角来探讨这些问题，主要立足于对农村社会变迁和现实经验的考察与把握。

在研究的方法方面，农村社会学与农村研究也有较大差别。不同学科都有自己的理论和方法传统，在研究农村时，不同学科往往会遵从各自学科的主流研究范式和研究方法。农村社会学是社会学的分支学科，因而在研究农村社会时更多的是采取社会学的研究策略和方法，这一点突出地表现为农村社会学在研究方法上倾向于对农村社会进行调查研究。调查研究方法既包括对农村社会某个微观单位如村落的实地调查，又包括对农村社会更大范围的社会调查研究，也叫抽样社会调查。例如，陆学艺曾组织和推进了对农村的更广泛的社会调查，发布了诸如《中国百村调查丛书》《当代浙北乡村的社会文化变迁》等调查研究报告，呈现了一些村落的经济、文化及社会活动方面的现状和变迁历程[2]。

了解农村社会学与农村研究之间的差别，并非刻意要将两者划清界限。事实上，不同学科之间只存在研究实践的差别，而不存在客观的界限。了解农村社会学与其他学科在农村研究方面的区别，其意义在于：一方面避免将农村社会学与农村研究完全混同，另一方面有助于农村社会学研究参考和借鉴其他学科在农村研究方面的精华。

如果将农村社会学与农村研究完全混同，那么不仅会使农村社会学丢失学科的理论与方法传统，让农村社会学丧失作为社会学分支学科的学科独立性，从而不利于学科建设与学科发展，也不利于农村研究领域的繁荣。一个研究领域犹如学术花园，只有出现百家争鸣的景象，才会达到繁荣发展的境地。如果不同学科能贡献出各具特色、绚丽多彩的农村研究，农村研究的学术园地就能呈现出百花齐放的繁荣景象。

三、“三农”问题研究

农村社会学是社会学的一门独立分支学科，这一界定比较容易被人认可和接受。那么，农村社会学是什么性质的社会学分支学科呢？它究竟是基础科学性质的学科，还是应用科学性质的学科呢？

关于农村社会学学科性质的问题，早在中国社会学发展初期，乔启明便提出了农村社会学是研究农村社会问题、指导进行正确的农村社会活动的应用科学[3]。待到中国社会学恢复重建，农村社会学研究在此过程中具有重要的地位和作用。而且，农村社会学研究似乎与农业、农村和农民问题即“三农”问题研究高度统一，没有明显的区分。由此看来，社会学重建后的农村社会学基本上是偏向研究“三

① 费孝通．从实求知录．北京：北京大学出版社，1998：196-216.
② 陆学艺．内发的村庄．北京：社会科学文献出版社，2001：1-16.
③ 乔启明．中国农村社会经济学．北京：商务印书馆，1946：1-12.

农”问题及其解决途径的应用社会科学。

“三农”问题研究凸显出来，与时代背景有密切关系。在社会转型大背景下，农村社会相对于现代城市社会而言，有被边缘化的趋势。于是在现代性话语中，农村社会似乎被建构成了“问题”社会，社会科学研究更多地关注起“三农”问题。

“三农”问题研究涉及较多学科，主要有农业经济管理、政治学、公共管理以及社会学等。“三农”问题研究具有“问题”（problems）研究倾向，而不太关心理论“问题”（questions）。虽然不同学科的“三农”问题研究对实际问题加以突出并提供了一些对策，但很多应用性研究注重寻找问题，而忽视了学科理论和方法基础的积淀。

21 世纪，中国社会经济发展进入新的阶段，“三农”问题依然存在，且具有新的特征。因此，农村社会学关注和研究新形势下的“三农”问题，可以发挥学科的应用价值，为解决“三农”问题提供知识支持。但值得注意的是，农村社会学并不等同于“三农”问题研究，农村社会学也不是纯粹的应用科学，而是既包含基础性研究也包含应用性研究的综合性学科。

既然农村社会学属于综合性的、独立的社会学分支学科，那么，农村社会学就既不宜过多地强调应用性研究，也不宜过于追随时事热点问题，而忽视学科的基础性研究，轻视对学科理论和方法的探索与创新。任何一门综合性学科的建设与发展，都离不开学科基础理论和方法的积淀和不断巩固，而且一门学科的应用性研究也只有在扎实、可靠的理论与方法的基础之上推进，才真正具有应用价值。

区分农村社会学与“三农”问题研究，关系到农村社会学学科的发展方向。如果农村社会学完全坚持“问题取向”，纠缠于一些琐碎的“三农”问题及其对策研究，农村社会学就可能演变为一门应用性学科而不是一门综合性学科。过于偏重对琐碎问题的应用性研究，不仅会限制学科视野的拓展，也会导致学科发展缺乏必要的基础。

当然，农村社会学也有必要参与到“三农”问题研究之中，关注农村社会的现实问题和现实需要，这样不仅会得到社会更高程度的认可和支持，学科建设和学科发展也会具备良好的社会基础。

农村社会学对“三农”问题的研究，需要把学科自身的特点和优势展现出来，与其他学科的研究既要相互借鉴又要有所区别。在研究对象和研究问题方面，农村社会学的“三农”问题研究可以偏重对农村社会问题的考察和研究，重点探讨农村的一些社会问题的成因和有效的解决途径。在研究方法方面，可以发挥农村社会学的调查研究方法的特点和优势，充分把握农村社会问题的事实以及全面、综合的信息，用以对农村社会问题进行更加客观、全面的分析和研判。

四、村治研究

村治研究是中国政治学在农村研究领域里形成的一个流派。一些研究政治问题的学者，以村民自治现象为切入点，展开了对农村的研究。1998年，随着全国人民代表大会常务委员会通过《中华人民共和国村民委员会组织法》，村民自治制度在全国农村全面推行。围绕着村民自治选举、村民委员会在农村的实际运行，以及村民自治的实现形式等问题，村治研究开展了大量研究。例如，徐勇、项继权等人在多地农村对村民自治的运行情况及问题进行了一系列研究，这些研究将村民自治视为一种现实背景，并在此框架下去分析和解释农村的经济与社会关系①。在中共十八届三中全会提出"社会治理"的理念后，村治研究开始将研究焦点从村民自治转向了乡村治理，也就是把村治研究转变为乡村治理研究。

然而，无论是村民自治还是乡村治理，都是政治学所关心的重要问题，因而村治研究实际上是农村政治和政策问题研究，是政治学视野下的农村研究。村治研究的一个重要创新之处在于引入了社会学的经验研究策略，通过一些实地调查，掌握了更为丰富的关于农村政治的现实材料，由此拓展了政治学的研究领域，在研究方法上也有所创新。

虽然村民自治、乡村治理等问题固然重要，是农村研究的重要议题，但与此同时，不宜将村治研究泛化为农村研究或农村社会学。如果农村研究、农村社会学过于强调村治研究的重要性，甚至用之取代农村研究和农村社会学，那就难免对学科的发展产生严重的制约。因为村民自治、乡村治理只是农村的一两个方面而已，要想全面而深入地认识和理解农村及"三农"问题，还需要考察和研究农村的经济、社会、文化和历史等诸多方面的多种问题。

对农村社会学而言，研究时常会涉及村民自治、乡村治理等问题。农村社会学对这些问题的研究，需要发挥社会学学科的长处，形成自身的学科特色，而不宜效仿村治研究。

农村社会学既然是一门独立的、综合性的社会学分支学科，在学科建设和学科发展过程中，就需要有学科范式意识。所谓范式（paradigm），是指科学共同体在一定阶段所共同遵从的范例和基本原则②。学科范式是一门学科的研究和知识创造与积累所要遵从的范例和基本原则。农村社会学如果过多地去迎合时事之需要，而轻视对学科范式的遵从，急于给出解决问题的方案或对策，而忽视科学地认识问题，过于强调应用，而忽略学科的基础研究，就可能对学科发展产生消极影响。

增强学科范式意识，并非人为地强化学科之间的边界，更不是排斥跨学科研究和学科间的取长补短，而是要重视学科知识发展的延续性和逻辑连贯性。就农村社会学而言，遵从学科范式主要包括以下三个具体方面：

首先，农村社会学要处理好与主干学科社会学的关系。作为一门社会学分支学科，农村社会学既要在一定范围内传承社会学的理论与方法传统，又要逐步形成和完善自身相对独立的理论与方法体系。

---

① 徐勇，项继权．村民自治进程中的乡村关系．武汉：华中师范大学出版社，2003.

② 库恩．科学革命的结构．北京：北京大学出版社，2003：40.

其次，农村社会学要保持综合性。虽然发挥学科的应用价值固然重要，而且“三农”问题迫切需要解决，但对农村社会学学科发展来说，不宜急功近利，蜕变成“问题取向”的纯应用科学。农村社会学既要有面向现实问题的应用性研究，也要有旨在创建学科基础理论的基础性研究。只有把基础性研究和应用性研究有机统一起来，才能使农村社会学综合性学科的性质保持不变。

最后，农村社会学要构建起独立的学科体系。作为一门独立的社会科学，农村社会学需要有独立的学科体系。所谓学科体系，主要指学科研究对象和研究问题的框架体系。在这个问题上，一方面，农村社会学需要避免成为有关农村研究的“大杂烩”，避免蜕变为“剩余学科”。另一方面，农村社会学也需要避免成为“社会学的农村版”，也就是将社会学的框架照搬过来，而仅仅将研究对象变为农村而已。农村社会学需要根据历史传统和现实经验，构建起相对独立的核心议题和核心范畴。

第二节　农村社会学研究什么

作为一门独立的社会科学学科的农村社会学，究竟要研究什么样的问题呢？总体而言，农村社会学主要研究静态的农村社会结构和动态的农村社会运行两个方面的问题。那么具体来看，农村社会学研究哪些问题呢？

一、农村社会学的研究框架

回顾和总结农村社会学的历史发展，可将农村社会学所要研究的问题纳入由结构-变迁和功能-问题两个轴构成的坐标系（见图 1－1），由此也就构成了农村社会学的研究框架。

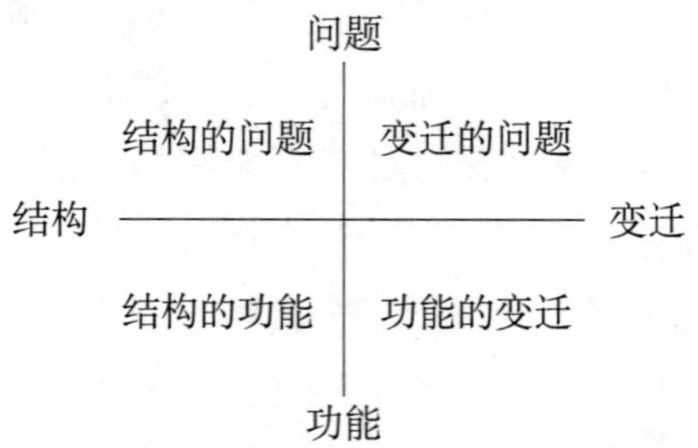

图 1－1　农村社会学研究框架示意图

在这一框架体系中，农村社会结构、农村社会变迁、农村社会功能和农村社会问题属于四个核心范畴，农村社会学的主要研究问题在这四个核心范畴之中。例如，对村落社区、农民、农村组织、农村社会关系等问题的考察和研究，皆属于农村社会结构这一核心范畴；对农村社会变迁、农村现代化、阶层分化与流动以及农村发展等问题的研究，则属于农村社会变迁的范畴；对农业经济、乡村治理、乡土文化、乡村生活方式等问题的研究，则在农村社会功能的范畴之内；对农村富民问题、养老问题、教育问题和医疗卫生问题等的探讨，则属于农村社会问题这一核心范畴。

农村社会结构、农村社会变迁、农村社会功能和农村社会问题被归纳为农村社会学的四个核心范畴，一方面是理论总结所做的一种选择，另一方面也是根据学科理论传统和逻辑脉络而做出的归纳，具有学理的基础。农村社会结构范畴是指农村社会的构成要素和构成状况，关涉到农村社会是由什么构成的以及何以构成等基本问题，对这些问题的考察和探讨，是认识和理解农村社会的基础。农村社会变迁范畴是指农村社会诸多方面的发展变化及其过程，涉及当下农村社会有哪些变迁以及如何变迁等问题，因而是认识和把握农村社会运动变化规律的重要途径。农村社会功能范畴是指农村社会的经济、政治和文化生活的状态，即农村社会运行的基本情况，这一范畴涉及农村社会方方面面的现实状况，是了解农村社会现实的窗口。农村社会问题范畴是指农村社会生活中存在和面临的种种挑战、困境和问题，它们影响着农村社会的和谐稳定、良性运行和协调发展。对农村的各种社会问题进行关注和研究，探寻有效解决问题的对策和方法，是农村社会学发挥应用价值、实现社会效益的途径，因而农村社会问题这一范畴在农村社会学中占据着重要的位置。

在由结构-变迁和功能-问题两个轴组成的坐标系的四个象限里，四个核心范畴的交叉又构成了农村社会学研究的次级范畴，主要包括：（1）农村社会变迁的问题；（2）农村社会结构的问题；（3）农村社会结构的功能；（4）农村社会功能的变迁。

在第一个次级范畴中，农村社会学所要探讨和研究的问题主要包括：农村社会变迁与现代化带来的各种影响及其应对问题、农村发展与乡村振兴所面临的困境和出路问题、农业农村现代化过程中的问题及其解决途径等。

第二个次级范畴里的研究问题主要涉及：当前农村社会的结构性问题及其解决途径、农村经济结构问题及调整策略、农民问题、农村社会秩序问题等。

在第三个次级范畴中，农村社会学主要探讨农村社会中各种构成部分的运行状况及功能表现。具体而言，研究问题通常包括：农村的经济、政治、社会与文化生活的基本形态及运行机制，农村社会中的制度、组织的功能及其作用机理，农村社区的功能与社区建设，乡土文化的功能与重建，等等。对这些问题，农村社会学可以从结构-功能的视角展开研究。

农村社会的变迁既包括结构的变迁，也包括功能的变迁。所谓农村社会功能的变迁（也即第四个次级范畴），是指农村社会的功能运转和功能机制发生的变化。例如，农村基层组织的功能、乡土礼俗文化的功能以及农业的功能会随着时间的推移而发生变迁，这种变迁不仅表现在功能形式之上，而且体现在功能的作用机制之上。在农村社会功能的变迁这一次级范畴中，农村社会学的研究问题通常涉及：农村经济的变迁及其动力，乡土文化的变迁及其产生机制，乡村治理机制的变迁及其影响因素，农村社会生活方式的变迁及其影响因素，农村社会的分化与流动，等等。

农村社会学的研究框架实际上是对农村社会学研究的一种高度概括后的产物，并不代表所有具体的研究问题和研究内容。提出一个逻辑框架，主要是为学科体系的巩固和完善提供一种参照系。在具体的农村社会学研究中，具体研究问题的提出通常与实践经验有着密切的关系，亦即问题是根据社会实践或经验事实而提出的，而对问题的分析和研究则可以参照学科研究的逻辑框架，这样才能使研究问题更加清晰、研究方向更为明确。

二、理论导向的研究问题

对一门独立的、综合性的社会科学学科来说，基础理论是学科的重要支撑。一门学科的基础理论并非抽象的、空洞的框架，而是依靠学术共同体的一个个具体研究不断积累、构成并发展起来的。对学科基础理论起到促进作用的研究属于基础性研究，在基础性研究中，研究者探讨的问题多属于理论导向的研究问题。所谓理论导向的研究问题，是指一项具体研究所提出的问题对学科基础理论发展有一定的导向性。农村社会学需要开展基础性研究，这样才能让应用研究建立在扎实、可靠的理论基础之上，应用研究的成果才会有可靠性和可用性。

农村社会学的理论导向的研究问题虽是具体的、可回答的问题（questions），但又不同于琐碎的话题或各式各样的“小问题”（problems）。也就是说，在农村社会学的基础性研究中，研究问题既要具体，与此同时又要有创建理论的目标，即问题是指向具体理论的问题，而非仅仅停留在经验层面的问题。

在某种意义上，理论导向的研究问题属于农村社会学的“大问题”，如渠敬东认为：“社会学家必须在理论和实践两方面上都勇于面对现代中国社会转型与重建过程中的大问题，即总体性问题。”[①] 农村社会学关注和研究这些“大问题”，不仅对农村社会建设和农村发展来说意义重大，而且对农村社会学学科建设与发展来说意义更为重要。

农村社会学的理论导向的研究问题，虽属于“大问题”，但并非指那些宏大的、抽象的思辨问题，而是指对农村社会学基础理论、对科学认识农村社会的意义更加重要的问题。理论导向的“大问题”是相对于琐碎的“小问题”而言的，即农村社会学的研究需要重视对问题的一般性、普遍性的认识，也就是要重视理论的创建。例如，在对农村留守儿童问题的经验研究中，如果只关注不同地区、不同村庄、不同家庭中留守儿童的各种琐碎的细节问题，而忽视从农村社会结构、功能和变迁等

① 渠敬东. 坚持结构分析和机制分析相结合的学科视角，处理现代中国社会转型中的大问题. 社会学研究，2007 (2).

视角去探究农村留守群体的一般性问题及其根源，就难以提出具有理论导向的研究问题，而只能停留在对具体现象的表象进行描述的层次之上。

在农村社会学研究中，怎样去发现和提出理论导向的研究问题呢？提出理论导向的研究问题通常需要抓住两个关键环节：理论和实践。就农村社会学的具体研究而言，发现和提出理论导向的研究问题，大体过程如下（见图1-2）：

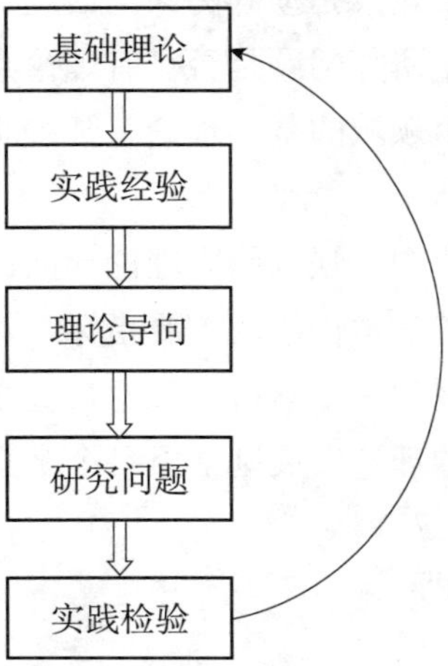

图1-2　提出理论导向的研究问题的过程

在发现和提出研究问题之前，需要有基础理论的准备。研究者要有较为扎实的理论基础。基础理论的准备重点是要学习和掌握农村社会学学科的一些基本原理或基础理论，此外还须尽可能掌握社会学以及其他相近学科的重要理论。研究者只有在掌握学科基础理论以及相近学科的重要理论和学术思想的情况下，才会有扎实的理论基础和开阔的理论视野。基础理论的准备既包括研究者平时的学习积淀，也包括针对某项具体研究计划而进行的集中准备。

农村社会学研究要提出理论导向的研究问题，还必须经过获得和掌握某些农村社会实践经验的过程。理论导向指的是研究以创建理论解释为目的，而不是指纯粹从理论演绎出问题。如果从理论到理论，那就成了纯理论的思辨。理论必须与实践经验相结合，而且要来自实践或事实，这样的理论才具有现实意义。农村社会学研究要提出理论导向的研究问题，必须深入农村社会实际，获得并掌握一定的实践经验。在学科基础理论的指导下，可以对所掌握的经验事实加以重新认识和思考。具体地说，要提出理论导向的研究问题，必须对农村社会进行一些调查，以掌握一定的经验事实。

此外，在掌握了某种农村实践经验的基础上，要提出理论导向的研究问题还要进一步聚焦理论问题，确定更加具体的理论导向。在这一过程中，所确立的理论导向是指设定更为具体的理论目的。明确研究的具体理论导向，通常是在回顾、梳理和总结学科中已有的对自己所关注问题的研究以及相关理论的基础之上，去探讨和发现推进理论发展和理论创新的空间，或探寻可以进行理论对话的对象。与此同时，要紧密结合农村社会学研究框架中的重要范畴，确定研究所要重点探讨的理论范畴。

提出理论导向的研究问题的关键步骤是，在确立研究的具体理论导向之后，需要把理论与实践的内容加以综合，在此基础上进一步提炼出有理论对话或理论创新意义的具体的研究问题。在此过程中，一方面要确保提出的问题是具体的研究问题。所谓具体的研究问题，是指通过理论的或经验的研究能够做出具体回答的问题，而不是那种泛泛而论的议题或是琐碎的谈论话题。另一方面要确保提出的问题是具有理论意义的问题。衡量研究问题是否具有理论意义，关键看针对研究问题所得出的结论是否对学科的某个领域的基础理论有某种贡献，或者说是否有自己的理论解释。

在农村社会学的研究实践中，强调研究理论导向的问题，不仅对一项具体研究有重要的意义，是衡量研究的学术价值的重要指标，对农村社会学学科建设和学科发展也有重要的促进作用，因为一个学科的理论自觉水平和理论发展是反映该学科发展程度的重要依据，学科的理论发展则依靠一个个具体研究所做出的理论贡献。

三、应用取向的研究问题

应用性是农村社会学的一个非常重要的特征，有学者甚至把农村社会学视为专门研究农村社会问题，观察和解释农村人口、经济、社会与文化，指导农村社会活动的应用科学①。农村社会学的应用性主要体现为对应用研究的强调与突出，亦即注重研究应用取向的问题。

那么，农村社会学的应用取向的研究问题主要有哪些呢？在农村社会学的应用研究方面，通常有两类研究问题：一是对策类研究问题，二是行动指导类研究问题。

问题取向的应用研究在农村社会学中一直较为流行，这一研究所关注和探讨的问题属于对策类。对策类研究问题实际上聚焦农村社会问题的成因和解决问题的对策，如在农村的婚姻家庭、人口、经济、社会与文化中有哪些问题，这些问题是怎么产生的，用什么方法或采取何种措施可以解决这些问题。

关于“三农”问题的农村社会学研究较多属于对策类的应用研究，在此类研究中，研究的目的一般直接指向农业、农民和农村社会发展过程中面临的现实问题，而且研究以寻求解决问题的方法为主要宗旨。那么，究竟哪些现象属于农村的社会问题呢？农村社会学应用研究在发现和提出研究问题之前，首先需要探寻和判断哪些现象属于农村的社会问题。

行动指导类研究问题通常是行动取向的应用研究所关注的问题，目的是更加有效地达到行动或项目的某种目标，在一些项目的农村发展部分，通常包含行动指导类研究。例如，在一些农村扶贫项目的推进和实施过程中，为更加有效地动员社会

① 乔启明．中国农村社会经济学．北京：商务印书馆，1946.

与文化资源，鼓励贫困农民积极参与并融入项目行动，常常需要通过行动研究来探寻比较理想、比较有效的项目行动策略和行动方案。

农村社会学行动指导类研究问题一般是与行动策略和行动方案相联系的问题，是针对具体的农村社会行动，通过研究，提出对行动方向的指导。那么，所要研究的问题是在具体的农村社会情境中，什么样的社会行动更加有效，什么样的社会行动策略更加可行。

农村社会学的应用研究与基础研究有一定的区别，在提出研究问题方面，应用取向的研究需要从实践经验出发，而且研究的归宿或研究目的要回归到对实践的指导。具体而言，农村社会学应用取向的研究问题的发现和提出大体遵循以下步骤（见图 1-3）：

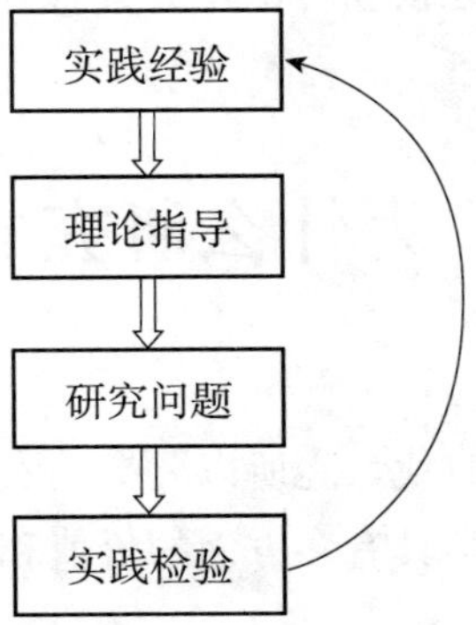

图 1-3　提出应用取向的研究问题的过程

首先，在农村社会学应用研究中，研究问题来自对农村的种种社会问题和社会行动的考察，离开对农村社会现实中的问题和行动的了解和把握，会无的放矢，无法提出有针对性的研究问题。所以，农村社会学的应用研究必须从实践经验出发，通过深入农村社会生产与生活，获得第一手的经验事实，并从研究者和观察者的角度，去敏锐地发现和判断现实中的突出问题。

其次，农村社会学应用取向的研究问题的提出需要有相关理论的指导，或结合某些理论原理。在应用研究中，理论指导的作用主要在于提供发现问题和判断问题的基本原理与基本原则。对于农村社会中的种种现象，哪些是问题，为什么是问题，对其把握和判断需要结合相关的理论。此外，理论指导会为判断行动方案的效度提供相应的参照系，因为比较不同行动方案的效度的高低，通常需要依据某种评判准则。

再次，在结合相关理论对农村社会问题和行动方案做出初步分析与判断之后，需要针对社会问题的主要方面和社会行动的方向提炼出具体的研究问题，以便展开实际研究。提出具体的研究问题的关键在于选择考察和分析农村社会问题和社会行动的切入点，一般情况下，具体的研究问题要在初步判断的基础上，抓住农村社会问题和社会行动的突出方面，即主要矛盾和矛盾的主要方面。

最后，在具体的研究问题提出以后，还需要回到实践之中开展研究，并在实践中检验解决问题的方案。对农村社会学的应用研究来说，实践检验是重要的环节。通过实践检验，一方面可以衡量和看出具体研究问题的时效性与应用价值，另一方面也能够检验研究结果的可靠性和实际效度，即检验解决农村社会问题的具体方法和行动方案是否可靠、是否有效。仅靠主观判断是不准确的，只有结合具体实际和具体实践，才能看出这些方法和方案的实际效率。

农村社会学的应用研究与基础研究有所不同，其中研究目的和导向的差别较为明显。基础研究具有理论导向，即以创建学科基础理论为研究目的。而应用研究则是应用导向的，以解决实际问题为研究目的。因此，农村社会学应用研究的具体问题最终还是要回归到服务于解决农村社会问题的实践之中。当然，如理论导向的基础研究会对农村社会建设和发展实践具有一定应用价值一样，农村社会学应用导向的研究也会对农村社会学学科建设和理论发展具有一定的贡献。

第三节　为什么研究农村社会

在百年未有之大变局的新时代，之所以要推动农村社会学研究，促进农村社会学学科发展，是因为农村社会学具有多方面的价值和意义。

一、农村社会学的记忆价值

如今，人类社会正在向现代化、城镇化方向不断前进。进入 21 世纪后，中国的现代化、城镇化在加速向前。现代化、工业化、城镇化正以强劲的力量和越来越快的速度吞噬和消灭着农村社会与文化。在这样的大背景下，保留和记录下快速变迁中的农村社会及文化，将成为一种有意义的历史记忆和社会记忆。

农村社会的变迁与向前发展的趋势是不可改变的，然而，在不断向前进的过程中，回过头来看看已经走过的路，不仅仅是为了留念和回忆过去的历史，更重要的是只有在回顾的过程中，才能通过对比发现前进过程有何种意义，以及未来的前进方向又在哪里。

农村社会学的记忆价值包含两个方面：一是农村社会学研究留下对当下农村社会的历史记忆，二是农村社会学研究所形成的理论认识将成为知识与思想的记忆。

农村社会学对当今农村社会所做的研究特别是经验研究，通过田野调查和问卷调查，获得反映当前农村社会现实状况的经验材料和数据。在快速的社会转型过程中，现在所研究的农村在经历若干年的变迁之后，可能会发生天翻地覆的变化，或许会变成城镇或大都市。这样，农村社会学所留下的记录，对于我们了解和回忆农村过去的历史，无疑是一个重要的窗口。例如，我们今天要去了解 20 世纪上半叶华北农村社会的历史状况，李景汉在定县（现为定州市）所做的社会调查以及留下的研究成果就为我们提供了丰富的信息①。所以，放眼未来，今日农村社会学之研究不仅是对当前农村社会的记录，也是为当今农村社会留下历史的记忆。

农村社会学研究不仅会留下一个时期农村社会状况的记忆，也会留下这一时期的思想记忆。因为在农村社会学的研究成果中，也包含着每个研究者对该时期农村社会的认识和理解，以及关于农村社会的思想。例如，费孝通在《江村经济》中，既详细地描述了20世纪30年代苏南一个村落的农民生活的基本情况，同时也表达了自己对农村基层社会的性质和问题的理解和态度。

不论是关于农村社会的历史记忆，还是农村社会学的思想印记，都是有意义的、富含价值的。第一，农村社会学研究中的经验资料是认识农村社会变迁过程的非常有价值的历史资料，而且这种记录材料具有比较独特的视角。第二，研究中所保留的研究者的思想与理论解释，对追溯人们关于农村社会与文化的思想轨迹具有非常重要的价值。

正是因为农村社会学所具有的记忆价值，农村社会学研究不仅要关注当下，也要从未来的角度来推进研究。或许，一些研究在当下似乎并不是热点，时效性并不很强，但是从长远来看，随着农村社会经历快速转型和巨变，这些研究的记忆价值会显现出来，成为我们回头看农村社会变迁历程的重要依据。因此，在农村发生巨变的时代，我们积累的农村社会学研究越多，所涉及的农村社会范围越大、类型越多，对若干年后回顾农村社会、认识农村社会历史的价值就会越大。

中国农村社会有着非常悠久的历史传统，农业文明与文化辉煌灿烂。如今，在现代化、城镇化和全球化大潮的冲击下，中国农村社会不仅正承受着前所未有的挑战，也迈入了一个新的变迁与发展阶段。随着中国式现代化的持续推进，工业化、城镇化吸引着越来越多的农村人走进工厂和城镇，许多农村出现空落现象甚至消失在城市扩张之中，这些现象反映出农村社会变迁的大势，具有不可逆性。但是，对中国农村社会学来说，如果能更为全面、客观、详细、生动地记录下处在巨变过程中的农村和农民的基本状况，也就保留了对这一时期中国农村社会和农业文明的记忆。这些记忆材料不仅是回顾历史、认识农村社会变迁过程的重要依据，也是人类对自身发展加以反思、对未来发展方向进行展望的凭据。

提高农村社会学的记忆价值主要有两条途径：一是加大农村社会学经验研究的力度，二是促进农村社会学研究的兼容并包。在农村社会学的经验研究中，研究者通过社会调查获得反映农村社会现实状况的经验材料，并从农村社会学视角呈现和分析这些经验材料的社会意义，对记忆和理解农村社会的历史和变迁过程具有重要价值。兼容并包的农村社会学发展局面反映出有越来越多且丰富多彩的农村社会学研究出现，这些多元的、多样的农村社会学研究不仅会贡献更多的记忆某一时期农村社会的经验材料，而且对更全面地认识和理解该时期的农村社会具有相互印证和相互参照的价值，因为不同的研究可能会提供不同的信息和不同的解释，把多种不

---

① 李景汉．定县社会概况调查．上海：世纪出版集团，上海人民出版社，2005.

同研究加以比较和综合，或许能得到更全面、更深刻的认识和理解。

二、农村社会学的文化价值

农村社会学的文化价值是指农村社会学研究及其知识对人类文化事业发展具有一定的贡献。农村社会学的文化价值包括两个方面：一方面，农村社会学关注和研究农村社会与文化，对促进农村文化的传承与发展、弘扬人类文化的多样性具有一定贡献。另一方面，农村社会学研究成果本身也是文化成果，丰富多彩的农村社会学研究作品让农村文化和思想文化变得更加丰富。

农村社会是乡土文化生长的土壤和重要载体。乡土文化不仅是一种内涵深厚、丰富的文化资源，也是文化多样性的重要体现。虽然现代化让乡土文化中的一些东西特别是工具性的东西变得过时或不适用，但这并不等于这些东西失去价值，我们更不会否定这些东西曾经具有的价值。

图 1－4 中农民利用人力和畜力进行耕作的传统耕作方式，在现代性的语境下，与现代机械化耕作方式相比较，可能被当作一种低效率的、落后的耕作方式。但这样的耕作方式是农民的实践创造，是一种农业文化。

图 1－4　甘肃农民的传统耕作方式（摄于 2001 年）

农村社会学研究需要从价值中立的立场出发，去关注农民的传统生产方式和乡土文化元素，去认识和理解乡土文化的内在逻辑与法则（grammar），这样的研究会达到引起社会关注文化多样性、重视文化传统传承与保护的客观效果。

农村社会学研究不仅可以引起人们对农村社会、文化现实和所面临问题的关注，引导人们用长远的、历史的眼光来看待现代化进程中的乡土文化，而且可以提供给研究者关于农村社会与文化的思考和理论认识，这些从科学研究和人文关怀角度探讨农村社会与文化的思想和理论，本身就是一种文化成果，一种关于农村社会的科学文化。

要想让农村社会学的文化价值真正地发挥出来，需要在进行农村社会学研究时做出相应的努力。首先，农村社会学研究在考察和探讨农村社会与文化问题时，需要注重遵循价值中立的原则，避免持现代中心主义的立场。所谓现代中心主义的立场，是指把现代性文化作为最理想、最好的文化，并以此为标准来评判其他各种文化。对乡村社会的文化，农村社会学需要将其视为客观的事实和现实的存在去加以考察、描述和解释，以增进人们对这些文化现象的理解，引导更多的人去关注，而不是简单地评判和摒弃。

其次，提升农村社会学的文化价值，还需要农村社会学研究将科学方法与人文关怀有机结合起来。农村社会学不仅是一门社会科学，一门有应用价值的学科，也是一门人文性较强的社会科学。农村社会学的人文性是由学科的研究对象决定的，因为农村社会学所研究的农村社会与文化需要用人文关怀的眼光去看待。作为一种文化成果，评判农村社会学研究成果的价值大小，主要看一项研究在科学和人文两方面所取得的成就以及所具有的意义。

最后，农村社会学注重对农村文化的研究对于提升其文化价值有重要作用。农村文化在农村社会运行和社会生活中具有整合的功能，加强对农村文化的研究，有利于更为深刻地理解农村社会是怎样组织起来的，又是如何运转的。农村社会学通过对农村文化的研究，获得丰富的知识和理论，使自身的文化内涵更加厚重，对理解农村文化、促进乡土文化传统的传承与保护会起到一定的推动作用。

三、农村社会学的现实意义

农村社会学是一门具有应用科学性质的学科，因而，学习农村社会学、开展农村社会学研究具有多方面的现实意义。

首先，农村社会之于社会和社会发展而言具有非常重要的意义。农村社会是社会系统的重要构成部分，尽管在现代化、工业化浪潮中，农村社会已经发生了巨大变迁，农村社会在当今社会中已不再占据主体地位，且出现了多种多样的新形态，但农村发展问题依然是社会发展问题的重要组成部分，依然是受到关注的社会问题之一。在许许多多发展中国家，农村社会在社会系统中仍占据重要位置。而且在现代化、全球化的冲击下，农村发展问题显得更为突出。关注和研究农村社会与农村发展问题，其意义显得格外重要。

在工业化、城镇化、现代化的大背景下，关注农村社会，研究农村社会，一个重要的现实意义在于让人们更好地认识当今农村社会的基本性质和基本问题，让人们清楚地认识这样两个问题：现在的农村社会究竟是什么样的社会？当下农村社会究竟有着什么样的基本问题？这两个问题表面看比较简单，但要真正理解则需要汇集大量的农村社会学研究，不断拓宽视野，不断深入。全面、深入和正确地认识和理解当今农村社会的性质特征，对合理、有效地推进农村发展尤为重要。关于农村社会的知识与理论积累得越多，对农村社会发展和农村建设的实践及创新越有利。

其次，在人类社会走向现代化的进程中，农民、农业和农村面临许许多多的挑战和问题，如何认识和理解这些挑战和问题，如何应对和解决这些挑战和问题，是我们应该考虑的。很显然，加强对这些挑战和问题的农村社会学研究有着重要的现实意义。尽管对这些问题有来自经济学、政治学的诸多研究，但农村社会学的研究是既不应缺位也不能缺位的。农村社会学对“三农”问题的考察和研究，能够从现实经验出发，关注农民和农村的主位观念和主体经验，为破解发展困境提供不容忽视的视角和方法。主位观念是指农民或农村社会主体的需求、观念和意愿。从主位观念的角度来认识和理解农村社会面临的挑战和问题，有助于我们更加有效地调动农村社会主体的能动性和创造性，对有效应对和解决“三农”发展中的问题具有较大的帮助。

农村社会发展问题是复杂的，既包括面临发展的问题，也包括发展带来的问题；既有个体的问题，亦有群体的问题；问题的产生既有经济的原因，又有来自政治、社会与文化等方面的因素影响，既有自然生态因素的作用，又有社会文化因素的影响。对纷繁复杂的农村社会发展问题，需要立足于实际情况，对各种问题加以综合性的、更加深入的剖析，在此基础上提出应对和解决问题的行动方案会更具效率。作为一门综合性的社会科学，农村社会学研究在这一方面具有一定的优势，因此，农村社会学研究可以被广泛应用于旨在有效应对和解决农村发展问题的政策设计和行动方案制订之中。

就中国的国情来说，今日乃至在未来的一定时期内，农村社会依然是中国的基层社会。2020 年，有 50 992 万人居住、生活在农村，农村社会依然是社会系统的基本构成。要客观、准确地认识国情，就需要把握农村基层社会的基本情况。如果缺乏对农民、农业和农村社会基本情况的正确认识，在发展政策的决策过程中就难以做出正确的判断和正确的选择。推进农村社会学研究，对农村社会开展广泛的调查，可以动态地把握农村社会各个方面的实际运行情况，及时发现农村社会在运行和变迁过程中的具体问题，并从具体经验中找到问题的产生原因和有效对策。由农村社会学的这些研究积累起来的关于农村社会具体实际情况的认识，对于指导正确的农村行动方向无疑具有重要的现实意义。

资料库 1-1

农村研究实在是了解中国国情的基础工作，只看百分之八十以上的中国人住在农村里这一事实就足够作为这句话的根据了，而且还可以说即使是那小部分不住在农村里的人，他们的基本社会结构和生活方式大部分还是等同于农民或是从农民的形式中发展起来的。因之至少可以肯定研究中国社会文化应当从农村研究入手。到目前为止，对中国农村社区进行比较全面的研究还不多，这方面的工作自应更认真地继续做下去。

资料来源：费孝通．从实求知录．北京：北京大学出版社，1998：368.

中国社会处于快速转型时期，农村社会已发生巨变。农民将向何处去？农业将如何发展？农村将走向何方？围绕这些重要议题，农村社会学如能进行具体的经验研究，掌握“三农”发展的现实经验，开展广泛而深入的探讨，由此形成指导农村建设实践的理论和行动方案，将有助于发挥农村社会学的应用价值。例如，费孝通在农村社会学研究中，本着“志在富民”的宗旨，开展了从农村到小城镇再到区域的有关发展模式的研究①，这些研究对中国农村发展与建设实践具有一定的参考和借鉴意义。

第四节　中国经验与农村社会学

社会科学的研究虽强调探讨一般原理和普遍规律，但具体研究仍需要从具体事实和特定经验出发。因此，中国农村社会学的研究需要在中国视野下展开，具体而言，农村社会学的中国视野主要包括中国经验、本土问题和理论自觉。

一、中国经验

中国农村社会学需要以中国经验为基础，从中国农村社会事实出发，来探讨农村社会的结构、功能、变迁和问题。

农村社会学的中国经验指的是中国农村社会的现实状况、变迁过程、建设与发展以及其他社会文化实践等方面的经验。了解和认识中国社会，必须立足于实际发生的中国经验。中国农村人口众多，了解中国农村是认识中国社会的必要组成，因此获得中国农村社会的实际经验，不仅对农村社会学研究来说有必要，对了解和认识中国社会来说也有必要。

在农村社会学研究中，中国经验并非笼统的概念，亦非狭义的成功经验。农村社会学为达到正确认识中国社会的目的，必须合理地获得并运用中国经验材料，而不是随意将任何一件事都当作中国经验。那么，农村社会学究竟需要掌握什么样的中国经验呢？具体而言，农村社会学研究所要获得的中国经验须满足三个方面的要求：

第一，客观性要求。在农村社会学研究中，所运用的中国经验材料必须是客观存在的、客观发生的社会事实。客观性是社会科学研究需要坚持的基本原则，在农村社会学研究中坚持客观性原则，也就是要做到实事求是，即根据客观的事实来探寻真理。

客观的经验材料是农村社会学保障研究的客观性的重要条件。一方面，以客观经验事实为依据而得出的研究结论具有更坚实的基础。另一方面，从农村社会的客观实际出发更加有助于获得对农村社会的正确认识。

---

①　费孝通．志在富民：从沿海到边区的考察．上海：上海人民出版社，2007.

与客观的经验相对应的是不客观的经验。何为不客观的经验呢？不客观的经验是指受主观性因素影响或干扰的经验，如有明显人为加工痕迹的、主观选择性的经验材料，并不能客观地反映客观存在的、已发生的社会事实。所以，在农村社会学研究中要做到客观性，在获得和运用经验材料时必须尽量规避主观性因素的干扰，尽量做到从客观事实出发去分析问题、思考问题和解决问题，而不是随意地做主观性的评判。

第二，真实性要求。具有真实性的中国经验是指中国社会经济发展的真实过程、真实状况以及真实问题，其中包括农村社会变迁与发展的真实情况和真实问题。求真是社会科学研究的一项基本原则，农村社会学在求真的过程中，必须从真实的经验出发，以真实的、实际的经验，揭示农村社会变迁与发展的一般规律，探寻农村社会问题产生的根源以及社会行动的正确方向。

真实的经验与不真实的或虚假的、虚构的经验相对立。运用虚假的经验材料进行研究属于学术造假行为，毫无疑问是绝对禁止的。农村社会学研究在求真、避免失真方面，通常还面临虚构经验的问题。虚构经验是指对真实情况的呈现因主观因素而偏离真相，例如，没有真正全面地了解和把握事实真相，或对事实真相产生偏差认识。所以，在农村社会学研究过程中，需要尽量地对研究对象和社会事实加以真正的认识和理解，要尽量讲真实的故事。

第三，系统性要求。用于农村社会学研究的经验材料，还必须满足系统性要求。在规范、科学的农村社会学研究中，需要运用科学的方法获得系统的经验材料。所谓系统的经验材料，是指具有完整性、内在逻辑联系的系列经验材料。通过对系统的经验材料的考察和分析，可以从经验事实中发现不同现象之间的因果关系、相关关系等具有一般性的关系和规律。

与系统的经验材料相对立的是不系统的亦即碎片化的、个例的、拼凑的经验材料。在一些农村社会学研究中，运用的经验材料不系统的问题相对较为突出。例如，一些农村调查由于缺乏规范、科学的方法的指导，所获得的经验材料常常出现碎片化的问题，也就是经验材料不具有整体性（holistic）和完整性，而出现片面性的倾向，由此做出的推论往往存在“盲人摸象”、以偏概全的问题。此外，不系统的经验还表现为对个例经验的不恰当运用。个例经验虽然是一种社会事实，却是一种少见的、特例的事实，需要加以特殊看待和理解。如果以个例经验作为研究基础，去做普遍性的推论，会导致对社会事实的误解。拼凑的经验材料是指将没有关联的个例或独立事件放在一起，用来论证、说明一个问题。例如，以媒体报道的不同地方农村发生的某种事件为事实依据推论此类问题在全国农村普遍存在。这样的研究就是运用拼凑的经验材料来开展研究，并没有满足农村社会学研究对经验材料系统性的要求。所以，在农村社会学研究中，必须通过科学合理的方法获得并运用系统的经验材料。

如何获得符合农村社会学研究要求的中国经验呢？基本途径有两条：

第一，实地调查。农村社会学研究要想把握中国经验，比较有效的途径是开展农村实地调查。当然，在开展农村实地调查的过程中，还需要遵循社会调查研究的方法论原则，这样获得的经验材料会符合农村社会学研究的要求。

到农村社会开展实地调查，通过对农村社会生活的体验，看农村社会究竟是怎样运转的，体会农村社会究竟有什么问题。在此过程中，可以掌握各种各样的农村社会生产经验、生活经验以及社会文化变迁经验，可以发现农村社会在运行和变迁过程中的问题。通过农村实地调查，可以获得较为具体、深入的定性资料。

第二，问卷调查。农村社会学研究也可以通过问卷调查的方式来进行。通过问卷调查，可以获得农民所反映出的经验现实。问卷调查一般会抽选一些农民作为被访者，通过对被访者的问卷访谈，获得抽中样本对象的具体应答信息。在对调查数据进行定量分析的基础上，把握和认识总体的现实状况。通过问卷调查所获得的经验材料，一般是定量研究的数据资料。

二、本土问题

社会学的本土化曾经是学界热议的问题，并形成了这样一些认识："所谓中国社会学的本土化，从本质上说，就是要求中国社会学能正确地描述和解释中国的社会现实，预测社会发展的前景，从而有助于中国社会的实际发展。"① 虽然是社会学的一门分支学科，但农村社会学在中国传播和发展的过程中似乎并未遇到本土化问题，因为中国农村社会学所关注和研究的问题从一开始便是本土问题。

从某种意义上说，关注和研究本土问题是中国农村社会学的一种传统。农村社会学所关注的本土问题首先突出地反映在对中国农村社会问题以及解决途径的重视上。从早期的乡村建设学派到当今的"三农"问题研究，都能看到农村社会学研究者努力发现农村社会究竟有哪些主要的社会问题，迫切地希望找到解决困扰农村社会发展和农民生活的问题的有效方法。由此可见，中国农村社会学一直具有本土性的研究目标。

农村社会学关注的本土问题还包括中国农村社会的性质问题和农民的生活状态问题，要探究中国农村社会是怎样构成的、有什么样的性质特征，农民的生活怎样、有什么问题。这些本土问题看上去比较平常，但对其进行探讨和反思，会有助于人们更加深刻地认识和理解农村社会以及农村的社会问题。

此外，中国农村社会学是以本土问题的研究为重要立足点的，与此同时也显示出本土研究的优势。尽管农村社会学研究需要比较的视野，需要把握农村社会变迁与发展的国际经验，有国际比较视野会在一定程度上有助于农村社会学一般理论的发展。但就现实需要而言，中国农村社会学首先要立足于本土研究，如果把本土研究的基础打好了，就会推动国际比较研究，使研究范围向国际拓展。农村社会学的本土问题研究是自身的一种优势，在对中国农村社会的关注和研究中，有较多的来

---

① 郑杭生，王万俊．二十世纪中国的社会学本土化．北京：党建读物出版社，2000：4，5.

自国外的中国研究，这些研究虽在研究方法和理论解释方面显现出新意，但在对中国农村社会和中国农民的真正认识和理解方面，其实并不能达到本土研究的深度。

中国视野下的农村社会学需要立足于本土问题研究，但这并不意味着排斥国外社会学的理论和方法。在对农村社会本土问题的研究过程中，不仅会借鉴和参考国际社会学的理论分析与解释框架，也会借鉴和运用国际前沿的社会学研究方法和技术。只不过，本土的农村社会学研究会有一种独有的主位取向，会从一种独特的视角和独特的立场去观察、分析和解释本土问题，这些独特性是国外研究者在研究中国农村社会时不会具有的，因为这是由文化差异性和特殊性所决定的。

三、理论自觉

农村社会学的中国视野还包括一种境界，那就是不断提高中国农村社会学的理论自觉水平。郑杭生认为，中国社会学的理论自觉“是指从事社会学教学研究的人对其所教学和研究的社会学理论有‘自知之明’，其含义也应该包括对自身理论和他人理论的反思，对自身的反思往往有助于理解中外不同理论之间的关系”[①]。作为社会学的分支学科，中国农村社会学的理论自觉是指在广泛获得并运用中国经验来研究本土问题的基础之上，不断创建和发展中国的农村社会学理论，构建起自己的解释农村社会和解决农村社会问题的理论体系。

农村社会学的理论自觉有两层意义：第一层意义是指农村社会学的理论强化意识，第二层意义是指农村社会学的理论创新意识。第一，推进农村社会学的理论自觉，要求在农村社会学的教学和研究过程中增强理论意识，重视理论构建和理论解释，重视学科基础理论的发展和应用。简言之，农村社会学要有理论。第二，农村社会学的理论自觉还包括理论创新意识。在农村社会学研究中，不仅要强调有理论，而且需要重视理论创新。所谓理论创新，是指创建和发展自己的理论，对已有理论或别人的理论有一定的推进，而不是直接借用别人的理论或解释框架来代替自己的理论解释。

提升农村社会学的理论自觉水平，需要尽量避免容易出现的两种极端倾向：一是经验研究的“过密化”倾向，二是理论解释的西方化倾向。

农村社会学出现经验研究的“过密化”倾向，主要是因为研究者只重视对农村社会进行经验考察和经验再现，而忽视了依据经验事实展开一般的理论探讨和理论认识，从而使得农村社会学研究只有普通经验的量的积累，而缺乏推动理论发展的质的贡献。如果一个学科长时间停留在对经验材料的收集和简单描述的层次上，而没有推进学科基础理论的积淀和发展，那么该学科的建设和发展将受到严重的制约。因此，农村社会学不是只讲讲农村社会的故事，还要有关于农村社会的理论。学习和研究农村社会学，重视农村社会调查是必要的，但也必须增强理论意识。

---

① 郑杭生．中国社会学的“理论自觉”．光明日报，2009－10－20.

至于农村社会学研究中出现的理论解释的西方化倾向，主要是指在一些农村社会学研究中，研究者把理论误解为西方社会学理论或西方学者提出的理论分析框架，因而在进行理论分析和理论解释时，套用西方现成理论来解释中国经验和本土问题，由此出现崇拜和迷信西方理论的倾向。诚然，学习、了解和借鉴西方社会学理论，对农村社会学来说具有重要的意义。但是，中国农村社会学需要创建和不断创新自己的理论体系，而不是成为西方理论的追随者。

中国农村社会学要形成理论自觉与理论创新，并非一蹴而就的事，而是一个长期发展的过程。在对中国农村社会变迁和农村建设经验进行扎实研究的基础上，注重用自己的概念、自己的逻辑去归纳和解释这些经验，构建起一个个具有独立性和自己特色的农村社会学理论，从而慢慢积淀和构建起中国农村社会学的理论体系。

本章要点

农村社会学是社会学的一门分支学科，是专门探讨和研究农村社会构成与运行机制和规律的社会科学。农村社会学主要研究农村社会的静态结构问题和动态运行问题。农村社会学与农村研究、“三农”问题研究、村治研究等有交叉之处，不同之处在于农村社会学具有独立的视角、理论与方法体系。

农村社会学有四个核心范畴：农村社会结构、农村社会变迁、农村社会功能和农村社会问题。四个核心范畴的交叉又构成农村社会学研究的次级范畴：农村社会变迁的问题、农村社会结构的问题、农村社会结构的功能和农村社会功能的变迁。

农村社会学具有多方面的价值和意义，主要包括记忆价值、文化价值和促进发展的现实意义。

中国农村社会学需要有中国视野。中国视野主要指在教学与研究中运用中国经验、研究本土问题和推动理论自觉。

关键概念

农村社会学	农村研究	“三农”问题研究	村治研究
理论导向	应用取向	中国经验	本土问题
理论自觉			

思考问题

1. 什么是农村社会学？农村社会学是何种性质的学科？
2. 农村社会学的基础研究与应用研究有何区别与联系？
3. 如何理解学习和研究农村社会学的意义与价值？
4. 何为理论自觉？中国农村社会学如何推进理论自觉？

推荐阅读

1. 乔启明．中国农村社会经济学．北京：商务印书馆，1946.
2. 费孝通．志在富民：从沿海到边区的考察．上海：上海人民出版社，2007.
3. 陆学艺．内发的村庄．北京：社会科学文献出版社，2001.

第二章

农村社会学研究方法

研究方法对一门学科来说意义重大。如果只有丰富的思想，而无系统的研究方法，那么，丰富的思想只会停留在分散的知识中而不会形成系统的科学。作为社会学的分支学科，农村社会学研究方法与一般社会学方法有很多共通、共享之处，但也有根据研究对象的特点而形成的相对独立的学科方法论和方法传统。

第一节　农村社会学的范式

在一门学科的研究中，一定时期内人们的研究活动常常会参照或遵从某种范式。所谓范式，是指一种公认的模型或模式，这些模型或模式又不是特别具体、固定的，其中还包含应用和操作的范例。库恩提出："某些实际科学实践的公认范例——它们包括定律、理论、应用和仪器在一起——为特定的连贯的科学研究的传统提供模型。"① 农村社会学在发展过程中，形成了诸如社区研究、农村调查和实证研究等几种重要范式，对农村社会学研究有重要的影响。

一、社区研究

在农村社会学中，社区研究或村落研究是一种较为流行、影响较广的研究范式。这一范式源自文化人类学的研究，文化人类学为了认识和理解初民社会的性质和文化，便选择一个小型的社区为切入点，开展全面而深入的调查，在此基础上探寻和归纳出某个初民社会的文化法则。

功能主义人类学家拉德克利夫-布朗曾给中国乡村研究提出建议，主张推进社区研究，认为一个完整的农村社区研究包括三种不同却又相关联的研究：一是共时性研究（synchronic study），即研究某一时期内社区的内部结构和生活。二是社区

① 库恩．科学革命的结构．北京：北京大学出版社，2003：9.

外部关系研究，即研究一个社区与其他社区以及更大社区的外部关系。三是历时性研究（diachronic study），即研究社区所经历的变迁过程。[①]

从方法论的基础来看，社区研究范式的方法论属于功能主义的整体论。按照功能主义理论，人类社会及文化是一种整体，每种现象看上去好像是独立的，但其实是这一整体的构成部分，受到整体的某种法则和定律的支配。基于此，我们通过对每种个别现象的考察，也可以发现整体的支配法则或定律。

在整体论的方法论基础上，社区研究范式构建起了“微型社会学”研究方法体系。这一方法体系是把社区或村落当作一种“微型社会”，并将其作为研究对象加以全面、细致和深入的调查和了解，以达到对这个“微型社会”整体性的、民族志式的认识，由此也就可以形成对社会与文化整体的认识和理解。例如，费孝通的《江村经济》是在对苏南一个村落的民族志研究的基础上，为人们揭示出20世纪30年代中国农村基层社会的性质和农民生活的基本问题[②]。

就逻辑方法而言，农村社会学的社区研究范式所采用的逻辑方法是归纳法，亦即从个别到整体、从特殊到一般的逻辑思维方法。在社区研究范式中，研究者对农村社区的静态研究、动态研究和外部关系研究，目的不仅在于再现个别社区的经验，而且在于从中归纳出社会文化整体的某种法则，或归纳出农村社区的一般性定律。

在具体研究方法上，社区研究范式通常运用田野调查或田野工作法（field work）。研究者运用田野调查或田野工作法，可以亲自观察和亲身体验所研究的农村社区的社会生活，从而能更为深刻地理解社区，更为敏锐地从社区个案经验中归纳和发现整体的法则。

农村社会学的社区研究范式在研究农村社会与文化方面主要有两个优势：一是在研究的可操作性方面，简便易行。二是能够对农村社会的局部和农村的局部问题实现更为深入而全面的认识和理解。农村社区研究范式通常会选择一个村落或小型社会单位作为考察和研究对象，在一个范围限定且规模不大的社会单位里开展调查研究，相对来说既简便也较为可行。而且由于个案调查研究的范围和规模较小，因此有利于对研究对象进行更为深刻和全面的认识。

社区研究范式的局限主要体现在两个方面：一是从个案到整体的归纳过程在较大程度上受研究者主观因素的影响；二是个案研究的适用范围有较大的局限性。由于社区研究范式主要运用归纳法，虽然从逻辑上看，从个别或个案现象中也能归纳出整体性的支配法则或规律，但在研究实践中，能否从个别或个案现象中发现一般规律往往在较大程度上取决于研究者的能力。此外，社区研究范式以个案研究方式为主，运用个案事实对农村社会的问题做出有效和可信的一般理论解释，显然有其局限性，因为个案研究和归纳法并不是万能的。对一些推论农村社会总体状况、预

---

① 北京大学社会学人类学研究所．社区与功能：派克、布朗社会学文集及学记．北京：北京大学出版社，2002：304－305.

② 费孝通．江村经济：中国农民的生活．北京：商务印书馆，2001.

测和判断农村社会总体趋势的研究而言，个案研究存在较大的局限性。

社区研究范式在研究农村社会的结构与功能、功能与变迁机制方面，是一种较为可靠和有效的研究模式，因而，这一范式对农村社会学研究来说仍具有重要的价值，值得参考和运用。但农村社会学研究不宜只遵循和运用这一种范式，且该范式并非农村社会学唯一的、理想的范式。

二、农村调查

在农村社会学研究特别是在应用研究方面，人们常常参照和采用农村调查范式。这一研究范式主要针对某项农村政策制订，或是为了认识和解决某种农村社会问题而对某些农村地区进行实地考察，了解民情民意以及农村社会的实际情况，并在此基础上探讨如何制订合理有效的农村政策或社会行动方案。

农村调查范式的认识论原理是唯物辩证法的实践—认识—再实践—再认识的原理。要认识农村社会及农村社会问题，首先需要从农村社会实践出发。只有在实践或社会实际中，才能发现问题，才能增进对农村社会及农村社会问题的认识；新的认识对完善政策和改进工作或再实践又会起到促进作用。

就具体研究方法而言，农村调查范式所运用的研究方法大体分为两种：一种是典型调查方法，另一种是社会概况调查方法。典型调查方法是指根据研究的目的和内容，选择一个或几个较为典型的社会单位作为调查对象，并针对所要研究的问题展开深入、细致的考察。选择典型调查的对象，关键要看该社会单位是否具有典型性，是否具有所要研究问题的典型特征。例如，在研究农村贫困与反贫困时，选择的调查对象最好是典型的农村贫困地区，否则难以发现农村贫困的真正问题和有效的反贫困方法。

资料库 2-1

要做这件事，第一是眼睛向下，不要只是昂首望天。没有眼睛向下的兴趣和决心，是一辈子也不会真正懂得中国的事情的。

第二是开调查会。东张西望，道听途说，决然得不到什么完全的知识。

资料来源：毛泽东．《农村调查》的序言和跋//毛泽东．毛泽东选集：第 3 卷．2 版．北京：人民出版社，1991：789-790.

农村社会概况调查所考察的对象并非一个或几个典型单位，也不是随机抽取的样本，而通常是一个地区或范围更广的农村社会。由于调查范围较大，所以调查的内容大多为社会概况，亦即社会生产和社会生活的大概情况，如村落的家庭、人口、经济、政治和生活方式等大体情况。例如，乡村建设学派在倡导乡村建设运动时，李景汉组织了在河北省定县的农村社会概况调查①。

① 李景汉．定县社会概况调查．上海：世纪出版集团，上海人民出版社，2005.

农村调查范式的突出特点是快捷高效。在农村社会学研究中采用农村调查的研究方式，通过典型调查或社会概况调查，通常有助于我们快速了解农村社会的大体情况，及时发现农村社会中的实际问题，对及时做出政策调整和采取更合理的社会行动有重要的参考价值。此外，采用农村调查的研究方式，有助于我们针对一些亟待解决的“三农”问题开展研究，以探寻更加合理、有效的解决途径。

然而，农村调查范式也有一些局限性，体现在两个方面：一是调查对象选择的主观性会在一定程度上影响认识和判断的准确性，二是较短时间的调查会制约调查内容的范围和深度。

农村调查范式所运用的调查方法相对来说较为简单，易于操作，因而在农村社会学研究中有广泛的应用空间。尤其在对农村社会某些具体问题的考察以及应用对策研究方面，这一研究范式相对较为实用。

三、实证研究

农村社会学中有较多研究采用实证研究范式（positivist paradigm）。农村社会学的实证研究范式是指运用科学方法获得有关农村社会事实的系统经验，并通过经验分析来验证和发展农村社会理论。

实证研究范式的认识论依据是经验主义和实证主义的原理。经验主义强调认识主体需要通过经验才能获得可靠的认识，实证主义则进一步强调用经验事实去检验或证实我们对世界的认识和理解，主张只有通过事实验证的认识，才是可靠和可信的认识。

实证研究范式的逻辑结构属于演绎式逻辑结构。在实证研究过程中，研究从理论命题或研究假设出发，通过收集经验材料对理论假设所陈述的逻辑关系加以检验或验证，并根据对经验材料的分析，做出演绎式推理。例如，涂尔干在对自杀问题的研究中，揭示了社会中的自杀现象与社会团结（social solidarity）有什么样的联系。研究提出的四种自杀类型便是一种理论假设，认为不同的社会团结方式和团结程度会影响到群体的不同自杀情形。为验证这一假设，涂尔干收集了不同群体自杀率的统计资料，对相关理论命题进行了检验。[①]

在具体研究方法上，实证研究范式通常运用社会调查（social survey）方法，通过随机抽样以获得更为确切、更为系统的经验信息，并对调查数据进行量化分析以对研究假设加以检验，在此基础上进一步演绎出具有一般性的结论。例如，倪志伟在中国农村抽取了138个村进行社会调查，通过多层次模型的统计分析，发现在1978—1989年，较多农村家庭的相对经济地位经历了变化，由此而演绎出“市场转型”理论，即认为一个市场社会在中国崛起了[②]。实证研究的量化分析注重运用

---

① 迪尔凯姆（涂尔干）．自杀论．冯韵文，译．北京：商务印书馆，1996.

② 倪志伟．一个市场社会的崛起：中国社会分层机制的变化//边燕杰．市场转型与社会分层：美国社会学者分析中国．北京：生活·读书·新知三联书店，2002：217－259.

因果解释模型，将所要解释的现象或事件列入因变量，把所要考察的各种可能影响因素列入自变量，然后在数量关系分析的基础上，给出各种因果关系解释。实证研究强调科学性，追求对变量与变量或现象与现象之间的因果关系的揭示。然而，在社会科学研究中，社会现象之间在时序上的先后关系有时难以确定，而且多种社会因素的交互作用情况较多，因而进行纯粹的因果关系分析和解释较为困难，所以，实证研究范式在分析时所用的因果模型具有广义性质。

实证研究范式在推论或论证过程中，通常会采用论证的覆盖定律（the covering law of proving）。所谓论证的覆盖定律，是指根据一组初始条件，再结合已归纳出的一组适当定理或一般规律，解释事件或现象发生的原因（见图 2－1）。

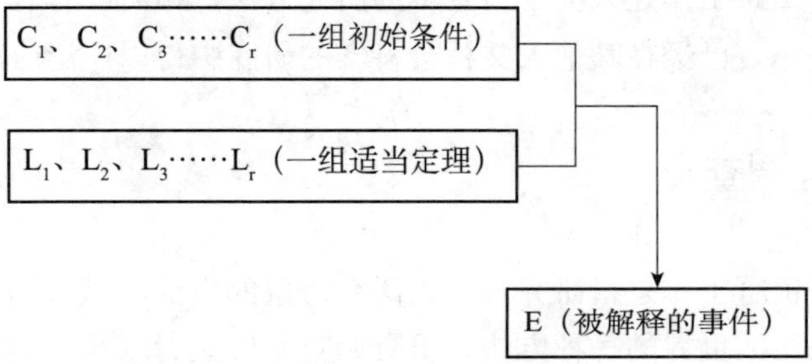

图 2－1　论证的覆盖定律

论证的覆盖定律实际上是一种概率表达和阐述方式，它用部分个体事件来解释整体事件，用一组个体现象来概括一般规律，其逻辑实质是说明某些现象或行为发生的概率。这一定律的基本原理是在控制误差和置信区间的条件下，用部分事实来说明总体、用样本特征来推论总体特征。例如，在对农民耕种土地情况的实证研究中，研究者可以利用抽样调查数据，分析个人的技能特征与耕种规模之间的关系，根据分析做出诸如“农民技能单一性越强，耕种土地会越多”之类的论证。这样的表述实际上是用部分事实来涵盖总体情况，用以表示农民个人的技能特征与耕种土地行为之间的一种规律，根据调查所获得的一组事实及其发生概率的情况，来验证个人的技能特征这一初始条件对耕种土地行为所具有的影响。

实证研究范式的优势体现在能够按照随机实验的科学原理，通过抽样调查和量化分析，对总体状况和总体趋势做出更为确切、更为可靠的推论，因为推论过程中的误差是可以估计的。在农村社会学研究中，面对对农村社会经济的宏观性问题的研究以及对总体情况和走势的把握，实证研究范式有更好的适用性和更高的效度与信度，值得倡导和运用。实证研究范式的推广应用，对丰富中国农村社会学研究、促进中国农村社会学理论与方法的发展有积极作用。

当然，在农村社会学中运用实证研究也受多种条件的限制。首先，实证研究需要有高质量的、可靠的社会调查数据，而要获得这些数据，必须有大量财力和人力的保障，且需花很长时间去收集数据。其次，实证研究的质量和深度在较大程度上受制于数据挖掘和量化分析的技术手段。最后，实证的数据分析虽能揭示变量之间的一般规律，但如果没有对数据所包含的农村社会文化意义的理解，那么依据量化分析而得出的结论对我们深入地认识农村社会及社会问题的助益不大。因此，农村社会学需要倡导和推广实证研究范式，但不宜将这一范式视为主流的、理想的研究范式。

第二节　田野调查

田野调查方法源自人类学的田野工作方法。人类学家为收集资料，常常要深入民间田野，因而田野工作是人类学最基本的研究方法。田野工作作为收集第一手材料的重要方式之一，已经在其他人文社会科学的研究中得以广泛应用。

一、农村田野调查

田野调查或田野工作是指研究者深入研究对象的生活场域和劳动现场，去体验和感受研究对象生活世界的一种方法。田野调查是研究者获得田野经验和收集资料的重要途径。

人文社会科学研究不同于自然科学对物质的研究，人的内心世界和行为是千差万别且变化频繁的，要把握人的思想和行为变动规律，感性认识以及自身的体验是非常重要的。所以，文化人类学倡导通过民族志（ethnography）研究策略来研究人、社会和文化，要求研究者能够亲临现场，去获得直接的经验感受和第一手材料。实践表明，这样一种研究策略对研究那些规模较小、异质性不高的社会或群体组织是非常有效的。文化人类学早期的民族志研究主要是到那些无文字的或被认为是原始的土著社会去进行田野调查，例如马林诺夫斯基选择西太平洋的特罗布里恩群岛做田野调查。费孝通突破英国社会人类学“文野之分”的壁垒，开创性地将田野调查方法引入本文化和文明社会的研究之中，对中国农村社会开展田野调查，拓展了社会与文化人类学的视野和领域。在 20 世纪 40 年代，田野调查被广泛用于中国农村社区研究，从而带动了农村社会学的方法创新。

田野调查方法在农村社会学研究中具有重要意义：

首先，通过田野调查，农村社会学研究者亲身体验农村社会生活，与农村里的人直接接触和交流，会获得大量关于农村社会的直觉经验，这些直觉经验既能为系统的理论研究提供丰富的灵感，又能对理解农村社会与文化起到引导作用。在农村社会学研究中，直觉经验对理论的形成而言通常是不可或缺的。一种关于社会现象的理论解释，如果缺乏感性的、直接的经验，就难以达到深刻和有效。

其次，在农村社会学研究中，田野调查是获得关于农村社会事实的第一手材料的有效方法。直接从农村社会中获得的第一手材料，为理解农村社会与文化提供了较为可靠、可信的素材或论据资料；通过在农村社会亲身体验获得的第一手材料，也是有效解释农村社会文化及其变迁规律的重要依据。

田野调查通常需要研究者亲自参与，而不能让调查员代劳。因此，田野调查经验是研究者的一种亲身感受和体验，有了这些经验，研究者可以通过相互主体性（inter-subjectivity）的转换过程，即移情式理解，达到对所要研究的农村社会与文化的更真切、更深入的理解。

最后，对农村社会的田野调查有助于从整体上认识农村社会现象和问题。农村社会与文化现象是由多方面、复杂的因素构成的，用简单的因果关系来解释这些现象，往往并不能让人真正认识和理解这些现象。因此，农村社会学研究还需要从整体上去把握和认识农村社会与文化现象，由此达到整体性认识。所谓整体性认识，是指把具体的、个别的现象放置到整个社会与文化的背景之中去加以考察和理解。

农村田野调查让研究者不仅可以观察到重点研究的现象或问题，而且能全面了解这些现象或问题产生的大环境，以及这些现象或问题与大环境、大背景中的其他现象或问题之间的关系。此外，田野调查研究者通常要长时间地参与到研究对象的日常生活或生活世界之中，在这个过程中，研究者便可以逐渐形成关于研究对象的整体性观念。

资料库 2-2

孩子们告诉哈尔科姆："我们想了解世界。噢，先生，请告诉我们，我们怎样才能认识世界呢？"

…………

"那么，我的孩子们，你们必须走到世界当中去。生活在人们之间，像他们那样生存，学习他们的语言，深入他们的日常生活之中。去体验世界、感受世界、观察倾听、接触和被接触，记录下你们的所见所闻、人们的思维方式，以及你们的感觉。

"投身世界当中，观察和赞叹，体验和反省。要想理解一个世界，你们必须成为那个世界的一部分，同时与此保持距离，既是其中的一部分，又与之保持距离。

"那么去实践吧！回来时告诉我你们的所见所闻、你们所学到的一切，以及你们开始了解的东西。"

资料来源：巴顿．质的评鉴与研究．吴芝仪，等译．台北：桂冠图书公司，1995：199.

农村田野调查的内容主要有两种：一是经验资料的收集，二是理论思考与研究。在农村田野调查中，经验资料的收集主要包括：（1）田野调查点农村的地理及生态环境特征方面的资料。（2）田野调查点农村的社会关系及组织结构的基本情况。（3）田野调查点农村的文化法则、交往规则以及民风民俗方面的资料。（4）田野调查点农民的社会记忆及个人生活史方面的资料。社会记忆材料是留存于当今社会、反映社会文化变迁过程中重要事件或经历的材料，包括民间传说、故事、神话以及一些史料记载等，尽管这些记忆不是历史的完全再现，但这些记忆以某种特殊

的方式对社会变迁中的重要事件做出反应。生活史（life history）资料反映个体在现实生活中的社会感受、态度和反应。[①]

在农村田野调查中，研究者在获得经验的同时，还需要有目的地、系统地考察、思考和分析经验现象，并在直接经验的基础上探讨更为深刻的理论问题。农村田野调查研究者所要进行的理论思考内容可用“W-H-W”模式概括，即 what-how-why。研究者在结束一天的田野调查之后，首先需要思考“什么”（what）这一问题，也就是研究者看到和听到了什么，什么人、在什么时候、在什么地方做了什么或说了什么，这些经验现象有什么特征、属于什么性质，它们之间有什么内在联系；其次，研究者需要思考“怎么”（how）这一问题，即所看到的和听到的社会事实是怎么发生的；最后，研究者还要思考“为什么”（why）这一问题，分析和思考在田野中发现的重要社会事实为什么会发生。

在农村田野调查中，研究者在调查和研究时还需要将两种研究策略有机结合起来：一是主位取向（emic approach）的策略，二是客位取向（etic approach）的策略。主位取向的策略也叫“行动者”或“当地人”取向的策略，研究者在研究中首先需要掌握行动者或当地人是怎么做的、怎么说的以及怎样想的，即了解当地人的原初观念，获取“接地气”的知识。客位取向的策略指的是研究者或观察者取向，是指研究者站在客观的立场去对社会文化现象进行客观的分析和解释。主位与客位相结合的田野工作策略，指的是田野调查研究者首先要尽量收集当地人或文化持有人的各个方面的素材，并努力将这些素材联系起来，然后再根据自己细致的观察和更深入的分析，找到对现象或问题的更有效、更准确的解释。

二、参与观察

在农村田野调查中，通常会运用到民族志研究的两个核心技术手段：参与观察和深度访谈。所谓民族志研究，是指研究者参与到研究对象的生产和日常生活之中，并通过与其社会成员的直接互动来获得研究资料，由此再现研究对象整体面貌的研究方式。

观察是人类认识外部世界的重要方式之一，是科学研究的主要方法之一。观察是运用视觉感官去获得经验材料，通过对研究对象的系统察看来获得对其结构及规律的认识。作为科学研究方法的观察法，不等同于随意观看，而是需要经过精心设计，有计划、有步骤、系统地进行观察。观察法需要通过对研究对象的系统、重复的观察，以达到认识事物特征及变化规律的目的。观察法是实验研究方法的核心构成，在自然科学研究及发展中发挥了积极作用。社会科学研究中的观察法是通过对社会现象和人的行为的直接、系统的观察，来达到理解或解释社会现象和行为动因的目的。

---

① KOTTAK C. Anthropology. New York：McGraw-Hill，Inc.，1994：26.

由于在社会科学研究中，难以将研究对象绝对地对象化，因而在运用观察法进行研究时，通常需要参与到研究对象的社会生产和生活实践之中。这就是将观察法转变为参与观察法，更为可行，也更加有效。

农村社会学研究中的参与观察法是收集农村社会经验资料和证据的重要方法。研究者亲自参与到农村社会生活的情境之中，更直接、更近距离、更全面地观察和了解农村社会，同时亲身感受农村社会主体内心世界的变化过程，从而可以更有效地获得关键性信息，透过表象更为深入、系统地认识和理解农村社会与文化的本质，达到科学研究之目的。农村社会学研究中的参与观察法并非参与和观察的简单组合，也不等同于直觉经验主义方法——到农村随便“走走看看”获得一些直觉经验[①]。科学的参与观察法是经过精心设计，并将参与和观察有机统一起来的系统方法。

参与观察法的有效性取决于两个构件：一是参与，二是观察。有效的参与观察，要求研究者根据具体的研究设计，选择适度的参与方式。所谓适度的参与方式，是指研究者参与研究对象情境的程度较为合理、合适。在参与观察中，研究者参与到研究对象的生活场景之中的程度可以分为从完全观察到完全参与之间的不同程度。[②] 参与观察法中研究者的角色参见图 2-2。

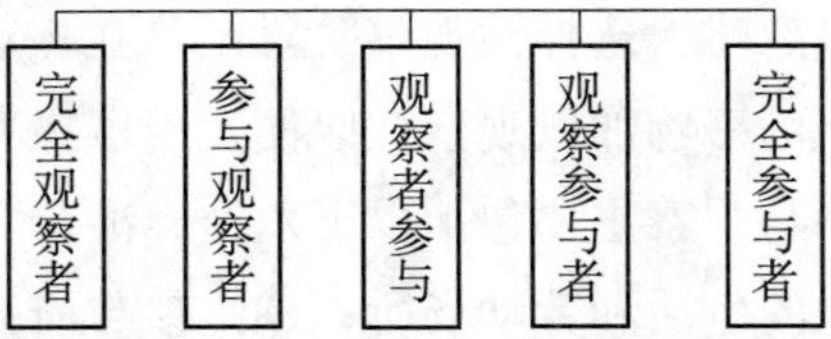

图 2-2　参与观察法中研究者的角色

在定性社会研究中，研究者参与的程度与方法有效性的关系并非固定的，既不是参与得越多越有效，也不是越不参与越好。通过参与观察能否有效地获取研究证据资料，关键取决于各项研究的具体需要。研究者需要按照科学的研究设计，选择适度的参与方法。在对一个传统村落的民族志研究中，研究者需要从整体上深刻理解村落社会与文化的结构、功能、问题及演变机制，那就只有广泛且深入地参与到村落社会的生活世界中，才能获得真正有效的田野材料。

参与观察法的有效性不仅受参与程度的影响，而且与观察的系统性有密切关系。所谓系统性观察，是指观察者为解答某些研究问题而有计划、有步骤地进行的观察，观察者不仅要获取社会事实，而且更重要的是把握各种社会事实之间是如何关联起来的。在农村社会学研究中，研究者通常受“眼见为实”这一观念影响，以为只要看到了社会事实就能发现科学道理，因而容易出现“观察泛化”的现象。这一方法实际上属于直觉经验主义，对直觉和表象过于信赖和过度使用，从而容易导致以表象代替本质、用表面事实代表社会规律的错误。这一方法的危险性还存在于

---

① 陆益龙．超越直觉经验：农村社会学理论创新之路．天津社会科学，2010，3（3）．

② 李亦园．关于人类学方法论//周星，王铭铭．社会文化人类学讲演集：上．天津：天津人民出版社，1997：196．

根据此方法提出的一些政策和对策中，当这些政策和对策得以在更大范围内推广时，其不适宜性可能会造成不良社会效应。

通过参与观察法获得的研究资料的效度和信度问题，是该方法运用时的核心问题。对于研究中所运用的观察资料，人们常常会对其有效性和可信度产生怀疑，人们会问："这些材料能有效说明问题吗？""这些材料是否带有研究者的偏见？"

参与观察的效度，是指所观察的内容对于揭示问题或解释现象的有效性程度。参与观察的信度在这里主要指观察材料的客观性程度。为了提高参与观察的效度和信度，通常的做法是尽量使参与观察的过程达到标准化，这样既可使参与观察过程能够复制，也可减少参与观察过程中观察者的主观随意性，提高观察的客观性和可信度。

标准化参与观察过程可分为三个阶段：一是描述性观察（descriptive observation）阶段，二是焦点观察（focused observation）阶段，三是选择性观察（selective observation）阶段①。描述性观察阶段主要观察和记录自己所看到的一切事物。研究者不管所见到的事物重要不重要，也不管其属于何种性质、相互间有何关系，凡是见到的、注意到的所有细节，统统描述或记录下来。焦点观察阶段则要把观察的焦点放到重要事项，即重要的人物、重要的场所、重要的活动和事件上，对那些不重要的事项则可以加以忽略。选择性观察阶段则是在焦点观察的基础上，选择那些相关联的或在因果链上的事物加以观察，以便发现事物变化的机制或因果关系。

就具体程序而言，参与观察主要包括以下六个标准步骤：（1）选择观察与研究对象；（2）进入研究对象的生活和劳动场所；（3）参与研究对象群体的社会文化活动；（4）一般性地观察；（5）有针对性地观察；（6）记录和整理参与观察内容（见图 2-3）。

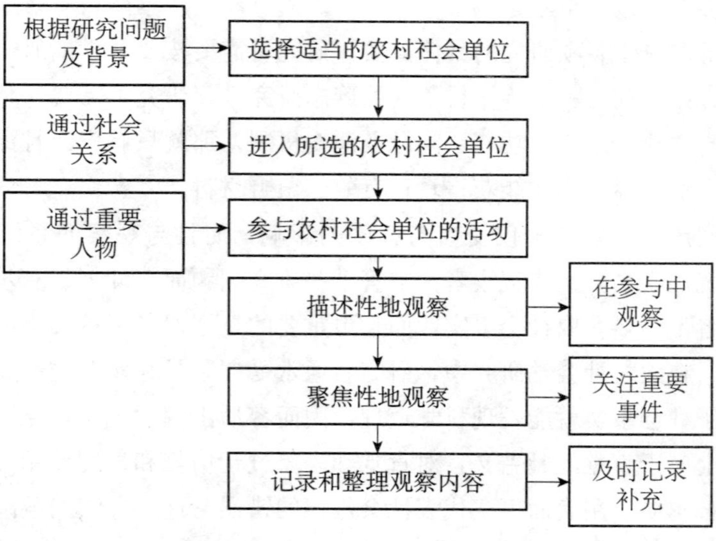

图 2-3　农村社会学参与观察的程序

① WERNER O，SCHOEPLE G. Systematic fieldwork. CA：Sage Publications，1987：262-264.

农村社会学研究运用参与观察法来收集经验资料，第一步是合理选择适当的农村社会单位来加以观察研究。观察研究单位的选择直接关系到观察资料的有效性，对观察研究单位选择得当，所获得研究资料的效度便有保障。选择农村社会单位的关键在于根据研究问题以及对相关社会背景的把握来加以精心挑选，尽量避免随意性和偶合性。第二步是利用一定的社会关系网络，与所选的农村社会单位取得联系，以便进驻到研究对象的生活和劳动场所中去。第三步是在进入农村的地方性社会之后，通过当地关系人参与到当地社会与文化活动之中去，尽可能融入农村社会生活。第四步是在进入和参与当地社会文化活动的同时，观察和了解当地社会的各种社会现象和事物。第五步是根据具体研究问题，有选择地重点观察相关人物和现象，以便获得解答研究问题的有效信息。第六步是在参与观察之后，系统记录和整理观察中所获得的各种信息。参与观察者不能像新闻记者那样，随身携带笔记本、照相机、录音器等记录工具，否则会把自己变成局外的观察者而非参与观察者。因此，在参与观察过程中，研究者必须事后记录和整理观察内容。

三、深度访谈

在田野调查中，研究者除了通过参与观察来获取有效信息之外，访谈也是收集经验资料的重要甚至是必要的方法，因为通过访谈所得到的信息对于解答研究问题具有直接或间接的作用。此外，之所以访谈对田野调查而言是必要的，是因为在有些方面用观察法难以获得有效信息，这些方面主要包括：当地人或被访者的观念世界，如态度、想法、动机和喜好等；过去发生的事件及其细节；人们赋予某些行为和事物的意义。在这些方面，运用观察法难以获得有效信息，访谈法则是收集观念和态度性经验资料的必要手段。

访谈法是指在社会科学研究中通过有目的地提问或谈话来收集信息资料的方法，亦即有研究目的的询问和谈话。作为一种科学研究方法，访谈法有五个基本要件：（1）访谈者；（2）受访者或被访者；（3）社会场景；（4）询问和谈话过程；（5）信息或资料。

关于社会研究的访谈法，有多种分类观点，如伯格根据访谈形式的不同，将访谈分为标准化访谈（standardized interview）、半标准化访谈和非标准化访谈三种类型[①]。巴顿将定性访谈划分为非正式的回话访谈（informal conversational interview）、一般性访谈引导法（general interview guide approach）和标准化开放式访谈（standardized open-ended interview）三种[②]。而纽曼则按照访谈法的使用范围，把访谈划分为典型的调查访谈（survey interview）和典型的田野访谈（field inter-

---

① BERG B. Qualitative research methods for the social science. New Jersey：Pearson Education，Inc.，2007：93.

② 巴顿．质的评鉴与研究．吴芝仪，等译．台北：桂冠图书公司，1995：227－232.

view）两种①。

在田野调查中，为收集研究材料而采用的访谈法通常是深度访谈法，它是一种典型的田野访谈。相对于标准化访谈和一般性谈话，深度访谈法是在田野调查中与当地居民尤其是重要人物进行深入而全面的访问和交谈。深度访谈的目的在于从历史的角度、从整体上去理解当地社会和文化的深层意义。田野调查研究者通过参与观察可以获得一些表面的事实素材，而要认识这些表象或事实的深层意义，则依赖于与当地人深入而全面的交流。所以，深度访谈既是田野工作中的一项基础性工作，也是一项综合性工作。

深度访谈的典型特征主要体现在“深度”二字上，包含了对访谈的两个基本要求：一是访谈过程要有深度，也就是说田野调查研究者要深入田野、深入访谈，认真研究访谈问题和访谈策略，使访谈本身具有一定的深度。二是访谈要达到揭示当地社会文化深层意义的效果，访谈材料要有深度，而不是一般现象和表面事实的再现。要达到深度访谈的两个基本要求，合理运用访谈策略显得尤其重要。

深度访谈是一种综合性的、复杂的访谈，它一方面要遵循访谈的一些基本程序和步骤，另一方面又要在此基础上进一步拓展和深入。关于访谈的基本步骤，克维尔曾提出实地调查访谈有以下七个步骤。

（1）定出议题：将访谈目的以及欲探讨的概念明确化。

（2）设计：列出达成目标需经过的过程，包括伦理方面的考察。

（3）访谈：进行实地访谈。

（4）改写：建立关于访谈内容的文件。

（5）分析：确定搜集到的资料与研究之间的关联。

（6）确证：检查资料的信度和效度。

（7）报告：告诉别人你们学到了什么。②

深度访谈要求访谈者除了完成以上步骤中的基本任务之外，还需注意运用以下策略。

（1）深入所描述经验的表面之下。

（2）停下来探究一个命题或问题。

（3）要求更多的细节或解释。

（4）询问研究对象的思想、感情及行动。

（5）让研究对象针对主题。

（6）回到早期的观点。

（7）复述研究对象的观点，检验是否准确。

（8）放慢或加快速度。

---

① NEUMAN W L. Social research methods：quantitative and qualitative approach. Boston：Allyn and Bacon，Inc.，1994：359.

② 巴比．社会研究方法．邱泽奇，译．北京：华夏出版社，2000：371.

（9）转换当前的话题。

（10）承认研究对象的品性、视角或行动。

（11）使用观察技巧和社会技巧来推动讨论。

（12）尊重研究对象并且对他们接受访谈表示感谢。[①]

要实现深度访谈的深度本质，在访谈实践中通常要尽可能避免二分式反应（dichotomy-response）问题。所谓二分式反应问题，是指被访者对访谈提问做出“是”或“不是”、“对”或“不对”这样的二分式回答。很显然，从二分式回答中，研究者所得到的信息只能是简单的事实，而不能揭示深层意义。所以，田野工作中的深度访谈需要规避这类问题。

为了避免二分式反应问题，一方面要求访谈者的询问尽量减少或避免用一般疑问句，如“您有过这种经历吗”，这样的提问必然会引导被访者做出“有”或“没有”的二分式回答，而且这一反应在一定程度上会影响此方面的访谈继续深入下去。如果用开放式问题，如“请您谈谈在这方面的经验和感受，好吗”，那么，被访者的回答将会更为具体和细致。

要想在深度访谈中避免二分式反应问题，另一方面还需要争取被访者耐心合作和增加开放度。二分式反应在有些情况下是被访者因不愿意与访谈者深入交谈而采取的一种应答策略，在这种情况下，访谈者需要运用一些交往策略来争取被访者的配合。

总之，作为田野工作中收集定性资料的重要方法，深度访谈兼具标准化和开放性的特征，既需要按步骤进行，过程却又具有较高的灵活性，访谈内容既有事先设计的固定议题和主题，又有在交往过程中根据情境而进行的自然谈话。

第三节　抽样调查

抽样调查是社会科学研究中的常用方法。在当代社会学中，抽样调查研究（survey research）与定量研究方法得以广泛运用；虽在当下农村社会学研究中，这一方法的应用范围仍较为有限，但它对研究快速转型的农村社会有更广泛的应用前景。

一、农村社会调查

人类社会现象相较于自然现象其实要复杂得多，自然现象中的具体物质在个体间并没有本质的差异，即具有同质性。而社会现象则具有明显的异质性，社会中个

---

① 卡麦兹．建构扎根理论：质性研究实践指南．边国英，译．重庆：重庆大学出版社，2009：35.

人的思想、动机和行为会存在质的差异。即便在农村社会，虽然从微观层面来看，在一个范围较小、相对封闭的地域共同体中有较多的共同之处，但从宏观层面来看，不同农村地区的社会文化明显具有异质性。

对农村社会学研究来说，如何反映出农村社会现象的异质性呢？如何掌握和呈现农村社会现象的差异性和变动性呢？作为一门社会科学，农村社会学不可能像自然科学那样运用实验法来控制相关变量，因此要运用社会调查方法，通过对调查样本所掌握的情况来推论总体情况和规律。农村田野调查通过对一个农村社会单位的全面、深入调查，可以有助于我们理解农村社会文化的一些内在机制和一般原则，但这并不是反映农村社会的变异性和变迁规律的有效方法，因为从个案事实难以对总体情况做出推论。即便是个案研究增加了调查单位的数量，也难以满足推论总体的代表性要求，因为个案不是随机抽取的，通过个案不能有效地把握社会现象的变异性和变迁规律。

社会调查和定量研究方法尽管有自身的局限性，不一定具有普遍意义，但在农村社会学的某些研究问题方面，则是具有更高效度和信度的研究方法。不同的农村社会学研究适用不同的调查研究方法：

第一，在需要通过农村社会中的个体来把握和推论总体情况以及规律的研究中，运用抽样调查和定量研究方法会更为有效。例如，要把握农民工群体的职业分层与流动的情况和规律，仅仅对几个农民工进行调查，很难发现这个群体的总体情况。只有运用抽样调查，通过对样本中个体的调查来获得系统的经验事实，才可以更加有效地推论总体情况和个体间变异的规律。

第二，在对农村社会成员的态度和行为倾向的研究中，抽样调查方法则是一种更为理想的方法。虽然田野调查中的深度访谈也能让研究者了解或理解农村社会成员的一些观念、态度和意向，但个案访谈调查所反映的事实并不能代表总体的情况和趋势。因此，要从总体上把握农村社会成员的社会态度和行为倾向，首先要对农村社会不同的个体进行调查，然后通过对样本调查结果的统计分析，获得有关农村居民社会态度和行为倾向的总体情况，获得个体间和不同群体间发生变异的情况及规律。在此类问题研究中，社会调查方法的适用性主要体现为社会调查通常以个体为研究单位，而对态度、倾向性问题的把握，必须通过研究个体来实现。此外，社会调查还能反映社会态度的总体情况。

第三，在研究对象范围和规模很大并需要进行大量调查的研究中，抽样调查与定量研究方法会显示出一定的优越性。若农村社会学研究需要进行大样本调查、了解大规模群体的宏观特征，农村社会调查研究方法则是有效的方法。通过随机抽样方法选取一定样本，结合标准化的问卷调查，可以对一个乡镇、一个县乃至全国农民的社会经济特征、社会态度和行为倾向等方面的情况加以宏观描述。

在现代化、全球化的大背景下，农村社会正经历着快速的变迁。学习并运用社会调查与定量研究方法来研究农村社会，对促进农村社会学理论和方法的创新有重要的意义。

二、抽样方法

抽样是在社会调查研究中抽选调查对象组成样本的过程。通过社会调查获得的信息能否有效地反映所要研究的对象的总体情况，抽取的样本的代表性是关键。所谓代表性，是指选取样本的集合特征与研究对象总体的集合特征相一致的程度，一致性程度越高，样本的代表性就越高。从概率原则来看，代表性是指样本的抽取要保证总体中的每一个个体都具有相同的被抽中的概率，这样组成的样本就能够代表该总体的特征。

抽样方法有两种：概率抽样和非概率抽样。概率抽样是依据概率原理从研究总体中随机抽出样本，在一些大型社会调查中一般用这种抽样方法来保障样本的代表性。非概率抽样则是主要根据可操作性和便利性而非概率原理来选取调查样本的方法，常用的非概率抽样方法有就近抽样、判断抽样、配额抽样和滚雪球抽样等。非概率抽样方法在难以进行概率抽样或调查对象具有一定的特殊性的情况下，也是可用的抽样方法，但研究结论在描述和推论总体特征时则需要考虑到样本代表性存在的局限。

在农村社会调查研究中，常用的随机抽样方法主要是简单随机抽样和概率比例抽样。简单随机抽样是社会调查研究常用的基本抽样方法，是按照等概率原则，从抽样框中随机抽取所需要素组成样本。简单随机抽样经常使用随机数字表方法，例如，在农村社会调查中，通常在入户随机抽样抽选被访者时所使用的 Kish 表就属于随机数字表（见表 2 - 1）。

表 2 - 1　入户随机抽样 Kish 表

序号	问卷编号尾数			1	2	3	4	5	6	7	8	9	0
	姓名	年龄	性别										
1	张三	65	男	1	1	1	1	1	1	1	1	1	1
2	李四	61	女	2	1	2	1	1	2	1	2	2	1
3	张五	38	男	1	3	2	2	3	1	3	1	1	2
4	李六	35	女	2	2	4	1	3	4	1	3	3	2
5	……	……	……	2	5	3	2	4	4	1	1	5	3

此外，在大型农村社会调查研究中，抽样设计常常会运用概率比例抽样方法（probability proportionate to size sampling，PPS），也就是概率与规模成比例的抽样。在多层级抽样中，每一级群被抽中的概率要与群的规模成正比例关系。例如，要在一个县范围内抽选出一定数量的村委会，如果甲村人口为 5 000 人，而乙村人口只有2 500 人，甲村规模是乙村的两倍，那么概率比例抽样就要让甲村被选中的概率是乙村的两倍。

在农村社会调查研究中，为得到随机样本，通常使用的随机抽样方法还包括系统或等距抽样、分层抽样和多阶段整群抽样。系统或等距抽样是在完整且有编号的名册中，以随机方式开始并按照抽样间距选取要素构成样本的方法。例如，要在选中的村里进一步抽选一定数量的农户来调查，首先需要确定完整的户名册并编号，然后根据样本大小计算抽样间距（I＝总体数/样本数），之后再用随机方式选择起始编号后按等距抽选所需的户数。分层抽样是一种旨在提高样本代表性、减少抽样误差的抽样方法，就是将总体先分成一些具有同质性的次级总体或不同类型的总体，然后从次级总体中抽选出相应数量的样本。多阶段整群抽样主要用于一些大型的、范围很广的社会调查，抽样方法就是从总体中抽取若干群（clusters），然后从这些群中抽取若干子群，分阶段层层往下抽，直至抽到最基本的抽样要素为止。

三、问卷访谈

社会调查的目的是从研究对象那里直接获得信息和数据，以便通过分析来解释社会现象和问题。为获得有效的第一手信息和数据，社会调查通常会使用标准化的问卷来对被抽中的被访者进行访谈，从一个个被访者对问卷的作答中来获得信息和数据。

问卷是由一系列问题组成的调查卷本。标准化问卷的结构包括：（1）封面；（2）入户随机抽样页；（3）问题和选项部分；（4）联系方式。

问卷的封面要涉及这样一些内容：用突出的字体标明该项调查的名称，在右上角标出问卷编号，在问卷标题下分别列出样本编号、被访者的地址（如省、市、县、乡镇、村、组等）、调查员和审核人员的签名。

入户随机抽样页的主要内容包括：入户访谈的引导语、自我介绍、调查的科研目的以及个人信息保护原则，入户随机抽样说明及 Kish 表，调查员访问情况的记录表。

问题和选项部分是问卷的主体部分，也称为题器。问卷正是要通过一系列问题和一系列选项来达到测量社会现象、获取社会信息的目的。在问卷的主体部分，问卷设计者一般会根据社会调查研究的主要目标，将调查问题分成几个部分。第一部分为个人基本信息部分，包括性别、出生年月、受教育年限、婚姻状态、民族、政治身份等，该部分一般是问卷的必要构成部分。

问卷的最后部分为被访者的联系方式，主要包括被访者的姓名和相对稳定的电话号码，以用于回访和抽查，最后是对被访者的致谢语。

与深度访谈不同，问卷访谈需要在有限时间内准确地测量出社会个体成员在某些方面的态度、意向和行为，以达到解释社会现象和揭示社会规律的目的。社会调查研究要真正实现这些目的，问卷设计是关键环节之一，因为问卷的内容决定着调查所收集的信息和数据的质量。问卷设计的关键在于题器的设计，设计题器是一个综合性的、复杂的工作过程。题器设计需要遵循的一般原则包括：（1）有效性原则，即所设计的问题能够有效地测量出调查研究所关注的社会现象与问题。（2）适用性原则，指所设计的问题与选项适合向被访者群体提问。(3) 针对性原则。问卷的题器设计要尽量针对调查研究的主题和研究问题的主要方面，而不宜追求面面俱到，以致影响调查效果。

在农村社会调查中，考虑到被抽中的被访者的受教育年限可能较低，因而调查一般不采用自填问卷的方法，而采用问卷访谈调查。实施问卷访谈在整个农村社会调查过程中是一个关键的环节。一方面，它关系到调查问卷的回收率。如果问卷回收率低于 50%，那么该调查数据通常被视为无效数据，因为我们不知道拒访的那些人会做出什么样的应答。问卷回收率越高，调查数据的质量越高。另一方面，它还关系到问卷调查的非抽样误差。非抽样误差是指抽样误差之外的误差，产生于多种环节，其中包括问卷访谈环节。调查员的理解力、访谈技巧和执行能力等因素都可能影响到调查访谈环节的非抽样误差。要控制问卷调查的非抽样误差，对问卷访谈环节加以相应的质量控制也很重要。

问卷访谈的实施过程主要包括：(1) 编制调查员手册。根据调查的抽样设计和问卷内容，为调查员实施访谈提供简明的操作指南。(2) 招募调查员。根据调查样本规模和调查期限，通过可行途径招募适度规模的调查员。(3) 调查员培训。对招募进来的调查员进行适当培训，以促进问卷访谈按照统一原则、统一方式进行。(4) 实施调查访谈。分配给调查员相应的样本，让调查员入户做访谈。(5) 调查督导。在调查实施期间，派遣一定的调查督导员赴调查区域开展督导工作，督导主要就调查员的抽样和调查方式进行监督，并就调查员反馈的一些问题做统一指导。(6) 问卷审核与整理。对已完成访谈的问卷按规定程序加以审核，查错补漏，并将审核过的问卷汇总起来以便进行数据录入。

第四节　分析解释与理论构建

在农村社会学研究过程中，田野调查和抽样调查主要是获得经验、信息、数据和资料的途径。要形成具有普遍意义的认识，需要对经验材料进行系统科学的分析，并在此基础上构建能对农村社会现象及其运动变化规律进行有效解释的一般理论。

一、分类分析

农村社会学研究要理解复杂多变的农村社会文化现象和社会问题，把握其中的规律，就必须首先将复杂现象加以简化，分类处理就是简化方法之一。分类分析法通过确定社会现象的类型并分析各种社会类型，可以将那些分散的、个别的社会现象联系起来，概括出它们的共同性及其他重要特征。通过分类，可以将经验材料加以重新组合，使其具有某种顺序性和一贯性。因为在分类中，我们可以看到庞杂现象的简化特征及规律。

分类是按一套规则或标准将资料归入适当的类别单元之中，并赋予类别单元以一定的抽象逻辑术语及名称的方法。涂尔干给分类做了这样的界定："所谓分类是在开始研究时，用科学的方法从众多的不确定的个体中抽出一部分确定的个体，作为类型的标准，然后对这些确定的标准进行观察，而不必对各个个体进行全部考察。"①

分类分析需要抓住两个核心问题：一是支配分类系统的逻辑规则，也就是分类标准问题；二是标明类别系统的逻辑术语，亦即分类名称问题。分类标准不仅是确保分类一致性和连贯性的基础，也是事物或现象某一重要特征和规律的反映。分类名称则是对事物特征的总结和概括，对不同类别的命名，本身就是将复杂现象加以简化的方式。

在确立分类标准时，需要遵循两条原则：一是针对性原则，即分类标准的确立能有效揭示和有助于分析事物或研究对象的重要特征；二是合理性原则，即按照标准进行的分类较符合事物或对象的特征和规律。

在确定分类名称时，关键在于要使类别术语具有高度的概括性。一个类别名称既要能包括该类别所指的全部事物，同时也要反映出该类别事物的某种重要特征。例如，将农村自然村分为"单姓村"与"多姓村"，其中类别名称中的"单姓"和"多姓"实际上概括了村庄家族构成特征。

在分类分析中，为使研究分析符合逻辑，需要运用形式逻辑的集合论原理。在分类中合理运用集合论的一些原理，需要重点把握集合概念与描述方法、集合关系及集合的基本运算方法等。描述集合的方法主要有两种：罗列法和界定法。分类中常涉及的集合关系主要包括：子集、交集、并集、余集与泛集等。

在分类分析中，核心是"类型"（typology）的划分，因为类型的形成，不仅包含了对现象特征的归纳，而且代表了对现象关系的认识。要在庞大、复杂的现象中抽象出简化的类型，一方面需要敏锐地抓住现象的重要特征，另一方面需要进行理论演绎。

分类中的类型通常有两种：一种是事物固有的类型，即在事物或现象的构成中自然具有的类型性特征。如自然及社会世界中的"生-熟""前-后""上-下"等，这些相对应的范畴既是事物的固有结构特征，又是对事物的分类方式。

另一种是构建性类型（constructed typology）。所谓构建性类型，是指人们根据理论构建或理论解释的需要而对事物或现象进行的类型划分。在构建性类型中，既包含研究者的理论假设，也包含研究者对研究对象特征的抽象和概括。构建类型并不等同于主观随意划分，而是需要按照一定理论演绎逻辑来确立划分规则，同时构建的类型又能与客观事物的特征相吻合。犹如费孝通将农村土地产权分为"田面

---

① 迪尔凯姆（涂尔干）．社会学方法的规则．胡伟，译．北京：华夏出版社，1999：64.

权”和“田底权”，既提供了权利结构分析的理论视角，同时又能简洁地概括出农村土地关系的现实特征。

科学合理地运用分类分析法，必须严格遵循分类的逻辑方法和步骤，使分类构成完整的逻辑系统。就分类步骤而言，一般有两种分类方式：一是自上而下的分类，二是自下而上的分类。自上而下的分类是从所要分类的事物或现象的总体开始，然后按照不同的分类标准将其所包含的元素进行逐层、逐级的分类。从集合论角度看，自上而下的分类是在一个泛集里逐步按照一种单质属性进行再分类的方法。

自下而上的分类是从具有相同属性或特征的个体开始，将它们归纳成不同类别，然后再逐步概括类别间的共性并形成另一种类别系统。从集合论角度看，自下而上分类形成类别集合的方式是罗列法，而自上而下分类形成类别集合的方法则是界定法。自下而上分类的主要步骤包括：第一，从个体或元素中找出共同属性或相似特征；第二，根据相似性或共同特征将不同个体归入不同的初步组群；第三，对组群特征进行再归纳，总结出新的分类系统并进行再组合分类；第四，综合概括出分类系统的规则。例如，费孝通在对江村的研究中，根据调查所了解到的关于地主的情况，将地主分类为“在村地主”和“不在村地主”，这一分类既能很好地揭示经验事实，又能为分析地主与村庄的关系提供有用范畴。

自下而上的分类分析方法是农村社会学研究中的常用方法。当我们在田野调查或农村实地考察中获得大量的经验资料和信息后，会面临如何运用这些资料为构建理论服务的问题。在通常情况下，较为有效的方法是对分散、庞杂的资料加以归纳，概括出其中的共同属性或相似性内容，然后再将具有共同特征的现象、内容加以抽象，形成类别系统。如果分类系统中的概念能有效地概括事物或现象的特征与规律，那么，这种分类也会成为解释现象的重要理论构成，因为任何理论都是由概念有机组合而成的。

二、内容分析

内容分析法有狭义和广义之分。狭义的内容分析法是指对研究资料的内容进行分析的方法；广义的内容分析法则是定性研究的一种分析策略，主要指对特定的即与研究对象密切相关的定性资料所包含的意义、主体意识与观念，以及社会与文化法则等进行系统分析的方法。如伯格认为：“内容分析是对资料的特定部分进行细致的、具体的和系统的考察和解释，以便确定其模式、主题、倾向和意义。”①

内容分析有三个关键步骤：第一，从田野经验材料中整理出有规律的内容；第二，系统分析内容所包含的更深层意义；第三，揭示和解释内容所隐含的规则和意义。

---

① BERG B. Qualitative research methods for the social science. New Jersey: Pearson Education, Inc., 2007: 303.

作为一种定性分析的策略，内容分析的对象既可以是参与观察的记录，或是田野调查所获得的音像资料、文件材料和档案资料等，也可以是定性访谈的材料。如果分析的对象是访谈材料，那么内容分析常常会引入叙述分析（narrative analysis）。因为访谈材料的内容包含了叙述过程和叙述内容，叙述分析则要从复杂的叙述材料中分析和解释社会现象的本质。

叙述分析通过对叙述材料基本内容的分析，揭示叙述者是如何在所叙述的经历中构建意义的，以及这种个人的意义构建过程又是如何与社会世界联系起来的。所以，叙述分析虽然以分析内容为基础，但分析的重点并不在于重现叙述内容，而在于分析故事是怎样讲述的，以及为什么会以这种方式讲述。也就是说，揭示意义结构才是叙述分析的真正目的。犹如里斯曼所提出的，叙述分析实际上是看待叙述文本不同方式的连续统（continuum），而非一种标准方法①。

叙述分析的主要内容可概括为三个方面：（1）结构；（2）意义；（3）互动。结构分析是分析叙述的结构，叙述的结构包含表面（或微观）结构和深层（或宏观）结构两种。表面结构即指叙述者是怎样讲述他们的故事的，这种结构代表叙述的语言学特征，如叙述语言的语义结构和语法结构特征。深层结构指的是叙述者为什么那样叙述，属于叙述中的社会关系和结构。意义分析是叙述分析的核心。意义分析由两个方面组成，一是分析叙述故事的意义，二是对故事意义的意义分析。前者是了解故事之于叙述者个人的意义，后者则要理解和揭示故事所包含的社会意义。互动分析类似于符号互动分析，即把叙述视为一种交流互动的过程，这一过程得以实现，其实是靠那些符号在其中所起的作用。因此，互动分析是要揭示支撑互动过程的符号及其意义。

叙述分析的基本脉络有两条：一是故事（事件、经历），二是情节（见图 2－4）。

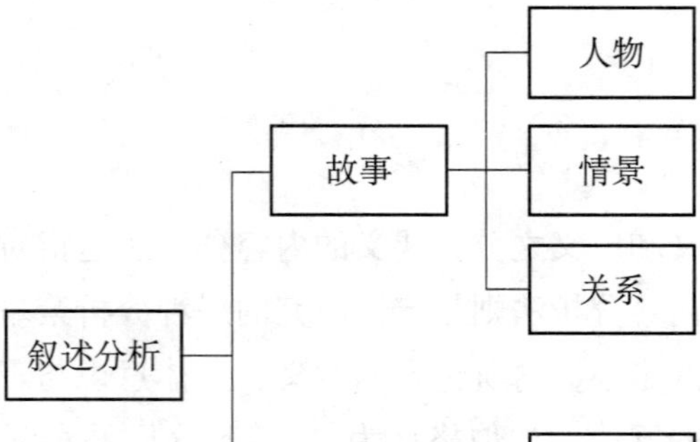

图 2－4　叙述分析的逻辑框架

① RIESSMAN C. Narrative analysis. CA：Sage Publications，Inc.，1993：6.

在故事分析中，主要抓住三个要素——人物、情景和关系，需要分析故事中的人物有哪些、在什么样的情景中形成了哪些重要的社会关系。在情节分析中，主要关注两个要素：一是时间，二是互动。时间分析不仅要了解故事发生的时间，而且要揭示故事的时间性和历史性，从时间维度去理解故事的意义。互动实际上包括故事中的人物互动和故事叙述者与听众的互动。互动是由人们相互作用的行动构成的，也是构成事件和社会的基本元素，人们总是要通过行动才能构建起社会，因而几乎所有意义都是在互动中构建的。互动分析，目的便在于揭示互动行动背后的社会意义。

三、深描与解释

在农村社会学的定性研究中，通常要运用描述法来呈现经验材料并进行解释。描述有两种形式：一是轻描（或浅描，thin description），二是深描（thick description）。轻描是指一般性描述，即把一般经验事实和表层现象描绘和呈现出来，内容主要包括这样几个方面：（1）背景描述，主要描述一个社会、一种文化、一个群体、一件事件的背景和情境。（2）行动描述，主要描述在一定情境或背景中发生的各种社会行动和互动。（3）关系描述，主要描述在一定背景下人与物、人与人、人与团体之间存在的不同联系。（4）谈话描述，主要描述在访谈过程中被访者对问题的回答和对现象及事件原因的解释。

深描则是一种解释方法，格尔茨把深描视为“迈向文化的解释理论”，认为：“文化就是这样一些由人自己编织的意义之网，因此，对文化的分析不是一种寻求规律的实验科学，而是一种探求意义的解释科学。”① 深描的目的在于析解各种神秘莫测的文化现象背后的意义，也就是说，深描包含了分析和解释。

深描与轻描的区别并不是深浅程度上的差别，而是性质上、方向上和方法上的差别。具体而言，它们之间的区别在于：（1）深描属于解释性描述，而轻描属于描述性描述。解释性描述的目的不在于呈现经验现象，而在于破解现象背后的“信号密码”，即现象的原因或行动的动机；描述性描述的目的则主要是呈现或再现客观事实。（2）深描解释是客位取向的，而轻描解释则是主位取向的。一般性的轻描更加追求描述贴近当地人或当事人的事实和观念，尽量把当地人或当事人所说或所做的解释描述出来，并认为这种主位的解释更可信、更真实。而深描则恰恰相反，深描所关注的不是当地人或当事人怎么说、怎么做，而是他们所说所做的意图或动因是什么。（3）深描所采用的主要是析解方法，而轻描主要采用的是记录方法。析解方法是分析和解释一些表象或行为的意指结构，即揭示在一些现象背后，究竟隐含着何种社会意义或原因。轻描所用的记录方法主要把各种表象和事实记录下来，然后呈现出来。

---

① 格尔茨．文化的解释．韩莉，译．南京：译林出版社，1999：5.

深描与轻描是两种不同的描述解释方式，两者在研究中有着不同的解释功能，这些功能并非相互排斥的，在较多的定性研究中，两者是相互补充、有机地构成一体的。

深描是一种解释性的描述，而且深描所做的解释，也不是一般的意义说明与解释，而是对社会文化现象的深层意义或社会行动“密码”的破译，深描解释属于“解释之解释”。

“解释之解释”是指对一般浅层的解释做更深层的解释。在农村社会学研究中，研究者会在田野工作中看到和听到关于某些社会文化现象之间的关联和原因的解释。例如，在询问农民生男偏好的动机时，他们会给出诸如“养儿防老”“农业需要男劳力”之类的主位解释。尽管这些解释可能是符合逻辑的，也可能是出于真实意思的表达，但是，对研究者来说，如果研究的解释仅仅停留在当地人的解释之上，研究就可能没有达到揭示深层意义的目标，而只是对浅层意义和表象的说明而已。

所以，深描解释的主要任务之一是对访谈中的一般解释做深层意义的分析和解释，需要揭示被访者为何做出这种解释、在这种解释背后隐含着怎样的观念结构或意指结构，在此基础上再理解和解释那些现象或行为之于被访者的意义。

至于深描解释所要揭示的现象或行动的深层意义，主要是指人们在内心深处赋予行动和现象的意义。深层意义不同于行动的一般原因或动机，而是更深层次的、与观念系统及认知结构相关的驱动力和动因。深层意义与人们在一定的社会文化背景下形成的意指结构也有密切关系，任何文化中的人都会赋予一些符号、行动以一定的意义，因而任何行动都与文化中的意指结构有关。意义解释是要译解符号的意指，即符号指向何种意义。

格尔茨在对印度尼西亚巴厘岛的斗鸡现象的研究中，提供了一种深描解释的典型范例。他对巴厘岛的斗鸡现象的描述，并不是简单说明了斗鸡和赌博参与者的行为动因，而是揭示了隐藏在斗鸡和赌博行为中的社会等级结构这种深层次的意义。由此，斗鸡所代表的不是一般的游戏，而是“深层的游戏”，所有以不同身份参与这一游戏的人，实际上都在演绎着巴厘岛社会的等级结构，斗鸡就是用金钱来赌他们的地位。

深描解释所揭示的深层意义，帮助人们在微观现象与宏观结构之间建立起一种联想和想象，这种连接对于理解地方性知识和观念结构起到了中介作用。很好地运用深描法来分析和解释社会文化现象，将对增加认识和理解的深度有重要意义。

四、数据的量化分析

农村社会学的定量研究需要对农村社会调查数据进行统计分析，这样才能在理论构建与经验观察之间建立起联系，因此，对数据的统计分析是整个实证研究过程的必要构成。

对社会现象量化的基本方式是用变量来描述概念。根据测量水平或层次的不同，变量一般分为四种：定类变量、定序变量、定距变量和定比变量。统计分析方法的选择通常要参照变量的测量水平。定类变量的测量水平最低，变量取值只代表名称或类别的编码，没有量的差异，如性别变量中男性为 1，女性为 2，只是类别编码。定序变量的测量层次比定类变量高，变量的取值不仅表达类别关系，而且表示次序关系，如学历变量中的小学、初中、高中、大学等的编码。定距变量的测量层次更高，变量属性间的距离或差异具有实际意义，如温度的测量。定比变量是测量层次最高的变量，除具有定距变量的所有特征外，还有真实测量的特征，其 0 值是非人为制定的。变量的测量水平越高，其所含的信息越多。

用于农村社会学定量研究的数据一般分为两类：一类是截面数据（cross section data），另一类是面板数据（panel data）。如一次农村普查、抽样社会调查所得的数据属于截面数据，而面板数据则是对一定对象在不同时点进行追踪调查所获得的数据，在通常情况下截面数据运用较多。

在对农村社会调查数据进行量化分析时，通常运用的统计分析方法大体包括描述性统计分析和高级统计分析。描述性统计分析是基本的统计分析，也是将复杂的社会现象用简化的统计值描述并呈现出来的分析方式。常用的描述性统计分析主要有频数分析（如频数和比例）、集中趋势分析（如平均数、众数和中位数）、离散趋势分析（如标准差和离散系数）、相对位置分析（如四分位数）、列联表分析、相关分析等。

高级统计分析是指运用一些相对高级的统计模型来分析社会现象和社会问题中所包含的更为复杂的变量关系。常用的统计模型可分为两类：一是因果模型（dependance model），二是相依模型（interdependence model）。因果模型是用于分析自变量的变化如何影响因变量的变化的模型，而相依模型则是用于分析变量、类别和案例之间的结构关系的模型。①

常用的因果模型分析主要有多元回归分析、Logistic 回归分析、Logit 模型分析，这些分析方法适用于对单因变量的因果关系进行分析。在对多因变量的分析中，主要运用典型相关分析和多元方差分析方法。在对复杂社会现象进行因果关系分析时，时常会面临变量之间有多重因果关系，那么可运用路径分析法，分解出变量的直接作用和间接作用。若多重因果关系中还有不能直接观测的潜在变量，则需要运用结构方程模型来进行分析。

常用的相依模型分析主要包括因子分析、聚类分析和对应分析。其中因子分析和聚类分析适用于对多个有精确测量值的测量型变量进行分析，对应分析可用于分析不同非测量型变量的类别关系。

在使用面板数据进行统计分析时，可运用事件史分析法来进行因果关系分析。事件史分析法主要用来分析某一事件发生的方式及其决定因素，常用的分析模型有

---

① 郭志刚．社会统计分析方法：SPSS 软件应用．北京：中国人民大学出版社，1999：7.

离散时期 Logit 模型和 Cox 比例风险模型。定量研究的统计分析可以借助于一些统计软件，较为常用的统计软件有 STATA 和 SPSS 软件。

五、农村社会学理论构建

构建农村社会学理论必须从资料出发，需要从经验事实中去探寻和总结一般化的规则，资料之于理论构建是必要的。但是，资料并不等同于理论，经验事实仅仅是事实，而不是理论。所以，仅有资料对理论构建而言还不充分。资料对于理论构建是必要条件但不是充分条件。此外，在检验理论时，人们通常坚持用事实去证实或证伪一般的理论观念，其实，事实性的检验只是理论检验的一个重要组成部分，而不是全部。因为事实不能完全证实或证伪一般理论，即使理论中的具体内容被事实证伪，理论的其他部分也不一定被彻底否定。例如，关于农村妇女后台权力论，或许我们在现实中可以看到有些地方的农村妇女拥有前台权力的事实，但这一事实并不能完全证伪这一理论。事实检验会不断修正理论，并促进理论不断发展。尽管任何理论都会受制于事实，并通过经验事实加以修正，但理论的发展和提升仅靠事实检验是不够的。

构建农村社会学理论除了要对农村调查经验资料进行加工和发挥外，还需要非经验的、先验的思想活动参与。何以能从具体事实中抽象出一般化的规律呢？抽象出的理论是否具有较好的解释功能呢？这通常取决于理论的构建者是否具有较高的非经验的、先验的思维能力。理论的构建需要研究者首先提出理论假设或理论问题。虽然理论假设与经验有着某种间接联系，但就某个专门研究而言，假设是先于经验的。为了从经验事实中得出理论，一般需要对事实有某些假定或设想。而提出这些设想，往往依赖于研究者所拥有和掌握的先验的思想。

参与理论构建的先验思想的源泉是研究者的理论素养，即研究者养成或习得的抽象思维和理论概括能力，其中主要包括理论想象力、逻辑推理能力和理论演绎能力。农村社会学理论是关于农村社会世界中的各种现象关系的原理，要在复杂的现象中探寻一般规则，想象力是非常重要的。此外，要建立系统、严密的理论体系，必须有可靠的逻辑推理和理论演绎及阐述能力。这些先验的因素并不直接来自经验观察，而是源自理论习得。先验的思想主要来自一个学科的理论传统，即科学连续统，亦即科学研究者一代一代向下传承的、连续统一的理论传统（见图 2-5）。[①]

对农村社会学研究者而言，可以通过亲身经历去感知农村社会世界，因而把握事实或经验相对较为容易，但要实现研究的目标并构建起一种理论，还必须对所经历的事实进行先验的思考，不然，研究者所把握的事实与普通农民的经验没有实质性区分，而且不可能形成对农村社会学理论体系有所贡献的理论知识。

---

① 亚历山大．社会学二十讲：二战以来的理论发展．贾春增，董天民，等译．北京：华夏出版社，2000：6.

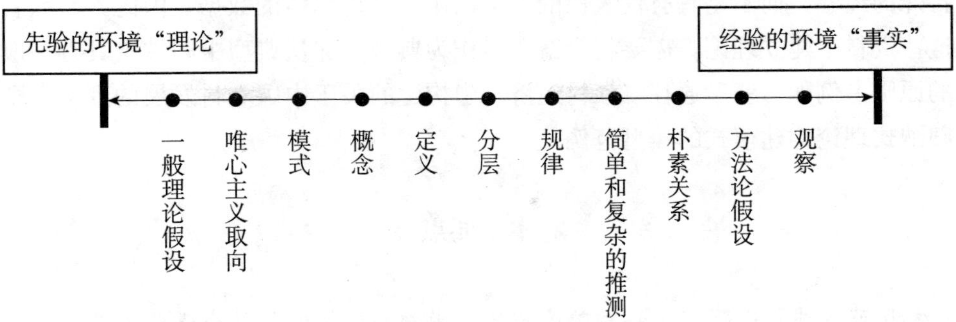

图2-5　科学连续统及其成分

构建理论有两种模式：一是演绎式理论构建模式，二是归纳式理论构建模式。两种理论构建模式主要是在逻辑推理过程中所采取的方式有所不同：前者采取的是演绎式推理，即从一般到个别特殊；后者采取的是归纳式推理，即从个别特殊推导出一般。

演绎式理论构建的程序大致可分为五个基本步骤：

（1）详细说明主题。

（2）详细说明理论关注的现象范围：理论是将被运用于所有人类社会生活，还是仅仅被运用于美国？是被运用于年轻人，还是其他什么？

（3）详细说明主要概念和变量。

（4）找出关于变量关系的既存知识（定理或命题）。

（5）从这些命题逻辑地推论至你们正在考察的特定主题。①

在演绎式理论构建过程中，首先需要明确主题。主题一般是研究者感兴趣的、旨在解释的问题。在说明主题时，要运用一些概念或变量，并对概念和变量的内涵及所指范围加以交代和澄清。在主题表述方面，研究者需要根据一定的判断提出某种设想或假设。而且，这些设想或假设通常要与相关的理论传统或既有知识有一定联系。在提出理论假设之前，需要了解与该主题相关的其他理论成果和已有的认识，这样可以使自己的理论与其他理论形成对比和讨论的空间。在提出理论假设之后，就需要根据主题的范围对相关事实加以考察，并逐步推进逻辑演绎和理论阐述。例如，倪志伟在构建中国农村市场转型理论中，所采取的理论构建策略便属于演绎式理论构建模式②。

归纳式理论构建模式主要采用逻辑归纳方法，即从个别到一般的逻辑方法。归纳式理论构建过程一般从观察个案开始，在获得一定的个案材料的基础上，再归纳或总结出具有普遍意义的原则。这一理论构建策略在定性社会研究中运用得尤为广泛，因为在定性社会研究中，用于理论构建的资料常常来自研究者直接获得的具体

---

① 巴比．社会研究方法．邱泽奇，译．北京：华夏出版社，2000：81.

② 倪志伟．一个市场社会的崛起：中国社会分层机制的变化//边燕杰．市场转型与社会分层：美国社会学者分析中国．北京：生活·读书·新知三联书店，2002：217-259.

和特殊的经验，而不是具有代表性的、可以用来推论总体的数据，因此，研究者要从这些资料中建立理论，需要将个案资料作为典型，并从典型中归纳出具有一般意义的原则。例如，费孝通在《江村经济》中构建的关于中国农村发展的理论，则属于归纳式理论构建模式的典型范例①。

本章要点

社区研究或村落研究是一种较为流行、影响较广的农村社会学研究范式，该范式在研究农村社会与文化方面有两个优势，也有两个方面的局限性。农村调查范式主要针对某项农村政策制订，或是为了认识和解决某种农村社会问题而对某些农村地区进行实地考察。农村调查范式的突出特点是快捷高效，局限性体现在：调查对象选择的主观性会在一定程度上影响认识和判断的准确性，较短时间的调查会制约调查内容的范围和深度。实证研究范式是指运用科学方法获得有关农村社会事实的系统经验，并通过经验分析来验证和发展农村社会理论。

农村田野调查的内容包括经验资料的收集和理论思考与研究。在农村田野调查中，研究者通常会运用到民族志研究的两个核心技术手段：参与观察和深度访谈。若农村社会学研究需要进行大样本调查、了解大规模群体的宏观特征，农村社会调查研究方法则是有效的方法。

一项具体的农村社会学研究需要对经验材料进行系统科学的分析，并在此基础上构建能对农村社会现象及其运动变化规律进行有效解释的一般理论。构建农村社会学理论必须从资料出发，还需要非经验的、先验的思想活动参与。

关键概念

范式	民族志研究	田野工作	实证研究
社会调查	覆盖定律	参与观察	深度访谈
概率比例抽样	内容分析	深描	截面数据
面板数据	描述性统计分析	因果模型	相依模型

思考问题

1. 社区研究、农村调查和实证研究三种范式各有哪些优势？又各有哪些局限？
2. 农村田野调查工作的主要内容有哪些？
3. 农村社会调查研究方法适用于哪些研究？
4. 举例说明如何在一项研究中构建农村社会学的理论。

① 费孝通．江村经济：中国农民的生活．北京：商务印书馆，2001.

推荐阅读

1. 库恩．科学革命的结构．北京：北京大学出版社，2003.

2. 巴比．社会研究方法．邱泽奇，译．北京：华夏出版社，2000.

3. 郭志刚．社会统计分析方法：SPSS 软件应用．北京：中国人民大学出版社，1999.

4. 陆益龙．定性社会研究方法．北京：商务印书馆，2011.

5. RIESSMAN C. Narrative analysis. CA：Sage Publications，Inc.，1993.

第三章
村落与农村社区

农村之为农村，一是有“农”，二是有“村”。大量村落或村庄的存在，成为农村社会存在的前提基础。因此，理解农村社会需要从认识村落开始。

第一节　村落的意义和特征

村落既有悠久的历史，又是现实的存在，认识和理解村落的意义，既要有历史的视野，也需要从现实出发。村落不仅形态是多样的，而且其意义和特征是丰富的。

一、什么是村落

村落是由相对稳定的人口长期居住生活在一定的地域范围内而形成的一种聚落生活共同体。作为农村社会的一种单位，村落的形成是历史延续和变迁的结果。一个村落的名称不仅是一种社会单位的称号，而且是有历史感的，是经过一系列历史事件和过程积淀而成的现实局面。所以，村落的最基本形态是自然的，即“自然村”或传统的村落。

村落也是一个“地方”，这个“地方”既是地理意义上的聚居地域，又具有社会归属的含义。村落是村民居住、生产和生活的地方，村里的人是相对稳定的，因为村落并不是完全对外开放的。村落是有社会归属的，例如我们常会听到村民这样的表述：“这是我们村的……”这表明虽然村落由多个分散、独立的家户组成，但每个村落其实有共同归属，即村子共同属于全体村民。村落所具有的这种共同归属意义源自居住生活在这个地方的人共同占有相应的财产，如河流、水塘、道路、山林等。在一个村落的地理空间里，有着被共同占有的公共资源，这种共同占有成为村落社会关联的一种基础。

村落还是一种生活共同体或社区，是村民共同组织起来的社会生活单元。作为共同体或社区，村落实际包含了内在的治理机制和社会团结机制。例如，在传统的宗族村落，共同体的生活和秩序的维护有内部自治机制。随着社会的变迁，村落共同体越来越受行政管理的影响，如行政村，实际上是对村落社会单元的一种行政划分和管理。

村落有三个基本要素：一是村民主体，二是地域边界，三是社会认同。首先，村落是农村社会的一个单位，构成村落社会的主体便是村民。作为村落社会的成员，村民的资格需要按照一定规则加以认定。在通常情况下，村民资格的获得主要有两种渠道：一种是世代的继替和传承，如一个家族祖祖辈辈居住生活在村子里，其成员自然就有村民资格。另一种是联姻，即通过与某一村民通婚而成为村落新成员。当然，还有其他一些被认可的迁居者也可能获得村民身份。获得村民资格的约束机制意味着村落虽是一种被共同占有的地域空间，但也是一种有机组织起来的社会系统，在这个系统内部，实际上具有保障其稳定运行的各种社会机制。例如，一些农村发达地区出现“村籍制度”，是村落内部形成一种社会机制来维护自身的独立性和延续性。

其次，地域边界是构成村落的又一个基本要素。因为“一个村落就是一个地域归属的界定，……一个传统的地方，这包括一个所谓的‘自然村’，简言之就是一个仪式上的和有历史的单位”①。地域不仅是村落社会的载体，同时也是将村落共同体联结起来的基础。作为一个社会共同体，村落内社会成员相互关联其实基于他们共同占有着相应的地域，也就是具有一种基于地域的共有产权。既然村落社会的关联涉及共有产权，而产权是有边界的，那么在这个意义上，村落其实是有产权边界的地域。一个村落与另外一个村落的区分，在形式上表现为地域上的界线划分，实际上也包含权利边界的意义。

最后，在村落社会共同体形成的过程中，还离不开社会认同的作用。我们常会听到村民有这样一些表述，如“我们村”“村里”，这些语词实际上是村民对村落共同体社会的认同表达，表现了村落成员具有一种共同的社会心理，即把村落认同为自己的社会与情感归属。从平常生活角度看，村落里的各家各户似乎是分散的、独立的，然而事实上，村落成员在社会心理和情感上是相互联系起来的，而非分散、独立地存在的。村民即便离开了村落，也会在心理和情感上保留一些社会记忆，亦即人们常说的“乡愁”。在这个意义上，村落能成为一种社会共同体，与其成员在社会心理和情感上的认同有着密切的关系。村民对村落的社会认同，实际上包含着他们共同遵守一些人际关系准则、行为规范和价值原则，由此形成彼此间的相互关联，共同维持着村落共同体的秩序和运行（见图 3-1）。

二、村落的社会意义

村落是农村居民居住生活的自然、社会与文化空间，这一空间不仅是多种属性

---

① 王斯福，赵旭东，孙美娟．什么是村落？．中国农业大学学报（社会科学版），2007（1）．

图 3-1　作者家乡的小山村（摄于 2016 年）

的综合，而且具有丰富的社会意义。对村落社会意义的理解，可重点把握以下三个方面。

第一，村落是农村社会的载体和物质基础。城市与农村是一个社会的两个构成部分，农村社会不同于城市社会之处在形态上表现为物质载体的差别——村落承载着农村社会，而城市社会的载体则是城镇空间。

村落之所以能够承载起农村社会的存在和运行，是因为村落具有这样一些功能：一是宜居功能。村落是由一定人口聚居在一个地方而形成的，人们能聚居在这个地方，表明这个地方能够提供适宜居住的条件。二是食物自给功能。村落能维持农村社会生活的正常运行，主要靠村落的食物自给功能，村落依靠自身的自然资源和劳动力资源，可以在一定程度上实现食物的自给，满足居民的基本生活需求。当然，也有一些村落的自然条件很恶劣，村民的温饱不一定能完全得到保障，因此需要进行农村扶持和救助。三是生计功能。村落能承载起农村社会，一个重要原因是村落还是一个谋生的地方，这个地方为农业生产提供了条件。如今，在工业化、城镇化过程中，有些村落可能不再有农业而出现了新的生计模式。

第二，村落是社会共同体或社区的基本形式。村落不仅为人们的共同居住生活提供了一个空间，而且生活在这里的人们有机地联系起来，形成了一个社会共同体或社区。作为一种共同体的村落，反映出在这里个人并非分散孤立地生活着，而是有机联系在一起，由此反映了农村社会是如何组织起来的。

村落的社区意义对我们理解农村的社会关系、社会秩序、社会治理以及运行和变迁过程等很重要。在村落社区，居民依靠共识、集体良心和情感自然而然地、有机地联系起来，依靠内部的自治机制维持着均衡秩序，并通过自身演化动力而缓缓变迁。由此可见，村落代表着一种典型的社会团结和社会生活方式，这种社会团结和社会生活方式在当今常被视为传统的方式，在农村社会的现代转型过程中，传统的社会团结和社会生活方式则面临着种种挑战。

从一个更为宏观的角度看，村落社区是一个社会的基层结构。村落能够有效地组织起农村基层的社会生活，表明村落社区在个人与社会之间发挥着桥梁的功能。

村落居民通过社区生活，使个人与一个范围更大的社会系统联系起来。如今，在现代化、城镇化的冲击下，村落正发生着巨大变迁。随着越来越多的村落居民向外迁移流动，村落出现了“空巢社会”现象。[①] 然而，村落出现的变迁反映的是村落社会的新常态，而并不意味着村落的社区意义的消失。

第三，村落是乡土文化的形成场域。文化本质上是人们社会生活智慧的结晶，主要包括语言、技艺、艺术、风俗、道德、法律以及习得的各种技能等。村落是一种社会生活空间，在这里滋生和积淀了丰富而深厚的乡土文化。许许多多的村落，有着多姿多彩的风俗民情、民居建筑、劳动技艺、民间文艺等民间的、乡土的文化。这些乡土文化之所以离不开村落，是因为村落所提供的社区生活是乡土文化生长的根源和土壤。

乡土文化与村落的内在联系，表明村落具有文化属性，是重要的文化资源。村落的文化资源有着浓厚的地域特色，是一种特有的资源。保护和利用好村落文化资源，不仅对保持文化多样性有贡献，而且可通过特色文化资源的开发利用来促进新时期的农村发展。

此外，村落的文化资源具有鲜明的生活色彩，村落生活便是文化的源泉。当前，现代化、城镇化的生活方式正不断影响着农村生活方式，村落生活随之也在发生变迁，这意味着源于村落田园生活的文化资源在渐渐流失。所以，在农村现代发展的过程中，现代发展与村落文化资源保护如何兼顾、如何协调，是一个值得关注和探究的问题。

三、村落的性质特征

在现代社会快速变迁与发展的进程中，村落有边缘化的趋势。要深刻理解村落之于人类和文明的意义，还需要认识和把握村落的性质。当我们抓住村落的真实本质时，会对村落在现代社会的变迁及其现实状况保持理性的态度。

从历史和现实的角度看，村落的主要特征可概括为以下四个方面：

第一，自然选择性。从村落起源来看，人类选择在一个地方集中居住生活，这是自然选择的结果，因为村落更好地满足了人类社会性群居生活的要求。而且，人类选择在村落共同生活，也在发挥自然条件的优势，为自己的生存和生活创造更好的环境。所以，传统的村落通常是由人们逐水而居，长期在一地生产和生活而自然形成的一种自在的社会共同体。

既然村落是自然选择的结果，那么村落之于人类社会生活而言，既是必然的，也代表文明的进步，因为村落为人类的生存和发展提供了更为优越的条件和方式。

第二，价值独立性。作为一个生活共同体，村落会有自己的价值原则，而且村落的价值具有独立性，即独立于其他社会单位而具有自身的特点和完整性。村

---

① 陆益龙．农村劳动力流动及其社会影响：来自皖东 T 村的经验．中国人民大学学报，2015，29（1）．

落独立价值的形成和巩固，是在长期共同生活过程中实现的，而非一朝一夕之事。

正是因为村落有着独立的价值，共同体成员才能有序组织和维持相对独立的社会生活，而且为了共同利益常常能自发发起共同行动。村民在为实现共同目标而有机地团结起来时，所依靠的力量主要是村落的共同价值，团结起来的目的是维护村落价值的独立性。

第三，历史延续性。村落的存在和延续经历着一定的历史沿革和积淀，并构成一个连续的有机体。所以村落不是简单的人群聚落，而代表着一种社会历史过程。每个村落都有自己的历史，而无论是否有文字记载了这段历史。有些村落则用村志记录自己的历史，可见村落较为重视其历史价值和意义。

村落的历史延续性并不意味着村落一成不变，而是指一种历史的延续和变迁过程。每个村落在漫长的历史长河中，都会经历无数次的演变而维续当下的状态，这个过程曲折且复杂，但同时构成了一个历史连续体。例如，在城镇化快速推进的过程中，城市的扩张导致一些“城中村”出现，虽然其中原因复杂多样，但从一个角度反映出村落这一历史连续体具有很强的生命力和延续力。

第四，边界稳定性。村落是有边界的，村落的边界又是相对稳定的，除了内部的再生产和重大事件的影响，外群体通常难以进入其中。村落的边界不仅是空间地域的，也是社会经济和文化心理的。空间地域边界是一个村落与其他村落或外界区分开来的标志和界线，属于有形的、实在的界线，是村落地域独立性的物质基础。社会经济和文化心理边界则是无形的、观念上的意识边界，如村落成员资格、共有产权、人情礼俗和社区认同等，不同村落之间其实都是有边界的。

无论是实体边界还是意识边界，村落的边界都具有相对稳定性。在地域上，村落之间的界线是较为固定的，地域上的资源及产权边界也相对固定。在观念上，村民对村落社区及其文化的认同边界既明显又相对稳定，在通常情况下难以改变。村落边界稳定性既是村落的一个突出特征，同时也是村落共同体存续的基础，正是在相对稳定的状态之中，生活共同体特征才得以形成。

第二节　村落中的家和户

村落是农村社会生活的空间或基本单元，各家各户世代在这里繁衍生息，并通过自己的生产和生活等日常活动，支撑起农村社会的运行。

一、村落社会中的家

家是构成村落的基本单位，但家的概念在村落社会中具有更广泛的意义，甚至代表农村社会的群体，如费孝通提出：“农村中的基本社会群体就是家，一个扩大的家庭。”[①] 在村落社会，家不仅具有核心家庭的意义，而且包含家庭的扩展和延伸所构成的社会群体，例如村落中的家族，甚至是整个宗族村落。

对农村社会中的个体来说，村落是他们的家所在的地方，即个人的家总要落在一个村落里，村落就是家乡。家对每个人来说，首先是他们父母的家庭，因为我们来到这个世界，大多首先要生活在父母组成的家庭之中。然后便是自己独立的生活家庭，人类学称之为“子宫家庭”（uterine family）[②]。生活家庭是自己结婚之后组成的核心家庭。农村社会中的分家便是生活家庭走向独立的一种方式和过程，分家既包括从父母的家庭分离出来成为独立的生活家庭，也可能同时与兄弟的生活家庭分离开来而独立。由此来说，在村落社会中，家的基本属性是生活性的，人们生活在家中，为生活而组成并运用家的形式和策略。

村落社会中的家还具有扩展的意义。一些有亲属关系的独立家庭会构成亲属团体（kinship group），亲属团体中的人通常也会自称为“一家人”。在这个意义上，家实际上成为扩大了的社会联合体。农村社会的家族是由具有血缘关系的家庭构成的社会群体，家在其中的意义不仅是一种生活单位，还具有社会联合的意义。家通过一定的关系纽带联合起来而构成社群，由此家在村落社会中有了更广泛的意义。

家与村落之间的联系还会存在一定的情感特性。对农村社会的个体来说，他们对家所持有的情感会扩展至村落，因为家的生活依托于村落，在村落中进行，并与村落中的其他家相互关联、共同生活。所以，源自共同生活和社会互动的情感不只局限于单个的家，而可能蔓延至整个村落共同体。例如，人们常有的那种“家乡”情怀，以及眷恋家乡的情结或“乡愁”，反映出人们对家和家所在的村落共同体的特殊情感。村落是人们的家所在的地方，在那里的长期生活会让人们产生家乡感——一种特殊的情感联系。

村落为家的生活提供空间场域和自然资源，是家的载体。与此同时，家又是村落社会再生产和维续的基本机制。家对村落而言发挥了两种基本社会功能：一是维持日常运行的功能，二是保障社会延续的功能。村落的日常运行实际上是各家的生产和生活，因而家在村落中发挥着维持日常运行的功能。此外，家对村落还起着保障社会延续即社会再生产的功能。村落社会之所以得以延续下来，是因为村落始终有人口的世代繁衍，亦即人口的再生产。在城市社会，人类种族的延续和人口的增长不仅可以通过内部再生产的途径，还可以通过人口迁移的途径实现。而在村落社会，人口的增长主要依赖于自身的再生产机制，也就是各个家庭的人口再生产。因此，家庭之于村落而言，其实承担着社会人口再生产的功能，是人口繁衍的社会与文化机制，而正是这一机制，保障了村落得以不断地延续和变迁。

---

① 费孝通．江村经济．北京：商务印书馆，1988：41.

② WOLF M. Women and the family in rural Taiwan. Stanford：Stanford University Press，1972：164.

二、村落社会中的户

在村落社会，户与家有时是相互重叠的，由此也就有了“家户”概念，意指一家即为一户，两者相统一。虽然村落中的户以家为基础，与家是密切相连的，但户的概念还有一些不同的含义。在有些方面，户与家的意义和性质不是完全相同的。

首先，户的意义主要体现在管理层面，户是一种社会管理的单位。在农村社会管理的历史中，有“编户齐民”的传统，民国时期农村推行的保甲制，乃至当今实施的户籍制度，这些农村社会管理方式是将村落中的人口按户登记造册，然后主要以户为单位来实施各种管理措施。在社会管理机关登记造册的户，可能与家庭的基本情况统一，但也可能不完全统一，主要是通过登记界定管理对象的单位。所以，在这个意义上，户是农村社会管理的基本单位和对象。户因而不是生活性的，而具有管理属性，体现的是统治、管理的关系。户的管理属性代表着村落与外部世界的一种关系，体现了村落并非完全独立地存在和运行，而是与国家、整个社会相连。

其次，户在村落内部自治中具有分配的意义，通常是一种分配的单位。村落不仅要接受外部力量的管理，较多村落内部事务还通常会通过内部自治机制得到治理。如一些村落共同资源、共同利益等需要在村内分配，此时户是一个重要的分配单位。作为分配单位，户包含了经过权威界定和大家共同认可的范围。因此，户是一种有相对确定内容的单位，例如户主是谁、户内有多少人口，这些是经过确认的，而不是弹性变动的内容。在村落社会治理中，之所以通常以户为单位来执行分配，是因为户的边界更加明确和稳定。如果说家是村落的基本生活单位，村落生活是由家组织的，那么户就是村落的基本经济单位，如农民把农村改革称作“分田到户”“包产到户”，由此可见农民把户视作经济活动的一个重要单位。

最后，户还具有权责依据的意义。从词源来看，出入相同屋门的人组成一户，户亦即一起生产生活的单位。当户作为社会单位用于管理之中后，户也就具有了权利和责任依据的意义。例如，户籍不光是一种户口登记的簿册和户口身份，还是借以在户登记造册所在地享有权利和承担义务的凭据。历史上，户籍是征调赋税和徭役的基本依据。① 户的权责意义反映了户的两个功能特征：第一，户是社会个体享有权利和承担义务的一个重要途径。资源并非直接配置给个人，而是通过户来进行配置的。第二，户是权责的主体单位。凭借户而享有的权利和承担的义务，意味着这种权责的主体是户或者说是一种集合体，而不是独立个体或法人。户能作为权责的依据，表明户具有代表权责主体的功能。

当今村落社会并未达到真正的个体化状态，户依然有着重要意义，仍是村落生活以及其他活动的一种单位。依托户、通过户或者以户为单位进行社会经济活动，仍是村落日常运行的基本状态，村落还是由各家各户支撑起来的。

---

① 陆益龙．户籍制度：控制与社会差别．北京：商务印书馆，2003：66.

三、家户继替与村落变迁

村落社会延续下来，保持不断发展，主要依赖村落社会的新陈代谢功能，这一功能的发挥其实是村落中家户的继替过程。当家户中的老一代逐渐老化并从村落中退去时，新一代会按照一定的社会与文化原则继承和替代空出的位置，由此构成了村落社会的家户继替过程。

村落社会中的家户继替过程实际包括两个方面：一是自然的更新过程，属于家庭生命周期的自然更新和延续的过程。由于每个家庭成员都要经历生老病死的生命周期，随着这个过程的不断重复和延续，家庭成员得以一代一代地继替和更新。家户继替过程受生命周期这一自然规律的支配，因而是一种自然更新过程。二是社会的演化过程。家户继替并不仅是家户人口的自然更新，还包含家户在村落社会中的世代更替与演变过程。作为社会演化的继替过程，是指按照一定的社会与文化法则继承和更新家户成员乃至村落成员资格、社会位置和财产资源权利的过程。例如，一个家户成员的生或死，不光导致人口的增或减，还会涉及家户成员资格、地位和权利的继承和更替问题。

村落社会成员资格的继替通常遵循两种原则：第一种是世袭原则，如一个家户正常的新增成员便可以按世袭原则成为村落的新成员，并可享有属于其家庭成员的相应社会位置和权利。第二种是社会认可原则。如果某种成员的增减情况经过大家的默认或认可，也就实现了成员资格和权利的更新替代。例如，在一个村落中，有些家户因在外发展而全部搬迁出去，他们的住房、宅基地以及其他在村中享有的权利一般会由他们选择某些方式来继替，但是他们选择的继替方式一般要得到大家的认可，否则继替难以顺利完成。在村落社会，成员资格继替以世袭原则为主。在世袭原则中，一般采用的准则是亲属关系世袭，即世袭的继承和更新首先在同一个亲属集团之内进行，并遵循亲属关系越近越优先的原则。在通常情况下，村落社会继替基本在村落共同体内进行，继替规则注重团体边界，与现代法律的继承原则有一定的区别——现代法律更加注重个体权利的独立性。

当今社会越来越走向开放，村落也正经历着巨大的社会变迁。特别是在市场转型过程中，村落人口向外的净流出一直在持续，由此出现了较多村落有空落化的趋势，这一现象反映的是村落社会继替过程面临脱节或断裂问题，村落里有较多的人离开，而这些空缺的位置并没有得到顺利的继替和更新。例如，在农村社会调查中我们发现，较多地方人户分离的现象比较普遍。村落中有些人长期在外经营和生活，甚至已在外面定居，但村里依然保留着落户状态，在村里仍有户口、土地及财产。村落中的人户分离虽然涉及户口登记管理问题，但其实也反映出农村社会继替机制所面临的问题。以往的农村社会继替规则和机制在市场社会和流动性增强的大背景下，造成了单向流出和滞流问题，而没有形成有效的更新替代机制。那些从村落流动出去的家户由于户口迁移等多种复杂原因，即便他们永远不会再回到村里居住生活，他们在村里所空出的社会位置，包括住宅、土地和财产权利等，也难以顺利地由新主体来继替，大多是空置在村里，由此而出现有其户而无其人的村落空落化格局。

第三节　村落的形态与构成

农村社会是由一个个分布在不同地方的村落构成的，有些村落是农耕村落，有些是渔村，也有些是牧民定居村落。不同村落所呈现出的面貌特征，以及所具有的社会设置，既反映了农村社会的异质性，也能从中看到农村社会生活的一些共同规律。

一、村落的多样形态

村落的外部特征主要体现在三个方面：一是村落的建筑物特征，二是村落的聚落形态特征，三是村落的地理地形特征。

村落的建筑物主要为民居即村民居住生活的场所。民居建筑的风格特点体现了丰富多彩的建筑文化。在中国农村，比较有名且有特色的民居建筑包括：北京四合院建筑、皖南徽派建筑、闽南客家土楼、广东碉楼、陕北窑洞、苗族吊脚楼、藏族碉房、蒙古族的蒙古包等。

村落的民居建筑风貌蕴含着丰富且深厚的民间智慧和民间文化意义，是了解和认识村落社会与文化的重要方面。村落民居建筑在外形特征上的差异和特色，既反映了村落文化的异质性和多样性，也体现出村落社会文化基础的不同。例如，陕北农村的窑洞建筑，既代表着这一区域特殊的自然物质条件，也包含了这里的农民在生存和生活中形成的智慧和文化策略。窑洞民居建筑风格充分体现了“天人合一”的文化理念：一方面，自然条件为窑洞民居提供了天然的环境和资源；另一方面，人类在长期生活实践中发现并积累了利用天然资源的知识和文化。

此外，村落的民居建筑风貌也是村民生活水平的一种外部表征。修建房屋对广大农民来说，一直以来都是生活中的大事，也是一个家庭重要的消费支出之一。所以，村民们建什么样的房屋，会体现出生活水平的基本状况。如果村落所建的房屋较为简陋，那么表明居民的生活水平处于较低状态。例如，安徽小岗村在集体经济时代，农业生产陷入危机困境之中，成了粮食供应、生产和生活要依靠国家救济的“三靠村”①，这一贫困状态在他们的民居建筑上也得到了集中的反映，较多村民只能建起低矮、简陋的茅草屋（见图 3－2）。

---

① 陆益龙．嵌入性政治与村落经济的变迁：安徽小岗村调查．上海：上海人民出版社，2007.

图 3-2　安徽小岗村的旧民居（摄于 1999 年）

村落是多个家户聚集的地方，因此村落在聚落外部形态上还表现为家户的分布格局。从住户分布形态看，村落大体有这样一些类型：（1）团形村；（2）条形村；（3）矩形村；（4）扇形村；（5）散点村。

团形村是村落家户聚集分布的主要形态之一，表现为较多家户集中聚居在一块平整的地方，形成类似圆形或团状的形态，这一村落形态是村民集中定居后随着人口增长和家户扩展而逐步形成的。

条形村是一种村落布局的主要形态，一般是村民沿着一条河流、一条道路或一条圩堤而聚居，其特点是可以充分利用河流或道路的有利条件，方便日常生活和发展经济。

矩形村是平原地带村落的主要形态，此类村落的人口和住户规模比较大，属大型村落。在形状上，矩形村的住户分布在街巷两旁，既有矩阵的特点，也有街坊式特征。村中有一主干街道，有条条巷道通达众多的家户，由此形成矩阵形状。例如，在华北平原，这一街坊式大型村落较为常见。

扇形村主要指住户的房屋依山坡而建，由此形成上下依次聚集的格局，具有扇形特征。这一类型的村落主要分布在高原山地地区，其特点是平整土地和耕地相对较少，住户扩展需要向山上延伸。

散点村属于住户相对分散的村落，在一些丘陵、山地区域较为常见。在这类村落中，家户通常分散在一些山脚之下或是山洼之中，一个聚落点的住户相对较少，而且聚落点较为分散，由此形成散点式的分布形态。

村落的多样性特征还表现在地理地形特征之上，分布在不同地理位置上的村落，是地理空间和社会空间的结合体，因为不同地理类型意味着地理条件和自然环境的差异。就村落的形成而言，有一定人口在一个地理空间中聚居和生活，说明村落的自然生态环境和资源，无论是平原、高原、山地还是丘陵，都能够在不同程度上满足村落人口的生存和生活的需要。然而，不同的地理类型以及不同的自然条件，会对村落经济社会及文化的发展有相应的影响。

从文化生态圈理论视角来看，文化类型与生态环境的类型有密切的关系。生活在不同自然生态圈的人群，他们受生态特征的制约和决定而形成不同的生计方式，不同的生计方式又会影响和决定他们不同的社会与文化特点。因此，地处不同地理类型（见表 3-1）的村落，在社会经济及文化方面也会具有与自然生态环境特征相对应的特质。

表 3-1 村落的地理类型分布情况（%）

地区	地理类型				总计
	丘陵	山地	高原	平原	
西部	41.4	37.9	6.9	13.8	100.0
中部	23.3	23.3	0	53.4	100.0
东部	30.8	30.8	0	38.4	100.0
先进村	12.5	25.0	25.0	37.5	100.0
共计	30.1	30.1	4.3	35.5	100.0

资料来源：2012 年“千人百村”调查①。

表 3-1 是 2012 年抽样调查所显示的当时中国村落的地理类型分布情况。总体来看，分布于平原地带的村落相对较多，占 35.5%，分布于丘陵、山地地区的村落各占 30.1%，由此可见，平原、丘陵和山地是村落的三种主要地理类型。

在村落三个方面的外部特征中，建筑物特征和聚落形态特征这两个方面会在社会变迁中发生改变，而地理地形特征的改变一般只会在移民搬迁的情况下发生。目前，村落民居建筑形态发生的变化较大，随着农村居民收入水平的提高，越来越多的人倾向于在村里建起具有现代特征的楼房，因而村落传统民居建筑在减少，大量楼房在村落中涌现出来。村落的聚落形态在农村重新规划建设如拆村并村或“村改居”过程中发生改变，有些村落的聚落形态在重建中演变为单元楼构成的小区，村落的这种形态的改变导致了村民被动地转变为类似城镇的居民。作为一种社会空间，村落外部形态的变化的意义不仅是形式上的，其空间内涵也会受到巨大影响和发生改变。

二、村落的基本构成

村落能够承载农村社会的日常运行，表明村落有一种完整的系统结构。这个系统结构具备承担相应社会功能的多种社会设置。从农村社会运行的现实情况来看，村落一般会由以下几个方面构成。

第一，水源、田地或山林草场等农业生产所需的自然资源。在村落这一社会空间里，农业生产既是主要的经济活动，也是社会生活的基础。村落农业生产的维持主要依靠村落的自然资源，所以村落一般会拥有相应的自然资源，主要包括水源，一些村落的水源是河流、湖泊、水塘或小溪，另一些村落的水源则是水井。此外，

① 该调查在中国东部、中部、西部各抽取 3 个省，每个省随机抽取 10 个村委会，加上 10 大先进村作为自代表样本，总共 100 个村委会样本，每村选取 30 个访谈对象，最终获得 2 714 个有效样本。调查于 2012 年实施。

村落一般会有农业生产所需的土地资源，如农耕村落有田地，牧业村落有草场山林，渔村有水域，等等。

田地等自然资源在村落空间中占据主要的、基础性的地位，这些自然资源是支撑村落经济和社会生活的物质条件，对村落的生产与生活方式有重要影响，犹如俗话所说：靠山吃山，靠海吃海。村落拥有什么样的自然条件，人们就会利用这些条件生存和生活。

第二，生活住所。村落是一种社会生活空间，村民居住生活的场所亦即民居是这一空间内的核心构成。村落中的住房一般占据中心地位，村民的生产和日常生活皆围绕此中心而开展。

村落中的住房通常为各家各户所拥有，住房和宅基地的权属一般在家户内继承。村落内新拓展的宅基地和住房一般要得到大家的认可，现在还需要得到法规政策的许可。村落内的住房建造通常是各个家户的独立行为，不像在城市会受到相关管理部门的管制和约束，因此较多的村落在住房构造和分布上也就显得较为不统一与不整齐。住房既是村落的重要物质构成和生活载体，也成为村民财富的重要象征。尽管有大量的村民一年中很少居住在村落的房子里，但只要财力允许，村民还是竞相在村里建起更高更大的楼房。

第三，道路或航道等交通设施和电力电信设施。村落是人群聚居的区域，在这里，人们既要进行生产活动，又要进行社会活动，同时还要与村外世界保持联系。为保障这些活动的进行，村落内一般都建设了公共的道路。以往村落内的道路主要是土石道路，与外面相通的道路也很简单。如今，村落与外界的联系越来越密切，各个村落皆有通往村外的主干道。在新农村建设中，“村村通”工程建设了通往各个行政村的硬化道路。随着乡村振兴的推进，乡村道路更加四通八达。

虽然村落较为分散，但在现代化建设过程中，绝大多数村落目前基本上已经通电，而且网络已覆盖绝大多数村落。从交通、通信等基础设施来看，村落基本具备了现代交通和通信联系的条件。村落的这些基础设施已经让村落与外部世界距离越来越小，联系越来越密切。

第四，店铺。村落是村民的生活空间，因而有维持日常生活的一些基本需求，如对油盐酱醋茶等日用品的需要。在开放的市场社会，既然有社会需求，就会有满足社会需求的提供者。村落内的店铺是为满足村民日常生活的需要而开设的，在村落内开设店铺的一般是本村的住户。

在数字化时代，村落的交通、电商、快递和物流业务快速发展起来，村落中的店铺既面临新机遇又有新挑战。一般在规模稍大一点的村落，店铺通常不止一个。村落内的店铺大多以经营常用生活用品为主，有些店铺还代理村落快递接收业务。这些店铺的经营范围和规模较小，大多在自家住所内开设，很少有独立的门面。村落内的店铺通常也是村民休闲娱乐的活动场所，如棋牌室、游戏室等，这些活动场所是有偿使用的，属于店铺的经营业务之一。较多的村民在闲暇时间会聚集于村落店铺的棋牌室，以玩牌来休闲娱乐。

第五，广场、活动室等公共活动空间。作为一种生活共同体，村落一般设有公共活动空间。在公共活动空间，村民们既可闲聊，也可议论公共事务，还可开展集体活动。传统村落的公共活动空间是村内的开阔地、大树下、水塘边、晒谷场等，较多村民会向这些地方聚集，并开展村内的一些公共活动。在振兴乡村的进程中，国家对农村公共文化设施建设的投入增多，目前村落大多建起了健身活动广场以及文化活动室。

每个村落其实都有公共活动空间，只是在不同的村落，公共活动空间会有一定的差别。有些村落的公共活动空间较为正式，有些村落的这一空间则分散且非正式。村落内的公共活动空间的功能不仅是为村内公共活动提供场所，这一空间也能反映出村庄治理的状况和特点。

第六，神庙、祠堂等信仰崇拜场所和设施。既然村落是农村社会的基本单位，那么在这种社会单位中，大多会有宗教信仰与膜拜的场所和设施，因为对一个社会来说，宗教是重要的构成之一。村落社会存在的各种形式的民间宗教和信仰仪式，实际上反映了生活在这里的人群的某些需要以及农村社会生活的某些方面，正如涂尔干所说："任何宗教都是对既存的人类生存条件做出的反应，尽管形式有所不同。"①

从村落的构成来看，较多村落会有满足村民宗教信仰和膜拜需要的公共场所和设施。这些公共场所和设施会根据人们宗教信仰形式的不同而有所区别，一般来说，满足村民宗教信仰和膜拜需要的公共场所和设施主要有：土地庙、神庙、祠堂、会堂、寺庙、礼拜堂、教堂等。这些公共的膜拜场所是村民开展个人膜拜行为和集体宗教仪式活动的重要空间，为村落社会的精神生活提供了物质条件。在"文化大革命"的"破四旧"运动中，很多村落中的祠堂、神庙以及一些宗教器物遭到了严重毁坏，农民的民间宗教信仰活动被视为封建迷信而遭受抑制。改革开放后，随着农村经济的发展和人民生活水平的提高，较多的村落开始修复或重建村落内的宗教信仰与活动的场所和设施，这些场所和设施基本上是由村民自发组织并分摊费用建设的，由此既表明了广大农民对村落的精神生活和宗教仪式活动非常重视，同时也反映出宗教信仰活动之于村民个体和村落共同体而言是非常重要的。因此，宗教活动场所和设施是村落重要的构成部分，是村落精神生活的物质载体，也是村落社会的和道德的象征。

第四节　行政村及其功能

村落有自然村和行政村之别。自然村属于"功能性的地域群体"②，是人们聚居

---

① 涂尔干．宗教生活的基本形式．上海：上海人民出版社，1999：3.

② 费孝通．江村经济：中国农民的生活．北京：商务印书馆，2001：104.

生活在同一个地方而自然形成的；行政村则是根据行政管理需要设置而成的，因而是一种行政单位。

一、行政村的含义

行政村是政府为对农村进行管理，依据相关法律在乡镇政府之下为执行行政管理而设立的村级单位，一个行政村大多由多个自然村组成，较多以其中一个自然村的名称命名，也可能独立命名。

中国的行政村是由依据《中华人民共和国村民委员会组织法》而设立的村民委员会来进行村民自治管理的基层单位。村民委员会是由村民直接选举产生的基层自治组织，每个行政村都有自己的村民委员会，因而行政村与村民委员会紧密关联。2014 年，全国共有村民委员会 58.5 万个，2023 年，全国的村民委员会数量减少至 48.9 万个[①]。

行政村的意义主要在于基层管理，负责农村基层社会治理。尽管行政村也承担着农村基层行政管理工作的任务，但行政村并不属于行政机构。就制度安排而言，行政村管理工作的性质属于村民自主管理，管理权力为村民委员会所拥有，村民委员会成员是由村民通过民主选举而产生的，因而村民委员会的管理仍属于村民自治管理的范畴。

虽然行政村与村民委员会是统一的，并且村民委员会由村民直接选举产生，但行政村的设立并不是由村民来决定的。从现实经验来看，行政村的设立主要属于乡镇范围内的行政区划管理，因而如何设立行政村、设立多少行政村，以及怎样设立行政村，通常由县委县政府与乡镇党委和政府共同谋划，协商做出决策。农村税费改革之后，国家取消了向农民征收税费，县级政府和乡镇政府为降低村级基层管理的成本，减轻地方财政负担，很多地方开展了合村并村工作，由此减少了行政村的数量。

虽然行政村不在国家行政体系的编制之中，但行政村在一定意义上属于国家基层政权组织。行政村代表农村村一级的基层管理，负责村一级基层管理的权力机构不仅是村民委员会，还有村党支部委员会。每个行政村都配有村“两委”领导班子，村“两委”的组织建设是国家基层政权建设的重要组成部分。近些年来，国家进一步加强农村基层政权建设，选派一些优秀大学生和行政编制内的干部到行政村担任村级干部。由此反映出，行政村不仅是一种村民自治的单位，而且是农村基层的政权组织。

与自然村不同，行政村是一种行政区划概念，其所包含的意义主要是在一个乡镇管辖范围内所进行的村级管理区域划分，是将一个乡镇划分为多个行政管理区域范围。既然行政村是行政区划的结果，行政村的产生就不仅具有明显的人为性，也

---

① 数据请参考中华人民共和国民政部官方网站：https://www.mca.gov.cn/n156/index.html。

具有较大的变动性，行政村经常会因行政性决定而发生变动。变动既包括组织结构的变化，也包括管理区域范围的变动。

由于行政村区划范围的确定具有人为性，所以划定行政村的范围有不同的标准。在 1929 年，民国政府曾颁布《县组织法》，确定县下设区，区下设乡，在农村地区，超过 100 户的村划为一个乡，不足 100 户的村要与其他村合并组成一个乡。在这里，“乡”其实是按照法律进行的农村基层行政区划，划分所运用的标准是户数。目前行政村的区划不是按照固定的户数，而是以自然村为标准，一般情况下是把几个自然村划定为一个行政村，如果自然村规模很大，那么也可能把一个自然村划分为不同行政村。

行政村的区划意义主要在农村管理上，因而行政村的区划变动实际上是针对村级管辖范围而做的调整，一般情况下不会改变自然村的日常生活方式和分布格局，但会在一定程度上影响到村民们的社会认同。虽然广大村民通常首先认同自然村，认为自己归属于哪个自然村，但在现代社会，随着农村流动性的增强，村民与外部世界的联系增多，而在与外部联系的过程中，行政归属身份会显得更加重要，因为行政村可以提供正式的、权威性的身份证明，这些正式的证明文件对村民办理一些事务有时是必要的，而且具有权威证明效力。行政村的调整变动会影响到村民行政区划身份的认同，认同的变化则可能波及村民与村级组织的关系，以及村民看待行政村的态度。因此，每一次对行政村进行区划调整变动，实际上都要面临社会认同的差异和重新整合问题，这也就是行政区划调整所要付出的社会成本。

二、行政村的设置

行政村并非抽象的区划范围，而是农村社会基层管理的一种实体。行政村的实体性主要体现在一些具体的设置上，这些设置主要包括：

（1）行政村的村部设置。每个行政村都设有村部，村部是行政村的办公场所，通常建在行政村区域内的中心位置，有的村部设在一个自然村旁，有的村部会建在相对独立的地方。

村部的设置主要有如下功能：首先，村部是村级政权组织和管理机构的象征。虽然行政村不是行政机构，不在国家行政体系之列，但村部的设立实际上象征着国家管理权力在农村基层的具体存在，并发挥着实实在在的作用。因此，行政村的村部不仅是一个办公场所，而且是基层政权的象征。

其次，行政村的村部是农民与政府联系和互动的平台。一方面，农民要与政府取得联系，如农民要获得政府的惠农政策支持、申请社会保障等公共福利，就需要到村部来办理相关的手续。另一方面，政府要开展农村工作，了解基层农民的情况，也需要到村部让基层组织协调和组织。村部实际上既是为广大村民提供服务的平台，也是为政府工作提供协助和联络的平台。

最后，行政村的村部设置意味着农村基层治理逐步走向正式化。村部的设置为农村基层治理提供了固定的、正式的办公场所，这一物质基础在一定程度上推动着基层治理形式的变革，促使村级治理不断走向正式化。一方面，作为非正式行政机构的村级组织在村部有了较为正式的办公条件，由此促成了一些较为正式的村级组织管理分工制度的形成，如村“两委”成员的工作分工以及值班等规章制度，从而使村一级的基层治理工作有较为正式的制度指导和约束。另一方面，村部的设置也为正式编制内的行政人员进入村级治理提供了条件。目前，较多行政村已有到村任职或挂职的行政人员，如大学生村官、村支部挂职干部等，有正式编制的公务员参与行政村管理，表明村级治理在逐步走向正式化。

（2）行政村的机构设置。行政村的实体性还体现在机构设置上。行政村尽管并非正式行政机构，却有执行农村基层治理的机构。行政村的管理机构尽管并不在正式编制之列，却执行着具体管理事务。行政村的机构分为两个方面：一是村民委员会，二是村支部委员会。

虽然村民委员会由几位委员组成，但每位委员都代表着相应的机构。在村民委员会的构成中，一般包括：村民委员会主任、村民委员会副主任、村会计、村妇联主任等。一般情况下，每个行政村都会有这样基本的设置，有些行政村还会根据自己的管理需要和实际情况，有更细的分工和更多的设置，尽管分担机构职能的成员是非正式的、兼职性的。

每个行政村也都有村支部委员会，主要发挥农村基层治理的领导和协调职能。行政村的支部书记通常是村支部委员会的重要代表，虽然多数村支部书记是兼职和非正式的，但他们要承担村级治理的经常性工作，相当于村级组织的常设机构成员，而且他们能从政府财政中获得定额的劳务补贴，相当于职务工资。

行政村“两委”机构设置虽具有非正式性，但在基层治理实践中是确实存在的，而且承担并执行了实实在在的基层治理工作。

（3）行政村的公共设置。随着新农村建设和乡村振兴战略的推进，国家向农村提供的公共产品逐渐增多，行政村的公共设置是由国家公共财政提供支持而建立起来的社会设置。

行政村的公共设置主要包括两个方面：公共服务设置和公共基础设施设置。行政村的公共服务设置主要有村社会事务服务、村医疗诊所、村幼儿园及小学等教育机构。村社会事务服务设置主要向村民提供社会保险、社会保障以及社会福利等方面的服务，帮助村民办理申报、领取等手续。村医疗诊所是根据新型农村合作医疗政策而在行政村内设置的便于村民就诊的农村合法卫生医疗机构，其设置按照政策统一规范，向村民提供公益性的医疗卫生服务。在一般情况下，每个行政村都设有一所小学，为村内儿童就学提供便利。此外，为满足儿童教育社会化的需求，一些行政村通过多种途径设立了幼儿园，以解决村民幼儿的教育需求问题。近年来，农村出生人口减少，加上人口净流出，大量村小由于缺乏生源不得不停办或关闭。此外，不同地方还根据本地条件在农村建设中提供多种新型公共服务。

在公共基础设施设置方面，“村村通”工程已让行政村全部开通公路，行政村与外部联系的交通条件得以改善。此外，越来越多的行政村已通宽带网络，反映出农村的通信设施已走向现代化。目前农村的供水设施也在发生变化，越来越多的行政村已通自来水。

三、行政村的功能

与自然村不同，行政村是依法设立的农村基层治理单位和管理区域。然而行政村与自然村又有密切的联系：行政村是以自然村为基础而设立起来的，而且行政村的管理目标和管理范围还在自然村。因此，行政村的功能实际上与自然村有着密切关系。

在农村社会现实中，行政村是一种复合型实体。所谓复合型，主要是指社区性与行政性、自治与公共管理的复杂组合；所谓实体，主要是指真实存在于农村社会之中的区域和管理单位。由于行政村是一种复合型实体，因而具有一些复合性功能。概括起来，行政村的功能主要有如下方面：

首先，行政村的首要功能是实现村民自治。行政村的构成基础是村民委员会，就性质而言，村民委员会是一种村民直接选举产生的自治组织，是村民进行自我管理、自我教育、自我服务、自我监督的基层自治组织。因此，在制度安排上，实现村民自治是行政村的基本功能。

从现实来看，行政村在实现自治功能方面主要表现为：（1）通过村民自治选举实现基层自治组织的建设。目前，基本上每个行政村都会按照《中华人民共和国村民委员会组织法》进行村民委员会的换届选举，完成自治组织的建设。每个行政村的正常运转意味着村民自治组织建设的顺利完成。（2）调解村内矛盾纠纷，维护乡村秩序的协调稳定。在农村社会生活中，村民之间、邻里之间甚至家庭内部总会发生这样或那样的矛盾纠纷，为化解矛盾，缓和纠纷和冲突，行政村干部通常会发挥重要的作用。调解村内生活性矛盾纠纷，是村民自治组织的一项重要功能。行政村干部来自当地，对村内情况和村民比较熟悉，由他们来调解和处理村内的矛盾纠纷，有时会利于矛盾关系的化解、维持乡村秩序的正常运转。（3）处理村内管理、教育、服务和监督等基层自治事务。在行政村的自治范围内，还会有村内的公共事务，如村内的公共建设、集体事业、公共秩序等村内自治事务，需要行政村的相关干部或成员来负责组织和协调。

其次，行政村承担着村级治理与国家乡村治理的功能。行政村是国家基层政权组织，因而其不仅具有自治性功能，而且具有政治性功能。行政村不仅承担着村内自治事务，而且承担着村级公共管理事务。所谓公共管理事务，是指代理政府行使对农村社会和政治经济的公共管理，表现为向农村和村民传达或下达并执行国家政令、法规和政策，如计划生育政策等。

如果从社会治理角度看，那么行政村是国家乡村治理的重要主体之一。作为一个治理主体，行政村不仅参与国家对乡村社会的治理，而且在乡村治理中扮演着特别的角色。这一角色将农村基层管理与乡村自治融为一体，将国家乡村治理与村民自治结合在一起。

行政村的基层党组织在农村政治生活和乡村治理中占有重要地位，行政村的政治功能在较大程度上是通过村基层组织承担和实现的。行政村的党支部委员会既在农村基层政权建设和组织党员开展政治活动方面发挥着组织和领导作用，而且在上级机关的领导下，负责在农村传达和贯彻中央的路线方针和政策。

最后，行政村在区域内经济和集体经济发展中具有一定的协调和引导功能。虽然去集体化之后的行政村已不同于集体化时代的生产大队，不是一级经济组织，在较多地方已很少有集体经济，但是，在农村土地集体所有制的制度安排下，集体土地的承包和流转、一些地方保留下来的集体经济，以及农村的一些集体产权收益等，仍需要行政村作为集体产权的主体来协调和组织分配。土地是农村经济的核心要素，既然行政村实际行使着对农村集体所有土地的承包和使用的管理权，表明行政村在农村经济中仍占据重要地位。

促进管理区域内的经济发展既是乡村治理的一个重要目标，也是诸多行政村工作努力的方向之一。尽管不同地区、不同行政村在农村经济发展方面所取得的成效有所不同，但每个行政村都会采取一定措施来促进区域内经济发展。目前，一些地方倡导经济能人治村，广泛吸纳经济能人参与行政村的治理，让他们引导、带领和帮助更多农民提高经济绩效，这凸显了行政村有一定经济功能。

第五节　村落的未来

在现代化、城镇化浪潮的冲击下，农村社会将走向何方？村落的未来将会怎样？认识和预见村落的未来，一方面需要着眼于村落当下的现实，正视面临的困境；另一方面需要客观、理性地展望未来的发展趋势。

一、村落的现实困境

伴随着社会现代化和城镇化进程的推进，农村社会整体上趋于弱势状态。正如费孝通曾提出："都市的兴起和乡村衰落在近百年来像是一件事的两面。"[①] 自近现代以来，城市社会在不断兴起，农村社会则在走向衰落，这构成矛盾结构的两个方面。

当然，对农村社会衰落现象的理解，要结合社会变迁的历史事实和社会结构来比较分析，不宜泛泛地判断和推论农村社会变迁的所有方面。必须指出的是，随着

① 费孝通．乡土中国·乡土重建．北京：群言出版社，2016.

社会生产力水平的不断提高，农村社会实际上取得了更好的发展，广大农村居民的社会生活水平得以不断地提高。在现代化背景下，农村社会正不断地转向新的不同状态。

从社会空间结构角度看，村落在农村社会现代化变迁过程中，正面临着一些现实困境和挑战，这些困境和挑战主要包括以下方面：

（1）村落空间的空落化问题。村落空间的空落化现象是指在平常的时间里，大量的村落由于人口迁移流动到外地，显现出阶段性空荡与落寞的景象。空落化问题是目前较多村落所面临的突出问题，在一年当中的多数时间内，村落处于空荡荡的状态，生活在这里的主要是老年人和儿童。只有在重要节日期间，外出人口重返村落，村落才恢复和显现出生机勃勃的景象。

导致村落空间的空落化问题的直接原因是农村劳动力的外流，随着劳动力的大量流出，村落社会演变为一种“空巢社会”①。较多村落新建起越来越多的楼房，道路交通和生活设施越来越发达，但平时居住生活在村内的人在减少，由此产生村落的空巢现象。

从本质上看，村落的空巢现象反映出当前农村劳动者的劳动生产空间与居住生活空间发生了背离，亦即农村劳动者为了获得理想的经济机会，必须离开自己常住的生活空间，外出打工或经营，造成了农村外出打工者的劳动生产空间与居住生活空间不能够统一起来，形成村落的空巢期。

村落空间的空落化既是当前村落存在与发展所面临的一个重要困境，也是后乡土社会村落生活的一种新常态。村落空间的空落化不同于空心化，因为空心化意味着村落社会的衰竭、“消亡”或终结，而空落化是阶段性现象，是市场社会中村落的新形态和新型生活方式。

（2）村落内生发展面临瓶颈制约。在市场化和经济全球化的大背景下，较多村落的经济发展面临着新的挑战和困境。多数村落尽管不再有温饱问题，却面临着市场带来的新发展问题。因为村民的经济活动的性质已经不再局限于自给自足的小农生产，而是要满足市场化和全球化带来的更多需求，所以村民需要获得更多的市场机会，争取更理想的市场地位。

然而，村落的经济资源和村民的人力资本，在市场经济系统之中处于一种劣势状态。村民依靠有限的土地资源从事传统的农业生产，不仅难以获得更多的市场机会，也难以满足日益增长的对美好生活的需要。因此，农村劳动力大量向外流动，根本原因是村落难以依靠自身资源开发出新的市场机会，以满足广大村民新的职业发展需求。

村落人口的净外流，进一步加剧了村落内生发展动力的削弱。村落经济发展所面临的瓶颈制约，实际上是一种结构性的现实困境。一方面，村落社会自身难以提供有效的发展资源，迫使村落劳动力外出寻求发展机会。另一方面，村落中青壮年

---

① 陆益龙．农村劳动力流动及其社会影响：来自皖东 T 村的经验．中国人民大学学报，2015，29（1）．

劳动力外出打工以及大量人口外流，不仅减少了村落内经济发展的劳动力资源，也削减了村落中的市场机会。因为大量人口外流之后，一年中大部分时间居住生活在城镇之中，日常生活消费主要发生在城镇，在一定范围内制约了农村消费市场的发展。

（3）工业和城镇的扩张对村落空间造成挤压。在工业化和城镇化不断推进的过程中，村落社会所面临的一个重要现实困境是来自工业和城镇的空间挤压。工业和城镇对农业和农村造成的空间挤压不仅仅是物理意义上的，更重要的是社会经济意义上的。

村落所面临的物理意义上的空间挤压是指工业和城镇的不断扩张过程，会不断挤占村落的土地甚至是村落的居住生活场所。工业发展中的大量厂房建设，城镇发展中的房地产开发，已经不断地从城市向周围农村扩展，这一过程在不断压缩村落空间，甚至让一些村落消失。

村落所面临的社会经济意义上的空间挤压是指工业化和城镇化带来的市场机会压力。广大村民如果仅在传统村落空间内依靠传统农业，那么难以获得理想的市场机会。工业化和城镇化倒逼着村落社会主体“背井离乡”，离开村落外出从事非农业生产或经营，这样才能增加经济收入，争取到更多的市场机会。

二、村落不会走向终结

村落在农业社会结构中占主导地位，既是传统社会的一种基本形态，也是基层社会的存在形式。在现代社会，伴随着工业化和城镇化进程的继续和推进，村落的主导地位显然已发生根本转变。那么，在社会现代化的大趋势下，村落社会将向何处发展？村落的未来会是怎样的？村落会走向终结吗？

正确认识和预测村落的未来，既要看到村落的现实困境，也要把握村落变迁与发展的内在机理。就一个村落而言，其走向终结或消失一般有两种情形：一种是村落自身已经失去生存和生活的基本条件，譬如自然资源特别是水资源和土地资源的枯竭，例如在中国西北地区，沙漠化常常会导致“沙逼人退”，随着村落人口全部撤离，村落随之消失。另一种则是外部力量对村落的彻底改造，例如国家大型项目建设导致的集体搬迁、城市向外围的扩展等。这些改造是全面而彻底的，使得村落的形态和性质发生了根本改变，从而使这些村落消失。

就中国的国情来说，在未来一段时期内，尽管现代化、城镇化进程在继续和加速，村落在结构上不再占据主导地位，但村落在整体上并不会走向终结，村落社会将依然是中国社会的组成部分①。在中国，村落之所以不会走向终结，主要是因为：

首先，村落在地理分布上具有多样性和复杂性，多种多样的村落在现代化和城镇化过程中会有多种不同的变迁方式和形态，难以出现完全统一的终结结局。

① 陆益龙．村庄会终结吗?：城镇化与中国村庄的现状及未来．学习与探索，2013（10）．

虽然城镇化具有强大的扩张和改造力量，但城镇化的逻辑其实是单一的。在城镇扩张中，一部分村落可能会消失，但依然会有较多的村落不会走向终结。城镇扩张倾向于选择土地有升值空间的村落，难以把那些偏远山区的村落改造为城镇，而中国却有大量的村落分布在偏远丘陵和山区。

其次，村落是一种自然、经济、社会与文化的连续统，具有悠久历史和自身传统的村落社会在社会变迁过程中会保持相对的稳定性和连续性。要使村落这种自然与历史的连续统中断，必须有“裂变性”的能量才可能实现，如村落自然条件发生彻底变化（如沙漠化），或存在现代大型公共建设等力量，才会在短期内使村落走向终结。在现实中，这样的“裂变性”能量是有限而非普遍的。从一些城市郊区出现“城中村”或“超级村庄”① 可看出，村落社会具有很强的连续性。

最后，村落人口流动的影响是有限的。尽管工业化和城镇化对村落劳动力构成巨大引力，村落的人口大流动不可避免，但这并不意味着流动会导致村落消失或走向终结。当流动达到一定程度时，村落中的人口会达到某种均衡，这种均衡将更加有利于村落的存续，因为村落毕竟是适宜人类居住生活的天然空间，只要这种空间没有发生“裂变”，就会有人在这里生产和生活。而且目前村落人口流动处于“流出”与“回乡”并存的状态，而非从村落到城镇的单向迁移，较多村民的流出是为了更好地回乡。

此外，村落社会结构具有再生产的功能，这一功能在较大程度上对村落的存续起到重要作用。虽然村落在现代化过程中发生现代转型，但村落依靠自身的社会文化再生产机制得以延续和发展，尽管形态和特征会有所变化。在现实社会中，村落的再生产表现为家户和人口的继替和更新。一个村落只要还具备生存和生活的基本条件，就不会出现所有家户和人口全搬离村落的现象，村落里总是有家户和村民居住生活着，使村落社会得以保留和延续。

中国式现代化不同于西方工业化国家的现代化，中国式现代化的本质要求中就包括实现高质量发展，实现全体人民共同富裕。为此，在全面推进乡村振兴的新时代，新型城镇化进程的推进，不会终结乡村，而会促进城乡协调、城乡一体化发展：城市、集镇和农村将逐渐走向均衡、充分和协调发展，城乡差别将不断缩小乃至消解，村落将以现代化新形态得以持续发展。

本章要点

村落是由相对稳定的人口长期居住生活在一定的地域范围内而形成的一种聚落生活共同体。村落的最基本形态是“自然村”或传统的村落。村落是一种生活共同体或社区。村落有三个基本要素：村民主体、地域边界和社会认同。村落具有自然选择性、价值独立性、历史延续性、边界稳定性等特征。

① 折晓叶．村庄的再造：一个“超级村庄”的社会变迁．北京：中国社会科学出版社，1997：358.

家是构成村落的基本单位，在村落社会，家具有扩展的意义。虽然村落中的户以家为基础，与家是密切相连的，但户的概念还有一些不同的含义。村落社会的延续和发展，主要依赖家户的新陈代谢，家户按照一定的社会与文化原则继承和替代空出的位置，由此构成村落社会的继替过程。

村落的外部特征包括村落的建筑物特征、村落的聚落形态特征和村落的地理地形特征。从住户分布形态看，村落大体有：团形村、条形村、矩形村、扇形村和散点村。村落一般会由这样几个方面构成：自然资源、生活住所、交通设施和电力电信设施、店铺、公共活动空间、信仰崇拜场所和设施。

行政村是政府为对农村进行管理，依据相关法律在乡镇政府之下设立的治理组织和治理单位。行政村具有实现村民自治、承担村级管理与国家乡村治理、协调发展区域内经济和集体经济等功能。

村落在农村社会现代化变迁过程中，正面临着空落化、内生发展面临瓶颈制约、工业和城镇的扩张对村落空间造成挤压等一些现实困境和挑战。然而，在未来一段时期内，尽管现代化、城镇化进程在继续和加速，村落在结构上不再占据主导地位，但村落在整体上并不会走向终结，村落社会将依然是中国社会的组成部分。

关键概念

村落	家户继替	行政村	村民委员会
村民自治	基层管理	空巢社会	

思考问题

1. 什么是村落？行政村与自然村有何联系和区别？
2. 何为家户继替？家户继替在村落社会变迁中有何意义？
3. 行政村有哪些功能？
4. 村落发展面临哪些困境？村落的未来将会怎样？

推荐阅读

1. 费孝通．江村经济．北京：商务印书馆，1988.
2. 费孝通．乡土中国·乡土重建．北京：群言出版社，2016.
3. 折晓叶．村庄的再造：一个“超级村庄”的社会变迁．北京：中国社会科学出版社，1997.
4. 陆益龙．后乡土中国．北京：商务印书馆，2017.
5. 毛丹．浙江村落共同体的变迁．杭州：浙江大学出版社，2018.

第四章

农民及其社会特征

农民是农村社会的主体，农民群体的特点在较大程度上形塑了农村不同于城镇的社会特征。因此，理解农村社会是怎样构成的、怎样运转的，必须了解农民群体是怎么构成的、农民是怎么行动的。农民研究可以说是农村社会学的核心领域。

第一节　农民及其构成

农民概念对我们来说非常熟悉，那是因为我们通常用这一概念笼统地指称某一类群体。譬如，目前社会上流行的“农民工”称呼中的“农民”，是用来笼统地指称那些与当地城市居民不同的一类社会群体。虽然农民作为一种社会事实是客观存在的，但是在思想观念中，人们赋予农民概念以多种内涵和外延。

一、农民概念的内涵

概念是构成理论的核心要素，对概念内涵的界定及运用常常是构成一种理论的基础。虽然农民作为一种社会事实是统一的，但不同的理论可能赋予农民概念以不同的意义和内涵。各种农民学理论在构建自己的理论体系时，都会对农民这一核心概念有自己的界定，或从特定角度赋予其内涵。正因为如此，农民概念的内涵并非单一的，而是多样的。不同的内涵代表着不同的理论倾向，其中主要包括农民阶级、劳动者阶级、农业文明主体以及农民群体等概念。

在马克思主义理论中，农民是指社会中的一种自在阶级（self-being class）。所谓自在阶级，是指客观存在的一种等级群体，他们有着共同的社会特征、共同的社会地位、共同的利益诉求、共同的历史命运，但是他们还没有意识到自己归属于一个阶级，即阶级意识尚未形成，因而是没有组织起来的阶级。恩格斯在论述德国农民战争时指出：“处于所有这些阶级（平民反对派除外）之下的，就是这个民族中遭受剥削的广大群众——**农民**。压在农民头上的是社会的各个阶层：诸侯、官吏、贵族、僧侣、城市贵族和市民。”① “农民对这种可怕的压迫恨得咬牙切齿，可是要让他们举行起义却很困难。他们散居各地，要取得任何共同协议都无比困难。”② 由此可见，虽然农民是一个阶级，但他们没有意识到自己阶级的存在；他们虽有着相同的社会地位及遭遇，却难以有意识地组织起来，为改变自己的命运而采取共同行动。马克思主义经典作家根据当时欧洲农民的现实状况，从阶级共同体和阶级意识两个维度赋予农民以自在阶级而非自为阶级（self-for class）的界定和判断。

在毛泽东的阶级分析中，农民并非单一的阶级共同体，而是可以被划分为不同的社会阶级。尽管农民是从事农业劳动的群体，但是他们的阶级地位是有差别的。决定阶级地位差别的关键因素是他们拥有生产资料的状况，亦即拥有土地、生产工具和资金的状况。农民阶级不同，不仅意味着他们在社会中的地位有高低之别，也意味着他们的革命性或革命热情有高低之分。贫农和雇农属于半无产阶级和无产阶级，阶级地位最低，受压迫和受剥削最深，所以，革命性倾向最为强烈。

资料库 4-1

毛泽东曾运用阶级分析法将 20 世纪 30 年代的农民分为三个不同阶级：小资产阶级、半无产阶级和无产阶级。自耕农或中农所经营的是“小生产的经济”，属于小资产阶级，“这一个阶级，在人数上，在阶级性上，都值得大大注意”。绝大部分半自耕农和贫农属于半无产阶级，他们是“农村中一个数量极大的群众。所谓农民问题，主要就是他们的问题。半自耕农、贫农和小手工业者所经营的，都是更细小的小生产的经济”。“所谓农村无产阶级，是指长工、月工、零工等雇农而言。此等雇农不仅无土地，无农具，又无丝毫资金，只得营工度日。其劳动时间之长，工资之少，待遇之薄，职业之不安定，超过其他工人。”

资料来源：毛泽东．毛泽东选集：第 1 卷．北京：人民出版社，1966：5-8.

马克思主义理论赋予农民概念的阶级内涵，概括起来主要包括：（1）农民阶级是一个受剥削、受压迫的阶级；（2）农民阶级主要由半自耕农、贫农和雇农构成；（3）农民阶级身处社会底层，分散且无组织。

农民阶级的界定与划分，从认识论的角度看，揭示了阶级剥削和阶级压迫的不平等社会关系及社会结构；从世界观的角度看，是为唤醒农民的阶级意识，为改变自己所遭遇的不平等而采取革命行动。如恩格斯提出：“唤起这个阶级并吸引它参加运动，是德国工人运动首要的最迫切的任务。”③ 所以，农民阶级理论有着明显的实践或行动取向，这一理论是为了动员和组织农民参与革命实践而创立和发展的。

在古典经济学特别是重农主义政治经济学中，农民属于劳动者阶级，是“对一

① 马克思．德国农民战争//马克思，恩格斯．马克思恩格斯全集：第 10 卷．2 版．北京：人民出版社，1998：478.

② 同①479.

③ 恩格斯．《德国农民战争》序言//马克思，恩格斯．马克思恩格斯选集：第 3 卷．3 版．北京：人民出版社，2012：31.

国土地和劳动的年产物有所贡献的”三种阶级之一，这三种阶级是指：（1）“土地所有者阶级”；（2）“耕作者、农业家和农村劳动者阶级”；（3）“工匠、制造者和商人阶级”。对农民来说，他们被给予劳动者阶级这一光荣称号。[①]

把农民界定为劳动者阶级，实际上赋予了农民这样几个特征：第一，农民是依靠自己的劳动为生的群体。劳动是农民的本质属性，劳动和自食其力也决定了农民的社会地位特征。第二，农民是社会中的重要生产者和国民财富的贡献者。农民所生产的产品，不仅对整个社会生活来说是非常必要的，对国民财富的创造和积累来说，也具有非常重要的意义。所以，亚当·斯密将农业生产者阶级视为“光荣称号”。第三，农民是生活在农村和从事农业生产的劳动者阶级。

古典经济学赋予农民劳动者阶级的称号，虽揭示了农民在社会结构中的重要地位，但没有进一步从阶级关系角度分析这一阶级的特征及社会地位。古典经济学更多关注的是农民的现实状况，而对这一劳动者阶级所处的受剥削、受压迫地位及出路问题并不太关注。所以，从这个意义上说，古典经济学的农民概念，主要是从农民的职业特征这一角度，分析农民与社会经济的关系及其在政治经济体系中的实际位置。因此，劳动者阶级这一概念中的“阶级”含义，与马克思主义的“阶级”内涵有着本质的差别。

在历史学里，农民概念的内涵更多地与人类文明发展的历史阶段相关联。历史学家倾向于把农民视为农业文明及其相应历史时期的社会主体，如塔德这样论述农民：“乡下人！一个奇特的古词。渔夫、猎人、农夫、牧民，人们现在还能真正理解这些词的含义吗？人们对这个化石般存在物的生活思考过片刻吗？他在古代史的书籍中被如此经常地谈论，人们称之为‘农民’。”[②]

历史学家眼里的“农民”，不仅是历史发展的产物，也具有久远的历史。作为历史发展的产物，农民是在人类文明发展到以农业为主的历史阶段时出现的，他们是农夫、渔夫、牧民等，生活在与现代城市有着截然区别的乡村社会。

作为历史，农民与现代社会似乎已相距遥远，农民已成为过去，成为一种历史记忆。正是在这个意义上，孟德拉斯提出了“农民的终结”。

农民的历史含义是从现代工业社会的角度被赋予的，农民成为古代与现代之别的重要标识。历史学赋予农民概念的意义更多是历史时段性的，而社会学更加注重的是农民的社会结构意义，即他们在社会结构中的位置及特征。在历史学家看来已经成为历史的农民，在社会学家看来依然是当代社会的重要构成。

在人类学中，吉尔兹曾在总结农民研究的基础上，提出了界定农民的三个标准：经济标准、政治标准和文化标准。经济标准是指农民与货币和市场之间的关系。虽然农民常被定义为以从事农业生产为中心、产品主要自给自足的自然经济体系中的成员，但农民也会一定程度地与货币和市场产生联系。衡量农民的政治标准

---

① 斯密．国民财富的性质和原因的研究．郭大力，王亚南，译．北京：商务印书馆，1974：230.

② 孟德拉斯．农民的终结．李培林，译．北京：中国社会科学出版社，1991：1.

是这一群体或集团在社会政治系统中处于从属地位，受到有权阶级的统治和管理，并需要把自己的一部分收入交给这些阶级。农民的含义还包括文化方面的意义，农民的文化是传统文化的一部分。①

界定农民的三个标准，赋予农民三方面的内涵，即经济的内涵、政治与社会的内涵以及文化的内涵。农民是与传统的农业、从属性社会地位以及传统文化有密切联系的社会群体。就外延而言，这个群体主要由那些居住和生活在农村、以家庭为单位组织农业生产、社会阶层地位相对较低、保持更多传统特色文化的农夫、渔夫、牧民等所构成。人类学视野中的农民，与其他学科的定义不同，是指有着独特文化内涵的社会主体。农民作为一个社会群体，他们的独立性和主体性在较大程度上与其所具有的文化特色有密切关系。农民既是具有一定特色的文化的持有者，又是该文化的创造者。其文化属于民间的、乡土的、传统的文化。

二、农民概念的外延

农民是农村社会学的一个核心概念，人们在运用这一概念时，通常会有特定所指，即用来指称一个相对独立的群体——农民群体，这个群体具有相对固定的边界，并以此而得以与其他群体区分开来。为了更加明确农民群体的边界，有必要厘清与农民概念较为接近且容易混淆的两个概念：一是“农村人”，二是“农业劳动者”。

“农村人”或“乡下人”是与“市民”或“城里人”相对应的概念，是指居住生活在农村或乡下的居民。“农村人”是从社会空间角度来划分社会结构的，农村人与城里人分别是两种社会空间——农村与城市的主体构成。

农村人与农民这两个概念之间存在包含关系（见图 4-1），在农村人的集合中，包含着农民这一子集，因为农民是居住和生活在农村的居民。

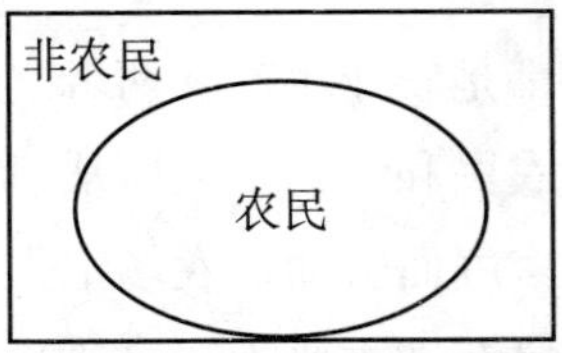

图 4-1　农村人集合示意图

农村社会并非仅有农民，农村人中还包含一些非农民，这些人居住生活在农村，但并不从事农业生产，或主要不依靠农业来维持生计。例如，乡村教师、医生、干部、职员、工商业者以及宗教人士等，尽管他们中的一些人也居住和生活在村落或集镇之中，但他们所从事的职业活动与农民有很大差别。尽管他们中的部分人也会偶尔参与农业劳动，但从类型构成上看，他们只是农村社会的成员，而不是

① GEERTZ C. Agricultural involution：the process of ecological change in Indonesia. Berkeley：University of California Press，1963.

农民群体的构成。

由于农村人中的绝大多数是农民，农民是农村人的主体部分，所以，有时候人们会把这两者视为同一个概念，即把农民问题等同于农村人的问题。然而，事实上这两个概念是有较大差异的。就现实而言，随着农村社会的变迁和分化，农村社会的成员构成也在较大程度上发生变化，非农民的农村人越来越多，例如在中国东南沿海地区的农村，伴随着乡村工业化的发展，工商业者等非农职业人员已成为农村人中的重要乃至主要构成。

现实中，一些人会把农村人与“乡下人”等同起来，如城里人可能会用“乡下人”这个词来称呼农村人或非本地居民，在这个称呼里，“似乎带着几分藐视的意味”[①]。带有藐视性的称呼所折射的其实是农村人与城里人之间的社会空间等级差别（social spatial hierarchy）[②]，这种差别既是基于空间差异，亦即农村和城市两种居住空间的差异而形成的，又是社会建构的产物。从空间差异到社会空间等级，体制的和观念的建构在其中发挥着至关重要的作用。

农民所从事的劳动是农业生产，所以，人们通常把农民与农业劳动者两个概念等同起来。然而事实上，农业劳动者的概念更加宽泛，它包含农民但不等同于农民（见图 4－2）。农民属于农业劳动者，他们主要依靠自己在农业中的劳动来维持生计；但是，依靠农业劳动维持生计的不只有农民，那些在农场里参与农业生产的工人也是农业劳动者的重要组成部分。

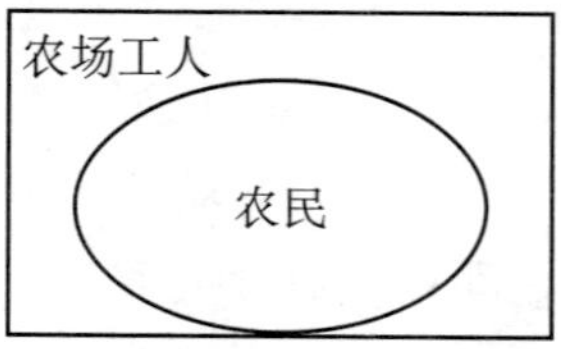

图 4－2　农业劳动者集合示意图

农民与农场工人所从事的都是农业生产，两者之间的边界或差别主要在生产方式和阶级阶层意义之上，虽然农民和农场工人所从事的劳动是相同的，但他们的生产方式完全不同。农民一般为家庭而劳动，农场工人则为农业企业而劳动。农民大多在自有土地上经营生产，而且劳动主要为了自给自足。尽管农民中的雇农也会出卖自己的劳动，但他们主要还是以家庭为单位，或为家庭而劳动。而农场工人的劳动是由企业所组织的，他们主要为了获得劳动报酬而劳动。从阶级阶层角度看，农民与农场工人属于不同的阶级，农民有着较多共同的社会经济特征，属于农民阶级；虽然农场工人从事农业生产，但他们已不具有农民阶级的经济基础，主要靠为农场或企业劳动来维持生计，因此他们已经属于工人阶级，是工人阶级的组成部分。

---

① 费孝通．乡土中国 生育制度．北京：北京大学出版社，1998：6.

② 陆益龙．户籍制度：控制与社会差别．北京：商务印书馆，2003：29.

在推进中国式农业农村现代化的背景下，一些学者提出了“新型农民”概念。所谓“新型农民”，主要是指掌握了现代科学技术且具有现代观念的优秀农民，培育新型农民是新农村建设和乡村振兴的关键所在。新型农民并非社会事实，不是农民群体的新类型，而是一种设想。人们设想通过对农村主体——农民的改造，使他们的素质和精神面貌得以改善，从而转变为新型农民；农民的面貌更新了，自然能推进新农村建设，实现农村现代化。

新型农民既不是指农场工人，也不是指现代农民，而是对农民进行现代化改造的一种设想。由于在人们的观念里，农民总是被看作传统的、守旧的、不懂得先进技术的，甚至只会自给自足地生产，难以进行合作[①]，所以，改造农民一直成为农村发展论中的一个重要观念。然而事实上，农民作为农村社会的基本构成，他们的存在及生产生活方式的变迁，遵循着自身的客观规律性，那种试图改造他们的逻辑，其实是外在强加给他们的，不是他们自身发展的必然要求。因此，培育新型农民的设想或许只是学者们建构起来的乌托邦。

三、农民职业

无论是从历史上还是从现实角度看，农民皆属一种职业。《汉书·食货志》记载：“士、农、工、商，四民有业。”其中，“农”是指农民，农民是四大职业之一。《现代汉语词典》将“农民”界定为“在农村从事农业生产的劳动者”，即农民以农业为职业。

在前工业社会，从事农民职业的主要是“播殖耕稼者”，即依靠耕种土地为人们提供食物的劳动者。前工业社会的农民可以说是传统农民（peasantry），说其是传统的，主要针对他们的一些特征而言，这些特征主要包括：

第一，传统农民的生产以家庭生计为第一目的，即自给自足。在传统社会，农民职业是自生性的，而非人们的选择。依托于土地的农村居民，为了生存，自然而然地会利用身边的自然资源去播殖耕稼，且代代相传、绵绵不断。传统农民操持农业，首先是为了满足自己的生存与生活的需要，为家庭成员直接提供食物。民以食为天，食物的自给自足是传统农业的首要目的。生活在一定生态环境中的人要生存下去，必须适应这一环境，农民职业正是人们在适应生态环境的过程中自然形成的，而不是社会分工的产物。因此，传统农民是生存形态和职业形态的统一：一方面，农民是多数人的存在方式；另一方面，多数人又以农民为业。

第二，传统农民是以家庭来组织农业生产的，家庭经营是其职业经营方式。传统社会的农民，其职业与家庭有着密切的关系，职业是嵌入家庭关系之中的，即在家庭生活过程中发展其职业。由于传统农业生产是以家庭为单位来组织进行的，其规模通常是有限的，因而农民的职业范围也就相对较小。正是在这个意义上，人们

---

① 董磊明．农民为什么难以合作．华中师范大学学报（人文社会科学版），2004（1）．

把传统农民称为“小农”（peasant）。小农的特征不仅表现为经营小规模的农业，而且表现为具有个体性和分散性。小农的职业活动依托于个体家庭，而且以个体家庭的生计为首要目的。在这种情况下，小农生产相对来说是较为独立自主的，因而每个家庭的生产活动也就较为分散。尽管小农家庭之间会有密切的社会关联，如相互守望的情感联系，以及建立在亲属关系基础上的道义联系等，但是，小农家庭很少联合起来开展生产经营活动。

第三，传统农民主要依靠土地、人力和畜力等传统生产要素来进行农业生产。生产要素是指生产赖以进行，以及构成生产产出的基本元素。传统农民所从事的生产主要是农业耕作，在这一生产过程中，土地、人力和畜力是维续生产的最基本条件，同时生产水平也主要取决于这三个要素。

首先，土地是农耕生产的前提条件，所以人们通常把土地比作农民的“命根子”，费孝通用“乡土社会”来概括农民所生活的社会空间，可见土地与传统农民之间的关系是非常特殊的，乡村社会中的多种现象或问题，或多或少地与土地的占有、使用存在各种各样的联系。其次，作为农耕生产的主体，农民在生产过程中主要依靠自身的体力劳动来获取生活资料。尽管农民会通过不断改善农业耕作的工艺来提高产量，如精耕细作是传统农民的常用方法，但是，由于传统农业受到土地、气候，以及作物生产自然周期等自然条件的限制，农民更多地依靠增加人力的投入来提高产量。所以，在中国传统乡村社会，农民总期望“人丁兴旺”，希望通过家庭劳动力的增长来扩大再生产；此外，传统农民有“勤劳致富”的品质，尽可能地通过增加劳动投入来促进生产产量的提高。最后，畜力可以说是传统农耕生产中的最为重要的生产工具。畜力的使用代表了传统农业的生产力水平，即依靠生物能量的生产工具水平，因为在农耕生产中使用牲畜，属于将生物喂养转化为动物能量的运用。很显然，畜力使用依然对自然条件的依赖程度较高，而且是自然能量的一种转换，因而其虽生产力水平高于刀耕火种农业，但仍然是非常有限的。

第四，传统农民职业是相对封闭和稳定的。封闭性和稳定性是传统农民的显著特征。由于传统农业生产基本以家户为单位，而且农业生产依存于土地，所以农民职业主要是家庭人口再生产过程的一部分，而不属于开放的职业市场。尽管乡村因土地占有的不均而存在雇工现象，如地主雇用长工和短工，但农民职业的范围依然局限于土地占有范围之内。传统农民并不是在开放的劳动力市场寻找农业生产机会，而是在较为封闭的社会空间即村落社会从事农业生产。

传统农民职业的稳定性是相对于现代社会职业的流动性而言的，传统农民的生产生活是稳定的，主要是指他们的社会流动性较低。传统农民职业流动性较低主要表现在三个方面：一是代际职业流动性较低。代际职业流动是指下一代从上一代的职业中流出的现象，也就是子辈与父辈所从事职业之间的差异性。在传统乡土社会里，农民通常祖祖辈辈都从事着农耕生产，出现代际职业流动的现象非常少。二是生平流动率较低。传统农民在其一生当中，基本上都以农耕生产为其职业，农业也就是他们终其一生的职业，而很少有职业流动的现象。三是空间流动性较小。就社会空间而言，传统农民主要在自己所居住的村落里从事农业生产，而很少有空间的移动，除非有重大事件发生迫使其“背井离乡”，如战争、自然灾害等因素，才是导致传统乡村人口迁移的重要原因。

在现代社会，随着农业走向现代化，农民将逐步走向现代化，以农业生产为职业的人将主要为现代农民，即农场或公司的农业生产者（farm workers）。虽然传统农民与现代农民都以农业生产为职业，都从事着农业生产，但两者有本质上的差别。作为一种职业，现代农民具有与传统农民不同的特征：

第一，现代农民大多在农场或现代组织里从事农业生产，因而现代农民与传统农民不同，他们已经不再是家庭生产成员，而成为组织化的劳动者，即现代组织中的成员。

第二，现代农民的农业劳动已走向职业化。所谓职业化，是指农业劳动开始与土地拥有相分离，而成为一种专门的职业劳动。传统农民的农业生产通常是在自家土地或承包土地上进行的，所以农业劳动与土地拥有是统一而未分离的。当农民开始为农场或公司进行农业劳动时，他们的农业生产活动已经从土地占有关系中分离出来，成为专门的职业化的劳动。

第三，现代农民的劳动报酬已经工资化或货币化。在传统小农家庭生产中，农民的农业劳动的回报是以实物或生活资料的形式为主的，实际上就是农民主要采取自给自足的生产与生活方式，即农民通过农业生产，来满足自己及家庭成员社会生活所需的物质资料。在现代农业组织里劳动的现代农民，他们所获得的是工资或货币报酬，即他们的农业劳动是以货币形式来衡量和支付的。

第四，现代农民的职业具有市场化和高流动性的特征。作为一种专门的职业，农业劳动的机会将主要由市场提供。随着农产品生产和供给的专门化、组织化和市场化，对农业劳动力的市场需求自然会产生，由此形成了现代农业劳动力的职业市场。那些从事农产品生产的农场或企业组织会雇用专门从事农业劳动的现代农民，劳动者可以选择进入这些组织从事现代农业职业，成为现代农民（见图 4 - 3）。

图 4 - 3　农民在现代农业公司里劳动（摄于 2001 年）

在发达的工业化国家，如美国，农业生产已基本公司化或组织化，从事农业劳动的人基本为现代农民或农场工人，他们与企业工人一样属于体力劳动者阶层，所不同的是他们主要从事农产品的生产。

从传统农民到现代农民的转变，不仅是农民自身的文化水平、观念或素质的改变，而且依托于生产方式、经营体制和社会职业结构的变迁。如果没有公司化、组织化和市场化的农业生产，也就不会有现代农民职业的产生。

四、农民身份

在现实社会中，农民概念不仅有职业的内涵，也代表着一种社会身份。“农民”何以成为一种身份呢？这与特定的历史背景有密切关系，这一特定历史背景是指身份制起作用的时代。

理解“农民”概念的身份意义，需要了解和认识在中国特定历史发展阶段中的身份制。从 20 世纪 50 年代初到 90 年代初，中国在推行计划经济体制的过程中，实际上也在运用和实施一种身份制。所谓身份制，是指对个人的身份进行划分以及把身份作为资源配置标准制度化。如郑杭生提出，当代中国社会存在着明显的身份制，“全体社会成员根据制度化的规则，被划分为不同的与职业和其他社会角色相联系的社会地位群体”[①]。在那一时期，影响显著的身份制主要有三种：一是阶级身份制，二是阶层身份制，三是户籍身份制。

阶级身份制用来标识个人的家庭出身身份，家庭出身身份主要有“地主”“富农”“贫下中农”等，这种划分带有政治的意义，通常用于分配与政治密切相关的资源，如参军、提干、接受高等教育等。

阶层身份制是根据人们的职业而划定的社会地位身份，主要有干部、工人和农民三种层级身份，“农民”的身份意义与这一身份制有密切的关系。在这一阶层身份制中，干部、工人和农民三种身份既有职业身份的差别，也有阶层地位的边界。因为个人如要实现从农民向工人，或从工人向干部的社会流动，必须满足一些身份转换的制度规制的条件。如“转干”“以工代干”等现象，反映了身份在计划经济时代不仅是一种职业和社会地位的象征，而且已成为制度化的阶层边界，同时又是社会资源和利益分配的重要依据。

户籍身份制是在社会管理中推行和运用的一项基本制度。所谓户籍身份制，顾名思义是指对个人户籍身份的界定与划分，以及把户籍身份作为资源配置和社会管理的重要依据加以制度化。在户籍身份制中，最明显的身份划分是农业户口与城镇户口，或称“非农业户口”。户籍身份制中还包含“户口辖地”和“户口单元”等区分。[②] 户

① 郑杭生，李强，李路路，等．当代中国社会结构和社会关系研究．北京：首都师范大学出版社，1997：49.

② 陆益龙．户籍制度：控制与社会差别．北京：商务印书馆，2003.

籍身份制不仅把一些重要资源和利益的分配与户口身份紧密挂钩，而且对户籍身份的转换实行严格的控制，个人要实现“农转非”、户口迁移等户籍身份转变，必须满足非常严格的权威机关规定的各种条件和要求，比如“农转非”指标、落户“门槛”。

改革开放后，“农民”一词在中国语境下的身份意义与户籍身份制关系非常密切。如“农民工”概念的出现和广泛使用，实际上隐含着两层社会意义：一是反映了旧的身份制依然在社会生活中发挥作用。“农民工”笼统地指从农村进入城市工作的群体，他们当中既有一部分属于从事农业生产的农民在农闲季节的兼业者，也有一部分属于从农业向非农业转移的劳动力。但无论是兼业者还是职业转移者，都由于户籍身份依然属于农业户口或农村户口，因而只能在城市体制外兼业或从业，属于体制外就业者。从这一现象中，我们可以看到身份制依然在起作用。

二是蕴含了身份制的社会建构机制。从某种意义上说，“农民工”一词本身蕴含了人们对“农民”身份的再建构。虽然那些从农村进入城市劳动工作的人冲破了城乡体制的束缚，做着与城市居民和工人相同的工作，但社会仍出于不同的目的给他们贴上“农民”的身份标签，尽量将这一群体区分开来。这种社会区分有来自制度规制的作用，但不容忽视的是社会力量在其中所发挥的建构作用。所谓建构作用，是指社会成员在社会互动实践中，有意识或无意识地将某种东西变成重要的社会价值标准或认同边界。

在当下中国，对农民身份的再建构现象，可以从社会边界（social closure）理论的角度去加以理解。社会边界理论认为，在现实社会中通常有多种社会认同边界，这些边界发挥着区分“内群体”和“外群体”的功能，那些被划定为外群体的人，往往是社会排斥的对象，因为人们并未认同和接受其为内群体成员①。虽然“农民工”一词被普遍接受，而且其所指的群体也为人们所知，但不容忽视的事实是，这一名词包含了农民的身份化以及农民身份边界的社会建构。

此外，对农民身份的建构和使用现象，还可从社会歧视（social prejudice）理论的视角去理解。我们需要理解的问题是：人们为何要建构出“农民”的身份认同边界呢？为何要用“农民”去“修饰”一个群体呢？在社会歧视理论看来，社会中人们设置一些边界，并运用这些边界将目标群体突出出来，一个重要原因是对目标群体的社会歧视。例如，当种族、民族、性别等身份标识和差别被刻意突出出来时，其中可能隐藏着种族歧视、民族歧视和性别歧视的倾向。

第二节　农民的社会心理

考察和认识农民的社会心理（social psyche）和认同（identification），是了解

① MURPHY R. Social closure：the theory of monopolization and exclusion. Oxford：Oxford University Press，1988.

农民群体观念世界的重要窗口。作为社会群体之一，农民在其生产和生活环境中，形成了相应的、有别于其他社会群体的社会心理和认同观念。透过这些社会心理和认同观念，我们可以更深刻地理解农民的生活世界。

一、农民群体的社会心理特征

“物以类聚，人以群分”，群体既是人类社会生活的一种方式，也是社会得以构成的一种方式。社会群体是人们在共同生活的社会过程中形成的，因而群体成员会在相同或相近的生活环境中形成具有一些共性的社会心理特征。农民群体由于有着较为相同或相近的生产和生活方式，因而形成了具有一些共性特征的社会心理。农民群体的社会心理特征是指群体意义上的典型特征，主要有：趋同、遵礼俗、顾面子、避风险、重家庭。

农民群体的一个具有较多共性特征的社会心理是趋同心理。与求异正好相对应，趋同是尽量让自我与他人相同或相似。在趋同心理作用下，农民群体中的标新立异现象相对少见。

农民群体的趋同心理有三个典型的形式：一是攀比心理，二是从众心理，三是求同心理。在现实的农村社会生活中，农民群体中有较多的人有攀比的心理倾向，无论是盖房子还是举办婚丧嫁娶等仪式，无论是生产方面还是生活方面，农民往往都会拿他人的样例或标准来做参照。例如，如果村里有一家盖起了二层楼房，那么后面盖房子的农民会跟随盖起相同甚至更高的楼房；一家嫁女的聘金标准会被左邻右舍效仿。在农民的攀比心理中，他们主要想象自己要尽量和他人相同或比他人更好，至少不落后于他人。尽管现实中的客观条件是有差异的，但农民在心理上则尽力地抹平差异。

从众是一种社会心理现象，指个人的偏好和选择追随众人。在流行现象里，一种服饰或文化流行开来，从众是其重要的社会心理机制之一。从众作为农民群体的社会心理特征之一，主要是指农民通常具有与多数人或众人的行动方式保持一致的心理倾向。农民的从众心理在现实中的典型表现是“随大流”，这一心理反映出农民的价值判断和行动选择服从于众人而非基于自我分析和判断，孰是孰非皆以众人的实际选择为准，大多数人的所作所为，被认为是正确的。

求同是农民趋同心理的集中体现，农民在社会生活中，通常有着追求与他人相同或相近的动机取向。求同与攀比有所区别，攀比偏重与他人相比较，而求同则有追求与周边的人保持相同的努力。农民群体的求同心理反映了他们安全感的心理机制，即感觉与别人相同就是安全的，不同则是危险的，所以求同往往会形成农民群体的一种心理压力。如在对农民的生育兴趣的研究中，笔者发现在推行计划生育政策的背景下，一些农民有“追求生男”的行为，村落文化环境中形成的趋同压力是重要动因之一①。农民在群体生活中尽量规避差异而追求相同，如俗语“人怕出名

① 陆益龙．生育兴趣：农民生育心态的再认识：皖东T村的社会人类学考察．人口研究，2001（2）．

猪怕壮”所反映的社会心理一样，农民更希望通过群体来规避危险和获得安全。

费孝通认为，中国乡土社会是一种“礼俗社会”，因为乡土社会的秩序建构主要依靠“礼”和“俗”，而非法制①。生活在乡土社会场域中的农民群体，自然形成了遵循礼俗的社会心理特征。

在乡村社会，我们依然可以看到各种各样的人情礼节。正如民间流传的俗语所说：“人情大于债，头顶锅儿卖。”人情礼节在农村社会人际交往中的重要性，反映了农民在心理上将一些礼节视为必须遵从的义务。每个人在交往互动中都要极力去维护人情礼节的规则，而不能轻易打破这些规则。人情礼节规则是农民在日常生活世界里共同建构起来的，这一建构过程与每个人对那些规则的遵从是分不开的。既然人情礼节规则是农民自己建构起来的，那么他们自然不会自己去打破那些规则，遵从和维护礼俗成为自然而然之事。

“俗”是指风俗习惯。“三里不同乡，五里不同俗”，描绘的是风俗习惯在农村生活中的存在及空间差异性。在不同的农村社会空间里，有着不同的风俗习惯。风俗习惯的形成通常有三个基本条件：一是共同的生活空间，二是持久的时间积淀，三是建构与遵从的人群。现代城市社区的风俗习惯通常并不显著，一个重要原因是缺少第三个条件。城市社区中的成员一般更具个体性，不具有遵从礼俗的心理倾向；而在村落社会，农民则有着遵从风俗习惯的心理特征，这种心理与他们的趋同心理是相一致的。按照风俗习惯来判断和选择，对农民来说一来较为简单易行，二来也较为安全，因为经历了一段时间而形成的习俗，已经被农民的直觉经验验证为是安全可靠的行动方式。

“面子”即“情面”和“脸面”，在乡村社会的人际交往互动中通常起到重要作用，因为农民一般有“顾面子”的心理特征。当农民在社会互动中选择自己的行为方式时，常会顾及“面子”这一规则。

“情面”规则是指对他人面子的照顾，即在交往中要给对方留“情面”。情面是个人基于熟人之间的情感联系而想象的行为期望，要顾及自己的行为，尽量不伤害与对方之间的情感关系。

“脸面”规则是对自己面子的关心和注意。“顾脸面”“要面子”的社会心理，体现了人们对“我看人看我”的重视。② 农民群体有较强的注重自己“脸面”的心理倾向，这与他们的攀比心理也有一定关系。

此外，农民群体对“面子”较为关注和重视，还与他们所生活的熟人社会环境有关。在彼此熟知的熟人社会中，人们交往的对象都是自己所熟悉的人，而且相互之间交往频繁。在这种环境中，农民在乎他人如何看自己也就相对更为突出，因为他人的评价和议论可能对自己在熟人社会中的关系和地位产生直接的影响。所以在这个意义上，农民群体顾面子的心理，是对自己的社会影响和社会舆论的重视。

---

① 费孝通．乡土中国 生育制度．北京：北京大学出版社，1998：6.

② 费孝通．从实求知录．北京：北京大学出版社，1998.

农民群体中的冒险行为相对较少，体现出农民有规避风险或不爱冒险的心理倾向。传统农民习惯于常规生产和生活，日出而作，日落而息。他们安于在自己的“一亩三分地”上辛勤耕作，而不太愿意在新的领域投资和扩大再生产。所以，农民群体有“小富即安”的心理特征。

关于农民群体避风险的心理特征，舒尔茨曾用“收入流”价格理论进行解释：农民群体不愿在有风险的领域进行投资，并不说明他们没有冒险精神和经济头脑，而主要是因为新“收入流”的价格过高，农民根本购买不起①。斯科特在对东南亚农民的研究中，提出了农民的“道义经济”理论。这一理论有助于我们理解和解释农民群体的避风险心理。② 农民所从事的经济活动属于一种“道义经济”。所谓道义经济，是指养家糊口的经济。此种经济意味着农民的生产经营活动具有两个特点：一是不以个人目的为主要行动目标，二是坚持安全第一的原则。在道义经济活动中，农民不冒险在情理之中，因为冒险行为会导致风险产生，不仅会危及农民的个人生存安全，还会对养家糊口造成直接的冲击。

家庭情结是农民群体的社会心理特征之一。农民的家庭情结主要表现为对家庭具有特别的偏重、依恋、认同感和归属感，如对家庭稳定的重视、顾家以及有家乡观念等，都在一定意义上与家庭情结有关联。

农民群体重家庭的社会心理特征，与家庭在他们的社会生活中的重要性有密切关系。在乡村社会，家庭既是社会的基本单位，又是个体生存和生活的载体。在村落生活中，每家每户既相互守望，又相互独立，正是在这种环境里，个人产生了较强的家庭归属感。

农民重家庭的社会心理在一定程度上影响着他们的生产方式，小农生产以家户为单位较为理想，家庭在组织小农生产方面显示出一定优势，是天然的小农生产单位，因为小农生产周期与家庭周期有着天然的耦合之处。中国农村的人民公社化尝试，带来了农业衰退、农民温饱问题难以解决，最后还是以开展家庭联产承包责任制的农村改革而告终，这在某种意义上表明了家庭之于小农生产的重要性。而家庭显得重要，与农民的家庭情结这一社会心理特征分不开。

虽然随着现代化和城镇化进程的推进，农村已发生巨变，但农民群体的家庭情结似乎并未完全消失。大量农民或农村劳动力在乡村与城市之间来回流动，折射出农民对家和家乡的依恋和归属感依然在起作用。

二、农民社会心理特征的形成

社会心理特征是在一定的社会生活环境中形成的，农民群体所具有的一些典型

---

① 舒尔茨．改造传统农业．梁小民，译．北京：商务印书馆，1987.

② 斯科特．农民的道义经济学：东南亚的反叛与生存．程立显，刘建，等译．南京：译林出版社，2001：66.

的社会心理特征，自然与这一群体所处的社会环境分不开。虽然农民群体所生活的环境是复杂多样的，各种社会文化因素也存在着差异性，但在这些复杂的社会环境中，存在着一些具有共性的社会元素，它们对农民群体社会心理典型特征的形成有着这样或那样的影响。概括起来，这些基本社会元素主要包括三个方面：一是村落聚居，二是农耕生计，三是熟人社会。这三个社会元素基本构成了农民群体社会生活环境的共性与典型性。

聚居于村落是农民群体存在和生活的基本形态。村落聚居这一客观形态包含三个典型意义，或者说在三个维度上影响着农民的社会心理：一是村落的文化生态特征，二是村落的封闭性，三是村落里的共生与竞争关系。

村落的文化生态特征是指村落文化赖以形成的地理条件及自然生态特征。一种地域文化包括物质文化和精神文化两个方面，物质文化的构成显然与地域的自然生态条件密不可分。文化生态论认为，由于文化总是在一定的生态环境中形成的，因而文化类型及其特征的形成主要是由文化持有者所生活的生态类型决定的。社会心理特征总是在一定的文化环境中形成的，村落文化生态对农民群体社会心理的作用较大，这种影响不仅有差异性，不同村落的生态特征产生不同的村落文化心理，而且有共性，共性的影响主要来自村落是农民生产和生活的共同场所。

村落的封闭性是影响农民群体社会心理特征的又一重要因素。农民居住和生活在村落里，作为村民生活共同体的村落，是相对封闭、独立和稳定的。村落与外界存在着较为稳定的边界（closure)，这种边界既包括地理或空间边界，也包括社会边界，外人要成为村落的成员，一般必须获得村落现有家户的成员资格，如通过婚姻、继承或赠予等途径。长期生活在相对独立、稳定和封闭的村落社会空间里的农民，他们的自我认知和社会认知也就在很大程度上受这一空间特征影响。如遵从礼俗的心理倾向，就是在村落这样具有闭合性的场域中，通过长期的互动实践而共同建构起来的。

村落中的社会关系的特点同样也对农民的社会心理产生较大影响。聚居于村落的农民，在共同生活中形成了共生的关系，他们对村落这一生活共同体都有着较强的情感认同和归属感，即大家都会认为自己和其他村民为同村人。在村落认同中，由于长期共同居住生活的村民之间有一定的血缘或亲属关系，因而村内共生关系带有较强的情感和伦理认同。这些认同的形成意味着村落内的社会关系已经对村民的社会心理产生了影响。村民之间除了共生关系外，也在一定范围内存在竞争关系。无论在农民家庭之间还是家庭之内，竞争关系都可能存在。村落的邻里之间、家族之间，在宅基地、利益获得、社会声誉等方面会存在纷争甚至冲突。在家庭内部，夫妇之间以及兄弟姐妹之间因这样或那样的原由而存在竞争关系。

村落既共生又竞争的社会关系特征，是我们理解农民的社会心理及行为的重要社会背景。任何社会心理特征的形成都是与行动者所生活的环境分不开的，而环境中的社会关系特点则可能有更为突出的影响，因为人们的社会心理总是在与周围人的交往互动过程中产生的。例如，农民群体的建构与遵循民俗的社会心理特征，与共生和竞争并存的村落社会生活环境有非常密切的关联：一方面，在共同生活的环境里，个体的行为选择会尽可能地与众人相一致；另一方面，个体倾向于对他人的异样行动方式给予负面评价，由此群体会共同建构起种种风俗习惯。

农民群体的主要生计模式为农业生产，农业生产是农民谋生的基本手段。对每一个社会成员来说，生活都是第一性的。人们如何来维持生活，或以什么手段和方式来谋生，可以说是构成人们生活的基础。因此，生计模式通常会在较大程度上影响乃至决定个体和群体社会文化心理特征的形成。

农业生计模式主要从三个方面影响农民群体的社会心理：第一，体力劳动方式。在农业生计模式中，农民群体所从事的生产劳动主要为体力劳动。依靠体力的农业生产活动，在较大程度上影响着他们的世界观以及文化心理。因为社会文化心理特征一般是在人的活动中形成的、较为固定的劳动方式，会让人们养成与之相关联的心理或习惯。第二，以家庭为基础的经营模式。主要依托于家庭的农业生产，让农民形成了诸多与此相关的价值观念和文化心理，如对家庭和人伦及人情关系的偏重，以及优先考虑生计安全的社会心理等，在一定意义上与他们的农业生计模式相联系。第三，相对稳定的生活方式。生活方式的单调和稳定性是农业生计模式的特征之一，农民群体居住生活于村落或聚落之中，过着日出而作、日落而息，以及日复一日、年复一年的农村生活。这种较为单一、稳定的生活方式，对农民群体的社会心理及文化特征具有较大的影响，如农民的“小富即安”、追求安逸稳定的社会心理，与他们长期以来习惯的稳定生活方式有密切关系。

一个群体的社会心理特征通常与该群体所生活的社会环境是分不开的，而在社会环境中，人际关系和人际互动的类型与特征则有着更为突出的影响。农民生活于其中的乡土社会，是一种熟人社会①。相对陌生人社会来说，由相互熟悉的人组成的乡村社会，人际关系和交往互动有着乡土性特征。之所以将乡村社会视为熟人社会，主要是因为生活在村落里的人在社会交往互动中，能够知道或熟悉对方的基本社会情况，或者说“知根知底”，人们相互知悉对方的家庭情况。乡村熟人社会的形成，与个人归属于家庭密切相关。无论个人间关系的密切程度如何，人们都可以通过了解对方的家庭而熟知对方。所以，乡村熟人社会并非指人人都彼此熟悉或关系亲密，而是指人们对交往互动的对象的社会背景是熟悉的或能够知晓的。目前在中国乡村，即便行政村出现，也并没有改变熟人社会的性质，因而乡村其实并不存在所谓的“半熟人社会”②。

熟悉的社会环境对农民群体社会心理的影响主要在于：

（1）潜在舆论压力巨大。在乡村熟人社会里，群体或众人往往会形成一种无形的压力，人人都不愿在熟人面前“有失颜面”，且尽量给熟人“情面”。所以，长期与熟人打交道的农民群体，基于无形的社会压力，往往会形成从众、攀比和顾面子

---

① 费孝通．乡土中国 生育制度．北京：北京大学出版社，1998.

② 贺雪峰．论半熟人社会：理解村委会选举的一个视角．政治学研究，2000（3）.

的社会心理特征。在传统乡土社会，虽然既没有正式的舆论机构，也没有大众传媒，但舆论给人们带来的无形压力非常大。舆论压力对农民有着显著影响，与熟人环境里农民群体的心理预期是分不开的，农民总期望不被别人议论，或期望避免自己不喜欢的议论，为此他们在行动选择上特别谨小慎微。

（2）交往互动的信息较对称。熟人社会里的人际交往具有信息对称的基础。由于交往双方对彼此的行为规矩较为熟悉，因而信任心理易于产生，并易于形成非正式的信用关系，不需要经过正式程序和担保。正如费孝通指出的："乡土社会的信用并不是对契约的重视，而是发生于对一种行为的规矩熟悉到不假思索时的可靠性。"① 在信息对称情况下的社会交往，个体行动的表演性意义相对降低，因为任何掩饰和伪装对熟人来说，都难以达到预期效果。因此，熟人间的交往互动习惯让农民群体形成了具有质朴倾向的社会心理特征。

（3）人情关系作用明显。与陌生人构成的城市社会不同，熟人社会里的人情关系既非常突出，也非常重要。在熟人之间，一般有较为密切的情感联系，这些情感联系既有源于血缘或亲属关系的，也有源于礼俗的。在乡村熟人社会的生活和交往中，农民一方面注重建构人情关系，另一方面也偏重于按人情关系规则来行事。例如，乡村社会中的人情往来不仅较为密集和频繁，也较为普遍，无论何种状况的家庭及个人，都会与关系更为密切的人有人情往来，这既反映出农民群体有着较为强烈的维系人情关系的责任感，也从一个角度表明了农民在遇到重要事件时会优先考虑到关系亲近的人。

三、农民的社会认同

考察农民的社会认同及其结构，是认识和理解农民群体主观世界的一个重要视角。通过考察农民的社会认同，我们可以了解到农民是怎样看待自己、别人和周围世界的，以及这些主观的认知与他们所生活的现实世界有怎样的联系。

社会认同包含身份（identity）和认同两个方面。身份是社会赋予个体的群体类别或归属的标识，如干部、工人、农民，以及富人和穷人阶层等；认同则是个体对与身份相关的问题的认知，是对自己或他人所属群体的划分与认识，如家族认同、村落认同和阶层认同等。

作为一种社会心理活动，社会认同在人们的社会交往互动中常常发挥着重要作用。无论是在现实的日常生活中还是在社会学意义上，认同的作用都似乎较为明显②，因为它关系到人们如何进行"谁是谁、什么是什么"的社会分类。

社会认同不仅是一种对社会身份认知的心理过程，也是人的观念世界的一个维度。在社会认同中，主要包括人们对自我、他人、生活世界和外部世界的基本认识

---

① 费孝通．乡土中国 生育制度．北京：北京大学出版社，1998：10.

② JENKINS R. Social identity. London：Routledge，2008：5.

和态度。在这个意义上，社会认同可能会反映出人们的价值取向、社会态度和社会行为。

农民长期生活在相对稳定的社会空间——村落中，从事着自给自足的农业生产劳动。在这样的生活环境里，农民对自我、他人和外部世界会形成一些相对独特的认知和观念。首先，在对自我的认知方面，由于个人交往受相对固定、范围较小的村落空间的限制和影响，农民形成了具有非个体化倾向的自我认同，将自我置于社会背景之中，弱化了个性特征。其次，在对他人的认知方面，农民的社会认同则具有群体性而非组织化的特征。生活在乡村社会的农民，更多地与家庭和以血缘关系为基础的初级群体联系密切，群体归属感较强，而很少参加社会组织，所以他们对自我之外的他人的认识会按照群体来归类，如张三是谁家的、李四属于哪个姓氏家族等。最后，在对外部世界的认识方面，由于农民生活和交往的世界局限于村落社会，因而他们所认知的外部世界主要是以村落为边界的笼统世界，即对外部世界的认知是笼统的。

农民社会的认同结构呈现为"差序格局"，在这一结构中，"我"是认同的中心和起点，然后逐渐向外一圈圈地扩散。费孝通曾把这种同心圆的差序格局比喻成水面上的涟漪，当我们向水里扔下一颗石子时，所激起的涟漪会以石子为中心，水波一层一层向外推出。乡土社会中的农民，在文化心理上是以自我为中心的，然后向"我的家""我的亲属""我的村"逐步推出，每一层与"我"的关系都是有差别的。费孝通认为："中国乡土社会的基层结构是一种差序格局，一个一根根私人联系所构成的网络。"① 基层社会的差序格局与农民的认同结构是一致的，正是在那种具有差序和层级特征的社会认同及态度的作用下，乡村社会的交往行为以及由此构成的关系网络呈现出差序特征。

农民社会认同的差序格局有三个显著特点：

第一，个人的亲属关系是认同的主要边界。在村落特别是传统村落，农民对自我及他人的社会归类与认同主要依据家庭与亲属关系。在人们的社会认知里，对亲属关系的认同常常是优先的，一些私人联系主要建立在这种认同的基础之上。亲属关系的远近不仅影响着私人网络的疏密程度，而且对态度及交往方式有着较大影响。

第二，每个人的社会认同是分散和独立的。农民社会认同的差序格局结构类似于同心圆，每个人以自己为圆心对他人及外部世界进行认知和归类，每个人的认同又是独立和分散的，与他人的认同没有必然、有机的联系。

第三，个人对他人的认同有差序和等级性特点。差序格局的最突出特征是个人对他人的归类和认同有明显的等级性、层次性差别，个人根据他人与自己关系的远近做出有差别、分次序的认同。例如，在乡村社会交往中，人们在看待本村人与外村人以及陌生人时，会有不同的认同感和社会态度；同样，在村落社会里，人们对长辈、同辈和晚辈的认同无论是在心理上还是在行动上都会表现出差序特征。

---

① 费孝通．乡土中国 生育制度．北京：北京大学出版社，1998.

第三节　农民社会行动的逻辑

社会何以构成？社会是人们在相互作用的社会行动中构建起来的，农村社会是由农民在生产与生活的社会行动中构成的，对农民社会行动的考察，可以更好地理解农村社会运行的微观机制。

一、社会行动与行动逻辑

社会行动（social action）是一个抽象的社会学范畴，是社会学考察个人与社会关系的重要视角。社会行动是指社会成员在与他人进行社会联系中的行为表现。社会行动并非个人的具体行为，而是由许许多多相互关联的个人行为共同构成的。

对社会行动的研究，主要有三个角度：一是理解社会行动的意义，二是分析社会行动的结构，三是归纳社会行动的逻辑。

古典社会学偏重于对社会行动意义的理解，韦伯主张社会学要通过理解社会行动的意义来理解社会是如何构成的。为便于从宏观层面来理解社会行动的意义，韦伯概括出了社会行动类型论。社会行动类型论是运用其理想类型的逻辑工具，将人类社会行动划分为四个基本类型：目标合理的社会行动，价值合理的社会行动，传统的社会行动，激情的社会行动。[①] 前两种社会行动属于理性或合理性行动，后两种社会行动则属于非理性行动。理性行动与非理性行动的区别在于行动者做出行动选择的依据或动因，理性行动是行动者根据理性的思考和计算而进行行动选择，而非理性行动则不是在理性思考的基础上做出行动决定。社会的现代化与社会行动的理性化过程密切相连，社会行动的理性化是指理性化行动在社会中逐渐占主导地位，行动者的行为选择越来越倾向于追求目标合理性和价值合理性，而较少受习惯和激情支配。

现代社会学的结构功能主义则注重从分析社会行动的结构这一角度来认识和理解社会是如何构成的。帕森斯试图通过梳理马歇尔、帕累托、涂尔干和韦伯等人的经典社会行动理论，重建起一种更为宏大的一般社会行动论。这一理论将以行动的目标与手段、结构与功能为主线，以经验验证为基本方法。[②] 帕森斯对社会行动的结构分析，主要是为分析社会系统的结构奠定理论基础，从明确行动系统的结构到把握社会系统的宏观结构。行动系统的结构，如帕森斯所提到的“行动体系的单位”，是指行动在社会系统中的功能定位。帕森斯将社会系统中的行动按其功能分为四个基本类型——调适（adjust）、目标（goal）、整合（integration）及维续（last），

---

① 韦伯．经济与社会：上卷．林荣远，译．北京：商务印书馆，1997.

② 帕森斯．社会行动的结构．张明德，夏遇南，彭刚，译．南京：译林出版社，2003.

构成社会系统的 AGIL 模式结构。①

科尔曼在构建其社会理论时，把对行动结构的分析作为基本出发点。通过对行动者、资源、利益和控制等社会行动基本元素的提炼，科尔曼提出了以交换关系、社会资本、规范和法人行动者等范畴为中心的法人行动理论。②

对社会行动逻辑的关注，早在帕累托的社会行动理论中已有所体现。关于社会行动逻辑，帕累托区分和讨论了“逻辑行动”与“非逻辑行动”。奥尔森的集体行动理论则引起了社会学对社会行动逻辑的关注③。集体行动理论提出了一个重要命题：个体行动的理性选择原则与集体行动的理性目标并不总是一致的，在集体之中，个体的行动选择与集体规模有一定关系，随着集体规模的扩大，会出现“搭便车”现象，一些个体行动者会以尽量小的付出来获取集体同等的收益。而如果集体中有越来越多的个体行动者“搭便车”，那么会最终影响到集体行动的理性目标。集体行动逻辑理论不仅对理解公共选择和组织管理有重要帮助，对理解社会行动也有重要启示，因为社会行动涵盖了个人、集团以及群体的行动。

逻辑是人的理性思维的一种方式，行动的逻辑所指的便是理性人在做出行动选择之前按照一定逻辑原则进行计算的过程，通常是行为决策的动因及过程。行动的逻辑主要是微观经济学从微观层次来考察行动者经济活动规律的途径，通过对个体行为选择规律的把握，可以进一步认识和把握社会经济系统里的运动规律。

将行动逻辑引入社会学领域，可以深化对社会行动及社会系统的考察和研究，可以更加微观、更为具体地了解和认识个人与社会的关系，以及社会系统的运行机制，因为社会是由行动中的人构成的，认识了人的社会行动逻辑，也就认识了社会构成和运行的基础。

社会行动逻辑主要包括三个基本逻辑元素：（1）个体行动的驱动力；（2）群体行动的动力；（3）社会性行动的合力。

首先，对每一个具有理性思考能力的社会成员来说，每做出一种行动，严格地说都有理性的动因。那么，个体的行动驱动是否遵循着某种逻辑规律呢？在经济学中，个体行动的基本逻辑是个人效用最大化原则，即每个理性人所做出的理性选择，都遵循着个人收益最优的原则。如每个消费者都会选择用尽量低的价格去购买同样的商品或服务。然而，个人效用最大化原则虽代表微观经济活动的基本规律，但不能更好地反映个体社会行动的逻辑特征，因为这一原则强调了个体行动的利己主义倾向，而忽视了社会成员也有利他主义的行为。所以，个体社会行动的动因主要遵循着自认最优的原则而不仅仅是个人收益最优的原则。所谓自认最优的原则，是指个体所做出的理性行动选择，是个体自己认为在相应行动情境下最好的选择，而不一定是自己能从中获得最大收益的选择。至于对最优选择的认定，受到社会情

---

① PARSONS T. The social system. London: Routledge, 1991: 15.

② 科尔曼．社会理论的基础：上．邓方，译．北京：社会科学文献出版社，1990.

③ 奥尔森．集体行动的逻辑．陈郁，郭宇峰，李崇新，译．上海：上海人民出版社，1995.

境、文化价值和个体特征的制约。自认最优的行动既可能是利己主义的行为，也可能是利他主义的行为。

其次，群体性社会行动遵循一定的逻辑规律。在现实社会中，还存在着各种各样的群体性社会行动，如集群行动、集体行动等。虽然群体性社会行动由许许多多的个体行为构成，但此类群体性社会行动的驱动机制并不与个体性行动相一致，而通常有自身的动力机制。在集群行动——如球迷闹事及群体骚乱事件中，群体性社会行动发生的动力机制不同于个体理性选择原则，群体性社会行动主要是群体渲染力和个体免责心理共同驱动而产生的。在乌合群体中，往往会形成临场的鼓动力，在群体鼓动下，个体可能产生自己无须对自己的行为后果负责的侥幸心理，由此个人会做出自己在独处的情况下不会做出的行动，即“去个性化”的行动，许许多多的去个性化行动构成了集群行动。在集体行动中，个体之所以参与其中，通常是因为集体行动组织的话语动员机制的作用。例如在罢工、游行等集体行动中，由组织者或发起人建构起一种话语（discourse），宣传集体利益或共同利益的存在，继而动员集体成员参与到集体行动之中以实现或维护集体共同利益。

最后，宏观层面的社会行动主要遵循两种逻辑规则：一是文化逻辑，二是制度逻辑。从一般性角度来看，社会成员的社会行动都会受到相应文化法则的制约和影响，因为行动者成为社会成员都经历了文化的熏陶和涵化，涵化或社会化的过程包括了个人学习和按照文化规范行动。制度是被制定出来的行动选择集合，一个社会的整体行动之所以遵循制度逻辑，是因为在制度所确定的行动选择集合里，多数社会成员的行动被包含在其中。

二、农民的行动逻辑

农民是社会中的一个特定群体，考察并归纳农民的社会行动逻辑，是认识和理解农民及农村社会的一个重要视角。关于农民的社会行动究竟遵循何种逻辑，各种农民学理论有不同观点，且不同观点之间存在激烈的争论，其中“道义小农”与“理性农民”的理论之争尤为突出。

农民的社会行动是否遵循一条普遍的逻辑规则呢？如果是，那么是什么样的逻辑规则呢？在这个问题上，斯科特根据对东南亚农民的暴动和抗争史的研究，提出了“道义小农”论，认为农民的行动主要遵循道义原则，农民之所以有时候会愿意接受高地租的租地契约，且会不惜生命地起来暴动和抗争，是因为农民的行动选择遵循生存伦理第一的原则。斯科特认为，农民是道义至上者，而非自我利益至上者。农民的行动以生计需要和家庭伦理为第一动机。农民至少在经济行为方面，遵循着安全第一的逻辑。何种选择对他们及其家庭成员的生活来说是最安全的，他们就会选择它。[①]

---

① SCOTT J C. The moral economy of the peasant：rebellion and subsistence in southeast Asia. New Haven：Yale University Press，1976.

安全第一的行动逻辑，一方面是农民群体出于生存需要而选择的结果，另一方面也是由农民在小群体范围内必须尽量遵循的维持生存和生计的基本道义和伦理所决定的。然而，珀普金同样基于对越南农村经济的研究，提出了与斯科特截然不同的观点——“理性农民”论。波普金认为，农民其实是理性的，他们在进行经济决策时，同样按市场规律行事。[①] 他们犹如资本主义公司一样，瞻前顾后，权衡长期和短期收益，最后做出利益最大化的选择。他们在政治方面，也进行着理性选择。

其实，斯科特和珀普金都看到了农民社会行动的一些特征或规律，他们的观点之不同，恰恰说明了农民的行动并非只遵循一条不变的逻辑规则。农民是理性人，因而其行动自然遵循理性选择的逻辑，这无须争辩。但是，农民的行动选择又是在一定的社会经济环境下做出的，因而他们的行动选择又遵循特定的社会文化逻辑。在生存安全难以保证的情况下，他们的行动自然会首先考虑到生计安全。所以，“道义小农”与“理性农民”都反映了农民的行动特征，两者并不矛盾。

关于农民行动的特点，还有一个较为流行的理论观点，即“小农意识”论。所谓小农意识，是用来表达传统小农在进行行动选择时，主要受较为狭隘的私利观念的影响和驱动，把“自家”的利益置于首要位置，而对公共事务和公共利益较为漠视。费孝通在谈到中国农民的行动特点时曾指出：“从这些事上来说，私的毛病在中国实在是比愚和病更普遍得多，从上到下似乎没有不害这毛病的。”[②] 因为人大多具有自利和“搭便车”倾向，加上缺乏有效的制裁不合作行为的机制，所以农民实现合作往往会面临一定的困难。

重私利轻合作是农民社会行动的独有特征吗？严格说来并非如此，在行动选择中对自身利益的考量和关注是理性人行动选择所遵循的共同逻辑，而非农民所独有。至于农民难合作的命题其实并不成立，农民的分散性的存在确是事实，但农民的分散性并不等同于农民难合作。如果说农民难合作，那么如何解释村落之中农户间守望相助的合作现象呢？由于小农生产主要是自给自足的，各家各户在平常的生产和生活中，基本上独立自主。在没有相应的合作需求和有效的组织将他们组织起来的情况下，他们自然而然地处在分散且独立的状态之中。所以，农村社会公共事务和公共建设中之所以会存在一些问题，主要不是因为农民的自私和难合作，而是因为在农村还缺乏有效的组织，没能将分散的农民组织起来。

如何才能将农民有效地组织起来？如何才能让农民更好地合作？解决农民的合作与组织化问题，如果仅通过组织硬规范的规制和组织力量内化这两个途径，那么只能解决表面问题而无法解决实质问题。因为合作行为的关键在于自愿，只有在个体自愿情况下的合作才是真正意义上的合作，通过外部强制达到的合作不过是维持合作形式而已，如在中国农村的“大跃进”运动中，通过政治强制方式让农民加入

---

① POPKIN S. The rational peasant: the political economy of rural society in Vietnam. Berkeley: University of California Press, 1979.

② 费孝通．乡土中国 生育制度．北京：北京大学出版社，1998：24.

高级合作社和人民公社，并没有从根本上解决农民的合作问题。要有效地组织起农民，核心问题在于如何使合作组织让所有成员普遍受惠且实现公平。合作组织自身如果不能达到这两个目标，就难以让农民自愿地、积极地参与合作和组织。

泛泛地将某种逻辑规则视为农民的行动逻辑，会存在这样或那样的局限，因为农民行动属于一种非常笼统的范畴，因而在讨论农民行动的逻辑时，所指的对象可能是不同的，甚至存在很大差异。理解农民行动的逻辑特征，需要从行动的三个具体层次去加以考察和分析。

第一，在个体行动层次上，农民行动遵循理性选择的逻辑，农民个体所做出的行动选择，也基于其理性的考量。个体行动的差异是由行动者理性计算方式的差别造成的，农民个体与其他社会成员的基本行动逻辑本质上是一样的。

第二，在群体性社会行动层次上，农民群体与其他社会群体的集群行为的发生机制没有质的区别，农村群体事件的发生通常也与在特定社会情境中的从众和去个性化行为有关。在有组织的集体行动方面，农民的集体行动遵循着与其生产和生活实践状况相对应的逻辑规则。在农村社会，以血缘、地缘为基础的集体行动易于组织起来，农民更倾向于参加以家族、村社为组织的集体行动，因为他们对血缘和地缘关系的社会认同更为强烈，也更易于信任此类组织，更易于参与到此类合作之中。此外，农民倾向于参加革命性的集体行动。传统农民较少参与到超越村落边界的组织之中，参与有组织的集体行动也较为有限。但是，在一定历史周期中，农民也会参加超越村落范围的革命性的集体行动。米格代尔在研究农民政治时提出，农民参与革命主要有两个条件：一是农民群体内部传统约束的弱化，二是外部有感召力的农民运动领袖的出现①。

农民之所以较少参与有组织的集体行动，但可能参加革命性的集体行动，是因为在常态的农村生活中，农民更习惯于和趋向于独立自主地生活。在外部约束力有限的情况下，农民更为信任自己所熟悉的血缘和地缘组织；然而在非常态的情况下，当农民的生存空间的内部压力和紧张度达到一定程度，他们的生存和生活遇到极大困难和挑战时，就容易被动员起来而加入旨在打破现有秩序的集体行动。尽管参加抗争性集体行动面临着极大风险，但现实的境况会驱动他们做出一次性博弈，这就是农民战争的逻辑。

第三，在宏观层面上，农民行动既遵循着乡土文化的逻辑，又与相应制度安排所设定的行动选择集合相一致。就文化逻辑而言，农民的社会行动遵循“大传统”的文化法则，在这方面与其他社会群体没有太大差别；与此同时，农民在行动中又会遵循“小传统”的文化法则。所谓“小传统”，李亦园认为是“一般人民大众的生活文化”或曰民间文化，它不同于由经典哲理思想构成的“大传统”②。

一般意义的农民行动，与制度所设置的行动选择集合有密切关系。由一个个农

---

① 米格代尔．农民、政治与革命．李玉琪，袁宁，译．北京：中央编译出版社，1996：26.

② 李亦园．李亦园自选集：从民间文化看文化中国．上海：上海教育出版社，2002：1.

民在制度框架下进行的理性选择组合成了农民群体的社会性行动。关于农民的社会行动逻辑，不宜仅理解为农民主观上的特征，还须认识到农民的行动特征与客观环境之间的关联。农民的某些行动特征，并不一定代表农民在观念上与其他群体有别，而可能是某些制度设置导致的。

三、农民行动的结构和变迁

把握农民的行动逻辑，是为了更好地理解农村社会世界是如何建构起来的，以及农民与社会是如何联系起来的，因为农村及整个社会世界都是依靠行动者的实践才得以构成的。结构与变迁是考察和认识农村社会及其运行规律的重要视角，对农村社会结构与变迁的考察，需要从宏观层面来把握农民社会行动的结构及其变迁。

行动结构是从社会系统层面对社会行动的分析和概括，帕森斯将社会行动结构分为调适、目标、整合和维续四个子系统，意指社会行动是由这四个功能结构组成的。吉登斯的行动结构化理论则把社会行动结构概括为行动者、实践知识和行动结果。行动者是行动结构的基点，行动结果即为行动的现实构成，实践知识是行动者关于行动的知识，在行动者与行动结果之间起着媒介作用。①

农民的行动结构，与一般意义上的社会行动结构是一致的，也是由行动主体——农民、行动者观念及动机和行动实践三个结构要素构成的。农民的行动结构的特殊意义主要是相对于农民这一社会阶层或群体而言的。

首先，就行动者而言，农民作为构成社会的一个阶层或群体，与其他阶层或群体既有一定联系，又有一定差别。一方面，农民在社会系统中的地位以及与其他群体的关系结构决定了农民行动的特殊性；另一方面，农民在相应结构中的主体需求构成了他们行动的动机结构，这种动机结构相对于其他群体有所不同。例如，农民是社会中的劳动者阶层，他们的社会行动具有劳动者的特征。作为劳动者阶层，他们希望通过体力劳动来获得生存和发展。

其次，在实践知识方面，农民行动体现出农民的知识状况和观念特征。农民受其所生活的文化环境及接受教育状况的影响，具有相对特殊的行动知识体系。农民的行动知识体系属于人类学者吉尔兹所说的那种“地方性知识”，是长期生产和生活在相对稳定的地方而形成的地方化的实践知识。农民的“智慧是从蚂蚁堆来的”②，他们从地方性实践中获得了关于应该如何行动的知识和观念，这些行动知识和观念在一定意义上成为他们行动的动因结构。

最后，在行动结果方面，农民行动是构成农村社会现实的基础。在社会系统结构中，农民的结构位置和社会角色，以及与之相对应的实际行动，构建起了农村社会世界。其中，乡土文化及乡村建设和乡村发展等社会现实，与农民的实际行动分

---

① 吉登斯．社会的构成．李康，李猛，译．北京：生活·读书·新知三联书店，1998.

② 吉尔兹．地方性知识．王海龙，张家瑄，译．北京：中央编译出版社，2004：223.

不开。

概括出农民的行动结构并不等同于将其行动视为固定不变的模式，理解农民社会行动依然需要从动态视角出发，考察行动结构的变迁。

考察和认识农民社会行动结构的变迁状况及过程，须重点关注三个方面：

第一，关注行动主体或行动者的变迁，即农民的变迁。对农民的关注，既要聚焦于当下的现实状况，也要有历史的联系。当今农民所具有的特征，是经过相应变迁过程而形成的。例如，农民群体无论是在规模、构成方面，还是在社会与文化特征方面，都会随着历史变迁而变迁，所以，农民的行动结构随着农民群体的历史变迁而变迁，在不同历史阶段，农民群体具有相应的时代特征，其行动结构与这些特征是相一致的。

第二，关注农民行动知识的变迁。虽然农民的行动知识相对其他群体而言具有某些特殊性，这些特征的形成与其所处的社会生活环境密切相关，但他们的行动知识或观念结构并不是一成不变的。随着社会变迁及生活环境的变化，农民对周围环境及外部世界的认知和观念也会发生这样或那样的变迁，他们对选择什么样的行动以及如何行动的认知，往往会具有时代的特点。例如，改革开放后的中国农民，当他们看到城市广阔的市场潜藏着更大的机会时，并不认为固守家乡和土地就是理想选择，而是认为选择向外流动更加有利于自己。

第三，关注农民行动现实的变迁。农民在现实社会中的行动实践不是一成不变的，而是处于动态变迁之中。在不同的历史时期，农村社会有着不同的发展状况。农村社会发展的现实状况，正是农民行动结果的变迁所致。农民行动结果的变迁集中体现在生产和生活方式的变化之上，这些变化构成农村社会变迁的重要部分。在生产方面，变迁既包括农民生产劳动能力的变化，如从完全依靠人力、畜力到大量使用农业机械工具的变化，反映了农民实际生产行为和能力处在动态发展之中。此外，变迁还包括生产组织形式的变迁。尽管传统农民主要以家庭为单位来安排和组织农业生产活动，但不同历史阶段的家庭农业在结构和规模上也在变化。除了家庭农业组织形式之外，农民生产组织形式有向集体农业和现代农场农业的转变和发展。农民生产方式的变迁还体现在生产成果之上，随着农民生产方式的变化、生产能力的提高，他们的农业生产成果随之变化和增长。在农民生活方式的变迁方面，最为突出的是生活水平的变化。这种变化不仅表现在农民日常生活中的消费方式和消费水平上，而且表现在农村社会的物质形态上。如在生活水平较低的时期，村落里会随处可见破旧和简陋的房子，而一幢幢崭新的房子在村落里建立起来，则代表着农民的生活状况得到大大改善。

一方面，我们可以通过对行动结构的分析去理解农民行动的意义。农民行动虽属一种笼统、抽象的范畴，但也有一般意义上的结构，即由主体-意识-行动三元素构成。另一方面，我们还须从动态与变迁的视角去理解农民行动的意义。行动结构并非僵化、固定不变的，而是会随着时空变化而发生变迁。农民的行动结构总是一定历史时期内的结构，既由社会变迁所致，又构成社会变迁的重要方面。

第四节　理解中国农民

中国有着悠久而辉煌的农业文明与文化传统，如今农民依然是中国社会的重要构成。认识和理解中国农民是农村社会学的重要研究主题之一。理解中国农民可从三个方面切入：一是农民的传统，二是农民的现实，三是农民的未来。

一、乡土社会的主体

从传统角度来看，农民是组成乡土中国的主体和基础。在中国传统农业社会里，正是农民创造了辉煌的农业文明，农民在农业社会中占据主体位置。传统的中国农民究竟有什么典型特征呢？

乡土本色可以说是传统中国农民的一个突出特征。费孝通指出："从基层上看去，中国社会是乡土性的。"① 由此可推，传统农民具有乡土性。费孝通所概括的乡土本色主要有两个方面的意义：（1）农民的"乡里乡亲"。即农民基本聚村而居，从而构成了彼此熟知的，或者说大家有"乡里乡亲"关系的乡土社会。（2）农民的"土气"。"土气"的意思并非鄙视农民的气质，而是特指农民与土地之间的密切关系。传统农民在土地上生产，依靠土地所产出的物质资料生活，死了之后还要埋于土地之中以求"入土为安"。所以，传统农民身上处处散发着"泥土的芬芳"。

资料库 4-2

中国农民聚村而居的原因大致说来有下列几点：一、每家所耕的面积小，所谓小农经营，所以聚在一起住，住宅和农场不会距离得过分远。二、需要水利的地方，他们有合作的需要，在一起住，合起来比较方便。三、为了安全，人多了容易保护。四、在土地平等继承的原则下，兄弟分别继承祖上的遗业，使人口在一个地方一代一代地积起来，成为相当大的村落。

资料来源：费孝通．乡土中国 生育制度．北京：北京大学出版社，1998：9.

就社会学意义而言，"乡土本色"反映了传统农民的社会地位及主体特征。农民被称呼为"乡下人"，这一称呼表面上看不过是反映了农民的居住场所，但"乡下与城里相比较，属于不同的社会等级，乡下是比城里地位低下的社会空间和场域"②。因此，农民的社会地位低于居住在城里的人。此外，农民的"土气"反映出，依赖甚至受制于土地的传统农民形成了局限于土地的主体性社会特征，如他们

① 费孝通．乡土中国 生育制度．北京：北京大学出版社，1998：6.

② 陆益龙．农民中国：后乡土社会与新农村建设研究．北京：中国人民大学出版社，2010：60.

的职业和观念世界有着与土地相关联的特征。

小农家庭是传统农民的依托。理解中国传统农民和农村社会，小农家庭是一个重要的视角。黄宗智提出从对小农的综合分析角度去了解中国乡村社会的变迁①。中国传统农民被称为“小农”，反映其生计模式或生产经营方面的一个显著特点，亦即以小规模的农业生产为主。大多数农民所耕种的土地规模很小，他们较少参加规模化的农场生产。虽传统社会存在拥有较大规模土地的地主阶级，但由于地主将土地分块出租给农民或佃户，租佃农民向地主交纳地租，所以农民的生产经营依然以小规模农业为主。在欧洲，曾有较多农民在一些大庄园或大农场里从事生产，庄园和农场里的农民与小农是有一定区别的。在小规模的农业生产经营中，中国农民不仅形成了为满足自己家庭生活需要而劳动的生产经营模式，也形成了独立自主的个体经营习惯。

小农的生产活动以家庭为单位，个体家庭对中国农民来说具有特别重要的意义。首先，农民在经济活动中以家庭的生计安全为首要目标。在乡土社会中，农民以自己的家为中心。他们辛勤劳作，是为了努力把自己的家经营得更好。其次，独立的个体家户是传统农民的存在和生活方式。在农民聚居的村落社会里，每家每户都是自在的、独立的。家户之间是守望相助的关系，或者可能有这样或那样的血缘与亲属关系。但在生产和生活上，各家各户都能达到相互独立。由于村落中的公共事务以及农民与外部世界的联系并不多，所以农民以自己的家庭为重心，参与到公共领域的机会较少。从某种意义上说，农民缺乏参与和管理公共事务的经验和习惯，但这并不意味着农民注重私利而漠视公益。最后，小农家庭是传统中国农民的重要认同边界，在农民的观念世界及乡土文化中，家庭是基本构成要素。要理解中国农民及乡土文化，须懂得小农家庭的结构与变迁，懂得个体与家庭、家庭与社会的联系。在乡土社会中，农民对家户的认同先于个体认同，人们在与“他人”交往时，通常将对方归于“某某家的”，说明个人的家庭是其社会交往的信任基础。在对外部世界的认知方面，由于传统农民生活在封闭的村落和家庭之中，他们只能在“家”的观念基础上形成笼统的“政府”和“国家”的概念。

二、现代社会的基层百姓

当今的中国农民处于何种发展状态呢？他们在现代社会中又表现出哪些显著特点呢？理解当代中国农民的社会现实，依然是认识和理解中国社会不可或缺的视角。当代中国社会依然具有农民中国的特征，但当代中国农民则在快速的社会转型过程中发生了巨大的分化与发展。

美国学者李丹用“农民中国”来概括和总结西方学者对中国传统农业和农民的研究的理论观点，其中包括斯科特的道义经济论、施坚雅的区域与市场体系论、技

① 黄宗智．华北的小农经济与社会变迁．北京：中华书局，2000.

术突破论、农民战争论以及黄宗智的小农过密化论[①]。秦晖从对农民中国的历史反思视角，将中国农民问题的现实总结为两个基本方面："第一，农民人数要减少，……第二，农民的权利要提高。"[②] 笔者在经验研究的基础之上，用农民中国概括了当代中国农民的现状及向后乡土社会转型过程中的问题[③]。

农民中国理论的一个基本观点是：农民依然是当代中国社会的主体构成，农民的发展依然是中国发展的主要任务之一，农民的发展在较大程度上影响和决定着中国的发展。直到 2011 年，中国的城镇人口才刚超过农村人口，到 2022 年年底，中国城镇化率已达到 65.2%。快速城镇化给农民的发展带来复杂和严峻的挑战。

当代中国农民的发展现状如何呢？农民的发展所面临的主要问题是什么呢？首先，关于当代中国农民的发展过程及现状，我们可以通过对农民人均纯收入的考察去加以认识（见图 4-4）。改革开放前的 1978 年，农民人均纯收入仅为 133.6 元，而在改革开放 30 年后的 2008 年，农民人均纯收入达到了 4 760.6 元，是 1978 年的近 36 倍。到 2012 年，农民人均纯收入为 7 916.6 元[④]。就收入水平而言，当前中国农民得到了较快发展，且达到了相对理想的状态。

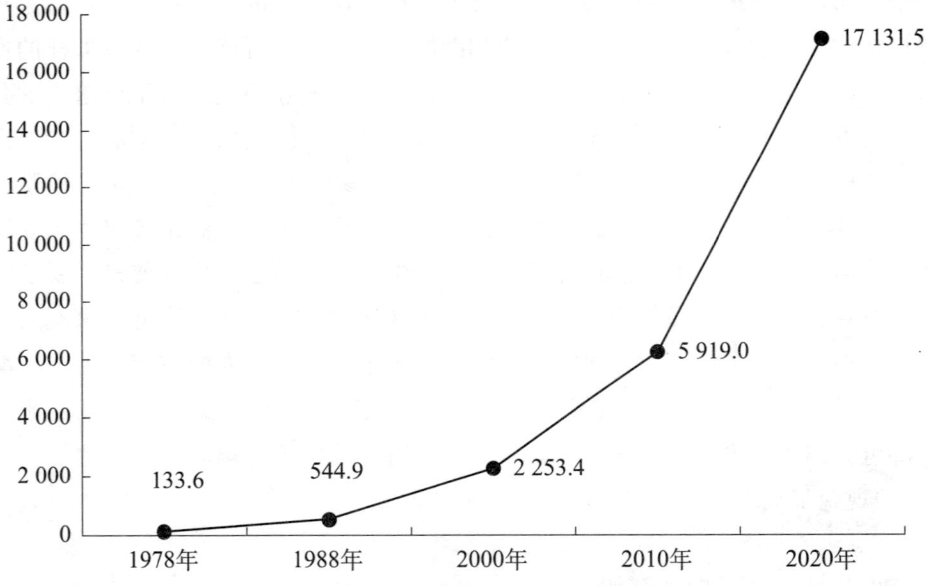

图 4-4 中国农民人均纯收入的变化情况（单位：元）

至于农民发展的主要问题，不是一成不变的。在不同的历史发展阶段，农民发展所面临的问题不同。在农村改革之前，突出的农民问题是生计问题，即"温饱问题"。农民是食物的生产者，却有大批农民面临温饱难以保障的问题。农民温饱问

① 李丹．理解农民中国：社会科学哲学的案例研究．张天虹，张洪云，张胜波，译．南京：凤凰出版传媒集团，江苏人民出版社，2009.

② 秦晖．农民中国：历史反思与现实选择．郑州：河南人民出版社，2003：10.

③ 陆益龙．农民中国：后乡土社会与新农村建设研究．北京：中国人民大学出版社，2010.

④ 数据参考国家统计局官方网站《中国统计年鉴》。

题的产生虽有自然因素的影响，但主要原因是不合理的政策安排。政策因素主要包括：第一，放任的生育政策，缺乏对人口规模和增长的科学合理的宏观调控，致使人口高速膨胀。人口过快增长及人口规模的膨胀，产生了两种消极社会效应。一是人地关系更加紧张，二是薄弱的生产基础进一步被削弱，因为社会需要花太多成本去养活新增人口。第二，农业生产的集体化运动，导致两个不良后果。一是严重挫伤农民的生产积极性，由于加入高级合作社和人民公社并非出自农民的自主意愿，农村集体又难以对集体内的各家各户进行有效的生产激励，因此严重挫伤农民的合作意愿和生产积极性。二是农民生产自救的能动性受到破坏，为维护集体生产，农村管理禁止各种个体的经营活动，在此过程中，个体农民原本具有的在困难境地实现自救的能力遭到破坏。第三，政治运动重于经济建设的方针政策，导致自上到下的对农业经济基础地位的轻视与破坏，干部和群众把主要精力放在阶级斗争和路线斗争之上，而不是致力于把农业生产的产量提高上来。

在中国农村推行“分田到户”的家庭联产承包责任制改革后，到20世纪80年代中期，绝大多数农民的温饱问题基本得到解决，农民面临的主要问题演化为农民的负担问题，亦即如何减轻农民的税费负担、促进农民增收的问题。农民的负担问题是由不合理的财税政策造成的，由于农村公共基础设施建设和公共管理的支出基本落在农民自己的肩上，在农产品价格较低、农业生产盈利极低的情况下，农民除了要缴纳农业税之外，还须向乡镇政府和村自治组织缴纳“三提五统”费，这些税费无疑加重了农民的负担，影响到农民的增收。直到2006年，为推进新农村建设，中央取消了所有向农民征收的税和费，农民的负担问题由此得以消解。

随着市场化转型的纵深推进，中国农民面临的主要问题是劳动力转移与社会融入的问题，这是关系到农民将何去何从的问题。在改革开放后乃至今日，越来越多的农民开始向外流动寻找非农就业机会，每年已有2亿多农民工在流动。一些新生代农民工已经不再从事农业生产，而且农民发展的现实趋势是农民规模在不断减小。而城乡二元体制和计划体制的残留制约和影响着农民的再发展与社会融入，导致大量流动的农民处于双二元的困境之中，农民发展遇到较大的不确定性。

经历了社会主义改造以及改革开放的中国农民，正处在巨大的分化之中。农民分化意味着农民群体内的异质性增强，农民不仅在物质生产和生活水平方面出现较大差别，在观念世界方面也出现差异。

一方面，农民在对自己目前生活的感受方面，心态趋于积极乐观，多数农民具有幸福感，仅有7.3%的农民感受到生活不幸福（见表4-1）。虽然幸福感是人们的一种主观笼统感受，但对农民幸福感的总体考察，反映出农民生活的基本状态。78.4%的农民具有幸福感，表明大多数农民对自己的生活境况和发展状况是比较满意的。农民之所以感到自己的生活是幸福的，是因为他们生活的整体情况较为理想。

表 4-1 中国农民的幸福感

	频数	百分比	累计百分比
非常不幸福	42	1.7%	1.7%
比较不幸福	134	5.6%	7.3%
中间状态	346	14.3%	21.6%
比较幸福	1 335	55.3%	76.9%
非常幸福	558	23.1%	100.0%
总计	2 415	100.0%	

资料来源：2021 年中国综合社会调查（CGSS 2021）.

另一方面，中国农民的社会地位随着社会转型而发生分化。广义的农民群体是一个庞大而复杂的群体，不仅指以从事农业生产为稳定职业的阶层群体，还包括那些生活在农村家庭的其他人口。在一般社会分层理论中，通常按照职业地位把农民划分为社会底层。而当今中国农民仅有不到 1/4 的人认为自己属于社会的底层。尽管农民的阶层认同具有主观性，但这种主体性的评价也在一定程度上反映出农民社会地位变化的客观现实。对当今中国农民的认识，不宜用一成不变的眼光去看待，需要关注在快速社会转型过程中农民分化的社会事实。

三、现代化与小农的困境

进入 21 世纪，中国式现代化和城镇化在加速推进。2020 年，中国城镇人口已大大超过乡村人口，乡村常住人口减少至 5.1 亿。在快速城镇化大背景下，未来中国农民将向何方发展呢？中国农民究竟是会走向终结还是转变为现代农民？

关于工业化、现代化趋势下的小农的发展走向问题，孟德拉斯根据欧洲社会的发展经验，提出了“农民的终结”命题，认为随着现代化的不断推进，传统农民及其生产方式将走向终结。“农民的终结”预言主要基于这样几个理由：一是现代生产方式由于具有更高效率，从而将取代效率较低的传统农业生产方式；二是伴随现代化的城镇化将取代传统乡村；三是现代化将促进农民的现代化。

农民将走向终结的预言是否适用于中国呢？李培林曾对一个“城中村”的终结过程进行考察，试图为孟德拉斯预言找到中国经验支撑①，即认为伴随着工业化和城镇化的扩张，村落将不可避免走向终结，而村落中的农民也将随之而走向终结。但仅用“城中村”作为例证是片面的，因为“城中村”是距离城市特别近的城市郊区农村，它们是在城市化扩张中最容易消失的农村。“城中村”里的农民只是中国农民的很小一部分，中国还有很多农民生活在偏远的地方。

针对农民终结论，笔者提出了中国农民在相当长的时期内不会终结的预测，认

① 李培林．村落的终结：羊城村的故事．北京：商务印书馆，2004.

为："孟德拉斯的'农民的终结'虽主要指向小农生产，但在中国，这一预言在相当长的时期内也不会实现。即便工业化及现代农业会不断发展，那也只会改变农村的经济结构，而不足以让小农走向终结。因为中国的乡村是多样的，并不是所有的村庄都适宜现代农业，小农生产在部分村庄有着天然的优势。"①

在相当长的时期内，中国农民将依然存续，这并不仅指从事农业生产的劳动者将会存在，而且指小农家庭及其生产方式将依然在一定范围内维续。小农的维续有这样几个基本条件：第一，小农家庭的存在和发展与一定的生态环境相联系，只要他们在一定时期内还生存和生活在这样的环境之中，小农家庭及其生产方式就有维续的基础。第二，小农及其家庭有自身的再生产机制，即便在现代化大趋势下，小农家庭也仍会在相当长的时期内以一定的规模再生产着。第三，工业化和城镇化无论以何种速度推进，都无法完全吞噬所有的乡村和小农家庭，尤其是对有着悠久传统和人口规模巨大的中国农民来说，他们虽生活境遇会在现代化过程中发生这样或那样的变化，但不会在短期内走向终结。

既然中国农民未来仍将以一定规模维续着，那么，现代化背景下的农民会有怎样的变化和发展呢？针对中国式现代化发展的要求，国家倡导和主张培养现代农民或新型农民。2006 年，中央农村工作会议确立把推进新农村建设作为新时期农村发展的战略性任务，提出要培育"有文化、懂技术、会经营"的新型农民。2022 年，党的二十大强调要拓宽农民的增收渠道。

当前农民的发展现状与新型农民的标准仍有一定距离。全国第二次农业普查显示，2006 年年末农业从业人员约为 3.49 亿，其中文盲的比例为 9.5%，小学文化程度的比例为 41.1%，初中文化程度的比例为 45.1%②，95.7%的农民的受教育水平在初中及以下，表明农民接受学校教育的水平依然偏低。

随着社会现代化的发展，现代农业将有较大的发展空间。但是需要澄清的事实是，发展现代农业并不是依靠农民，而是要依靠拥有较雄厚资金和先进农业技术的产业组织。对小农家庭来说，他们最多能够掌握某些现代农业技术，并将之运用到生产之中。此外，发展现代农业与家庭农业的维续并不相互排斥，而是相互补充的，现代农业并不必然取代所有小农生产。

尽管不可能让所有农民都转变为现代农民或新型农民，然而在农民教育方面增加投资则是迫切的，而且非常重要。农村和农民的教育问题可以说一直是制约农民发展的重要因素，但这一问题依然存在。在整体受教育水平处于不太理想状态的情况下，农民难以获得理想的发展。因此，在全面推进乡村振兴的过程中，政府和农民家庭都要增加对教育的投入，以此来增加农民的人力资本，为农民增收和发展创造基本条件。

---

① 陆益龙．村庄会终结吗?：城镇化与中国村庄的现状及未来．学习与探索，2013（10）.

② 第二次全国农业普查主要数据公报（第二号）.（2023－02－06）[2023－10－16]. http://www.stats.gov.cn/sj/tjgb/nypcgb/qgnypcgb/202302/t20230206_1902096.html.

本章要点

农民是农村社会的主体，考察和研究农民的构成、认同和行动是农村社会学的核心领域。农民概念有着多样的内涵，既指一个阶级，又代表一个社会群体，也是一种职业。作为阶级，农民属于劳动者阶级；作为群体，农民是生活在农村的人群；作为职业，农民从事的是农业生产。此外，农民在有些社会还被建构为一种身份。

农民在其相对特殊的生产和生活环境中，形成了趋同、遵礼俗、顾面子、避风险和重家庭的社会心理及观念。农民的心理特征与村落聚居、农耕生计和熟人社会等因素密切相关，在相对稳定的村落社会空间里，农民形成了差序格局的认同结构。

行动的逻辑是指理性人在做出行动选择之前按照一定逻辑原则进行计算的过程，通常是行为决策的动因及过程。社会行动逻辑主要包括三个基本逻辑元素：(1) 个体行动的驱动力；(2) 群体行动的动力；(3) 社会性行动的合力。农民的行动逻辑体现在三个行动层次上：在个体行动层次上，农民行动遵循理性选择的逻辑。在群体性社会行动层次上，农民集群行为是在特定社会情境中由从众和去个性化行为构成的，集体行动则是被动员的结果。在宏观层面上，农民行动既遵循着乡土文化的逻辑，又与相应制度安排所设定的行动选择集合相一致。

理解中国农民是农村社会学的研究主题之一。从传统角度来看，农民是组成乡土中国的主体和基础，传统农民具有乡土本色和小农家庭生产与生活两大特点。当代中国依然是农民中国，农民是构成后乡土社会和新农村的基层百姓。未来，中国农民将在相当长的时期内维续，农民的发展任重而道远。

关键概念

农民	农民阶级	农民职业	农民身份
农民群体	社会心理	趋同	社会认同
差序格局	行动逻辑	道义与理性	乡土本色
农民中国			

思考问题

1. 农村社会学需要从哪些方面去考察和研究农民？为什么？
2. 农民为什么会重家庭？重家庭观念是否影响农民的公共观念？
3. 农民的群体行动有哪些？农民的群体行动为何会发生？
4. 中国的小农及其家庭生产方式会终结吗？为什么？

推荐阅读

1. 费孝通．乡土中国 生育制度．北京：北京大学出版社，1998.

2. 孟德拉斯．农民的终结．李培林，译．北京：中国社会科学出版社，1991.

3. 陆益龙．农民中国：后乡土社会与新农村建设研究．北京：中国人民大学出版社，2010.

4. 李培林．村落的终结：羊城村的故事．北京：商务印书馆，2004.

5. SCOTT J C. The moral economy of the peasant：rebellion and subsistence in southeast Asia. New Haven：Yale University Press，1976.

6. POPKIN S. The rational peasant：the political economy of rural society in Vietnam. Berkeley：University of California Press，1979.

第五章

农村社会关系与网络

社会何以构成？社会是个人以各种各样的关系相互联系起来而构成的。因而，社会关系是社会系统和社会运行的基础，农村社会的存在和运行也以社会关系为基础。

第一节　农村社会关系及其特征

社会关系归根到底是人与人在生产和生活实践中形成的相互联系，在农村社会，人们居住生活在村落之中，形成与生计和生活方式相对应的社会关系。农村社会关系有自身的一些特征。

一、农村社会关系及意义

农村社会关系是指构成农村社会的各种联结纽带、相互关系。农村社会是社会系统的重要构成之一，农村与城镇的社会关系是组成社会的基础，然而农村社会的构成有着一些与城镇社会不同的社会关系基础，例如，村落社会中亲属之间、邻里之间的关系，在农村社会的构成和运行中，有着重要的意义。

对社会学来说，一个基本问题是理解社会是如何构成的，同样，农村社会学也要探讨农村社会如何得以构成这一基本问题。对农村社会构成问题的探讨，离不开对农村社会关系的认识和理解，因为农村社会关系是农村社会得以构成的基础。在农村，个人被以多种多样的社会联系途径和方式组织起来，形成相互联系、相互作用的社会有机体和农村社会系统。

理解农村社会关系，可重点把握社会关系的三个构成要件：一是社会关系的主体，二是社会关系的结点，三是社会关系的形式。

社会关系的主体分为两大类——个体和团体，两类关系主体会组成三种社会关系。第一种是个体与个体的社会关系，第二种是个体与团体的社会关系，第三种是团体与团体的社会关系。在农村社会，个体与个体的社会关系有家庭成员之间的亲属关系、同村人之间的熟人关系，以及交往密切的亲戚朋友关系。个体与团体的社会关系主要有个人与家庭、家族、村集体之间的相互联系。团体与团体的社会关系主要有家户之间的邻里关系、家族集团之间的家族关系、村庄之间的关系。

社会关系的结点是指产生相互联系的缘由和联结点，亦即社会联系的纽带。农村社会有三个重要的关系结点值得关注：一是血缘，二是地缘，三是信仰缘。农村中的个体和家户之所以构成了相互联系的农村社会，血缘关系、地缘关系和民间信仰联系在此过程中具有特别重要的作用。个体之间在血缘上的联系对农村社会构成和组织农村社会生活起着重要作用，农村社会的人情网络、人际交往和风俗习惯等与人们的血缘关系有着密切联系。农村社会地缘的重要性集中体现在村落共同体之上，村民长期共同居住生活在一个地域空间之中，形成彼此关联的地方性社会或村落共同体。在农村，信仰是人们产生社会联系、构成社会系统的重要结点。相对独立的个体和家户之所以能组成有机的农村社会，在一定程度上是因为人们具有相同的精神信仰。村民们因信仰及其相关活动，形成一定的社会认同和精神上的联系。我们在一些传统村落中看到的神社、庙宇和宗祠等，反映了人们在信仰上的联系之于农村地方性社会的重要意义。

社会关系的形式大体包括两大类：一是存在的社会关系，二是行动的社会关系，也可以说是结构关系和过程关系。

存在的社会关系是指随个体和集团的存在而存在的社会关系。社会正是依靠各种社会关系把不同的个体和集团有机联系起来的。在农村社会，存在的社会关系主要有亲属关系，如亲子关系、兄弟姐妹关系，这些关系是随着家庭和亲属的存在而存在的社会关系。此外，村落中的邻里关系、同辈群体关系等，也是由结构再生产出来的。在团体层面上，城乡关系会因村落社会的存在而存在，农民与国家的关系、农民与其他社会群体的关系因农民群体的存在而存在。农村存在的社会关系从一个方面反映出农村社会的结构特征，因而是一种结构关系。

行动的社会关系是指社会成员在社会交往互动过程中形成的人与人、人与团体、团体与团体的社会关系。行动的社会关系并非由结构决定，而是在社会主体的行动过程中产生，因而属于过程关系。在农村社会，人们通过婚姻过程而结成的婚姻关系、在外出打工过程中形成的雇佣关系、在工作过程中形成的工友关系、在流动过程中形成的同乡关系，这些社会关系实际上是社会成员通过社会交往行动并在互动过程中才会产生或建构起来的社会联系。

社会关系是社会成员的交集关系，社会成员的规模越大，交集越多，社会关系越复杂。社会关系也是社会成员行动的交集关系，社会行动的范围越广，交集越多，社会关系越复杂。传统农村社会相对较为封闭，“鸡犬之声相闻，民至老死不相往来”，村民的交往范围和行动局限在农村内部，社会关系较为简单。随着农村越来越开放，流动性越来越大，越来越多的村民走出农村，产生了越来越复杂、越来越多样的社会关系。

二、农村社会关系的维度

理解农村社会关系的意义，需要从多个关系维度去加以把握。一般而言，对农村社会关系可从三个基本维度加以考察和认识：一是农村社会关系的主体维度，二是农村社会关系的生产或实践维度，三是农村社会关系的功能维度。

首先，从农村社会关系的主体来看，农村社会并非只有单一主体——农民。如果农村社会只生活着农民的话，社会关系就只会有农民之间的关系了。就主体而言，构成农村社会关系的除了农民之外，还有多种非农民的社会成员，如治理农村的管理者、乡村干部，驻农村的金融、邮政、公安、法院、学校等非农机构的非农工作者，此外，还有从事工商业的经营者。多种主体有机地组成农村社会，因而在不同的农村社会主体之间，会有多样性的社会关系。例如，在管理农村的政府官员和乡村干部与普通农民之间，形成了干群关系，两种主体在农村社会的运行过程中，形成了相互关联、相互影响的社会关系。农村社会还有其他不同主体，他们在农村社会生活中形成多种不同的社会关系形式。

即便是住在村里的人，也不一定是本村人，也会有外来人，由此会有本村人与外来人之间的社会关系。如费孝通在对苏南开弦弓村的调查中，发现有 10 户外来人，他们既是移民，又不从事农民的职业，且在文化上与本村人存在一些差异①。虽然本村人与外来人在社会文化上有差异，属于不同群体，但只要他们共同生活在村落社会之中，就会有联系两个群体的社会关系。

在农村社会，社会主体的差异和多样性不仅体现在个体成员之间，也存在于集团或团体之间。例如，在村落内部，通常会有多个不同的亲属集团，它们之间会形成共生与竞争的社会关系。一方面，它们共同组成了村落社会，并共同生活于一个地域社会之中；另一方面，在村落共同体的生活过程中，它们之间又存在着一些竞争性的关系。在村落之外，一个村落又是一个共同体，与其他村落形成村落与村落之间的社会关系。

其次，农村社会关系的生产维度是认识和理解农村社会关系的一个重要视角。尽管社会关系普遍存在于社会之中，但这种普遍的联系实际上是社会成员生产和再生产出来的，正如马克思指出的："这些一定的社会关系同麻布、亚麻等一样，也是人们生产出来的。"②

从生产的维度看，农村的社会关系之所以形成和维持，是因为农村社会的生产和再生产。正是生活于农村的社会成员的实践行动，生产和再生产了具有农村特色的社会关系。例如，村落内村民之间的人情礼俗关系，是他们在人际交往实践中生

---

① 费孝通．江村经济：中国农民的生活．北京：商务印书馆，2001：38.

② 马克思．哲学的贫困//马克思，恩格斯．马克思恩格斯选集：第 1 卷．3 版．北京：人民出版社，2012：222.

产出来的。农民与干部、农民与国家的社会关系，是农民在从事农业生产并在农村社会生活的实践过程中生产出来的。只要有农民的存在，就会产生农民与其他群体或集团之间的社会关系。随着农村大量人口流向外地，流向城镇从事非农业生产，他们的流动实践又生产出了流动者与留守者之间的社会关系。

既然农村社会关系是生产出来的，那么社会关系的范围和状态就会受到生产实践的影响。就社会关系的范围而言，传统农村社会的关系结构显得较为自然和简单，反映的是传统农村社会成员的社会关系生产实践遵循着自然、简单的原则，他们的生产活动集中于自然村，他们过着自给自足的生活，社会关系的范围局限在村落之中的个体和家户之间。农村社会中有组织的关系相对较少，表明在这里人们较少创建组织并开展组织活动，因而较少生产出与组织相关联的社会关系。就社会关系的状态而言，关系有协调的关系与冲突的关系、良好的关系与对立的关系，社会关系状态的变化，代表了社会关系生产实践的结果。例如，当前农村一些地方出现的熟悉关系陌生化现象，反映的是在共同生活的村落共同体内，随着向外流动增多，村民、邻里之间的交流、交往越来越少，熟悉关系逐渐出现陌生化的倾向。像这种社会关系状态所发生的变化，并非为结构所决定，而是人们的主观能动性使然。当村民不太关心村内的人情关系时，在行动上也就不会努力去加强和巩固这种联系，从而导致了这种关系状态的变化。

最后，农村社会关系的功能维度是指一种特定的社会关系在农村社会系统中所具有的特定功能，认识和理解特定关系的功能，不仅有助于认识农村社会的结构特征，而且有助于发现农村社会系统运行和变迁的规律。如功能论认为，“解释的功能方法是根据这样一种假定，即认为文化是一个整合的系统。在一个特定共同体的生活中，文化的每一个因素都扮演一特定的角色，具有一特定的功能”[①]。如果我们把农村社会关系看作一个整合的系统，那么构成系统的每种社会关系在系统中都发挥着特定功能，发现关系的特定功能，相当于把握相应的规律。例如，当发现不和谐的农村干群关系具有影响农村社会和谐发展的负面功能时，也就掌握了农村发展的一种规律。

一方面，农村社会关系的功能反映了社会关系的联系方式，即不同的社会主体之间有着什么样具体的相互关联方式。另一方面，农村社会关系的功能还反映了具体的社会联系方式在农村社会运行过程中起到何种具体作用。社会不仅依靠相互关联的社会关系而组成，也通过这些关联起来的社会关系发挥不同的功能而运转。因此，理解农村社会，还需要认识不同农村社会关系的不同功能。

在对农村社会关系功能的认识上，依据一般性观察往往只能看到功能的表象。要想真正把握农村社会关系的功能，需要进行较为深入的经验调查，且要从整体上去加以理解。

---

① 拉德克利夫-布朗．社会人类学方法．夏建中，译．北京：华夏出版社，2002：37.

三、农村社会关系的特征

农村社会之为农村社会，一个重要因素是农村是由具有一定特征的社会关系组合起来的。那么，农村社会关系究竟具有哪些突出的、典型的特征呢？

首先，农村社会关系具有“机械团结”特征。所谓机械团结特征，是指在共同体共同生活过程中形成的相互联系与团结。涂尔干将由相似性而产生的团结视作“机械团结”，认为“同一社会的所有成员共同具有某些同样的意识”或“集体意识”[①]，也就存在社会团结。而由分工形成的社会团结则是有机团结。

农村社会关系的机械团结特征体现在社会关系的形成具有自然性和机械性，多数社会关系是在共同生活环境中自然形成的，并与其他关系一起整合为一个完整系统，犹如一台完整机械的各个零部件，这些关系都是农村社会系统整体的构成部分。例如，农村社会中的人情往来关系，其之所以能形成并发挥相应功能，是因为人们具有这样共同的交往和联系意识。

农村社会关系的机械团结特征是相对于城市社会关系而言的，城市社会关系以社会分工为基础，以由分工而形成的职业和组织关系为主。在农村社会，人与人之间的社会关系的纽带并非分工，而是共同体的生活需要。

其次，农村社会关系具有“熟悉关系”特征。社会学研究有时把农村社会概括为“熟人社会”，把城市社会看作“陌生人社会”，其含义并非指在农村社会大家彼此都熟悉、都是熟人，在城市社会大家都相互不认识、都是陌生人。“熟人社会”与“陌生人社会”是指农村社会关系和城市社会关系有不同的特点，农村社会关系是“熟悉关系”，而城市社会关系是“陌生关系”。农村社会的“熟悉关系”是指在共同的、稳定的、熟悉的环境里，人与人之间的关系是知根知底、能够相互加以把握的关系。而在城市社会，人与人之间尽管认识，但由于缺少共同意识，仍然不能掌握彼此的底细，社会联系是在陌生环境下进行的。

费孝通将乡土社会视为熟悉社会，认为“熟悉是从时间里、多方面、经常的接触中所发生的亲密的感觉”，不仅对人熟悉，对生活环境中的物也很熟悉[②]。在熟悉社会里，将人们组合起来的社会关系具有熟悉特点。在村落生活共同体中，个体之间的社会关系是熟悉的，一个人生于此、长于此，对这个环境中的其他人即便没有交往，也是熟悉的。熟悉关系并不局限于彼此直接交往的频率，而是基于同处熟悉环境所具有的亲密感觉。例如，同一个村庄的两户人家，平时直接打交道或许并不太多，感情上也许不太亲密，但这并不意味着他们之间的关系不是熟悉的。

把握农村社会关系的熟悉性特征，是更好地理解农村社会与文化的重要视角。在由熟悉关系组成的社会环境里，人们的行事和交往规则不同于由陌生关系组成的

---

① 涂尔干．社会分工论．渠东，译．北京：生活·读书·新知三联书店，2000：71.

② 费孝通．乡土中国 生育制度．北京：北京大学出版社，1998：10，11.

社会环境。熟悉关系既意味着有共同准则和共同意识，也能构成一种无形的压力场域。一个人在这个场域中总是和其他人相联系，其他人也会这样认为。因此，一个人在做出任何行动选择时，都要顾及别人的感受和评价。而在陌生环境中，个人大可不必有这些顾虑。

中国农村正经历着快速转型，大量农村人口向村外迁移流动，他们一年中有较长时间不在村庄里居住生活。村民的生产经营和生活方式的变化，自然会影响到农村社会关系的状态和特征。人们在地域共同体内的面对面、直接互动的时间相对减少。但是，这些变化并未彻底改变农村社会熟悉关系的特征。就社会关系的性质而言，农村社会依然是熟悉社会。

最后，农村社会关系还具有“差序格局”特征。在这里，差序格局主要是相对于农村社会关系主体的社会认同和联结社会关系的方式和特征而言的。农村社会差序格局的关系是指每个个体成员的社会关系都以自己为圆心、以不同认同距离为半径形成不同层次的同心圆，由此构成个人具有差序特征的社会关系圈。如费孝通认为，中国基层社会关系格局不同于西方社会“一捆一捆扎清楚”的团体格局，在我们的社会关系里，“每个人都是他社会影响所推出去的圈子的中心。被圈子的波纹所推及的就发生联系。每个人在某一时间某一地点所动用的圈子是不一定相同的”①。

农村社会关系的差序格局特征主要体现在三个方面：

一是农村社会个体的关系圈子是相对独立的。在农村社会，个体在社会生活中形成的关系，不是由社会结构统一决定的，而在较大程度上具有个体的主观独立性，会受到个体的主观喜好和社会认同的影响，每个独立个体其实都有自己相对独立的圈子。农村社会关系的这种个体独立性特点，并不说明农村居民就有“私”和不善合作的特性，农村社会中出现的自私与不合作现象，更多地与公共性和合作机制的缺失有关。

二是农村社会的关系圈子在个体间存在差异。农村社会个体的关系圈子是在个体社会认同和交往实践基础上建构起来的，不仅具有个体的独立性，而且在个体间有较大差异性。一般观念以为农村社会的同质性较高，人们与在日常生活交往中接触的人彼此相近，关系圈子的相似度应该较高。然而，就关系圈子的结构而言，虽然构成成员相差不大，但次序结构有较大差异。一个人可能在甲的亲近关系圈子中，而在乙的关系圈子里则很疏远。例如，在一个村子的同一个家族中，不同家户与共同关系人有截然相异的社会关系。

三是农村社会个体对亲疏远近的关系圈子区别对待。差序格局的农村社会关系不仅在关系结构上有差序特点，而且在关系实践或社会交往行动中，人们会区别对待不同关系圈子里的人。例如，村民之间的人情交往，会反映出不同关系圈子的交往行动存在差别。

---

① 费孝通．乡土中国 生育制度．北京：北京大学出版社，1998：26.

第二节 农村社会关系的类型

农村社会关系既是抽象的，又是具体的。具体的社会关系所反映的是社会成员之间有什么样的具体联系，以及这种联系是怎样建立起来的。在农村社会系统中，包含着复杂而具体的社会关系。对这些社会关系，可根据联系的纽带或关系建立的缘由来加以分类认识。

一、农村社会的血缘关系

血缘关系是人类社会的一种基本关系，是人类自身再生产过程中形成的社会关系。人与人之间的血缘关系由婚姻家庭和生育行为而产生，这一关系与生俱来，具有先天性而非基于个人选择。如父母与子女之间的亲子关系、兄弟姐妹关系以及由此派生的旁系亲属关系等，皆属于典型的血缘关系。

在农村社会，即便是当下的农村，血缘关系依然是一种重要的社会关系，在农村社会的组成方面，依然发挥着某些特定的功能。因为农村的村落共同体是由一群家庭构成的，这些家庭是在长期定居于稳定地域的过程中不断派生出来的，各个家庭之间有着远近程度不同的血亲关系或亲属关系。

农村社会的血缘关系不仅反映出家庭是组成社会的细胞和基本经济单位，而且体现出家庭在构成社会联系中的特定意义。通过血缘关系，家庭的意义得以延伸和扩展，甚至出现一个地域共同体即扩大的“家”，如华南农村的“宗族乡村”[①]，一个村落由具有共同血缘关系的宗族或家族构成。

血缘关系在组成农村社会及社会运行中所发挥的功能，可以被看作农村社会结构的“特殊主义”的标志[②]。在现代城市社会，血缘关系虽然在财产权利和法律义务的界定中成为重要依据之一，但无论是在联系范围还是在实际功能方面，显然都已被大大削弱。而在农村社会，血缘关系则是超越生物学意义上的联系，成为一种社会的、文化的网络联系，甚至是政治团体关系。

农村社会的血缘关系成为社会网络联系，是指村民在社会生活过程中把血缘上的联系建构成分配与获得社会支持和公共资源的重要依据，这一社会建构机制是村民的社会生活实践。例如，村民在生产生活的过程中，总会遵循向“自家人”提供帮助和支持的原则，“自家人”之间要相互关照、相互支持。村民通过社会生活实

---

① 林耀华．义序的宗族研究．北京：生活·读书·新知三联书店，2000：1.

② 林聚任，等．社会信任和社会资本重建：当前乡村社会关系研究．济南：山东人民出版社，2007：71.

践，建构起将血缘关系作为行动特殊主义的原则，即对有血缘关系的人要特殊对待。

农村社会的血缘关系成为文化网络联系，是指人们之间的血缘联系通过文化机制发挥着调节社会关系和行为选择的功能。其中，重要的文化机制是乡村礼俗机制。从生物学意义上讲，人们之间的血缘关系代表生物遗传方面的联系，并没有规定人们的交往行动和联系方式。但是，通过礼俗文化机制，人们确立了不同血缘关系之间的交往原则和行为规范。例如，传统社会的“孝”文化，规定了直系血亲之间的关系准则和行为规范。农村社会中还有各种各样的风俗习惯，也在文化层面对旁系亲属之间的关系和交往行动加以规定和影响，如近亲属之间互助合作的习俗、旁系亲属之间礼尚往来的习俗等，赋予了有血缘关系的人之间进行社会联系和社会交往以道义的要求。也就是说，人们之间如果有某种血缘关系，就需要按照礼俗规则开展交往活动，联系和交往已不光是个体的意愿和选择，还受到道义责任的影响。

农村社会的血缘关系也可能转化为政治意义上的社会关系。在传统农村社会，宗族和家族组织的形成，也属于依靠血缘关系建立起地域性的政治团体，这一团体在地域性社会中发挥着重要的政治功能，是治理地域性社会的重要政治力量。随着农村社会血缘关系转化为政治团体的制度基础发生变迁，依靠血缘关系建立起有较强政治功能的社会团体的难度加大，不过在有些地方的农村，还存在依靠血缘关系在农村建立起政治联系、谋求政治利益的亲属集团。例如，在村民自治选举过程中，较容易出现亲属关系的政治联盟现象和问题。

农村社会不仅存在事实血缘关系，还存在虚拟血缘关系。“结干亲”现象就属虚拟血缘关系的建构现象。在关系较为亲密的村民之间，有人会以自己的子女认“干爹”“干妈”的名义来“结亲家”，由此在没有血缘关系的家庭之间建立起类似亲属的关系。有些“结干亲”则可能是遵照民间算命先生的提示为孩子找干爹或干妈。按照农村社会的风俗习惯，在虚拟血缘关系中，两个家庭也要按照真实的亲属关系的规则开展礼尚往来，在重要的节日和两个家庭重要仪式的日子，两个家庭要相互馈赠礼物。

农村社会的虚拟血缘关系虽是建构起来的社会联系，但在农村社会生活中具有与事实血缘关系相近的功能。人们建立虚拟血缘关系，反映了对加强社会团结和扩大社会关系圈子范围有相应需求。而且，这些虚拟血缘关系在现实生活中确实对促进农村内部的认同和社会团结发挥了一定作用。

二、农村社会的地缘关系

地缘关系是人类社会又一基础性社会关系，是以长期共同生活的地域为联结纽带而构成的一种社会关系。较为典型的地缘关系有邻里关系、共同体关系和同乡关系等。

在农村社会，地缘关系显得较为突出，因为农村社会仍是一种在地域上相对固定、相对闭合的社会。一个村落由长期居住和生活在此的一群家户构成，除了家户的继替和外迁之外，村外的家户一般很难进入村落定居生活。村落是一种地域性社会，人们在共同居住生活的地域组成社会，且根据共同地域来分享资源，形成与外部世界的认同和产权边界。

农村社会的邻里关系是在长期相邻而居的过程中形成的家户之间的关系，邻里关系在乡村社会生活中具有守望相助的功能，而且在农村个体的社会化过程中，个体从邻里交往互动中学习到与家庭之外的社会成员进行联系和互动的经验与规范。从现实经验来看，村落中的邻里关系属于一种密切互动的社会关系，在邻里之间频繁地密切交往和互动的过程中，关系状态会在亲密合作与矛盾冲突之间转换，邻里关系在村落社会中具有共生和竞争两种属性。一方面，邻里共同居住和生活在村落之中，是共同体的成员，他们之间具有地域和认同的亲近性。然而另一方面，邻里又分享共同体的有限资源，他们之间具有竞争性。例如，农村的邻里之间可能会因宅基地、道路等问题而发生争执，由此产生纠纷与冲突。

共同体关系是农村社会的主要地缘关系之一。所谓共同体关系，是指共同成为地域团体成员而构成的社会关系，如同村人关系。在结构上，共同体既是构成农村社会的重要形态，也是农村社会结构特点的体现。在滕尼斯看来，社会是从原始的、有机的生活共同体发展而来的①。村落是一种有机的生活共同体，因为人们完全基于共同地域、共同生活自然而然地形成一种相互联系的社会有机体。对一个村落的共同体成员来说，他们之间会彼此认同为“同村人”或“本村人”，且在社会交往互动实践中，特别是在涉及与“外人”的关系时，同村人常常会自动地团结起来。

同乡关系是农村社会的地缘关系之一，人们因相同的家乡或共同的乡里相互联系而组成社会关系圈。无论是在传统社会还是在现代社会，同乡关系都会在地域联系、家乡认同和社会团结需要的共同作用下而建立起来。人们建立起同乡关系以及同乡会之类的组织，首先是因为他们在地域上确实存在密切的关系，共同生活的地域范围成为他们开展社会联系的基础。其次，在农村居民与外部世界进行联系和互动的过程中，家乡观念和地域归属认同感会显现出来，这种认同观念驱使同乡人增进相互联系。最后，农村居民希望通过同乡关系，获得一定的社会支持和安全感，因为同乡之间的关系可能是相对更加亲密、更为熟悉的社会关系。特别是对离开农村、在陌生人社会从事社会活动的农村人来说，他们对熟悉的、可信任的关系的需要更加迫切。

中国农村社会已进入“大流动”时代，每年都有大量的农村劳动力向农村之外流动②。农村人口外流正改变着农村社会的居住和生活方式，流动人口在居住和生

① 滕尼斯．共同体与社会：纯粹社会学的基本概念．林荣远，译．北京：商务印书馆，1999：331.

② 陆益龙．农村劳动力流动及其社会影响：来自皖东 T 村的经验．中国人民大学学报，2015，29（1）.

活空间上具有二元特点——他们在农村与城市之间来回移动。这样，当村民外出打工之后，分散在多个不同地域，而当他们回到村里时，又恢复了共同地域关系。农村社会的人口流动，虽影响和改变着某些地缘关系，但并不会使地缘关系失去社会功能。移动通信技术的发展，为农村社会地缘关系发展新的联系形态提供了技术支撑。虽然一些村落的外出打工者流动到全国不同的地区打工或经营，但他们通过建立"同村人"微信群，使得村落共同体成员在村落之外的不同地域得以建立起相互联系，并以这种地缘关系新形态，共同参与村落共同体公共事务的协商讨论和共同体建设。

三、农村社会的业缘关系

业缘是组成社会关系的重要维度之一，人们在从事职业活动的过程中会形成相关的联系，由此也就产生了业缘关系，如同事关系包括上下级关系、工友关系，以及职业活动中的伙伴关系等。现代社会的职业分工越来越细，人与人之间的职业划分和职业联系更为凸显，业缘关系成为现代社会中的主要社会关系之一。

农村社会的分工并不复杂，职业分工相对简单。在传统农村社会，村民们以从事农业为主，有部分村民会以从事手工业为家庭副业。传统农村的业缘关系并不突出，人们以职业活动为纽带而形成的社会联系相对较少。

在现代转型的过程中，农村社会的社会分工程度已经大大提高。虽然农业生产在农村社会依然存续，但越来越多的村民和农户已不再以农业为单一的职业，农村社会成员的兼业现象和以从事非农业为主的现象越来越普遍。村民在兼业和从事非农业生产的过程中，也就需要与相关职业人群开展社会交往和社会互动，业缘关系对他们来说也就变得越来越重要。

农民兼业是指农村一部分从事农业生产的农民在农业生产之余兼营工商业或手工业。传统农村的兼业主要是由"多面手"农民掌握多种生产技能，在以农业生产为主的情况下，兼做一些手艺活，如泥瓦匠、木匠、裁缝等。当前农村的兼业现象已有所变化，农民在农业生产之余外出打工或经营已是在生计和生产所迫之下的常见现象，因为仅仅依靠农业难以满足日益增长的对美好生活的需要。既然农民兼业已成为农村社会较为普遍的趋势，那么，广大农民与各种职业群体的业缘关系也越来越显现出来，成为农村社会现代转型过程中的一种新型的重要社会关系。

在当前中国农村，居民以从事非农业为主的现象显著增多，这是农村变迁和市场转型的一个重要结果。在市场社会中，人们的行动选择会更多地遵循市场逻辑，农村居民也不例外。市场逻辑表现为经济效率优先的原则，何种职业带来的经济效率高，选择该职业的人就会多。由于农村家庭农业的经济效率受制于土地、人口和市场等因素，相对于非农业职业的经济收益，存在明显劣势。大量的农村劳动力选择外出从事非农业，特别是农村新生代，他们当中有越来越多的人已经离开农业，以从事非农业为主。对越来越多的农户来说，他们的家庭收入以非农业收入为主。农村职业和经济结构所发生的变迁，反映出“后乡土性”色彩已经越来越明显。①

无论是农民兼业还是非农职业的普遍化现象，都在一定意义上既反映了农村社会的职业分化与多样化趋势，也表明了业缘关系在当下农村社会已具有一些特殊功能。之所以说农村社会的业缘关系的功能具有特殊性，是因为这一社会关系不仅具有一般人际关系的内涵，而且涵盖了农业与非农业、农村与城镇相互关联的意义。对广大农民工群体来说，他们在城镇打工或经营所建立起来的与外部世界的业缘关系，既是一般意义上的职业关系或工作关系，同时又具有把农村居民与城镇社会和非农职业联系起来的特殊意义。

农村社会的业缘关系的特殊之处还表现在这一社会关系与农村中的血缘和地缘关系有较大差异性。对村民来说，血缘和地缘上的联系既是亲密的，也是较为稳定的，在实际生活中他们的交往互动相对较频繁。然而，村民在流动中形成的业缘关系，在当前的制度框架和二元结构背景下则是暂时的，具有较大的不确定性。尽管有一些农民工会长期从事某个行业或某个职业的非农工作，由此形成持续时间相对较长的职业关系，但是较多的农民工的职业流动性和不确定性相对较高，他们在职业流动过程中形成的业缘关系属于弱关系，这种关系是工作上的同事和信息传递的关系，是因工作而相互联系，并通过这一联系而相互沟通和传递一些信息。这种弱关系虽然可能难以给农民工提供理想的社会资源，但使他们的社会关系的范围得以从农村和农业扩展至城镇和非农业。

第三节　农村社会的关系网络

社会系统是由各种各样的社会关系组合起来的，社会关系并不仅仅是相互独立的人际关系，纷繁复杂的人际关系会通过许许多多的关系结点形成联系起来的关系网络（network）。正是依靠关系网络，社会系统把社会成员有机地整合起来而构成社会。农村社会也是由其具有相应特征的关系网络组合起来而构成的。

一、什么是关系网络

关系网络又称社会网络，是指由个人在社会交往活动中与他人建立起的所有直接和间接关系交织而成的网络。例如，社会成员甲某既可能在社会生活中与乙某有直接联系，也可能通过丙某或丁某等人与乙某有间接联系，这样所有与甲某有联系的人构成联系起来的关系网络。对社会个体而言，关系网络是自己与所有关联的人

① 陆益龙．后乡土中国．北京：商务印书馆，2017：12.

织成的交往行动网络；对社会整体而言，关系网络则是由各种不同的社会关系编织成的系统网络。

在社会学的社会网络分析中，关系和网络结构已被纳入分析和解释社会现象的模型之中。对关系网络本质的理解和运用，甚至有“关系主义”解释，“关系主义”不同于个人主义和集体主义，遵循伦理本位、关系导向、熟亲信的逻辑。“关系主义”有三种理论模型：第一种是将关系网络视为家族亲情人伦的社会延伸，关系网络由以自我为中心的血缘和姻缘关系组成，并通过泛亲情化机制将关系转换为社会资本和社会资源。第二种是关系网络的特殊主义工具性关系模型，把关系网络当作提供特殊主义行动的工具和途径，而关系成立的基础和原因是实惠交换。第三种是关系网络的非对称社会交换模型，将关系网络看作具有长期性、非对称的社会交换关系，在这个交换关系中，既包含情感性交换，也包含工具性交换。“交换双方都把相互的承诺、信任、情感放在重要地位，否定和排斥赤裸裸的工具性的对等交换。”在每一次交换中，人情交换的双方其实都是共赢的，人情获取方得到了工具性的满足，人情提供方得到了地位认同，提高了关系网络的中心性。“关系主义作为非对称性的社会交换关系，其工具性交换只是手段，而维持、加强和扩大交换关系本身，才是目的。”①

对关系网络的考察和分析，可从四个方面着手：(1) 关系网络的规模；(2) 关系网络的密度；(3) 关系网络的强度；(4) 关系网络的结构洞。

关系网络的规模是指一个人或一个团体的关系网络所覆盖成员的规模。例如，对一个农村家庭而言，会有不同的人与其有这样或那样的联系，这就是该家庭的关系网络，这些人的数量便是其关系网络的规模。一个人或团体关系网络的规模较大，表明这个人或团体与更多的人有关系往来，其社会交往和联系的范围更广，拥有更多的社会资本。

关系网络的密度是指关系网络中关系结点的密集程度。从网络结构来看，网络结点在网络的构成中起着举足轻重的作用，网络的力量在一定程度上是以网络结点为支撑的。在关系网络中，网络结点是各个关系的连接点。如果社会关系的连接点多，则表明关系网络的密度较大，在网络中各种联系较为密集。关系网络的密度反映的是一个关系网络中人与人之间相互联系的密切程度。

关系网络的强度是指在关系网络中关系结点之间相互关系的强度。关系网络的强度的测量一般是通过考察一个人与其关系人之间交往联系的频率，一个人与其关系人之间交往联系的频率越高，代表这种关系的强度越强。关系网络的强度较强，表明关系网络中的关系资源更加丰富，网络中成员运用关系的可能性更大。

关系网络的结构还存在“结构洞”(structural holes) 现象。结构洞是指在关系网络中，一个人与两个不同集团中的其他人都有直接关系，但两个集团中的其他人之间没有联系，集团之间是弱联系，这样从网络整体上看，社会联系由此中断，看

① 边燕杰．关系社会学：理论与研究．北京：社会科学文献出版社，2011：4-5.

上去像一个洞穴。按照伯特的观点，社会关系结构中的洞穴亦即结构洞，为个人创造了竞争性优势，个人关系跨越了结构洞。结构洞反映的是非冗余关系，因为结构洞将非冗余的信息源分离开来。衡量冗余关系有两个指标：凝聚性和相等性。凝聚的和相等的关系代表冗余关系更倾向于提供相同的信息或信息源相同。① 结构洞理论认为，从竞争性社会结构来看，决定竞争胜负的因素并不在于竞争参与者的特性，而在于关系竞争。占据结构洞位置的人，也占据竞争优势。

在对关系网络与社会资本的分析中，关系网络的网顶、网底和网差等已成为被关注和考察的重要变量②。网顶反映的是个人关系网络的达高性，通常用关系网络成员中职业声望的最高值来加以测量和表示。网底与网顶相反，代表关系网络成员中职业声望的最低值，反映个人关系网络中职业声望最低的位置情况。网差则代表个人关系网络的差异性，用网顶与网底的差值来表示。网顶与网底的差值越大，代表关系网络的差异性越大，说明一个人的关系网络中既有职业声望高的成员，也有职业声望低的成员，反映出个人的社会交往和关系面很广。

资料库 5-1

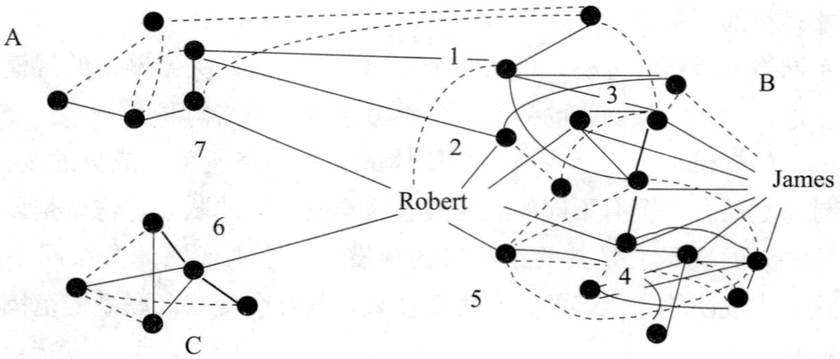

关系网络示意图

资料来源：BURT R S. Structural holes versus network closure as social capital//LIN N，et al. Social capital：a theory of social structure and action. Cambridge：Cambridge University Press，2001：33.

二、农村关系网络的结构特点

农村社会的特性也体现在其关系网络的结构特点上。从社会网络分析的角度看，农村社会的关系网络主要具有以下特点：

第一，农村社会个人的关系网络规模与其亲属集团和地缘团体的范围和规模密

① BURT R S. Structural holes versus network closure as social capital//LIN N，et al. Social capital：a theory of social structure and action. Cambridge：Cambridge University Press，2001.

② LIN N，et al. Social capital：a theory of social structure and action. Cambridge：Cambridge University Press，2001.

切相连。由于农村社会成员的关系网络主要由有亲缘关系和来自地域共同体的成员构成，一个人的关系网络规模在较大程度上取决于个人所属的这两种集团的规模的大小。例如，那些属于农村庞大家族集团的人，在农村被称为“大姓氏”人家，他们的亲属关系不仅在一个村落占据主要位置，而且可能分布于周围好几个村落。像这样的家族集团中的家族成员，他们的亲属集团规模较为庞大，意味着他们的关系网络规模相对较大。此外，在村落社会里，村民之间的关系是熟悉的，彼此是各自关系网络——同村人的关系网络——中的成员。这样，村民个人的关系网络规模与村落的人口规模相关。村落规模越大，个人的关系网络规模相应越大。

当然，虽然农村社会成员的关系网络成员不仅仅来自亲缘和地缘团体，但亲缘和地缘团体成员仍是农村关系网络的主要成员构成。尽管农村社会已经越来越开放，流动性大大提高，村民与亲属集团及地缘共同体之外的联系增多，但这些新增的社会联系并不一定会成为个人关系网络的一部分。如打工者在外地的业缘联系，更多是暂时的、弱的关系。

第二，农村关系网络的密度相对较高。在农村社会，人们居住生活的场域相对固定、相对闭合，其中人际关系比较亲密。村民不论是否属于一个亲属集团，相互之间都会有密切的交往和联系，彼此互为对方的关系网络成员。因此，在个体的关系网络中，成员之间的联系结点较多，构成了密度相对较高的网络。

高密度的关系网络反映了农村社会中个体与社会之间密切相连的关系特性。个体的密集关系网络会将农村社会中更多的个体成员纳入关系网络之中。虽然在农村社会现代化的进程之中，农村个体成员在不断追求个性发展，但农村社会较为密集的关系网络仍能将更多的个体成员拉进相互联系的关系网络之中，因此农村社会并未出现“个体化”和“原子化”问题。

第三，农村关系网络中相互联系的强度相对较强。由于农村关系网络由具有亲缘和地缘关系的成员构成，网络成员之间的关系有着较为坚实的情感和伦理基础，网络成员之间的联系既很密切，也有很高的强度。中国农村社会仍是一种重人情伦理的社会，按照梁漱溟的观点：“伦理本位者，关系本位也。”① 中国农村社会个人关系网络中的人际交往具有“强关系”特质。

较高强度的农村关系网络与农村社会密切的人际交往方式以及乡村文化习俗有一定相关关系。一方面，关系网络中的强关系不仅会加强网络成员之间的交往联系，也会被频繁地用于为网络成员提供信息、资源和社会支持，这对形成相应的乡村文化习俗有一定促动作用。另一方面，农村关系网络中成员之间密切的人情礼节交往，在现实中被广泛认同和践行之后，会转化为乡村文化和习俗。当关系网络中的人情交换变成礼俗规则后，又会进一步地强化和巩固网络成员之间的相互联系和相互支持。农村关系网络的强度越强，对保障关系网络的稳定和安全越有意义。

---

① 梁漱溟．梁漱溟全集：第 3 卷．济南：山东人民出版社，2005：95.

第四，在农村关系网络中，结构洞相对较少，主要在村落共同体与外部团体之间存在。农村社会仍具有共同体的特质，人们共同生活于村落共同体之中。共同体与社会的结构是有差异的，共同体内集团（group）之间的联系比较强，而现代社会中不同集团的成员之间的个体性联系则比较弱，但会存在一个人与两个不同集团的成员有直接关系的情况。所以相对而言，农村社会特别是村落共同体中的关系网络较少出现结构洞。

不过，在村落与外部世界的联系中，也可能出现关系网络的结构洞。例如，农村社会的一些“贤能人士”或村庄精英，通常会与村外多个群体或集团有密切的关系和交往。村民要想从村外集团获得支持和资源，一般要利用这些人士的关系网络。农村“贤能人士”在村内享有较高的社会威望，重要原因之一是他们的关系能够跨越农村关系网络的结构洞。

第五，农村关系网络的差异性相对较小。农村社会个人的关系网络是基于同质性而建构起来的，网络成员的异质性特别是职业和地位的差别相对较小。农村关系网络的同质性包括共同的血缘、共同的地域、共同的职业和共同的生活，正是基于这些同质性因素，农村社会的关系网络得以较为普遍地建立起来。

关系网络的异质性较小意味着网络给个人提供的信息和资源具有相似性，异质性的资源相对较匮乏。然而，关系网络较高的同质性在增进农村社会团结以及有效利用关系网络方面有积极作用。因为关系网络成员之间的高同质性，会拉近成员之间的社会距离，为成员之间的交往联系提供更多共同基础。而且，网络成员的社会团结和信任，为人们增进社会交往提供了支持。

三、农村关系网络的功能

关系网络之存在于农村社会，并非完全由社会结构所形塑，也有个人能动性的创造。农村社会中的个人努力地编织关系网络，说明关系网络之于个人和社会都具有某些功能。概括起来，农村关系网络的功能主要有以下方面：

第一，关系网络在农村社会生活中发挥着交换功能。农村社会个人关系网络的创造，“不仅涉及工具性和理性计算，也涉及社会性、道德、意向和个人感情”①。交换既是人类社会交往互动的基本形式之一，也是组成社会关系以及社会的基本方式。人类社会的交换关系有多种，既有简单的物物交换，又有仪式性的物物交换；既有一般互惠的礼物馈赠，又有纯粹的市场交易。总之，人类社会既有工具性目的的理性交换，又有情感驱动的人情交换。

无论是工具性交换还是情感交换，都需要有交换渠道和载体。人们创建关系网络，为社会交换活动创造了平台或载体，人类社会的交换活动会被嵌入关系网络之中，即便是纯粹的市场交易，也在一定程度上与关系网络相联系。

---

① 阎云翔．礼物的流动：一个中国村庄中的互惠原则与社会网络．上海：上海人民出版社，2000：85.

农村社会的关系网络提供了情感性和道义性的交换。情感性交换主要是基于情感需要和情感倾向而进行的人际互惠与交换活动，这种关系和活动不仅是人类社会共同体的形成基础，也是共同体的社会关系形态。道义性交换既包括情感因素也包含理性因素的作用，农村社会中的一些基于礼俗文化而开展的交换活动，既有情感交流的意义，又是遵循共同体道德或道义规则的行为。这样，交换又有了社会的、道义上的意义。如果个人不按礼俗进行人情往来，就是有违道德义务的“不合式”行为。

第二，农村关系网络具有人际联系的桥梁功能。农村社会中的个体和家户虽有较大的自治性和分散性，但他们并非孤立和散乱的，而是有机地组成共同体和社会。在农村社会的构成机制中，关系网络的桥梁与联结功能是不容忽视的。相对自治的农村个体和家户之所以能有机地融入社会整体之中，是因为个人通过关系网络的桥梁功能与其他个人和集团形成交往联系，并由此沟通了个体与社会的关联。

一方面，农村社会中个人的关系网络起到了资源桥、信息桥的联结作用。个人通过关系网络，得到了来自共同体和社会的资源和信息，使得自我不再是一个孤立的个体，而是与社会系统中的他人有着各种各样的社会联系。另一方面，从社会系统的结构角度来看，关系网络又把个体拉入共同体或社会系统之中。个体无论是否主动地去创建关系网络，都会被某种关系网络拉进社会系统的结构之中。因此，关系网络成为社会连接个体的一种桥梁，是将个体组合起来的一种基本途径。

第三，农村关系网络具有社会资本的功能。将关系网络与社会资本关联起来，是理解社会关系与人类经济活动之间联系的一个重要视角。社会学中的社会资本概念，包含了将经济活动可资利用的资源与社会关系联系在一起的意义，经济活动的资本并非纯粹经济的，而是嵌入社会关系之中。林南认为，对社会资本的理解和运用，必须与嵌入关系网络中的资源联系起来①。既然人类的经济活动需要依托于一定的关系网络，那么关系网络就具有一定的资本功能。

在农村社会生活之中，关系网络的社会资本功能表现为“关系”提供了重要“社会结构资源”，以及“关系”成为团结与合作的重要基础。所谓“社会结构资源”，是指个人能够从交往行动中得到的回报，亦即嵌入关系网络中的资源。社会系统的构成以及社会生活的运转，离不开关系网络所提供的“社会结构资源”。从个体角度看，个体之所以编织并运用关系网络，是因为他们需要从关系网络中获得社会资源。社会团结与合作是一种重要的社会资本，依靠团结与合作，人们可以实现超越独立个体的行动目标和行动效果。关系网络将个体纳入相互联系的网络之中，使得社会中的个体不再是完全孤立的个体，为个体之间形成社会团结、社会分工以及合作奠定了基础。

---

① LIN N，et al. Social capital：a theory of social structure and action. Cambridge：Cambridge University Press，2001：3.

第四节　农村社会关系的变迁

社会总处于不断运动变化之中，变迁是认识和理解社会的重要方面。农村社会关系在社会变迁过程中发生变迁，特别是随着农村现代化和农村社会转型，中国农村社会关系在诸多方面发生了变迁。

一、农村社会关系的变化

现实经验是变迁的结果，从农村社会关系的现状中，可以了解农村社会关系所发生的变化。结合农村社会的现实状况，并做纵向历史比较，可将农村社会关系所发生的变化概括为以下方面。

第一，农村社会关系变迁的突出特点表现为主导性社会关系出现二元化。农村主导性社会关系是指农村社会结构沿袭下来的血缘关系和地缘关系。农村社会是由地域共同体构成的，即由在一个共同地域共同生活的人群和亲属集团组合而成。地缘上的联系以及地域上的边界性和稳定性是农村社会的基本特征。长期共同生活在一个稳定地域的人群通过家户继替或代际扩展和更新，又使血缘关系成为地域共同体中的主要社会关系。所以，农村社会形成了以血缘和地缘关系为主导的社会关系。

农村社会在现代转型和市场转型过程中，传统主导性社会关系即以血缘和地缘为主的社会关系已经发生变化。对于农村社会主导性社会关系所发生的变迁，有“熟悉关系陌生化”“亲情人伦联系的衰落”“孝道的式微”等观点。[①] 就当前中国农村社会关系的一般特征而言，传统主导性社会关系的变化并不是走向另一个极端，而是具有二元分化的典型特征。

农村社会的血缘和地缘关系在农村出现“大流动”的背景下，并没有走向完全消失，很难说有衰落的趋势，客观地看可能是随着农村人口流动和生活方式二元化而具有二元特征。当农村人口流向城镇并在城镇居住、生活和劳动时，血缘和地缘关系以一种地域区隔的方式维持。当人们从外出打工地回到村庄时，那种血缘和地缘的亲密关系又会按照礼俗规则得以恢复和运转。因此，虽然农村社会的流动和分化在一定程度上影响着传统的血缘和地缘关系，但区域上的分离和生活方式的分化并未完全割断传统社会关系，而是让这些传统社会关系形成了二元化的形态和特征。

---

① 阎云翔．私人生活的变革：一个中国村庄里的爱情、家庭与亲密关系：1949～1999. 上海：上海书店出版社，2006：208.

第二，农村社会干群关系逐渐从紧张趋于缓和。农村社会干群关系是一种重要的社会关系，反映着国家与农村、国家与农民、干部与群众之间的关系状态。农村社会干群关系之所以备受关注，是因为其不仅是一种结构关系，还是一种行动关系。所谓结构关系，代表着两个不同阶层的群体之间的关系，即干部或管理阶层群体与普通百姓群体之间的关系。所谓行动关系，是指有直接交往行动的关系。

在农村税费改革之前，农村基层干部的主要职能和工作重点之一是向农民征收税费，从而导致农村社会干群关系一度非常紧张。由于干群关系的紧张，农村社会干群冲突事件时常发生。随着农业税取消，在很大程度上缓和了农村干部特别是村干部与村民之间的紧张关系，因为基层干部不再需要代理政府向农户索取税费。

农村社会干群关系的缓和并不意味着所有干群矛盾随之消失。尽管农村干部在扮演“普惠型”政府代理的角色，负责新农村建设、精准扶贫、乡村振兴、乡村治理等工作，但仍然有可能因为公共物品和公共资源分配等问题，而产生这样或那样的干群矛盾。在乡村振兴和乡村治理实践中，越来越多的国家资源输入乡村，基层干部承担着公共资源调配和开发利用的任务，政策执行行为可能在一定程度上影响到不同利益主体之间的关系。不过总的看来，随着造成干群紧张关系的宏观政策的转变，基层干群矛盾通过基层干部的能动性得到了有效防范和规避。

第三，市场关系在越来越多的方面发挥作用。市场关系是指按照供求需要而进行市场交换的关系，亦即纯粹的市场交易关系和行为。交换关系原本为社会生活的基本关系形式之一，市场交换关系乃交换关系的一种。在传统农村社会，一般互惠交换较为普遍，而市场交换主要发生在个人与陌生人之间的交往互动之中。在具有血缘关系的人和熟人之间，人们进行人情往来和礼物的馈赠与回赠，或是进行互通有无的物物交换以及延期支付交换，如农村里的换工合作或互助合作等，这些交换关系和行为不属于市场交换。

在市场化大潮中，农村社会在不断推进市场转型。在市场转型的过程中，农村社会关系出现了一个明显变化：市场交换关系在诸多方面已经发挥作用，市场交换成为农村社会生活中的一种重要的社会交换，市场交换关系和行为逐步替代了以往的一些互惠交换和延期支付交换。例如，以往在亲密关系之间的互助合作是以一般互惠方式开展交换的，如今有较多的合作行为以雇工形式支付报酬，一部分物品馈赠行为也为市场买卖方式所替代。总之，市场关系和市场机制已经在农村社会逐渐兴起，并在社会生活及人际交往活动中发挥越来越大的作用。

第四，农村社会关系的形态转变为混合型社会关系。中国农村社会正处于巨变之中，在此过程中，社会关系也发生一定变迁。那么，经历变迁之后的农村社会关系究竟具有什么样的形态呢？它又属于何种性质的社会关系呢？

从整体上看，经历重要历史变迁之后的中国农村社会，可以说具有了“后乡土性”①。就性质而言，农村社会关系已经不再是完全的传统型社会关系，农村也并没

① 陆益龙．后乡土中国．北京：商务印书馆，2017：6．

有形成完整的现代型社会关系。从某种意义上说，农村社会关系属于传统与现代相混合的混合型社会关系。在混合型社会关系里，农村社会传统的血缘关系、地缘关系，以及基于村落共同体而形成的熟悉关系，在一定范围和一定意义上仍具有重要的社会功能，仍是农村社会成员交往行动的重要方式。在农村社会生活之中，人们仍保留了一些传统的社会关系。在农村社会的现代转型过程中，一些新型的社会关系，如业缘关系、市场交换关系等，已越来越多地渗透到农村社会生活。新型社会关系的加入，不仅影响着农村社会成员的联系方式，也影响和改变着人们的价值观，使得一些现代的观念和交往方式渐渐与农村传统社会交往互动方式相混合。

二、农村社会关系变化的动因

从纵向历史的角度看，虽然有诸多事件和诸多因素影响着农村社会关系的变化，但从本质上看，影响农村社会关系变化的主要因素来自三个方面：一是社会现代化，二是市场转型，三是人口结构的变化。

社会现代化是理解农村社会及各种“三农”问题的大背景。至于农村社会关系的变迁，自然离不开现代化这一大背景。现代化过程伴随着工业化和城镇化的不断推进，工业化和城镇化不仅直接冲击和影响着农村社会，也直接推动着农村社会关系的变化。

工业化带来的直接影响是工业部门与农业部门关系的变化。随着工业的快速发展，对农村和农业劳动力的需求不断扩大。而且由于工业部门的平均工资水平明显高于传统家庭农业的平均收入水平，工业化的显著影响表现为驱动着越来越多农村和农业劳动力离开农村和农业，这一职业和生计方式的重大转变不可避免地带来农村社会关系的转变。大量农户出现家庭分工和职业分化，一部分成员离开农村家庭外出打工，一部分成员留守农村，以往的农村家庭关系由此发生改变，这种改变既包括空间关系的改变，也包括社会经济关系的改变。

城镇化同工业化一样，对农村社会关系变迁的影响也是直接的。一方面，城市的扩张让大量的村庄走向终结，使得失地村民走进城镇，原有的农村社会关系基础发生彻底改变。另一方面，城镇化的影响还表现为城镇与农村关系的变化。城镇在迅速发展的过程中，不仅吸引着大量农村劳动力进城打工，而且吸引着越来越多的农村居民进城居住生活。城镇生活方式不仅成为影响农村社会成员价值观和行动选择的重要力量，也在影响和改变着农村社会关系。例如，华北农村地区出现的村民竞相在城镇买房的现象，显示出城镇化给农民和农村社会关系带来的冲击。

改革开放以来，中国农村社会正经历着市场转型。所谓农村社会的市场转型，是指农村经济在逐步向市场经济转变。经济活动是一切社会关系的基础，随着农村经济朝着市场化方向发展，社会关系不可避免地发生了一系列变化。

农村市场社会逐步兴起[1]，农村社会关系的基本准则也逐渐向市场原则方向转变，以往农村社会以一般互惠为主的关系原则，渐渐转向互惠共赢的原则。例如，传统农村社会基于亲密关系和情感联系的互惠性交换与馈赠行为已经逐渐减少，按照市场交易原则进行的交换行为则不断增多，市场交换关系有冲淡人情交换关系之趋势。

市场转型对农村社会关系的冲击还集中体现为广大村民要直接面对市场，于是村民与市场的关系越来越紧密，且成为市场社会的成员。在村落社会共同体中，村民既是共同体的成员，有着共同体的社会关系属性，同时又是市场的参与者，是市场社会的成员，具有市场关系的属性。如农村出现的生产合作的社会化形式，便是按照市场供求关系并以雇工方式来解决农业生产合作问题。人们用支付工资的形式来寻求帮工，不需要再用换工方式来开展合作。

在对农村社会关系变迁产生影响的因素中，人口因素不容忽视。人类社会的任何重要的历史变迁，或多或少都与相应人口因素有一定关联。农村社会关系的变化与计划生育政策和农村人口结构变化有一定联系。随着计划生育政策在农村推行，农村的人口增长速度和人口结构发生了巨大转变。这一转变在农村家庭层面表现为家庭人口规模缩小，家庭人口构成发生改变。家庭人口的变化会直接导致由家庭衍生出的社会关系的变化，如在农村的独生子女家庭，其变化不仅是家庭规模的变化，还包括家庭关系和亲属关系的变化。独生子女没有兄弟姐妹，因而联合扩大家庭不再产生，且不再有兄弟姐妹这样的近亲属关系。现在，计划生育政策已经调整，为缓解人口持续低生育率问题，生育控制措施已放松，各地区还根据人口发展需要，实施鼓励生育措施。然而，随着农村社会的快速转型，农村家庭少子化将是一种大趋势，人口生育水平的变化将影响农村家庭和亲属关系。亲属关系是农村社会的基本社会关系，亲属关系结构的变迁会在较大程度上影响和推动农村社会关系的变化。

本章要点

农村社会关系是指构成农村社会的各种联结纽带、相互关系，主要有三个构成要件：社会关系的主体、社会关系的结点和社会关系的形式。农村社会关系的主体包括个体和团体两类，包括血缘、地缘和信仰缘三个重要关系结点，在形式上包括存在的社会关系和行动的社会关系。

考察和认识农村社会关系的三个基本维度有：关系的主体维度、关系的生产或实践维度和关系的功能维度。农村社会关系具有“机械团结”“熟悉关系”和“差序格局”特征。农村社会的血缘关系和地缘关系依然是重要的社会关系，业缘关系

---

① NEE V. The Emergency of a market society：changing mechanism of stratification in China. American journal of sociology，1996（101）.

也逐渐兴起。

关系网络或社会网络是指由个人在社会交往活动中与他人建立起的所有直接和间接关系交织而成的网络。对关系网络的考察和分析，可从四个方面着手：(1) 关系网络的规模；(2) 关系网络的密度；(3) 关系网络的强度；(4) 关系网络的结构洞。

农村社会个人的关系网络规模与其亲属集团和地缘团体的范围和规模密切相连；农村关系网络的密度相对较高；农村关系网络中相互联系的强度相对较强；网络中的结构洞相对较少，主要在村落共同体与外部团体之间存在；农村关系网络的差异性相对较小。关系网络在农村社会生活中发挥着交换功能、人际联系的桥梁功能和社会资本的功能。

农村社会关系的变化包括：主导性社会关系出现二元化、干群关系逐渐从紧张趋于缓和、市场关系在越来越多的方面发挥作用，以及农村社会关系的形态转变为混合型社会关系。影响和驱动农村社会关系发生变迁的主要因素包括社会现代化、市场转型以及人口结构的变化等。

关键概念

社会关系	关系主体	关系结点	关系形式
血缘关系	地缘关系	业缘关系	关系网络
网络规模	网络密度	网络强度	网差
结构洞	社会关系变化		

思考问题

1. 社会关系的形式主要有哪些？它们之间有何区别和联系？
2. 农村社会的血缘和地缘关系在社会生活中具有哪些功能？
3. 农村社会的关系网络有哪些结构特点？
4. 当前中国的农村社会关系发生了哪些变化？变化的动因有哪些？

推荐阅读

1. 费孝通．乡土中国 生育制度．北京：北京大学出版社，1998.

2. 滕尼斯．共同体与社会：纯粹社会学的基本概念．林荣远，译．北京：商务印书馆，1999.

3. 陆益龙．后乡土中国．北京：商务印书馆，2017.

4. LIN N, et al. Social capital: a theory of social structure and action. Cambridge: Cambridge University Press, 2001.

第六章

农村社会的组织

社会关系的维持，并非依靠两个个体之间的人际联系，而是通过第三方力量。维持社会关系继续和持久存在的第三方力量通常是由多种要素组成的团体，如正式组织是一个典型，人们通过正式组织来使相互的关系保持持续和稳定。在农村社会，除村落共同体之外，也有各种不同的组织在维持社会关系方面起到第三方力量的作用。

第一节　农村的社群和组织

农村社会在结构上与城市社会存在较大差异，组织之于现代城市是普遍的、基本的构成单位，城市社会依靠一个个组织把人们组合起来。正如科尔曼认为，城市是"人为建立的社会环境，它由包含复杂社会关系的社会组织组成"①。组织之于农村，则是在特定环境中为特定需要而建立起来的、人们为了某种共同目标而建立的相应群体或团体。

一、农村社群和组织的意义

组织是人们为了某种共同目标或共同之处而联系并结成的团体，社会学意义上的组织有正式组织与非正式组织之分。正式组织是指经过相对正式的程序和按照正式规则而组成的团体，如现代的企业组织、政党组织和社会组织等，皆属需要正式登记注册、成员需要按照正式程序和规则进入并获得正式资格的组织。非正式组织则是指人们以非正式的形式结合起来的群体或团体，其非正式性体现为组织成员进出组织的弹性和开放性。

农村社会中的组织更多的是以社群形式出现的，正式组织有增多的趋势。所谓

---

① 科尔曼．社会理论的基础：上．邓方，译．北京：社会科学文献出版社，1990：53.

社群，是指人们在社会生产与生活中自愿结社而形成的群体或组织。在农村社会，较为普遍的社群是同质群体，即由具有共同特征或共同之处的人联系起来结成的群体，如农村一些地方有长老会、青年团、妇女会等，这些社群是成员根据同质性而结合起来的组织。此外，民间信仰和文化兴趣也是农村社会成员结成社群的重要基础。在传统农村，乃至今日，民间信仰和宗教信仰都常常是人们结成社群的驱动力量。当村民有共同的信仰或共同的崇拜对象时，可能会自动联系起来，结成非正式的自组织，如农村社会中的庙会或民间教会等，就是人们在民间信仰活动过程中自动组织起来的社群组织。村民在社会生活中常常还会在共同的文化兴趣爱好的基础上结成社团，以加强和促进联系，发展共同的兴趣。

随着农村社会现代转型加速，正式组织在逐步增多。农村的基层政权组织包括村民自治组织和基层党组织等，已成为农村社会的主要正式组织。农村社会的一些合作组织也在走向正式化，它们通过正式的组织登记程序，并有正式的组织运行和管理结构，成为具有法人行动者性质的现代组织。在一些农村地区，还出现一些正式的社会组织，如一些民间环保组织、志愿者组织和慈善救助组织等，这些正式的社会组织已经在农村社会开展了环保监督、支教、救助、社会工作等社会公益活动，在农村社会已经产生了一定影响。

社群和组织之于农村社会的意义，可以从三个方面来理解：

第一，农村社会的社群和组织加强并巩固了农村社会的自然关系。所谓自然关系，是指自然人在社会生活和社会交往中自然形成的人际关系，如农村社会中村民之间的联系、亲属关系、邻里关系，这些关系都是自然而然地形成的社会关系。当人们结成社群或组织之后，自然的社会关系并未发生改变，而是得到了进一步强化和巩固。例如，随着农村社会家族组织的出现，原有的亲属关系得以强化和巩固。因为，组织具有的第三方力量属性使得个体之间的原有联系进一步加强。

第二，农村社会的社群和组织拓展了新的社会关系。村民结成某种社群和组织，意味着他们将个体间的关系进行了拓展，形成了社群和组织的新型社会关系，因为每个社群和组织的成员都会与共同的团体产生一种联系。例如，在社群和组织开展的集体活动中，成员获得了新的相互联系机会和平台，在社群和组织中所进行的社会联系，又不同于原有个体间的联系。个体间的交往联系可以由双方意愿来决定，而社群和组织中的相互联系则是由共同意愿或组织规则决定的，是一种团体性或集体性的联系。

第三，农村社会的社群和组织开拓了农村公共领域。农村社群和组织的发展，也在不断开拓农村社会不同的公共领域。农村自治组织的发展，推动了农村公共事务的共同治理；农村文化社团的形成，为农村居民的文化生活和兴趣发展开辟了公共空间；农村民间信仰的自组织则为村民提供了公共活动的空间。总的看来，农村社群和组织关系及活动，会关涉村民的一些共同之处，如共同利益、共同兴趣和公共事务，因而对促进农村公共领域的发展起到重要作用。正是基于社群和组织的发展，农村社会的公共事业得以拓展和夯实。

二、农村组织的形成与演变

在现代社会，组织现象是普遍的。“人们之间的交往互动是在‘组织’框架里进行的：一个农贸集市是一个组织，一个信贷市场是一个组织，幼儿园、学校、食堂、街道、公司、政府和居住小区等都是各种各样的组织。”[①] 那么在农村社会，组织是如何形成的呢？农村社会的组织形成有三方面社会基础：

第一，农村组织的形成与农村社会中产生的共同利益需求的强度和广度有密切关系。村民会结成社群或组织起来，一个重要的驱动力是大家有着某种共同的利益需求。为了更好地满足这种共同的利益需求，人们组织在一起，以组织的方式开展活动，并在集体活动中促进共同利益的巩固和发展。因而，农村社会组织的产生与否在较大程度上取决于人们对某些共同利益的需求强度，以及有共同利益需求的人的广度。有某种共同利益需求的人越多，共同利益需求越强烈，形成组织的可能性会越大。

然而，农村社会与现代城市社会不同，农村社会有着较强的地域性，不同村落之间保持着较高的独立性，彼此之间的联系并不强，加上农村社会分工相对较少，彼此的相互依存关系不突出。在这种社会条件下，产生共同利益需求的可能性降低，形成共同利益需求的群体范围受地域边界的限制。所以，农村社会相对于城市社会而言，形成的组织较少。组织不是农村社会生活的普遍形式，而是在一定领域、一定范围内存在和运行的。

第二，村民对社会团结和自我保护的需要是社会组织形成的重要基础之一。人们结成社群或形成组织，一个重要动机是要团结起来。人们对社会团结的需要有来自人类合群性力量的驱动。社会进化论认为，人类属于社会性生物，具有明显的合群性倾向，个人不喜欢孤独地生活，而是愿意生活在比自己家庭更大的群体之中[②]。个人与其他众人团结起来的另一个重要目的是增强个体的力量，由于个体的力量是有限的，只有通过组织与其他人形成稳定的社会，才会使自己的力量得到加强。在现实生活中，个人总要从社会中获得生存与发展的资源。依靠社会团结，他们可能会提高资源获取能力。例如，农民组成一些互助合作组织，就是依靠社会团结合作的力量来提高自己的生产力。

在农村社会，人们加入某些组织，或结成社群来加强社会团结，还有一个重要目的是进行自我保护。根据马斯洛的需求层次论，对安全的需求是人类的基本需求。为了增加安全感，个体会倾向于通过集体或组织来寻求更多的保护。凭借有组织的社会团结，个体在面对外来的安全威胁时，可形成联合起来的力量共同应对，而不致孤立无援。组织起来的联合力量，会起到预防外来侵害的庇护作用，因为组

---

① 周雪光．组织社会学十讲．北京：社会科学文献出版社，2003：6.

② 达尔文．人类的由来．潘光旦，胡寿文，译．北京：商务印书馆，2008：163.

织起来的联合力量会大大降低被侵害的风险。如农村社会曾有保甲、联防队等组织，起着防范外来侵害、保护村民安全的作用。

第三，农村精英权威的出现是农村社会形成组织的重要基础。农村社会中分散的个体能够联合起来，形成某种组织，通常离不开一些精英权威在其中的动员、协调和组织作用。按照社会交换理论的观点，人们加入社会组织，实际上是将自己的一部分行动权利跟合法化的权力进行交换。如布劳指出："在这些正式组织中，存在着特殊的机制，以协调各种追求特定目标的成员的任务。对努力的这种协调，尤其是一种大规模的协调，要求某种集中化的指导。权力就是这种使指导和协调人们的努力成为可能的源泉。"① 个人愿意加入组织，并自愿服从组织权威的协调和指导，需要组织权威具有合法性和有效性。合法性是指权力被大家认可的程度，如果被认可了，大家就会自愿服从而不至于对抗。有效性则指权威能够将大家协调和组织起来的效力。

农村精英权威对组织的形成通常起到关键性的作用，因为组织的形成需要有带头人、发动者和组织者，农村精英权威一般能扮演这些角色。在一些农村地区，民众虽然有共同利益、共同兴趣，但并没有建立起组织，其中一个重要原因是在民众中没有出现能够把众人凝聚起来，动员和指导大家组成某种组织的权威性人物。而在有精英权威的地方，精英权威经过动员和协调，把具有共同利益需要的人组织起来，建立起相应的组织。

农村社会中的组织现象是社会生活与社会变迁的产物，农村组织随着生活方式与社会的变迁而发生演变。农村组织的演变虽然可能会有多种多样的形态表现，但有一个共同的变迁方向，那就是不断朝着制度化方向演变。从社会结构的角度看，农村组织属于一种制度化的结构，因为农村组织是人们根据大家一致认可的制度规则结合在一起并按照规则开展集体活动而建立起来的。在这个意义上，农村的某种组织是根据某种制度规则而结成的一种社会结构。组织的演变也随制度变迁而发生变化。

三、农村组织的形式及特征

在农村社会，家庭和村落这种自然的社会群体是社会生活最为基本的群体形式，尽管中国农村的家庭和村落在现代化和城镇化大背景下受人口流动的冲击，已发生巨大变迁，但农村家庭和村落仍是农村生活的基本单位。

农村组织是不同于家庭和村落的社会结构形式，且与现代城市社会中的组织有所不同。从组织形式角度看，农村社会中的组织更多是以非正式形式出现的。按照社会学对组织类型的划分，农村社会中的组织较多属于非正式组织。除了那些基层政府组织、自治组织、政党组织和一些正式组织的垂直下派机构外，农村社会中的

① 布劳．社会生活中的交换与权力．孙非，张黎勤，译．北京：华夏出版社，1988：230.

组织多是非正式的。农村组织的非正式形式有两个方面的表现：一方面，农村非正式组织不同于家庭和村落这样的自然群体形式，它是人们为某种特定目标或因为某些因素的驱动而结合起来的社会团体形式，是人们在社会互动实践中有目的地建立起来的组织。另一方面，农村非正式组织又不同于现代科层制组织。韦伯式科层制组织是现代城市社会普遍存在的正式组织形式，有着严密且正式的组织制度。而在较多农村组织中，制度规则是调节性的，而非正式的、强制的约束。

正如韦伯提出的，规范团体行为的制度是“行政管理制度”，规范其他社会行为并通过规范给行为人创造机会的制度属于“调节制度”，仅以“行政管理制度”为取向的团体属“行政管理团体”，仅以“调节制度”为取向的团体是“调节性团体”①。较多的农村非正式组织的建立是为了给组织成员提供某种机会，因而属于调节性的组织形式。

在结构特征上，农村组织具有相对较大的弹性。农村社会中较多的组织是非正式组织，组织的边界并非十分固化和刚性的。在现实社会中，农村一些组织在实际运行中，通常有较大的开放性，加入或参与组织并没有十分严格的程序和资格要求，在多数情况下出于成员的热情和自愿。即便组织设置了一些资格原则，这些原则在实践中也有较大弹性，可以变通。此外，在农村一些组织内部，由于没有十分严密的组织管理，成员之间的联系以及组织活动等不受正式组织制度的约束，因而组织成员的行动有较大的灵活性，组织内部的结构相对较为松散。一些组织除在举办集体仪式和集体活动时有相对正式的组织协调之外，平常的时候组织内的联系很弱。

在功能特征上，农村组织更多地具有社会与文化性功能。虽然农村组织也是为着某种共同目标而建立起来的，但较多的农村组织与现代科层组织特别是经济组织有所不同。现代组织的建立和发展有一个重要共性，那就是为了提高效率。所以，追求高效率、实现高效率是现代组织的一个基本特征。然而在农村社会，除了一些合作经济组织之外，较多的社会组织并不是为了追求效率而建立起来的，人们建立组织更多是为了建立或加强某种社会的、情感的联系，强化和稳定某种社会关系。例如，一些地方的庙会组织，既在组织共同信仰的活动中发挥重要作用，又在加强社会团结、扩大社会团结范围方面具有重要功能。

农村组织的形式和特征是与农村社会结构特征密切相关的，随着农村社会的变迁，农村组织现象也在不断变化，一些新形式的组织在农村开始出现。如农村的工业化表明了工业企业组织已进入农村，近年来一些“淘宝村”的出现，表明新型电商组织开始进入农村。农村原有的一些组织如基层自治组织在结构和功能上有了新的特征，越来越多的公共资源如国家转移支付和下派公务员为农村基层组织输入了“新鲜血液”。

---

① 韦伯．经济与社会：上卷．林荣远，译．北京：商务印书馆，1997：80.

第二节　家族组织及其变迁

在农村社会，许许多多的家庭经过代际继替和更新，形成了一定的亲属关系和血缘联系，这些有亲属关系和血缘联系的家庭联合起来形成一种团体，这种团体就是农村社会中的家族或宗族组织。家族组织现象在中国农村社会是相对较为普遍的社会现象，也在一定意义上反映了农村社会关系和社会结构的突出特征。家族组织在传统农村社会的诸多方面扮演着重要角色，对农村社会生活和社会关系有重要的影响。

一、家、家族与宗族

社会学意义上的家庭是指一对夫妇与他们的子女组成的生活共同体，这个定义是基于现代社会的社会事实而界定的，反映了家庭作为社会基本单位所包含的三种基本社会关系：合法的婚姻关系、亲属关系和共同生活关系。而且在现代社会，家庭有时仅指核心家庭，即一对夫妇或一对夫妇与其未婚子女组成的社会单位。

在中国农村社会，“家”有着较为宽泛的含义，既代表一个个共同生活的实体，又指称具有某种亲属关系的社会群体。费孝通曾就 20 世纪 30 年代的苏南农村，对家的特征做出这样的概括：“农村中的基本社会群体就是家，一个扩大的家庭。”“村中更大的社会群体是由若干家根据多种不同目的和亲属、地域等关系组成的。由个人成员组成的社团很少而且占次要地位。”① 林耀华在义序宗族研究中则提出：“家庭是最小的单位，家有家长，积若干家而成户，户有户长，积若干户而成支，支有支长，积若干支而成房，房有房长，积若干房而成族，族有族长。”从功能角度看，“家是经济单位，户是政治社交的单位，支是宗教祭祀的单位，族房长即祠堂会，乃是经济、政治、社交、宗教等综合的单位”。② 农村社会中的家庭、家族或宗族现象存在着一定的区域差异：在苏南农村，家族的社群性特征更为突出一些，家族是家庭关系扩展延伸而形成的基本社会群体；而在华南农村，家族或宗族的亲属组织特征较为明显，家庭或宗族是由亲属关系联结而成的亲属组织。

关于中国农村社会家族与宗族现象的地区差异，武雅士曾根据家族与宗族组织的分支结构，族人规模，实质性共同财产，居住在一个或多个单姓村，祠堂，共同墓地，共同祭祖，拥有族谱、名册或牌位等标志物，以及社会连带关系等 9 个核心

---

① 费孝通．江村经济．北京：商务印书馆，1988：41.

② 林耀华．义序的宗族研究．北京：生活·读书·新知三联书店，2000：73，74.

特征，将汉人社会的家族与宗族组织分为三个类型（见表 6－1）[①]。

表 6－1　汉人社会的家族与宗族组织的类型与特征

	家族与宗族组织的核心特征	一类 家族与宗族组织	二类 家族与宗族组织	三类 家族与宗族组织
1	有分支结构	√		
2	有较大规模的族人	√		
3	拥有实质性共同财产	√		
4	居住在一个或多个单姓村	√	√	
5	设有祠堂	√	√	
6	有共同墓地	√	√	
7	共同祭祖	√	√	√
8	存有表示关系的标志物（族谱、名册或牌位）	√	√	√
9	具有社会连带关系	√	√	√
	主要分布地区	福建、广东、杭州平原和四川大邑	台湾地区	苏南地区

农村社会的家族与宗族现象具有较强的地域性特征，不同区域、不同村落之间都会存在这样或那样的差异，用三个理想类型并不能准确地概括农村社会家族与宗族现象的所有现实特征。因此，对农村社会中的家、家族与宗族现象的理解，须从多样性和现实性的视角出发，去认识多样的家族与宗族的现实经验。

从组织层面来看，农村社会中的家族与宗族现象的性质并非局限于社会性，有些地区的宗族组织还具有政治性或宗法性。如弗里德曼认为："在中国东南地区看到的这种宗族当然是政治与地方组织。"[②] 不光是东南地区的宗族组织具有政治性，在其他地区如安徽、湖南等地的农村，家族与宗族组织也曾是地方性的政治团体，它们在地方自治以及维护地方秩序等方面，扮演着管理组织的角色，发挥了政治和司法的功能。因此，农村社会中的家族与宗族现象，既与个体家庭的自然实体密切相关，又不同于个体家庭；不仅是个体家庭关系的简单延伸，也是在不同的自然与历史环境中，人们依托于家庭及亲属关系建构和发展起来的社会文化与政治组织，并在一定范围内演变为一种基层社会制度。

二、家族组织的结构

虽然农村社会的家族组织有多种形式，不同地区的家族组织存在较大差异，但

① WOLF A. The Origins and explanation of variation in the Chinese kinship system//KUANG-CHOU. Anthropological studies of the Taiwan area：accomplishments and prospects. Taipei：Taiwan University，1989：247.

② 弗里德曼．中国东南的宗族组织．刘晓春，译．上海：上海人民出版社，2000：2.

在结构上，农村家族组织有一些共同之处。从历史和现实经验来看，农村家族组织的基本结构是由三个要素构成的：

第一个要素是家族组织的制度规则。无论是社群性的农村家族组织，还是具有政治性的宗族组织，构成家族组织的一个基础都是建构与规定家族关系的规则和制度。在农村社会生活中，共同生活的家庭关系是最基本的也是自然的社会关系，但家族关系作为一种派生的社会联系则需要通过一定社会建构机制才能建立并稳定下来。尽管家族联系建立在血缘、亲属和地域关系基础之上，但它并非自然而然或必然产生的。家庭、血缘与亲属关系并不必然会导致家族社会关系和组织的产生。有血缘与亲属关系的家庭和个人联合起来组成家族社群或宗族组织，需要依靠相应的社会团结机制的作用。其中，人们为强化和稳定血缘与亲属之间的联系而建构的关系规则和制度，对家族社群和宗族组织的形成奠定了社会行动规则的基础。

家族组织的规则和制度的一种形式是习俗规制，是在平常生活中人们养成的具有亲属和血缘关系的人之间的交往习惯和行动规则。习俗的形成具有较强的规制和教化作用，习俗的规制和教化会促进人们去加强和巩固亲属与血缘联系和团结。

农村社会家族组织的另一种形式的规则是"礼"。"礼"既包括来自儒家礼教思想"大传统"的伦理规则，也包括农民从生活经验中总结出的合式的行为规范。在较多地方的农村，礼俗规则是人们统一行动、结成家族社会联系和组织的重要基础。

农村社会中的一些家族组织可能具有较为正式的、系统的制度体系，特别是在传统农村社会，家族的制度体系在基层社会生活中发挥着举足轻重的作用。那种较为正式的制度规则不仅为家族组织的存在和运行提供规范基础，而且是维持地方社会秩序的重要行动规则基础。

第二个要素是家族组织的权威人物。在农村家族组织的构成中，家族权威是形成团体联系和集体活动的核心。家族权威的特点具有多样性。有些家族的组成主要依靠正式的家族权威，即通过某种被大家认可的程序而产生的家族内的公共权威。有些家族的联系和组织活动依靠的则是非正式的家族权威，此类权威通常是在共同生活过程中形成的，权威人物是家族内德高望重的长老，此类权威便是"长老权威"。

家族权威之于家族组织而言，起到号召、领导、组织、协调等作用，对组织的形成、运转和管理来说，权威人物常常是不可或缺的。作为一种亲属集团，家族组织通常是在与其他集团的竞争过程中联合起来而形成的，在家族组织对外竞争的过程中，权威人物的号召、领导作用非常重要。在平常的生活中，为促进家族内部的团结、解决家族内部的纠纷，家族权威的组织和协调作用显得很重要。农村的家族组织已发生巨大变化，家族权威的地位已不再是决策性和主导性的，而是转变为荣誉性和象征性的。[①]

---

① 王沪宁．当代中国村落家族文化：对中国社会现代化的一项探索．上海：上海人民出版社，1991：92.

第三个要素是家族组织的仪式活动。农村家族组织虽然有各种各样的形态和特征，但在结构上都有集体仪式活动这一共同要素。或许，不同家族组织所举办的仪式活动虽在形式上千差万别，但其本质是相通的。

仪式活动之于农村家族组织的重要性体现在两个方面：一是集体象征符号的建构，二是集体团结实践的推进。人类的任何组织都需要有象征符号，象征符号不同于一般符号，通常是在特定的、具有神圣意义的场合建构起来的。按照人类学的一般原理，仪式活动的主要功能是建构象征意义。组织通过象征符号的建构，既可以加强组织的认同感和凝聚力，又可以维持集体的记忆和组织的延续，因为仪式是定时定期举行的集体活动。家族组织的仪式活动又是一种集体实践活动，是把组织成员团结起来的具体实践，通过这种实践即可演绎集体团结实践，亦即家族组织的公共实践。

三、家族组织的变迁

农村家族组织是农村社会关系与结构的一种形式，随着农村社会关系与结构的变迁，家族组织在不断发生变化。在历史长河中，家族组织有无数次的变迁，难以一一回溯。在这里，选择重点回顾 1949 年后农村家族组织所发生的重要变迁。

在新中国成立之初，农村广泛开展土地改革运动。很多地方的农村的“族田”“公田”在运动中被取缔和没收，这一改革动摇了以往家族组织的经济基础，因为家族组织的集体资源主要依靠家族的公田收入，没收家族公田切断了家族组织的重要公共收入来源。

新中国成立后，农村还推进了社会主义改造与农业合作化运动。农业生产合作形式逐步从互助组到初级合作社再到高级合作社，这些由运动推动的农村合作方式大大冲击了农村社会原有的家族组织内部的合作机制，使得家族组织的经济合作功能被替代。

农村家族组织所经历的巨变始于“文化大革命”运动。“破四旧”运动试图从文化入手对农村社会进行彻底改造。“破四旧”运动号召并动员群众“打破一切剥削阶级的旧思想、旧文化、旧风俗、旧习惯”，农村原有的家族文化成为被破除和消灭的对象。

在“破四旧”运动期间，运动参与者和推行者红卫兵在农村大范围地破坏和拆除家族文化设施，如祭祖场所、设施、器物、牌位和族谱等。例如，福建省的红卫兵动员群众打掉和烧毁神牌、香炉等文化设施 66 万斤，书刊 122 万册①。由此可见，“文化大革命”的政治运动从文化和物质基础上打破了农村家族组织，农村家族组织无法以公开方式正常运行。

改革开放后，家族组织逐渐重现于农村社会。农村家族组织的重现表现为宗族

---

① 叶青．“文革”时期福建红卫兵“破四旧”运动述略．党史研究与教学，2004（4）.

与家族象征物的修复和重建，农村家族内部团结与合作机制的恢复，以及农村家族文化活动的逐渐活跃。家族组织要把具有亲属和血缘关系的人联系和组织起来，首先需要建立起认同与联合机制，家族组织的象征符号具有这一功能。族谱是家族组织的核心象征符号，不仅记录着家族的历史和生长轨迹，而且是家族组织成员认同与认可的符号。很多地方的农村的家族族谱在“破四旧”运动中被查抄和毁坏，后来，一些地方的家族组织又着手重修族谱。

在家庭生产责任制的推行时期，农村家族内的互助合作机制又在一些地方自发恢复和再现。例如在皖北萧县李家楼村，出现了家族内部合作的“合犋互助小组”，“合犋”的意思是把几个家庭的畜力和人力合在一起，共同完成农耕生产，特别是农忙季节的农活[①]。这种家族内部的互助合作机制的再现，反映出农村家族组织的经济合作功能在一些地方得以恢复。此外，由家族组织举办的集体文化活动如祭祀、灯会和演戏等在多地农村兴起，这意味着农村家族组织的文化功能得以恢复和再现。

农村家族组织的再起主要通过两种方式：一是家族精英推动型，二是家族成员自发型。在改革开放后，农村涌现出较多的经济精英。在一些地方特别是东南沿海地区的农村，那些先富裕起来的农村精英为了回报家乡和增进家族认同，主动出资修复或重建农村的家族文化设施和场所，如修复祠堂、祖坟、神庙等，由此推动了农村宗族与家族文化的再起和发展。随着农村经济水平的提高，农民的精神文化生活需求得以增长，由此推动了农民自发地恢复和重建符合农村实际的家族文化。

从历史与发展趋势的视角看，中国农村家族组织已出现现代转向，其政治功能在不断削弱，社会文化功能则凸显出来，正因为与政治分离、与政府分离，家族才能长存于现代社会[②]。就基本性质而言，后乡土中国的家族力量是文化性的、社会性的，而非政治性的。之所以说家族力量是文化性的和社会性的，是因为家族活动主要是文化性的和社会性的活动。[③] 从农村社会生活的实际情况看，家族组织的活动范围主要集中在三个方面：一是民间信仰活动，如修祠、祭祀、修谱等，此类活动既属于民风民俗活动，也属于民间宗教活动。二是集体庆典与文化娱乐活动，如演族戏、集体聚会等，此类活动是农民为了丰富生活而开展的文化娱乐活动。三是秩序调控活动，农村家族还会经常参与基层纠纷的调处，特别是家族内部的矛盾常常是通过家族权威来调处的，而在出现家族之间的纠纷和冲突时，家族有可能组织起集体行动或群体械斗来解决。

在经过诸多变迁之后，中国农村家族组织已“去政治功能化”，已失去成为农村政治主体和承担政治功能的基础。家族组织产生影响或作用的机制已变迁，农村家族组织的作用机制主要有：文化认同促进团结的机制、人情关系的社会支持机制、联合抗争的群体动力机制。

---

① 韩敏．回应革命与改革：皖北李村的社会变迁与延续．南京：江苏人民出版社，2007：166.

② 冯尔康．18世纪以来中国家族的现代转向．上海：上海人民出版社，2005：356.

③ 陆益龙．后乡土中国．北京：商务印书馆，2017：205.

第三节　农村的经济组织

在传统农村社会，经济活动是以家庭为单位来进行的，家庭配置着主要生产要素并组织起生产活动，专门的经济组织较少。如今，受工业化的影响和冲击，越来越多的经济组织进入农村，使得组织在农村经济生活中的作用得以增大。

一、农村经济组织的形式

农村经济组织是指按照一定方式将经济要素组合起来，使经济活动成为可能的团体单位。从广义的角度看，家庭或农户是农村经济组织的最基本也是最为普遍的形式。在农村社会中，农业是经济活动的主体。受自然条件和技术条件的制约，农业生产活动选择以家庭为单位来进行，农村家庭成为农村经济组织的主要形式。

随着农村社会的现代转型，家庭农场（family farm）已成为农村经济组织的一种重要形式。家庭农场与传统小农家庭（peasantry family）虽然都是农业经济活动的组织形式，但在性质上有着根本区别，家庭农场是在向资本主义过渡的过程中产生的。[①] 现代的农业企业和农场组织在农村社会逐渐兴起，成为从事农业生产经营活动的重要组织形式，而且有不断发展且占主导的趋势。

农村社会除农业经济组织之外，还有手工业和工商业经济组织。农村手工业的存在和发展对满足农村社会生活需要来说具有不可或缺的功能，特别是在传统农村社会。在自给自足的经济系统中，手工业发挥着重要作用。农民的衣食住行等需要的满足，离不开农村手工业组织的存在和运行。农村传统手工业组织的基本形式为手工业作坊，如各种各样的食品加工作坊、裁缝店、铁匠铺、建筑队等。作为一种经济组织，农村手工业作坊进行分工与合作，需要通过一定的组织机制来配置劳动力、土地和资金。如今的农村手工业组织有些仍保留着传统特点，有些已转变为现代企业组织。

集市是农村社会的主要商业组织形式。在传统农村社会，集既是在确定时间和确定地点集中开展交换与买卖活动的市场，也是农村主要的商业组织形式。直到现在，集的传统仍在农村一些地方得以保留，如在华北地区的农村，仍能看到农民普遍有赶集的习惯。当然，农村商业组织形式已有了较大变化。在农村小镇，聚集了具有现代特征的集市、超市、商场和小店铺等商业组织。甚至在一些村落，不仅小店铺增多，而且发展起较多超市。

在工业化进程中，工业企业开始下乡，于是工业组织逐渐成为农村经济组织的

① 伯恩斯坦．农政变迁的阶级动力．汪淳玉，译．北京：社会科学文献出版社，2011：6.

重要形式之一。特别是在经济发达区域，如中国东南沿海地区，农村已基本实现工业化。在这些农村地区，现代工业组织已成为农村经济组织的主要形式。农村社会中的工业企业组织代表的是现代的、正式的组织，此类经济组织与农村社会的关系是较为复杂的。有些工业企业是由乡镇集体企业发展而来的，有些是城市工业企业向农村的转移，还有些则是因开发投资而兴起的。尽管农村的工业企业组织在结构上高度相似，但农村居民从不同类型的工业组织获得收益的渠道和方式则存在较大差别。

从农村经济组织的形式及其构成来看，农村社会经济生活的基本状况、特征以及结构皆已发生变化。农村经济组织从以家庭为主的组织形式向以企业组织为主的组织形式转变，不仅反映出组织形式的变化，且意味着社会经济结构的转型，即从传统型经济向现代型经济的转变。

二、农场组织

农场是指从事农业包括畜牧业生产经营的经济单位和组织。农场有多种类型。根据产权来划分，农场可分为家庭农场、企业农场和国有农场。家庭农场是指产权归家庭所有并由家庭负责管理和组织农业生产经营的农场，此类农场在欧洲、日本、韩国和中国台湾较多。企业农场是现代农业企业，其产权归属于企业组织或法人，农场按照企业组织模式开展农业生产和经营管理，美国的多数农场属于企业农场。国有农场或国营农场是指国家所有的、从事农业生产经营的大中型企业单位。在中国计划经济时代，新疆生产建设兵团、黑龙江垦区等皆属于大型的国有农场。国家在多地设有许多大中型国有农场，这些农场的生产运营对保障国家商品粮供应发挥着重要作用。

按照规模来划分，农场可分为大型、中型和小型农场。较多的国有农场一般规模比较大，一个大型农场的规模可能相当于几个乡镇。现代农业企业所拥有的一些农场规模通常比较适中，中型农场一般较多，因为这些企业组织需要考虑投资的效率和对风险的控制，所以控制农场的适度规模显得重要。家庭农场一般皆属于小型农场，然而小型农场并不等同于家庭农场，有些小型农场可能归个人或企业所有，并由他们负责管理。小型农场的规模一般是耕地面积在 2 公顷以下，家庭农场的意义一般是相对于组织和生产经营方式而言的。

恰亚诺夫曾专门探讨农民家庭农场的组织问题，发现在俄国，“就大部分情况而言农民农场的规模是多样化的：小型的、中型的和大型的混合在一起。不同地区间做一比较，不难注意到，有些地方的多样性特征比其他地方更突出一些”①。恰亚诺夫用主观的消费均衡理论解释了农民家庭农场内部的经济活动规律，即家庭农场组织生产经营的最初目的是最大限度地满足家庭消费需求，为达到这一目的，农民

① 恰亚诺夫．农民经济组织．萧正洪，译．北京：中央编译出版社，1996：241.

家庭就需要充分使用其劳动力，家庭内部的消费均衡状况影响着农场组织的规模、组织计划与运行。

资料库 6-1

任何农业企业在组织方面都具有的特性是它的系统。系统应当是从数量上和质量上将土地、劳动和资本结合在一起的方式和方法（如下图）。

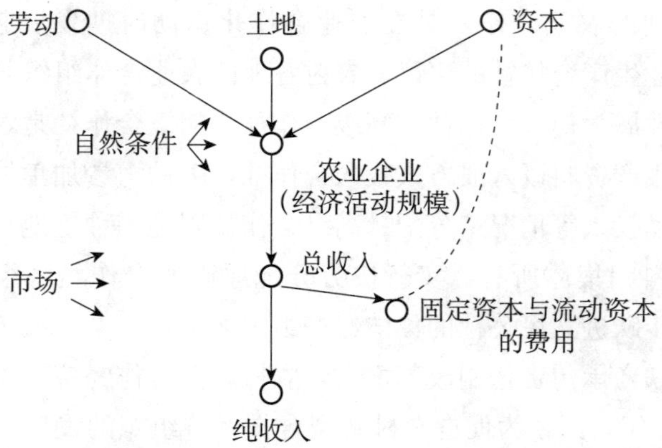

不同种植制度下农场的最适度规模是：实行长期休闲制的为 1 500 至 2 000 俄亩，实行三圃制并加施肥料的约为 400 俄亩，而实行轮作制的则约为 150 俄亩。

注：1 俄亩≈1.09 公顷=16.35 亩。

资料来源：恰亚诺夫．农民经济组织．萧正洪，译．北京：中央编译出版社，1996：64-65.

在中国农村，家庭农场与农民家庭是农业生产经营主体，但两者有所不同，差别在于：家庭农场属于一种具有集约化、适度规模特征的新型农业生产经营主体，受到国家政策的鼓励和扶持；农民家庭则是集体土地的承包和生产经营的基本单位，一些具有农业生产实力的农民家庭可以通过土地流转扩大生产规模和开展有特色的集约化农业经营模式，并可以据此申请注册家庭农场成为新型农业生产经营主体。

农场组织除了规模差异外，还存在生产经营模式的差别。根据生产经营模式的不同，农场组织可分为专业性农场、集约化农场和现代农业集团。专业性农场的生产经营模式具有单一性和专业性，亦即专门从事某种农业生产经营，如专门从事种植业，或专门从事畜牧业，或专门从事养殖业，等等。集约化农场的生产经营模式是从事多种生产经营，并将多种生产经营有机结合起来，达到节约成本、提高效率的目标。如一些农场既经营种植业，又经营养殖业，有些农场则把种植业与畜牧业集合起来。现代农业集团的生产经营模式则属于集团化经营，农场的范围在一定意义上超越了农业范畴，而成为把农业、工业和商业融合起来的现代企业组织。那些大型农业企业集团不仅拥有负责农业生产的农场，而且拥有相应的农产品加工企业，还拥有负责产品贮藏、运输和销售的商业企业。

随着农业生产的社会化和市场化水平的不断提高，农场将成为农村经济组织的主导形式。虽然受多种因素影响，中国农村社会的农民家庭在一定时期内仍是农村经济活动的基本单位，但在农业生产经营方面，其组织化程度在逐步提升。

三、农业合作组织

农业合作组织主要有农业合作社，是一种促进农业生产互助与合作的农村经济组织。新中国早期的农业合作社是在农业合作化运动时期发展起来的。1953 年，中央发布发展农业生产合作社的决议，农村各地的农业合作组织开始从原先自愿加入的互助组逐渐发展为初级合作社和高级合作社。初级合作社是农户将土地、生产工具等主要农业生产资料以入股方式投入合作社，劳动力参加集体劳动，收入则根据入股土地、劳动投入等情况来分配。高级合作社则是一种土地、劳动力和牲畜等主要农业生产资料归集体所有，实行按劳分配原则的合作经济组织。到 1958 年，农业合作社又大步跃进人民公社的集体经济组织之中。

在经历家庭联产承包责任制改革之后，农村新型合作经济组织主要为“农民专业合作社”。2006 年，国家为促进农村新型合作经济组织的发展，颁布了《中华人民共和国农民专业合作社法》，并于 2017 年对其进行了修订。该法的第二条规定：“本法所称农民专业合作社，是指在农村家庭承包经营基础上，农产品的生产经营者或者农业生产经营服务的提供者、利用者，自愿联合、民主管理的互助性经济组织。”①

按照法律规定，农民专业合作社要依法注册登记，依法管理。合作社的权力机构是成员大会或成员代表大会。合作社设理事会和监事会，实行民主管理。法律还规定，农民专业合作社有权享受国家相应的扶持政策。

在现实中，农民专业合作社的形式是多样的，不仅有各种各样的专业协会，如蔬菜协会、水果协会、养殖协会、农家乐旅游协会等，也有多种多样的合作协会。作为农村新型合作经济组织，农民专业合作社的主要特点是：第一，自愿开放性。农民专业合作社的组成真正遵循自愿原则，入社自愿，退社自由。农民专业合作社的成立并不改变成员的土地承包权和自主经营权，农民完全可以根据自己的生产经营需要来选择加入专业合作组织。第二，专业服务性。农民愿意加入农民专业合作社，一个重要原因是农民专业合作社能够为成员提供专业性的服务，这些服务对农民的农业生产经营来说，既解决了一家一户所不能解决的问题，也带来了比以往更高的收益。第三，独立和灵活性。农民专业合作社实行自我民主管理，可以独立自主地开展经营活动，而且能根据成员的需要灵活地进行调整。合作社的独立与灵活运营有助于实现成员的利益共享、风险共担，形成合作共赢的特点。

随着市场经济体制改革的不断深入，广大农民将要直接面对市场。在风云变幻

---

① 中华人民共和国农民专业合作社法．（2017－12－28）［2018－11－26］. http://www.gov.cn/xinwen/2017-12/28/content_5251064.htm.

和激烈竞争的市场中，农民要提高市场效益、降低市场风险，需要提高生产经营的组织化程度，加强生产经营方面的合作。发展农民专业合作社对于改变市场经济条件下的农民分散经营状况、提高合作经营水平具有积极的推动作用。然而，从现实经验来看，由农民自发组织和主动加入的农民专业合作社在农村社会尚不普遍，表明农村社会内生的合作与组织意愿和能力较为有限。推动农民专业合作社的发展，吸引更广泛的农民自愿加入合作组织，需要解决两个实质性问题：一是合作社公共资源的增长问题。如果农业合作社成员完全依靠内部合作机制来获得收益，那么其发挥效率的范围会受到较大的限制。作为一个组织，合作社必须具有获得公共和社会资源的渠道和能力，以便能够为成员提供充分的经济支持和服务，为成员带来真正的实惠，这样才能提高农民加入合作社的意愿。二是合作社运行成本的降低问题。降低农业合作组织的运行成本，要简化和方便合作社的成立，此外要对农业合作组织的运行提供一些公共平台服务，通过公共产品的提供来降低农村合作经济组织的运行成本。

四、农村集体经济组织

农村集体经济组织也称“社区性合作经济组织”，是在中国农村特定的历史背景和政策背景下形成的一种农村经济组织。自人民公社体制解体后，农村推行了家庭联产承包责任制改革，一方面农村集体土地已由农户承包经营，另一方面集体经济时代留下的集体资产又需要维持统一经营。在此背景下，农村不仅形成了以原先生产大队或行政村为单位的集体经济组织，同时也构成了家庭承包经营与集体统一经营相结合的农村双层经营体制。

农村集体经济组织以家庭承包经营为基础，实行统分结合的双层经营体制，这既是农村改革时期的一项政策，也是改革开放阶段的一种过渡性制度安排。设立农村集体经济组织的目的是更好地管理集体资产、协调农民之间的利益关系、组织生产服务和农村集体资源开发，以及壮大农村集体经济实力。按政策规定，在农村集体经济组织中，广大农民可以享有财产所有权，承包经营权，合作经济组织统一经营部分收益分配权，自主经营、自负盈亏权，参与集体经济组织领导班子的选举与被选举权，对集体事务的民主决策、民主管理、民主监督权，享受集体经济组织内部公共文化福利事业利益权，国家宪法和法律规定的其他权利。

根据 1991 年的抽样调查结果，54%的村已建立起社区性合作经济组织，85.1%的合作组织建在行政村，67.6%的合作组织与村委会属“两块牌子，一套班子”，9.5%的合作组织单独设立管理机构。1990 年，全国社区性合作经济组织为 189.3 万个，1991 年为 194.5 万个，1992 年达到 205 万个。[①]

农村集体经济组织是具有中国特色的农村经济组织，这一组织并非真正的社区

① 郭书田．中国农村经济：改革研究．北京：新华出版社，1995：64，94.

性合作经济组织，而是一种行政色彩较浓的组织。该组织的特殊性或存在的基础有两个方面：一方面是集体产权的存在。农村在集体经济体制下，形成和积累了一些集体资产，要管理和运营集体资产，需要有相应的集体组织。所以，农村集体经济组织是为了应对集体产权处置问题而产生的。集体资产和集体产权是中国经济发展过程中特定历史时期的特殊产物。另一方面是农村基本生产经营制度的改革。随着家庭联产承包责任制改革的推进，农村集体土地已被分给个体农户承包经营，集体经营组织已解散，农业生产经营以家庭为基本单位。然而，农村集体所拥有的一些资产（如一些集体企业、集体财产等）还存在，且不便于分给各户来承包。要保持这些集体资产的完整性和运营的延续性，需依靠过渡性的组织来管理集体资产和维持部分集体经济的持续运行，于是便出现了农村集体经济组织。

尽管农村土地集体所有制和基本生产经营制度维持不变，但随着农村集体产权制度改革的不断深化，如农村集体企业的股份制改革、农村集体林权制度改革以及农村土地确权工作的推进，农村集体经济组织的实质性功能已逐渐被替代。农村一些新型合作经济组织的产生，对促进农民生产经营合作，提升农民家庭应对市场的能力起到更加有效的作用。

第四节　农村的政治组织

政治组织是农村社会的基本构成之一，执行着管理农村社会和维持社会秩序等政治功能。农村社会的政治生活不仅有自身的一些特点，也形成了有农村社会特征的政治组织。

一、农村基层政权组织

在农村社会的政治系统中，核心结构是农村基层政权组织，此类组织是联结国家政权与农村社会的纽带，是“国家政权建设”过程的基础部分[①]。农村基层政权组织是指代表国家政权行使对农村社会的管理职能的基层政府机关和基层政党组织，广义的包括乡镇政府机关、乡镇党委组织和公检法的垂直下派机构，狭义的是指乡镇政府机关和乡镇党委组织。

农村基层政权组织的主要构成是乡镇党委组织和乡镇政府机关，亦即乡镇一级的党政机关，是正式国家权力体系的最低一层组织。乡镇党政机关不仅在治理农村社会中起到中心作用，也是国家权力进入农村社会的基本组织形式。各地的乡镇党

---

① 杜赞奇．文化、权力与国家：1900—1942 年的华北农村．王福明，译，南京：江苏人民出版社，1994：1.

政机关的组织结构可能有所不同，主要是内设的部门及其名称不同，但基本组织架构相似（见图 6－1）：

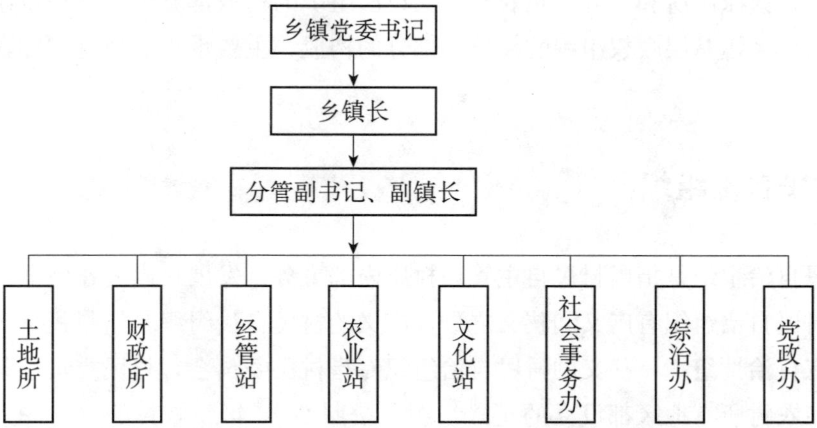

图 6－1　乡镇党政机关组织架构示意图

在乡镇党政机关组织中，乡镇党委书记负责领导乡镇全盘的政务工作，乡镇长在乡镇党委的领导下负责乡镇政府的全面工作，统筹协调政府各部门的工作，乡镇党政机关的副书记和副镇长则在乡镇党委的领导下分别负责管理组织内不同部门的工作。乡镇党政机关组织内部一般会设立办公室、土地所、财政所、农业站、文化站、妇联以及对外办事的政务大厅等部门。由于各地乡镇党政机关组织内设的部门存在差异，因而图 6－1 所列出的只是组织内设部门的一部分，而不是全部。

作为国家行政体系的最基层，乡镇党政机关的正式人员属于国家公务员系列编制。由于乡镇党政机关的公务员编制有限，所以，在实际运行中，乡镇党政机关组织也招用一些非公务员编制的职工，其中一部分属于事业编制职工，还有一部分属于聘用制职工。

在农村财政税收体制改革之后，基层乡镇政权组织没有独立的财政权，乡镇财政所的主要职责是编制和执行本级组织的财政预算和决算，不享有独立的财政收支权。基层政权组织的财政支出由县一级财政拨付。

乡镇党政机关在农村社会的政治生活中具有中心地位，虽然农村社会在村级实行村民自治制度，但乡镇党政机关对村级政治有着较大的领导作用和影响力。所以在功能上，乡镇党政机关是农村社会的政治中心。

广义而言，农村基层政权组织还包括由公安、检察院和法院等国家法律机关下派到乡镇的派出机构，这些机构代表着国家权力对农村社会的控制，尤其是要让国家法律在农村社会得以执行。公安在乡镇基层的垂直下派机构为乡镇派出所，在各个乡镇政府的驻地，也就是农村的中心集镇上，一般都会设有派出所。乡镇派出所是属于公安系统的组织，归上级公安机关即县市公安局主管，派出所组织的正式在编人员属于警察编制。为了给农村基层群众提供司法服务，乡镇也会设立乡镇法庭，承担一些民事案件的审理工作。乡镇法庭属于垂直领导的组织，由上级司法机关主管，法庭在编人员属于县市法院系统的编制。为了向农村社会基层推进检察工作，一些县市的检察院也在逐渐地向乡镇设立和下派检察室。乡镇检察室的组织性质类似于乡镇派出所和法庭，是农村基层司法组织的构成部分。基层检察组织属垂直领导，是乡镇基层政权组织的“条”部分的构成，主要承担农村基层的司法检察工作。

二、村民自治组织

村民自治组织是指由村民自主管理村庄内部事务、发展村内公益事业的自治性组织。村民自治组织有广义和狭义之分，广义的村民自治组织是指村民管理内部事务的所有自治性组织，狭义的村民自治组织专指村民委员会，村民委员会是按照国家法律在农村所有地区都设立的正式组织。按照 2010 年新修订的《中华人民共和国村民委员会组织法》第一章第二条的规定：“村民委员会是村民自我管理、自我教育、自我服务的基层群众性自治组织，实行民主选举、民主决策、民主管理、民主监督。村民委员会办理本村的公共事务和公益事业，调解民间纠纷，协助维护社会治安，向人民政府反映村民的意见、要求和提出建议。村民委员会向村民会议、村民代表会议负责并报告工作。”①

村民自治制度是自 20 世纪 80 年代中后期开始在农村推行的一项基本政治制度，村民委员会是落实村民自治制度的基本组织形式。村民自治制度体现了以农民为主体、让农民得实惠的制度特点，因而成为改善乡村治理的“新的突破点”。② 村民委员会的组织成员构成为 3 到 7 人，由村委会主任、副主任和委员组成，他们来自村民，是由村民直接选举产生的。在这一点上，村民自治组织体现了农民在农村政治生活中的主体地位。

从组织外部关系角度看，村民委员会组织具有类行政性的特征。根据《中华人民共和国村民委员会组织法》的规定，乡镇政府和基层党组织要对村民委员会的工作给予指导和领导。在村民自治组织的实际运行过程中，村民委员会组织扮演着村级管理者的角色，与基层乡镇政府有着不可分割的联系，发挥着部分行政功能，不在行政体系之中却类似于村级行政性组织。

就组织功能而言，村民委员会的主要功能如下：首先，在经济方面发挥着管理集体土地和财产，组织和协调村级经济发展的功能。其次，在社会治理方面发挥着调处纠纷、维护村内治安与秩序的功能。再次，在农村建设方面发挥着改善公共卫生、治理村内环境的功能。最后，还具有宣传和执行国家法律法规与政策的功能。

---

① 中华人民共和国村民委员会组织法（主席令第三十七号）.（2010－10－28）[2018－11－26]. http://www.gov.cn/zhengce/2010－10/28/content_2602251.htm.

② 徐勇．中国农村村民自治．武汉：华中师范大学出版社，1997：16.

自农村实行税费改革之后，农村基层自治组织的体系发生了较大的变化。乡镇以及县市政府为减轻对村民委员会组织的经费补贴负担，推进了合并村的改革。在较多农村地区，新设立的行政村已经是合并了以前的2个以上的行政村。行政村规模大大扩大，意味着村民委员会的管辖范围也在扩大。而且，村民委员会组织的建设也在不断走向标准化、正式化，有标准化的、正式的驻地和办公场所，办事程序参照乡镇政府的行政规章要求，已有越来越多的公务员如大学生村官和到基层锻炼的干部等参与到村级组织的工作之中。因此，村民委员会的组织性质的类行政化色彩越来越明显。

广义的村民自治组织不仅是村民委员会，还包括农村社区内部自发组织起来的、管理村庄内部事务的自治性组织。农村此类自治组织一般是在社区内即自然村落共同体内形成的，在形式上有乡贤理事会、村民代表议事会、家园建设委员会等，村民主动地、自发地组织起自治组织，是为了处理一些共同的事务，如村庄内的公共建设、村庄的共同发展以及村庄的公共事业等问题。村内自治组织建立的意义在于真正发挥村民的主动性，团结和协调各家各户采取一致行动来解决共同面对的问题，避免出现村内公共问题无人问津的真空地带。

三、农村基层党组织

负责农村社会村级治理的基层组织是村“两委”，即由村民委员会和村党支部委员会构成。村党支部委员会是党在农村最基层建立起的组织，是党的建设的重要组成部分，在基层政权建设中起着举足轻重的作用。

村党支部委员会对村民委员会具有领导关系，办公场所通常在一起。村党支部书记是村级党组织的领导，一般从村民党员中产生。村基层党组织的形式与村民委员会不同，在有些行政村，村基层党组织可以是村党委会的组织形式，其成员可以是来自外面的正式干部。例如，笔者在安徽省小岗村调查中看到，为加强村级党的建设和对村发展事业的领导，小岗村成立了由各级下派的挂职干部组成的村党委会[①]。此外，在推进乡村振兴过程中，村基层党组织在不断增加外来的正式公务员力量，以增强村基层党组织的领导能力。如一些大学生村官和下基层锻炼的干部，大多是以进入基层党组织的名义进入乡村工作的。云南省怒江傈僳族自治州原属“三区三州”特困地区，在脱贫攻坚和乡村振兴过程中，来自不同单位的党员干部进驻村庄，强化了基层党组织的力量，基层党组织以“苦干、实干、亲自干”的工作机制，带领贫困村和贫困户实现脱贫，稳步推进乡村振兴。

农村基层党组织是具有中国特色的农村组织形式。通过基层党组织，国家对农村工作的领导有了组织基础，党的建设工作在农村得以推进，巩固了党与农村社会和广大农民群众之间的联系。

---

① 陆益龙．嵌入性政治与村落经济的变迁：安徽小岗村调查．上海：上海人民出版社，2007：242.

此外，农村基层党组织是党和国家的路线、方针政策在农村基层的宣传员和具体执行者。基层党组织与农民群众的距离较近，在群众中发挥影响较为便利。通常情况下，一些重大的国家政策和法律法规需要通过基层党组织在群众中进行宣传教育，这样会取得较为理想的效果。而且，有些重大方针政策在农村社会的施行，需要基层党组织发挥组织和领导作用。通过基层党组织和农村党员干部的带动作用，可以动员广大群众参与到政策的落实过程之中。

在基层党组织中，村党支部书记是关键角色，也可以说是组织的核心。村党支部书记一般由村党支部党员代表民主推荐和乡镇党委考察任命相结合而产生。虽然村党支部委员会需要换届，但由于基层党组织具有一定的特殊性，所以对村党支部书记的任职没有明确的届数限制。只要村党支部书记在党员群众中享有威望，身体条件胜任组织工作，且乡镇党委考察满意，村党支部书记一般可以连任。在有些村庄，时常有德高望重的村党支部书记，连任达二三十年甚至四十多年，所以他们常被村民称为“老支书”。在基层党组织的实际运行中，村党支部书记的作用往往较为重要。一方面，村党支部书记代表的是农村内部精英和权威，村党支部书记的领导才能直接关系到动员社区资源和力量来促进农村建设与发展的能力和效率。一名优秀的村党支部书记可以造福一村农民，如果村党支部书记腐败无能，就会让当地百姓遭殃。另一方面，村党支部书记也是国家与农民之间的桥梁，是沟通和协调国家与农民之间关系的重要通道。村党支部书记一头连接着农民，一头与国家权力系统密切相连，向上可以向政府机关反映农民群众的利益诉求及基层现实，向下可向广大农民宣传和传达国家的大政方针和政策。

农村基层党组织虽属基层政党组织或政治性组织，但也具有社区性。基层党组织的成员来自社区群众，领导和参与社区的治理和发展，又回到社区群众之中，因而基层党组织在农村社区建设和社区治理中属于具有双重功能的主体。

第五节　农村社团与文化组织

社团即社会团体，其范畴非常广泛，形式较为多样，因而对社团的定义难以统一。从法律意义的角度看，《社会团体登记管理条例》第二条规定：“本条例所称社会团体，是指中国公民自愿组成，为实现会员共同意愿，按照其章程开展活动的非营利性社会组织。”[①] 按照这一定义，社团是一种依法登记、依法开展活动的非营利性的正式社会组织。然而在农村社会，此类正式社会组织并不常见，较为常见的社团形式较多是非正式的。

① 社会团体登记管理条例．(2016－02－06)［2018－11－26］. http://www.gov.cn/gongbao/content/2016/content_5139379.htm.

一、农村文化社团

在农村社会现实生活中，社团现象是相对于分散、个体活动形式而言的，那些有一定规律、以群体形式开展活动的事实就意味着社团的存在。农村居民在文化生活方面结成社团或社群的现象较为常见。例如，一些戏班、歌舞队、乐团，以及各种各样的“社”或“会”，这些实际上就是农村文化社团，但它们并没有官方的登记注册，也没有正式的成员入退程序，属于一种非正式的社群组织。如果按照社团分类的两个重要维度——是否拥有会员和组织目标是互益的还是公益的——来划分，那么社团可分为运作型组织、会员互益型组织和会员公益型组织三大类。① 在某种意义上，农村文化社团可算是运作型组织，因为较多的农村文化社团是群众性的、自发运作起来的，且没有正式的会员制度。

农村文化社团虽以非正式的形式形成并运转着，但确是存在的现实，因为村民通过文化社团而开展的活动是具有群体性和公共性的。在农村社会，公共领域似乎并不具有显著的地位，因而常为人们所忽视。但事实上，从农民组织起团体文化活动来看，说明农村社会也存在着公共领域。

农村公共领域文化社团的出现，主要有三种社会基础：

一是共同体的社会文化环境。在共同生活并相互熟知的社会环境里，相互交流和沟通的成本较低，人们在日常生活中通过聚集闲聊即可达成组织起来的一致意见。因而农村社团并不需要正式的入退社团程序，彼此熟悉的关系为集体行动提供了信任基础。

二是村民们的共同兴趣。共同兴趣是村民们建构公共领域和建立文化社团的驱动力。从个体兴趣到文化社团活动，需要有群体动力的作用。群体动力的产生与具有共同兴趣或共同爱好的人的规模，以及这群人参与集体活动的热情和愿望的强烈程度有关。

三是闲暇生活方式。农村文化社团的产生与生活方式有着密切关系，不同地区农村在生活方式上的差异往往是农村文化社团现象存在差异的原因之一。在那些较少有闲暇生活的农村地区，出现的文化社团会相对较少；而在有闲暇生活的农村，文化社团活动一般较为活跃。农村的闲暇生活方式意味着村民是否会有闲暇时间。村民如果生产劳动强度大、时间长，就很少有闲暇时间，自然也就很少有闲暇活动，参与社团活动的可能性就相对较小。此外，闲暇生活方式还反映着生活水平，即村民的经济条件。如果村民的物质生活水平较低，那么其文化生活方面的需求会相对有限，参与文化社团活动的可能性会较低，且团体的文化活动需要有较好的经济基础。

---

① 王名，刘国翰，何建宇．中国社团改革：从政府选择到社会选择．北京：社会科学文献出版社，2001：17.

由于较多的农村文化社团是非正式的，因而它们的组织结构具有松散性特征。社团依靠临时的共同行动，而不是通过组织内的部门设置和职能分工来完成团体活动的目标。尽管组织结构具有简单和松散特征，但农村文化社团在促进公共文化发展和传承方面发挥着重要的功能。农村地方性特色文化的形成、传承和维续，多是通过这些民间的文化社团来实现的。

二、民间信仰组织

农村社会的文化组织是指与观念世界和文化活动相关的社会组织。在农村社会，有较多的文化组织与民间信仰和观念有着密切关系。例如，四川省羌族村落的狮子会和龙灯会，一般是在春节期间组织的集体活动，此类活动与民间信仰有密切关系。羌村人认为舞狮子可以避牛瘟、除秽气、保平安，舞龙灯可求风调雨顺、五谷丰登。此外，羌村还有观音会、山神会、川主会等。①

在传统农村社会的民间信仰组织中，村庙是一种很重要的社会组织。韦伯认为，中国农村聚落主要是出于安全考虑，村落有类似城市警察机构的组织执行安全功能，“这个执行机构便是村庙，因为中国的法律及农民的思维习惯缺乏‘社团’的概念，所以村庙自然而然地成为村落的主要代理人”②。村庙组织是基于村民们的共同信仰而建立起来的民间组织，民间信仰及其活动是维持此类组织存在和运行的共识基础或精神支柱，尽管这些民间组织不同于现代的正式组织，但维持组织运转的也有共同体成员达成一致的规则和组织制度，如成员应当承担的责任和义务规则、组织的财务管理制度、组织的集体活动规定等。民间信仰组织的功能并非单一的，而是综合的。如村庙组织不仅具有为村民们提供拜神祈福的场所的信仰功能，还具有对村落的安全防卫功能。且在村庙组织的公共信仰活动如庙会活动中，村庙组织还发挥着文化娱乐甚至经济交往等多种功能。

改革开放以后，农村民间信仰组织得以逐步复兴起来。较多村庄重建了以往民间信仰的设施和场所，如村庄神庙、宗祠等。庙会传统和相应的组织也得以恢复。农村民间信仰组织的形式不仅为村庄一级的庙会组织，而且有其他一些小规模的自组织，这些组织通常是村中的某类群体如妇女群体或男子群体为开展集体信仰活动而自发组织在一起形成的。

农村社会兴起较多的民间信仰组织，一方面反映出农民对民间信仰的需要具有共性和普遍性，如同对物质生活资料的需要一样。农民组织信仰活动与从事物质资料生产活动一样，都是平常生活的组成部分。至于信仰什么、开展何种活动，不过是形式和内容的选择。另一方面，民间信仰组织的存在也反映出信仰在农村社会团结中的纽带功能，以及文化黏合剂的功能。民间信仰组织的形成意味着农民以共同

---

① 徐平．文化的适应和变迁：四川羌村调查．上海：上海人民出版社，2006：185－187.

② 韦伯．儒教与道教．洪天富，译．南京：江苏人民出版社，1995：110.

信仰及活动为纽带而联合起来，并依靠民间信仰的力量维系着组织关系和集体活动的定期开展。

由于民间信仰具有较强的地域性，因而农村民间信仰组织的地方性和地域性特征较为显著。虽然在不同地域、不同村庄，民间信仰的形式和内容会存在差异，但民间信仰组织的基本功能都是加强共同体的认同，促进社区的团结与合作，推动村庄公共领域和公共事业的发展。农村民间信仰组织不同于一些邪教组织，邪教组织的本质特征在于其不是追求善的目标，而是为了达到邪恶目的利用信众的信仰需要。因此，在对农村民间组织的监管中，需要把正常的民间信仰组织与不正常的邪教组织区分开来。

三、社团组织与农村社会

在农村社会的现代变迁过程中，相对自治、独立和封闭的农村社会空间不断地走向开放，这一过程不仅包括向市场的开放，而且包括向社团组织的开放。伴随着农村社会的开放，各种各样的现代社团组织在逐渐进入农村社会，让农村公共空间得以丰富和活跃起来。

农村社会现代社团组织的出现并渐渐活跃起来的趋势，或许并不像一些研究所认为的那样，“以科技协会等名义成立的大量农村社团仅仅徒有虚名，而真正活跃的组织往往是那些不完全受政府控制、具有较强自主性的‘半独立社团’”[①]。就农村社会内部结构而言，社团以非正式的、相对独立的群众性社团为主。但在农村社会现代化过程中，农村已不可能孤立地存在和运行。事实上，已经有越来越多的社团组织在农村建设、农村发展以及社会生活中出现并有渐渐活跃的趋势。这些社团组织既包括国内的社团组织，也包括国外的社团组织；既有社会组织，也有具有官方背景的社团组织。例如，国际、国内的红十字会组织在农村开展慈善救助活动，各种志愿者协会在农村开展赈灾、支教和扶贫活动等，这些事实表明现代社团组织已开始活跃于农村社会，尽管这些组织的管理机构可能还没有设在农村，但这并不代表农村社会没有现代社团组织。

正式社团组织越来越多地进入农村社会，一方面反映了农村社会结构的变迁与社会组织形态的多元化趋势，另一方面反映出城乡关系的变化。传统农村社会在结构上较为封闭和独立，因而社群和组织基本上是地方性的。随着农村社会不断地走向开放，不仅农村居民不断地走出去，而且有外面的资源进入村庄，于是多元的组织出现在农村社会。以往，现代社团组织主要集中在城镇社会，农村较少有正式的社团组织，较少有社团组织开展社会活动，社团组织的发展状态在城乡之间有着明显差异，重要原因之一在于城乡之间存在二元分割关系。现代社团组织开始向农村社会拓展，预示着城镇社会的社会资源或社会资本正在逐渐向农村社会转移，这在

① 刘明兴，等．中国农村社团的发育、纠纷调解与群体性上访．社会学研究，2010，25（6）．

一定程度上对缓解城乡之间的社会资源差距有积极的贡献，对沟通城乡之间的联系、促进城乡一体化也有一定的作用。

现代社团组织进农村是农村社会变迁和农村社会组织发展的一种趋势，但这并不代表农村社团组织的发展已达到理想状态。农村社会发展现代社团组织仍面临着诸多挑战和困难。首先，农村正式社团组织的发展面临着准入难的问题。正式的社会组织需要满足正式登记注册程序要求，才能正式建立起来。社团组织的登记注册必须经过行政审批，因此一个社团组织的成立通常会面临一些具体的困难。其次，农村正式社团组织的发展还面临着融入难的问题。现代社团组织是现代社会的产物，具有现代性。农村社会仍保留着一些传统社会的特征和传统观念与行为方式。当现代性的社团组织进入具有地方性、传统性的农村社会时，社团组织也会面临如何与农村社会更好地相融的问题。现代社团组织如果不能融入农村社会，就难以实现组织的公共目标。最后，现代社团组织在农村的发展还会面临维续难的问题。社团组织维续的前提条件是具备组织运行的社会资源，相对而言，农村社会的公共资源较为短缺，社团组织的维续和发展需解决资源的可持续供给问题。

本章要点

农村的社会组织更多是以社群形式出现的，即农民在社会生产与生活中自愿结社而形成群体或组织。随着农村社会的现代变迁，正式组织逐步增多。社群和组织之于农村社会有三个方面的意义：第一，农村社会的社群和组织加强并巩固了农村社会的自然关系。第二，农村社会的社群和组织拓展了新的社会关系。第三，农村社会的社群和组织开拓了农村公共领域。农村社会组织形成的社会基础包括：共同利益需求的强度和广度、村民对社会团结和自我保护的需要、农村精英权威的出现。农村组织是不同于家庭和村落的社会结构形式，且与现代城市社会中的组织有所不同。

在中国农村社会，“家”既代表一个个共同生活的实体，又指称具有某种亲属关系的社会群体。家族是家庭关系扩展延伸而形成的基本社会群体。家族与宗族现象具有较强的地域性特征，不同区域、不同村落之间都会存在这样或那样的差异，对农村社会中的家、家族与宗族现象的理解，须从多样性和现实性的视角出发。农村家族组织的三个构成要素是家族组织的制度规则、家族组织的权威人物、家族组织的仪式活动。在经过诸多变迁之后，中国农村家族组织已“去政治功能化”，家族组织出现文化性与社会性的转向。

农村经济组织是指按照一定方式将经济要素组合起来，使经济活动成为可能的团体单位。家庭农场与传统小农家庭虽然都是农业经济活动的组织形式，但在性质上有着根本区别，家庭农场是在向资本主义过渡的过程中产生的。农场是指从事农业包括畜牧业生产经营的经济单位和组织，有各种各样的类型，主要包括家庭农场、企业农场和国有农场。农业合作组织是一种促进农业生产互助与合作的农村经济组织。农村集体经济组织也称“社区性合作经济组织”，是在中国农村特定的历史背景和政策背景下形成的一种农村经济组织。

农村基层政权组织是指乡镇党委组织和乡镇政府机关组成乡镇一级的党政机关，是正式国家权力体系的最基层组织。村民自治组织是指由村民自主管理村庄内部事务、发展村内公益事业的自治性组织。广义的村民自治组织是指村民管理内部事务的所有自治性组织，狭义的村民自治组织专指村民委员会。治理农村社会的村级基层组织为村“两委”，由村民委员会和村党支部委员会构成。农村基层党组织虽属基层政党组织或政治性组织，但也具有社区性。

农村居民在文化生活方面结成社团或社群的现象较为常见。农村文化社团以非正式形式运转着，文化社团的组织结构具有松散性特征。农村较多的文化组织与民间信仰和观念有着密切关系。农村社会兴起较多的民间信仰组织，一方面反映出农民对民间信仰的需要具有共性和普遍性，另一方面反映出民间信仰在农村社会团结中有纽带功能和文化黏合剂功能。伴随着农村社会的开放，各种各样的现代社团组织在逐渐进入农村社会，让农村公共空间得以丰富和活跃起来。

关键概念

社会组织	第三方力量	正式组织	非正式组织
社群	社会团体	精英权威	行政管理团体
调节性团体	家族	宗族	政治团体
仪式活动	“破四旧”运动	农村经济组织	家庭农场
小农家庭	农场组织	现代农业企业	农业合作社
集体经济组织	基层政权组织	乡镇党政机关	村民自治组织
村“两委”	社团组织	民间信仰组织	村庙组织
庙会活动			

思考问题

1. 何为社会组织？社会组织之于农村社会有哪些意义？

2. 中国农村的家族或宗族现象有何特征？家族组织朝何方向变迁？

3. 小农家庭与家庭农场有哪些区别和联系？农村合作组织对于农村经济发展有何意义？

4. 什么是村民自治组织？村民自治组织与基层政权组织之间有着怎样的关系？

5. 农村文化社团有哪些特点？现代社团组织在农村社会发展中面临哪些困难？

推荐阅读

1. 科尔曼．社会理论的基础：上．邓方，译．北京：社会科学文献出版社，

1990.

2. 周雪光．组织社会学十讲．北京：社会科学文献出版社，2003.

3. 弗里德曼．中国东南的宗族组织．刘晓春，译．上海：上海人民出版社，2000.

4. 恰亚诺夫．农民经济组织．萧正洪，译．北京：中央编译出版社，1996.

第七章
农业与农村经济

农业问题不只是经济学探讨的问题，也是社会学关注的问题。经济学对农业问题的研究，更为关注农业的效率问题。而农业的意义不只是效率问题，农业与社会的关系问题同样非常重要，这个问题不仅关系到发展农业的本质性目标，也关系到农业经济效率。

第一节　农业与农村社会

农业与社会的关系问题是农村社会学考察农业的核心问题。在农村社会学的视野里，农业问题并非纯粹的经济问题，因为农业嵌入社会之中，不仅农业在社会中有着不可替代的功能，社会因素也对农业发展有着重要影响。

一、农业的社会功能

农业是人类社会的一个最为基本也最为特殊的产业，因为农业所生产的产品是人类生活所需的食物，是最基本的生活资料。对国民经济系统来说，农业是一个重要的产业部门，属于第一产业，是具有特殊地位的基础性产业。

与作为第二产业的制造业和作为第三产业的服务业相比，农业有一些特殊性：

首先，农业与人类的生存安全息息相关。农业生产的产品是人类的食物资料，民以食为天，食物是人类生存和生活的最基本资料，对食物的需求是社会的刚性需求，具有不可替代性。无论生产何种食物，或者食物的生产以何种方式进行，人们都离不开农业所生产的食物资料，如粮食、油料和肉类。因此，农业发展状况既直接关涉到粮食安全，也关系到人类生存与生活安全。从国民经济的角度看，农业产业具有安全战略的意义，在正常形势下，一国的粮食需求可通过全球市场的调节来得以满足。但全球市场受到诸多不确定性因素的影响，因而粮食安全并不能从全球市场中得以保障，而是需要独立自主地发展农业来提高安全程度。

其次，农业对土地资源高度依赖。农业生产是利用动植物生长规律而进行的种植和养殖活动，这些活动需要在一定的土地上进行，没有土地资源，就无法开展农业生产。粮食生产需要土地，畜牧生产也需要土地。农业对土地资源的依赖不仅表现为土地之于农业生产的必要性，还体现在土地资源状况在较大程度上影响着农业发展。由于农业生产的报酬或收入主要来自土地的产出，在土地资源不变的情况下，随着农业人口的增长，从土地获得的边际报酬会面临递减问题。这可以说是农业的一个特殊性。要应对这一挑战，就需要解决农业对土地资源的依赖问题。

最后，农业受自然条件的约束较大。相对其他产业而言，农业生产受自然条件的约束和影响更大。农业生产过程是根据动植物生长规律而展开的，自然条件直接影响动植物的生长，对农业生产有非常大的影响。如气候条件影响种植物的类型选择、耕作制度和产量，洪灾、旱灾等自然灾害常常给农业带来直接的毁坏和损失。所以，在不利的自然条件面前，农业的脆弱性显得更加突出。农业受自然条件的更大约束还体现在农产品的储存特性上。较多农产品具有不易储存、储存时间短或产品价值随储存时间递减等特征，这些特性在较大程度上影响着农业生产者的经济效益和市场地位。农产品的所有人不具有与买方同等的讨价还价地位，因为如果农产品超过储存期限，那么其价值将快速下降甚至一文不值。因此，在市场经济的大背景下，农业从业者与市场的关系问题实际上是农业的弱势地位问题。

西方经济学关于农业作用问题的讨论，一般聚焦于农业在经济增长或经济发展中的作用。在此问题上，主要有三种不同态度和观点：一是悲观论，对农业在经济发展中的作用持悲观态度；二是谨慎乐观论，认为农业在一定条件下对经济发展有积极贡献；三是乐观论，对农业的贡献和作用持乐观态度。马尔萨斯和李嘉图认为农业是阻碍经济增长的重要因素；普雷维什及其二元经济模型对农业的看法更加悲观，认为农业是经济增长的累赘。穆勒和马歇尔认为通过文明的进步和政策的改进，可以消除土地边际报酬递减的负面影响；约翰逊认为农业如果得到足够的重视，就能对经济增长做出贡献。克拉克则认为农业对经济增长有重要贡献。①

虽然农业是经济系统中的一个重要产业，但农业的作用并非仅仅限于经济作用，农业在社会系统中具有多功能性。一方面，农业为社会系统的运行提供了一种平台基础。从农业与社会关系发展的历史过程来看，农业曾经是农业社会的运行基础和主导产业。到现代社会，虽然产业结构已发生巨大转变，但农业仍是支撑农村社会的重要载体。一部分农业人口仍是社会的构成部分，且在社会中承担着为社会生产食物的重要功能。另一方面，农业还具有综合社会功能。因为农业嵌入社会之中，而非与社会分离。农业与农村社会有很高的融合度，农业的功能并非单一化的经济生产功能，而是与其他社会结构综合在一起，发挥着综合性社会功能。例如，在农村社会中，农业既是众多农民的生计，也是一种职业，又是社会运行的经济基础。

① 约翰逊．经济发展中的农业、农村、农民问题．北京：商务印书馆，2004：359.

二、农业与农村社会发展

农业问题与农村问题、农民问题一起构成中国的“三农问题”。“‘三农’理论是中国特有的，是中国改革开放的产物。”将农村问题区分为农业、农村和农民问题，对三者分别加以研究，分析各自不同的问题，同时又研究三者的关系，这是基于中国国情和经验而提出的一种理论框架。[①] 对农业问题的认识和理解，既要具体分析和讨论农业发展自身的一些特点和规律，又要联系农村和农民的发展问题，要从“三农”的视角去对农业问题加以考察。

就中国经验而言，农业与农村社会的关系主要呈现出如下特征：

首先，农业生产是在农村社会里进行的，农村社会是农业的主要载体。农业与农村社会之间的这种相互联动关系，既反映了农业所具有的特征和农业变迁与发展的限定条件，也反映出农村社会的变迁与发展在较大程度上受制于农业发展。一方面，破解农业发展问题不能脱离农村社会的现实条件和社会需求，而是要结合农村社会的实际来探寻发展之路，这样的路径才符合实际且行得通。如果脱离农村社会这一载体而孤立地看农业发展问题，往往就会出现过于理想化的、简单的解决方案。另一方面，探讨农村发展问题，同样需要考虑农业问题，考量农村社会中的农业该向何处去，以及如何让农村的农业人口或农民获得发展机会。

其次，农村社会发展在较大程度上受制于农业发展状况。在较多地区的农村，产业结构基本是单一的，以农业为主。改革开放后，东南沿海地区的农村以及城市周边的郊区农村，逐渐发展起乡村工业和乡村旅游服务业，这些农村地区的产业结构走向第一、第二、第三产业兼备的格局。但是，在更为广泛的农村地区，农业仍是其主要甚至唯一的产业，因为农村社会发展第二、第三产业受多种条件和因素的影响和制约。

由于农村社会中的农业仍以家庭为单位而进行小规模生产，因而其效率和经济效益受耕地规模和家庭人口等因素的制约，难以得到较大幅度的提高。农民虽解决了温饱问题，但又面临着收入增长困难问题。农业生产边际收入增长缓慢问题不仅直接关系到农村社会人口的平均收入水平，也制约着农村社会的发展水平。

最后，农民与农村和农业有分化和分离之趋势。农村社会出现大量人口向外流动的现象，受此影响，农村社会已演变为“空巢社会”[②]，大量农村劳动力外出打工经营，从事非农业生产，留守在农村的多是老年人。一方面，农村社会的人口外流现象反映了一部分农民开始与农村社会产生分离和分化，不论这部分人究竟是永久地还是暂时地脱离农村社会，流动都意味着农村社会中的农民群体开始出现分离和分化。另一方面，人口外流现象也反映了一部分农民逐渐与农业发生分离和分化。

---

① 陆学艺．中国“三农”问题的由来和发展．当代中国史研究，2004（3）.

② 陆益龙．后乡土中国．北京：商务印书馆，2017：34.

这些与农业分离的农民，是在农业之外寻求收入增长的机会，有些农民是短期地与农业分离，而新生代农民则可能是长期地甚至永久地与农业分离。

对于农民与农村和农业分离的现象，需要理性地加以分析和看待。这一社会分化过程，既给农业、农村和农民带来了一些新问题和发展困境，同时也带来了“三农”的新形态和发展机会。农民向农村之外和农业之外流动，其社会效应并非都是负面的，这一过程也并不意味着农村和农业在衰落，大量农民在流动过程中获得了新的发展机会和收入水平的提高，这为农村社会发展提供了更好的物质基础。尽管有大量农民从农业中分离出来，但整体来看并没有影响农业发展的基本状况，农业生产特别是粮食生产仍保持着稳定增长的势头，这说明一部分农民与农业的分离是农村社会分工进一步深化的结果，对促进农业和农村社会的发展具有积极的意义。

从农业、农村和农民之间的联系来看，农业和农村社会的发展最终要通过农民去实现，农民问题是“三农”问题的核心。农村改革经验表明，实行家庭联产承包责任制这一农业生产基本经营制度后所取得的农业和农村发展成就，原因关键在于这一制度放松了对农民的限制，从而调动起广大农民的主动性、创造性和积极性。农民不仅大大提高了农业生产经营的效率，而且积极参与到经济建设的各个部门，为经济发展做出了举足轻重的贡献。与此同时，农民的收入水平和生活水平普遍得以提高，农村社会也取得了巨大的发展。

三、农业发展的大背景

对农业发展问题的分析和认识，需要把握大背景和大趋势。当前农业发展是在三个大背景下进行的，各种挑战、各种机遇或多或少与这些大背景有所关联，这三个大背景也是时代背景，包括：第一，市场化的大背景；第二，全球化的大背景；第三，现代化的大背景。

市场转型是现代社会转型的重要构成部分。随着市场转型的推进，经济系统在不断朝着市场化方向发展，市场成为经济活动和要素资源配置的主导机制，农业经济发展也不例外，也要面对市场，受市场机制的调节。在传统农业社会，尽管小农户参与一些市场交换活动，但他们的农业生产是按照自给自足的原则来安排的，并不直接面向市场。农村基层的集市主要向区域内的农民提供一些生活用品和部分生产资料的买卖和交换，并未成为农产品的集散中心，因而并没有具备调节农户农业生产经营行为的市场机制功能。在计划经济中，农业生产是由集体统一计划和组织进行的，农户只需在集体经济中组织参与生产劳动，并不需要面对市场。然而，在市场经济中，即便是小农户的农业生产经营，也已不再是自给自足的小农经济，而是要面对大市场的商品化或市场化生产。

在市场化的大背景下，农业发展既面临一些挑战，也会有一些机会。挑战是分散的小农户将要直接面对大市场带来的风险，小农户在资金、信息和技术等诸多方面都较为有限，当市场行情发生巨大波动或出现较大不确定性时，小农户应对风险的方式和能力都较为有限。例如，当较多农户从种植粮食作物改种某种蔬菜或其他经济作物，这种经济作物的市场需求和价格出现剧烈波动时，农户通常要遭遇不同形式的经济损失，这些损失又难以通过其他途径来补救，因而会直接影响小农户的经济收益。在市场经济体系中，农业发展面临的另一个重要挑战是农业在市场竞争中的劣势地位，这一劣势地位取决于小农家庭、农业生产过程和农产品的一些特殊属性。如在20世纪上半叶，当华北小农户被更大范围地卷入商品化生产的市场之后，受土地规模小、人口压力和分配不均等因素的制约，他们的生产和经营最终还是内卷化为小农经济，许多小农家庭出现半无产化现象[①]。市场化也可能给农业发展带来一些机遇，这些机遇包括两个方面：一是农户可以通过市场机制获得更好的经济收益机会。尽管市场存在着一定风险，但它也给农户提高经济收入和改善经济效益提供了一种新的平台和机会。农户如果能充分发挥市场机制的作用，就会得到更大的发展空间。二是市场化为现代农业发展提供了动力。激烈的市场竞争会对高效农业的发展起到一定的推动作用，农业的投资者和生产者为提高农业经济效益，将会向新的农业要素如农业科技和信息技术加大投入，并采用规模化和集约化的生产经营方式，这些投入的增长将会推动农业不断走向现代化。

全球化是当今世界发展的重要特征和趋势，随着交通和通信技术的飞跃发展，全球范围的联系和相互影响在不断加强，特别是在贸易自由化和便利化的推动下，全球经济的相互联系和相互依存进一步加强。全球化会给农业发展带来新的挑战和新的机遇。新的挑战是经济全球化带来的对农业产业结构和国内市场的冲击。对有些分散的小农户来说，农产品进口替代的增长，会冲击国内市场需求和价格，从而影响他们的经济效益和农业生产积极性。当然，全球化也会给农业发展带来一种新的途径。在农产品贸易不断走向开放的情况下，农业发展可充分利用国际市场空间来促进本国农业高效率地发展。所以，全球化对农业发展的影响不是单方面的，而是多方面的、复杂的，且带来多种发展结果。

当前农业发展也是在社会现代化的大背景下进行的。社会现代化既是当今人类社会发展的基本特征，也是社会变迁与发展的过程。工业化、城镇化和信息化是社会现代化的突出表征，随着现代工业的发展，以传统农业为主的农业社会逐步走向现代化的工业社会。伴随着产业结构的现代转型，社会生活方式也在发生转型，越来越多的人口向城镇聚集，在城镇定居生活，城镇生活方式成为主要生活方式。信息技术革命既推动着工业化向纵深推进，也给社会生活方式带来巨大改变。

在社会的现代化过程中，农业发展自然而然面临着现代化的问题。农业发展要与社会发展的大趋势保持一致，必须朝着农业现代化方向发展。如果忽视农业发展的这一大背景，仍停留在传统农业社会的思维方式上，就难以抓住当前农业发展中的主要矛盾。从传统农业到农业现代化，是一个艰难且曲折的转型过程，但这是一个大方向。至于如何迈向农业现代化，并不只有一条道路，而可能存在多样性的现

① 黄宗智．华北的小农经济与社会变迁．北京：中华书局，2000：228.

代化道路。

现代化给农业发展提供了现代条件：一方面，现代农业科学技术将为农业发展提供强大的技术支撑，农业科学技术的进步会对提高农业效率和经济效益起到推动作用。另一方面，现代知识的积累和进步将会促进制度创新和农业政策的改善，科学、合理的农业制度安排将会为农业发展提供有效的制度保障。

在全面推进中国式现代化的进程中，农业发展迎来了新的机遇和新的挑战。机遇是农业现代化得到国家政策和资源的支持，推进的广度和深度大大提高。特别是伴随农业强国战略的实施，现代农业发展将上一个新台阶。挑战是农业现代化需要发挥促进共同富裕的功能，农业不仅要强起来，还要帮助农村居民富起来，让乡村振兴起来。

第二节　农业经济的类型及其特点

农业经济根据生产组织方式、经营制度、技术使用、土地利用、结构特征、生产效率等指标，可以划分出多种农业类型，有的分类将当今世界上的农业分为小农农业、企业农业和资本主义农业三种模式[①]。从社会学角度来考察农业经济的类型，关注的是农业组织方式、经营制度与经济效率问题，因而以下选择对家庭农业、集体农业和现代农业加以重点考察和分析，旨在探讨农业经济变迁中的社会影响因素。

一、家庭农业及其特点

家庭农业是指以家庭为单位、以家庭成员为主要劳动力、以满足生计需要为主要目的而组织起生产经营的小规模农业。由于生产规模相对较小，所以家庭农业通常也被称为小农经济，或小农农业。从生产要素的使用方面看，家庭农业所使用的生产要素为农户世代相传的传统要素，因而家庭农业也被视为传统农业。

在现代社会，家庭农业虽已有了一定变迁，但仍在农村社会广泛存在。尽管现代化浪潮在冲击着农业和农村，但具有传统特征的小农家庭和小农生产方式并没有像孟德拉斯预言的那样完全走向终结，而是依然大量存在和维续下来，这表明家庭农业有着顽强的“生命力”和巨大的适应性。

作为农业的一种形态、一种模式，或一种经营组织方式，家庭农业有如下一些特征：

---

① 范德普勒格．新小农阶级：帝国和全球化时代为了自主性和可持续性的斗争．潘璐，叶敬忠，等译．北京：社会科学文献出版社，2013：1.

首先，家庭农业的小规模生产和分散经营是其突出的特点。在农业生产的组织方式上，家庭农业依靠家庭来组织。家庭在组织和安排农业生产与经营的过程中，所运用的生产要素基本上是一个家庭所拥有的劳动力和耕地及生产工具等生产资料，由于家庭所拥有的耕地规模常常是有限的，因此家庭农业一般也就采用小规模的生产经营方式。

每个小农户都是一个独立的生产经营单位。在土地利用、技术使用、生产经营决策、耕作内容选择等农业生产的各个环节，各家各户都是相对独立的，既没有分工，也较少有生产经营上的合作。对独立分散的小农户生产经营来说，合作可能是社会意义上的，合作经营的需求并不强，因为各家各户基本按照各自的生产要素来开展生产经营。分散经营一方面意味着家庭农业具有自主性，另一方面也意味着家庭农业会受制于小农户的生产要素，而变化和调整的弹性相对较为有限。

其次，家庭农业具有多功能性的显著特征。在农村社会，家庭农业不仅仅是经济基础——广大农民依靠家庭的农业生产，保障了基本生活资料的自给。家庭农业在协同经济与社会、人与自然资源的关系等方面发挥着多种功能，且多功能的家庭农业是农村社会整合起来的经济基础。

农民家庭组织内部劳动力从事农业生产的过程，既满足了家庭成员的基本生活需求，也解决了劳动力的就业问题，并在向市场提供农产品的同时，为社会做出了贡献。农民家庭独立自主的生产经营，奠定了农户相对独立地位的基础，成为农村社会共同体存在的重要基础。土地是家庭农业的重要生产资料，农民家庭在组织小规模的农业生产过程中，将土地及其他自然资源与人的劳动协同起来，形成有机的联系，由此起到了生态平衡的作用。

再次，家庭农业遵循生存伦理与安全第一的原则。经济人追求的利润最大化的理性原则在家庭农业中并不总是得以遵循，农民家庭在组织农业生产经营的过程中，要遵循生存伦理与安全第一的原则。正如斯科特提出："以生存为目的的农民家庭经济活动的特点在于：与资本主义企业不同，农民家庭不仅是个生产单位，而且是个消费单位。……以稳定可靠的方式满足最低限度的人的需要，是农民综合考虑种子、技术、耕作时间、轮作制度等项选择的主要标准。"[①] 由此可以理解，一些农民家庭为什么要变卖土地来获得粮食或为家庭成员治病的费用等，为什么要借高利贷和付高额地租来组织农业再生产，这些选择明显不能获得利润，但为了生存伦理和生存安全，他们被迫做出这样的选择。

农民家庭对生存伦理和生存安全的重视，并不意味着农民家庭的经济行为是非理性的。在一般情况下，家庭基本消费需求得到保障的情况下，农民家庭在安排生产经营方面同样会按照效益最大化原则来配置资源和家庭劳动力。在生存和生活安全得不到明显保障的情况下，农民家庭通常不会做出冒险的投资行为来追求更大的

---

① 斯科特．农民的道义经济学：东南亚的反叛与生存．程立显，刘建，等译．南京：译林出版社，2001：16.

利润或收益。所以，家庭农业在发展的过程中，一般显得较为平稳，无论是在要素使用上还是在经营方式上，都不会有特别大的改变。

最后，家庭农业依靠劳动主导的精细化耕作来实现增收。家庭农业的经济效益问题常常受到关注和讨论，如吉尔兹在对印度尼西亚的小农经济加以考察之后，认为尽管小农家庭在精耕细作上做出了很多努力，且农业收成增长了，但随着小农家庭人口的增长，以及受生态系统、工业和农产品进出口等因素的影响，小农经济出现了家庭人均消费水平递减的内卷化过程（involutional process）[①]。家庭农业的内卷化问题可能在一些地区、一定时期会存在，但也许并不是一个普遍的过程和普遍的趋势。

家庭农业的广泛存在和维续，说明家庭农业在社会现代化的过程中仍具有抵御内卷化的能动性，这种能动性集中反映在农民家庭可以根据家庭情况做出农业生产精细化和集约化的弹性安排。在家庭人口增长的情况下，农民家庭会通过增加劳动投入来提高农业收成，并扩大家庭的就业范围，采取精耕细作和集约化多种经营来提高经济效益。所以，农民家庭并不总是消极被动地使用家庭所拥有的生产要素，只要保障他们的自主性，小农户也有发展的活力。

二、集体农业及其缺陷

集体农业是指农业生产资料由集体所有和统一配置、生产劳动由集体统一组织、收入根据按劳分配的原则即劳动工分由集体进行分配的一种农业经济。集体农业曾是社会主义国家倡导和推行的对个体家庭农业进行社会主义改造的一种农业模式，也是一种集体农业生产经营体制。

在 20 世纪 30 年代，苏联为了加强对个体农户所生产的农产品的国家统一支配，出台政策对家庭农场的个体主义倾向加以控制，将农户的个体生产经营纳入集体的合作社经营之中，以此将个体小农经济改造成社会主义集体经济，以达到提高农业生产力水平的目的。苏联的集体农业有三种形式：农业劳动组合、共耕社和农业公社。其中农业公社是最高级形式，生产资料和生活资料实行公有制，并进行按需分配。到 1934 年，苏联宣布完成了农业的集体化。

受苏联农业政策的影响，中国推行了对农业的社会主义改造，要求加快农业生产的合作化速度，动员农户从互助组加入初级合作社。从 1953 年起，国家全面推进农业的合作化进程，要求广大农户参加高级合作社。到 1958 年，农业的集体化达到一个顶峰，农村全面大踏步跨越进入人民公社，农业开始推行人民公社化的集体生产经营。在“大跃进”时期，很多地方以村为单位办起集体食堂，生产和生活资料都归集体所有，集体食堂向全体社员开放，以展现“按需分配”的理想状

---

① GEERTZ C. Agricultural involution：the process of ecological change in Indonesia. Berkeley：University of California Press，1963：148.

态。后来，集体农业形成了“三级所有，队为基础”的生产经营体系，生产资料归人民公社、生产大队和生产小队所有，生产大队为基本经营核算单位，生产劳动由生产小队组织安排，分配在生产小队和生产大队范围内按照工分和人口来进行。

无论是在苏联还是在中国，实践表明农业的集体化运动对提高农业生产力水平并未起到显著促进作用，结果与政策期望的目标相差较大。一方面，较多的农户对集体化改造并不主动地接受，更谈不上欢迎。另一方面，农业的集体经营体制在很大程度上破坏了农业生产的社会基础，集体农业甚至导致农业发展困境，温饱问题成为农村的普遍问题。1978 年年末，安徽省小岗村农民按下“红手印”，私下将集体土地分到各个农户，开始实行“大包干”或“单干”，由此拉开了农业去集体化改革的序幕[①]。到 1982 年，人民公社体制正式宣告解体，标志着集体农业体制走向终结。

作为一种农业生产经营制度，集体农业的推行之所以带来了诸多问题，并没有对提高农业生产效率、促进农业发展起到预期的作用，主要是因为集体农业存在着一些缺陷或不足。

首先，集体农业在制度设计上存在先天缺陷。在农业集体化的制度安排中，没有赋予农民退社的自由，使得农民在合作社和人民公社的集体生产活动中不能调动起积极性。如林毅夫提出，合作化生产是一种“重复博弈”过程，如果合作社能提高农民的经济效率，农民就会继续合作；如果合作社没有效率，他们就会选择退出。当农民没有退社自由时，即便合作社不能提高效率，他们也无法退出，那么他们就会采取“一次性博弈”的行动策略，在生产劳动中偷懒、磨洋工，这样农民的生产积极性会受到严重影响。[②]

其次，集体农业的另一个致命缺陷在于对农民自主性的限制。在农业集体化过程中，不仅农民没有退出集体生产经营的权利，农民的个体经济活动也受到很多限制。在那个时期，农民只能在自家有限的自留地上种一些供家庭消费的农产品，各种商品生产活动都受到严格管控和限制。

对农民的自主经济行为的过多限制，不仅仅影响了农民的生产积极性，更严重的是抑制了农村社会的经济能动性和经济活力，因为当农村经济主体的行动自主性受到限制，农民的能动性和创造性无法得以发挥时，经济自然而然地陷入无活力的陷阱之中。

最后，集体农业中的集体劳动和按劳分配方式难以形成有效的合作生产激励机制。对合作化生产来说，有效的激励机制是关键。有效的激励机制的建立，需要对劳动者的绩效进行准确的计量。农业生产劳动一般并没有标准化的生产工艺流程，因而对社员的劳动绩效难以进行可靠、准确的计量。集体生产曾用工分制来计量劳

---

① 陆益龙．嵌入性政治与村落经济的变迁：安徽小岗村调查．上海：上海人民出版社，2007：179.

② 林毅夫．制度、技术与中国农业发展．上海：上海三联书店，上海人民出版社，1994：7.

动量，但并不能解决社员出工不出力的问题。按劳分配又是按照工分来进行分配的，集体分配方式并不能对社员提高劳动效率和生产积极性起到有效的激励作用。

虽然集体农业曾推行生产合作社经营方式，但农业合作社并不等同于集体农业。很多国家有各种各样的农业合作经营方式，农业合作社也广泛存在。农业合作社通过促进生产经营合作，来扩大生产经营规模，提高劳动生产率，增强市场竞争能力，由此来改善农业生产经营的经济效益。不过，农业合作社能否发挥提高农业经济效率的作用，取决于合作社的经营管理，并不是所有合作社都是普遍有效率的。

三、现代农业及其发展困境

现代农业是相对传统农业而言的，是指农业发展的一种形态、一种模式和一个阶段。广义的现代农业是指农业发展的现代阶段，农业综合生产力水平和经济效益较之传统农业有显著的提高。狭义的现代农业是指由现代公司组织、运用现代农业科技、专门为市场而生产的规模化和集约化的农业，即在生产经营中广泛运用现代工业化成果的农业，一方面按照工业企业的生产经营方式来组织农业生产和经营管理，另一方面大量使用工业制造的农业机械和现代农业科学技术。

对现代农业的特点可以从两个方面去加以理解：一是生产力方面，二是生产关系方面。在生产力方面，现代农业的综合生产力水平有较大提升。无论是在劳动生产率还是在单位土地的产出率方面，现代农业都有了显著提高。在生产关系方面，现代农业的突出特点体现在合作化和组织化的经营管理方式上。现代组织经营管理方式在农业中的运用，对现代农业经济效率的提高起到了一定的作用。不过，有很多以家庭为单位组织起来的农场，与那些现代农场或农业公司有相似之处，但在组织和经营方式上仍依托于家庭，由此表明，小农户在现代农业发展中仍有较大空间。

现代农业有四个核心要素：现代农业技术、资本、市场信息和组织化经营。现代农业技术是提高农业生产率的基础和支撑，在农业生产中使用先进科学技术，可提高农业综合生产力水平。发展现代农业需要进行较大规模的投资。只有在土地、技术、生产资料和劳动力等诸多方面有更多的投资，才能获得更高的收益。现代农业是为市场而生产的，对市场信息的把握和判断，在现代农业中具有重要意义，因为投资的收益率要看市场行情。现代农业采用现代组织化的经营管理方式来组织农业生产经营，通过组织化管理可以将技术、资本与市场资源更好地配置起来，以提高生产经营的效率。

推进现代农业的发展，并不像舒尔茨所说的那么简单："改造传统农业"是要让农民使用新型要素，而不使用他们世代使用的生产要素①。然而在现实社会中，比较现代农业的基本要素与农村社会结构的传统特征，不难看出这两者之间存在着

① 舒尔茨．改造传统农业．梁小民，译．北京：商务印书馆，1987：148.

一些相悖的、难以吻合的差异。因此，现代农业发展面临的诸多阻力和困境，是现代农业与农村社会结构之间的两难困境。一方面，现代农业的发展难以改变和取代仍保留和具有传统特征的农村社会结构；另一方面，农村社会由于仍有传统结构存在，又难以为现代农业的发展提供充分的要素供给。现代农业与传统结构之间的这种两难困境，既是一种社会事实，也是中国的一项基本国情。

要走出现代农业的发展困境，应重点从两个方面进行突破：一是路径选择，二是制度创新。在现代农业发展的路径选择上，不只有改造传统农业的道路，还有推动传统农业发展的"中国特色农业现代化道路"。所谓"中国特色农业现代化道路"，是针对发达工业化国家农业现代化的一般经验而言的，是指根据中国社会的现实基础而推进的内涵深化型现代农业发展道路。内涵深化型现代农业发展道路是注重达到两个实质性目标的发展路径：一要不断提高农业生产经营的效率，二要不断提高农业生产经营的效益。简单地说，是要促进农业既增产，又增收。增产是指在城镇化、工业化的背景下通过效率的提高来保障产量和产值的不断增长，增收是指通过提高农业经营效益促进农民收入的增长。

实现农业的增产和农民的增收目标，方式方法可以是灵活多样的，而不只有一种模式。基于中国农村社会的结构特征，发展现代农业并不一定非要追求高尖端的农业科技和大规模的生产经营。发挥广大农民的积极性和创造性，让更普遍的小农户更容易地获得并使用实用的、有实效的现代农业技术和其他新要素，来提高农业生产效率，同样会对农业保持增产起到非常有效的作用。此外，通过引导和支持，调动农村社区的创新活力，充分利用农业的多功能性，以及向广大小农户提供有效的市场信息，也能帮助广大小农户实现增收的目标。

破解现代农业发展困境的另一个重要突破口是制度创新。二元经济体制和城乡二元户籍制度等制度安排，在一定时期内存在，并影响农村社会现代化与现代农业发展。在这些制度的基本框架仍然维续的情况下，可以通过局部性的、变通性的制度创新，构建灵活的、新型的体制机制，突破现有制度和结构对农业与农村发展构成的负面约束作用。虽然维持现有农村土地集体所有制、农业基本经营制度等制度很重要，但也需要在土地产权制度和经营制度方面推动创新和变迁，如对土地所有权、承包权、经营权、处置权、收益权等产权可进一步加以明晰，对权责、权能和权效的细分及范围可进一步明确，由此建立起高效的农业生产经营的激励机制等创新措施。这些措施将引导和鼓励农村土地流转和多种生产经营方式，对现代农业发展起到积极的推动作用。

第三节　制度、市场与农业发展

当今世界，工业化水平在不断提高，影响范围在不断扩大。农业发展处于新的时代背景之下，面临着新的发展条件，也有着新的发展任务。在农业发展过程中，各种各样的制度特别是市场制度，从诸多方面发挥着多种影响。

一、制度变迁与农业发展

制度是一套被制定出来的、影响人们行动选择和行为方式的、正式和非正式的规则系统，存在于人类社会的各个领域，且对各领域的行动都会产生影响[①]。因而，制度在农业发展中有着重要影响。

制度并非一成不变，而是在一定条件下发生变迁。诱致性制度变迁理论认为，并非所有制度都是有效率的，低效率或无效率的制度也不一定自动发生变迁，而是在创新成本低于收益时才会诱致制度变迁。[②] 制度创新和制度变迁对农业发展有着重要影响，有效率的制度安排对促进农业经营效率的提高起着积极作用。

制度变迁还包括强制性制度变迁和引导性制度变迁。强制性制度变迁是指通过一种强制力量自上而下推动的制度变迁，如重大政策和重要法律制度的改变，会强行推动一系列制度的变迁。引导性制度变迁是指在政府引导性政策和行为的倡导下而发生的自下而上的制度变迁过程，即在一种价值引导下，越来越多的群众选择某种新的规则系统和行为方式，由此自然而然地出现制度的变迁。

制度变迁对农业发展的作用机制有三种：一是限制机制，二是激励机制，三是引导机制。当一种制度的价值主张某种农业发展模式时，会通过改变规则系统来对与之不相一致的农业经济行为加以限制和约束，以达到对发展所主张的农业模式的保障。例如，在集体农业制度下，有一系列限制和约束农户个体经济行为的规则系统。虽然个体经济行为因制度规则改变而受到严格限制，但这些限制措施并不能有效促进集体农业的更好发展，反而对农户发展农业的积极性起到限制作用，由此出现集体制度下农业的低效率发展现象。激励机制的作用原理是对个体行动者的有效率和高效率经济活动或行为提供激励和推动力，个体经济行为只要是有效率的，就会得到相应收益和报酬增加的激励。制度变迁对农业发展的激励作用在中国农村家庭联产承包责任制改革过程中得以体现出来，随着集体农业经营制度向家庭联产承包责任制的变革，新的制度规则能够对个体农户的经济活动提供有效激励，从而将个体农户的农业生产积极性调动起来，对促进农业经济效率的提高起到重要作用。正是依靠这一制度变迁，计划经济时代集体农业所具有的低效发展状况得以转变，农业发展出现崭新格局，广大农民的温饱问题得以解决。

引导机制是通过干预性措施引导农户改变惯性行为方式而选择潜在效率更高的生产经营方式。用于引导行为方式选择的干预性措施不同于限制性规则和措施，干预性措施虽对低效率的经济活动有抑制作用，但不是强行禁止和限制，而是对高效

---

① 陆益龙．制度、市场与中国农村发展．北京：中国人民大学出版社，2013：2.

② 林毅夫．再论制度、技术与中国农业发展．北京：北京大学出版社，2000：122.

率的经济活动提供激励，由此来引导农户转向效率与效益更高的农业活动。例如，在市场经济背景下，农业供给侧结构性改革的推进，是政府通过引导性政策措施，引导广大农户参与到产业结构调整之中，积极应对市场，主动改变种植结构，提高农业经济效益。

在制度变迁过程中，制度创新对农业发展通常会起到促进作用。制度创新是指以一种更为有效率的制度替代低效率或无效率制度的过程，因而通过制度创新，可以为更有效率的农业经济行为提供条件和激励机制。制度创新的实现受复杂因素影响：一方面，主流意识形态通常会有巩固和维持现有制度的倾向，在一定程度上对创新行为起到抑制作用。另一方面，现有的制度框架会对规则系统的创新产生一定制约作用。此外，制度创新还取决于创新的社会需求强度以及创新的知识存量。

强调制度创新与制度变迁对农业发展所起的积极作用，并不意味着可以忽视制度维续在农业发展中的重要性。对一项农业制度或政策来说，需要给广大农业生产经营者提供一种相对稳定的预期，这样才会形成较为持续的激励作用。所以，在宏观层面上，中国保持着农村集体土地承包制度和基本生产经营制度的维续，就是要给农业发展提供一种较为稳定的制度环境。

二、市场化与农业发展

市场在某种意义上也是一种制度，是一种基于需求与供给关系而调节的自由交换机制。传统农业以满足家庭消费需求为目的，不是为市场而生产。在市场转型过程中，市场机制已成为影响和调节农业生产的重要机制。即便是小农户在生产组织方式方面未变化，但他们的生产经营性质发生了一定变迁，农业从自我消费需求取向的经济活动转变为市场导向的经济活动。

市场化已成为一种社会现实和变迁趋势，改革开放后，市场社会逐渐在中国兴起[①]。市场机制的作用在社会经济诸多领域显现且不断扩大。就农业发展而言，市场化的作用显著地体现在这样几个方面：

首先，在市场化条件下，农业发展出现了结构分化。随着市场对资源的配置，农业生产经营者可按照市场规律来安排他们的农业生产经营，这意味着农业生产经营者具有了较高的自主性。由此出现了不同生产经营者应对市场的多种策略和方式，无论是在农业内部种植结构方面，还是在农业与其他产业之间的关系结构方面，都产生了分化和多样化现象。在种植结构上，虽然粮食生产可能仍占主要地位，但农户或农业生产经营者会根据市场需求种植多种经济作物，形成多样种植的格局。

其次，市场化推动着家庭农业的两极分化。在各个小农户独立面对市场而从事

---

① NEE V. The Emergency of a market society：changing mechanism of stratification in China. American journal of sociology，1996（101）.

农业生产经营时，一部分小农户采取精耕细作、主动使用农业新技术以及市场信息、有效调整种植结构等方式，不仅取得农业产量增长的效果，且在经济收益增长方面取得成功。然而，也有一部分小农户受耕地规模和农业劳动力数量等方面因素影响，放弃农业生产，或只保留很有限规模的农业生产，主要劳动力向农业之外转移，在非农业劳动力市场上，他们可以获得更为理想的收益机会。这样，部分小农户的农业生产经营因受市场化冲击而走向衰落。

在市场化大潮冲击下，小农户的走向不是只有一种，而是有两种可能。尽管小农户在土地、资金、技术以及生产经营规模上并不占优势，但他们并不需要直接面对市场主力的激烈竞争。小农户在市场竞争中具有自己的灵活性，他们可以在市场中找到合适的机会，发挥各自的特色，以此来提高自己的经营效率。当然，小农户如果难以为家庭农业在市场中找到新的出路，依然以原有的固定模式来开展农业生产经营，就难以依靠农业来实现家庭经济效益的增长，最终会退出农业生产而到非农业领域去寻找机会。

最后，市场化为现代农业的发展提供了有利条件。市场化过程是市场这只“看不见的手”起着的调节作用不断增强的过程，在完全开放的市场竞争条件下，各种资源会按照效率原则进行配置，由此促进经济活动的效率得以提高。现代农业的基本特征是农业生产率的提高，而要达到农业生产率提高的目标，需要在农业生产经营过程中广泛使用现代农业生产要素，如先进的农业科学技术、先进的农业生产工具、大规模的土地，以及现代农业生产组织与管理方式。显然，对小农户来说，要获得这些新的农业生产要素，并改变生产要素的使用方式，通常是比较困难的。而市场化则能够为现代农业的发展提供一些基础。一方面，市场能够为现代农业生产经营者提供更高效的资源配置途径。通过市场自由交换，现代农业生产经营者可以从市场上获得效率更高的新生产要素或资源，并运用这些高效率的资源来提高农业生产率。另一方面，现代农业生产经营者需要通过市场将所生产的农产品销售出去，以实现自己的经济收益。所以，市场不仅有助于现代农业生产经营者提高农业生产率，促进农业产量的增长，而且为农业生产率提高转向农业经济收益提高创造了条件。

农村社会一直存在着基层市场共同体，如乡村定期举行的集和庙会。而且在一定区域内，有一个中心集镇，这里是区域内的市场中心。农村社会的基层市场共同体不同于市场化，基层市场的主要功能是服务于社会文化生活的互补性交换功能，对提高资源配置效率的作用有限。因此，农村社会面临着市场转型与发展问题。如何促进农村市场的转型与发展呢？在这个问题上，“完全依靠市场自发的力量去推动市场转型和发展，在可预见的将来，几乎无法实现；完全靠政府的某个市场建设计划，也显得过于乌托邦化。所以，政府与市场的相结合、政府与经济的有效互动和协调，将是制度创新与制度变迁的重要途径”①。

① 陆益龙．引导性制度变迁与农村市场发展：安徽小岗村的经验分析．天津社会科学，2013（1）．

扩展市场化对农业农村发展的积极作用，一方面需要政府对农村市场发展进行有效引导和监管，引导主要针对农业农村的具体情况，为农村市场发展提供有效激励和公共平台。监管则是规范农村市场，促进市场朝着有利于农业农村的方向发展，尽可能规避和防范市场给小农户带来不利风险。另一方面需要农村市场在发展过程中具有自我约束机制。由于农业农村在现代市场社会中处于相对弱势地位，市场运行规则需要主动地保护小农户的平等谈判地位，以此来保障农业农村在市场化过程中得到公平合理的发展机会。

三、农业发展的未来走向

在现代化、全球化和市场化的大背景下，未来的农业将向何处发展？关于这一问题，有学者提出世界农业有三种清晰的发展趋势：一是不断增强农业工业化的态势，二是再小农化（repeasantization）的趋势，三是一种尤其发生在非洲的农业失活（deactivation）趋势。与这三种发展趋势相关联的是，世界农业主要有三种互不均衡又相互联系的模式：小农农业、企业农业和资本主义农业。①

资料库 7-1

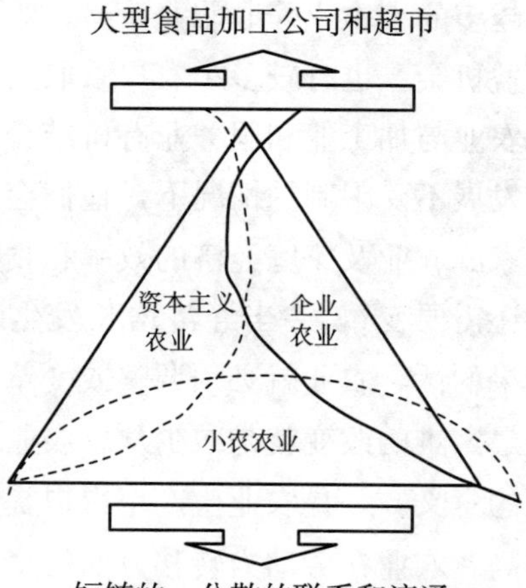

农业模式的社会联系方式

资料来源：范德普勒格．新小农阶级：帝国和全球化时代为了自主性和可持续性的斗争．潘璐，叶敬忠，等译．北京：社会科学文献出版社，2013：6.

那么在中国，农业的未来发展又会怎样呢？

首先，从宏观层面上看，将农业农村置于优先发展地位，实现农业农村现代化

① 范德普勒格．新小农阶级：帝国和全球化时代为了自主性和可持续性的斗争．潘璐，叶敬忠，等译．北京：社会科学文献出版社，2013：1-5.

是政策所倡导的发展趋势。党的二十大进一步提出，推进农业强国建设。这表明，农业不仅要发展，而且要强起来，农业在现代化建设和国家发展战略中有着举足轻重的地位。推动农业发展在当今乃至未来仍具有战略意义，因为发展农业是保障国家粮食安全的基础。尽管在全球化大背景下，粮食供给可以通过国际市场加以调节和补充，但粮食供给安全并不能完全依靠进口。在未来任何时期，农业发展的重要地位都不仅不会发生根本转变，而且在某种意义上显得更为重要。

其次，在微观层面上，众多的小农户将通过多种多样的灵活策略走出“过密化”的陷阱。由于中国农村社会是由众多小农家庭组成的，因而小农户的发展状况将直接关系到农业发展的状态和特征。随着工业化、现代化、市场化的推进，未来小农家庭是否会陷入黄宗智所说的“过密化”困境呢？是否会面临“有增长而无发展”的问题呢？[①] 所谓“过密化”，是指人口增长导致小农家庭人均边际收入出现递减现象，尽管家庭农业总产量有所增长，但家庭人口增多会降低家庭人均收入水平。从静态的角度看，小农户在一个时期内可能会面临家庭人均边际收入递减问题，因为耕地规模和生产经营方式相对较为稳定，小农户不会立即对家庭人口增长做出及时的反应和调整。但是，在开放的经济系统中，小农户往往具有灵活机动性，他们会为提高人均收入水平对自家的生产经营方式做出调整。小农户为提高经济收益，一方面会调整种植结构，另一方面会通过调整家庭内分工合作来应对“过密化”问题。例如，越来越多的小农户采取兼业策略，既保持家庭农业的发展，又在农业之外获得更多的收益机会。也有较多小农户采取发展多种经营和集约化经营策略来加以应对，通过将农业与加工业和服务业有机结合，来改善家庭经济收益状况。总之，在小农户自我发展不受限制的情况下，他们会根据各自的实际情况，采取灵活多变的策略来提高家庭农业及家庭经济的效率和收益水平。

再次，未来农业发展还需要变革。“当经济增长发生时，农业必须变革。”“如果农民要分享经济增长成果的话，农业就必须调整或变革……为了经济的增长，农民所需做出的最主要也是最困难的改变就是减少从事农业生产的劳动力。”[②] 农业劳动力的减少具有两个方面的意义：一是农业生产率得以提高，二是农民向非农业的转移使得经济效益得以提高。农业在劳动力转移方面的变革并不会影响到农业产量和粮食生产，伴随着农业机械化和社会化程度的提高，农业劳动生产率得以提升，农业生产对劳动力的需求随之减少。不过，农业农村劳动力转移并不一定是普遍的现象，在单纯发展种植业的地方，从事农业生产的劳动力需要调整，在那些农业集约化经营或综合性经营的地方，以及在以种植经济作物为主的地方，农业劳动力并不显现出富余的情况，因而变革内容不一定是让劳动力转移出去，而是要在提高市场效益方面进行一些变革。

最后，中国农业的未来需要走灵活多样的现代化道路。在社会现代化进程中，

① 黄宗智．长江三角洲小农家庭与乡村发展．北京：中华书局，1992：77.

② 约翰逊．经济发展中的农业、农村、农民问题．北京：商务印书馆，2004：102.

农业现代化是大势所趋，但农业现代化并非只有一种模式、一条道路，而是可以采取灵活多样的方式。农业现代化的核心目标是达到效率和效益的提高，既要提高农业生产效率，保障农业产量的增长，也要使农民的经济效益得以提高，使广大从事农业生产的劳动者获得更高收入，以分享经济增长带来的成果。为实现农业增产和农民增收的目标，广大小农户可以采取灵活多样的策略，一方面可有效利用先进农业技术和新生产工艺来提高产量，另一方面可采取多种经营和产业融合途径来改善经济收益。总之，农业现代化并不等同于普遍采取大规模、高科技、组织化的农业模式，而是可利用现代生产要素实现农业增产和农民增收。

第四节　农村经济发展问题

经济发展是农村社会发展的基础，唯有农村经济得到充分、良好的发展，才能为农村社会发展提供必要的经济保障。理解和破解农村社会变迁与发展过程中的诸多问题，需要将其中一些问题与农村经济问题联系起来，因为那些问题的产生和解决，或多或少与农村经济发展过程中所面临的一些困境有一定关联。因此，关注和探讨农村经济发展问题及其出路，对更深刻地认识农村社会问题来说意义重大。

一、农村经济发展的基本问题

农村经济发展受多方面复杂因素的影响，对这一复杂现象的认识和把握，关键在于抓住其基本问题。所谓农村经济发展的基本问题，是指关系到农村经济发展的基础性、根本性的问题，是诸多农村经济问题发生的基础和本源。只要抓住基本问题，就能认识到问题的本质。

关于农村经济发展的基本问题，在不同时代，不同学者提出了不同的看法和见解。在20世纪上半叶，乡村建设学派的晏阳初提出，中国农村社会的基本问题是农民的“愚、贫、弱、私”问题。乡村建设学派认为，当时农村经济发展的基本问题就是农民的贫困问题，农民的贫穷问题又与农民的“愚”，即受教育程度低分不开。因而，解决农村经济发展基本问题的方法是推进平民教育，通过开展平民教育运动，让农民的素质普遍得以提高，这样即可逐渐解决“愚、贫、弱、私”问题。[①] 费孝通在对20世纪30年代中国农村社会的经验考察基础上，提出：“中国农村的基本问题，简单地说，就是农民的收入降低到不足以维持最低生活水平所需的程度。中国农村真正的问题是人民的饥饿问题。”[②] 尽管不同学者将20世纪上半叶农

① 晏阳初．晏阳初全集：第2卷．长沙：湖南教育出版社，1992：35．
② 费孝通．江村经济：中国农民的生活．北京：商务印书馆，2001：236．

村经济的基本问题都看作贫困问题，但他们对这一问题的理解有一定差异，乡村建设学派倾向于把贫困问题归结到农民身上，而费孝通则看到了农村的土地问题。

在农村经济发展中，小农家庭的农业及经济发展是核心。在现代社会，小农农业的发展究竟会面临什么样的本质问题呢？吉尔兹曾对印度尼西亚的小农农业进行历史和经验的考察，提出小农农业所面临的主要问题是“农业的内卷化”（agricultural involution）。所谓农业的内卷化，是指即便小农家庭努力地精耕细作，他们的经济收入也会出现增速降低问题。① 那么，中国农村的经济发展是否面临同样的问题呢？关于此问题，陈锡文认为，农村经济发展面临三大问题：一是“地”的问题，亦即农业经营体制的创新问题；二是“粮”的问题，即粮食和主要农产品的供求关系问题；三是“人”的问题，也就是城镇化过程中的农民转市民问题②。

对农村经济发展的基本问题加以把握，首先需要认识到时代的特征和发展的趋势，因为任何社会经济问题都是具有时代性的，都与社会发展的大趋势密不可分。在社会发展处于市场化和全球化的新时代，农村经济发展问题有新时代的特点，并与时代背景有密切关系，亦即与市场社会和市场机制相关联。

资料库 7-2

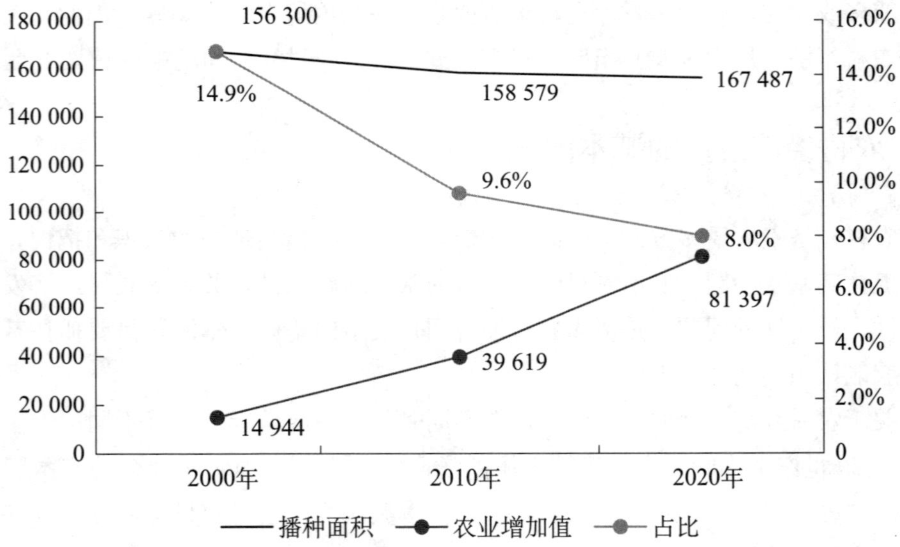

农作物播种面积与农业增加值及其在 GDP 中的占比情况（千公顷，亿元）

资料来源：国家统计局官方网站。

把握农村经济发展的基本问题，还需抓住这一问题的核心要素。从本质上看，农村经济发展问题的核心是农民的发展问题，也就是农民能否更好地分享经济发展

① GEERTZ C. Agricultural involution：the process of ecological change in Indonesia. Berkeley：University of California Press，1963.

② 陈锡文．当前我国农村改革发展面临的几个重大问题．农业经济问题，2013，34（1）.

的成果。

基于时代特征和核心问题的考虑，当前农村经济发展的基本问题可以总结和概括为农民如何公平地获得市场机会的问题。这一问题包括两个具体方面：一是农民如何获得充分就业的机会，即“有事可做”；二是农民如何获得理想收入，即“有收入的增长”。在市场转型过程中，广大农民面临的如何适应和应对市场的问题，实际上是农民如何才能在市场经济中获得更好、更加公平的发展的问题。这一问题不仅关系到农村社会诸多方面的问题，也是众多“三农”问题的根源所在。

市场转型意味着小农户的生产经营不再停留在以满足家庭消费需求为目标的层面上，而是需要为市场而生产经营，且需要从市场中去获得生产和生活资源。小农户面临的压力不仅是农业的内卷化，还包括获得市场机会的压力。在非市场化社会中，小农户可以安于自给自足的生产经营模式，通过合理调配和精耕细作实现产量提高和解决劳动力的就业问题。然而随着市场化的来临，小农户的劳动力调配和就业需要与市场机制相结合，农村劳动力不仅要有事可做，而且要从中得到相对合理的收入。

之所以将农民如何公平地获得市场机会的问题视为农村经济发展的基本问题，是因为农村社会经济中的较多问题，如乡村振兴问题、农民增收问题、农民工城市融入问题、农村土地问题、生产经营制度改革问题、城镇化问题等，都在不同程度上与基本问题有关联，实质是农民的市场地位问题，其根源在于农民难以得到公平的市场机会。

二、农村经济基本问题的成因

农村经济发展所面临的基本问题，并非由单方面因素所决定，而是多方面因素综合作用的结果。在现代社会，农民难以获得公平的市场机会，不仅有市场规则方面的问题，也有政府与制度方面的原因，还有来自农民及乡村社会文化方面的因素。[①] 农村经济发展基本问题的成因，可归结为市场失灵、政府失灵和社区失灵的共同作用。

市场失灵是指市场机制在运行和发挥调节作用的过程中，难以为广大农民有效配置资源和提供公平的发展机会。因为市场机制遵循着自己的原则和逻辑，也就是效率优先和自我效用最大化的原则，较少照顾社会公平发展。所以，尽管市场的发展会对农村发展有促进作用，但广大农民和农村地区在人力资本和社会资本等方面处于劣势地位，因而市场较少为他们提供公平的发展机会。在市场化社会，越是贫困偏远的农村地区、越是贫穷的农民，市场越不愿顾及，市场所追求的是更高效率和效益，此种状态便属于农村经济发展过程中的市场失灵状态。

农民与市场的关系是农村经济发展问题的基本构成之一。虽然市场也向农民开

① 陆益龙．后乡土中国的基本问题及其出路．社会科学研究，2015（1）．

放，农民可以通过市场竞争来获得更多的发展机会，而且从现实经验来看，改革开放后，中国农民确实从市场中获得了更多发展机会，但这并不意味着市场机制帮助农民获得了公平的发展机会，市场机制也未彻底改变分散农民在市场竞争中的劣势地位。

政府失灵是指政府在市场社会中维护社会公平发展的功能和职能没有充分发挥出来。在市场经济社会，政府的一项重要功能和职能是促进社会的公平正义，实现社会的和谐与协调发展。当市场运行偏离社会公平方向，造成社会差别越来越大时，政府需要通过制度安排和宏观调控来对市场加以监管和调控，保障市场合理有序发展，保障社会弱势群体的公平发展机会。

在农村经济发展问题的形成中，政府失灵的主要原因在于政府偏重于发展效率而未对公平发展问题加以充分重视。政府由于注重经济增长速度，因而难免偏向于市场，市场机制遵循效率优先的原则，对农民如何在市场中获得公平发展机会的问题，则难以顾及。政府无论是在其主导的投入还是在引导市场投入方面，都常常会选择能产生更高经济效益和经济增速的城市，对收益见效慢的农业、农村和农民发展的投入，往往没有给予足够的重视。当政府过于注重经济发展效率时，就有可能忽视甚至牺牲社会公平发展机会，由此就容易产生政府失灵。此外，在农村经济发展中出现政府失灵，与政府对“三农”发展贡献的认识不足有关。在一些政府发展理念中，倾向于把“三农”视为低效率部门，发展“三农”非但对经济增长贡献不大，反而可能拖增长的后腿。受此观念的影响，政府常常不是积极地帮助农民在市场中获得公平发展机会。

社区失灵是指社区的文化机制在激励和动员社区成员进行创新和积极发展方面不能发挥有效作用。农民如何把握和获得市场机会，在较大程度上受制于乡村社区文化和农民自身的能动性，亦即农村社区的内生发展能力。在现实社会中，不同地区农村发展出现的差距问题以及农民个体间的分化现象，反映的是农村社区文化和农村社会主体自身状况的差异。在先发展起来的农村社区，人们通常能够很好地运用社区文化机制激活有效率发展的机制，从而让农民获得更多市场机会；相反，那些发展滞后社区的形成与其社区文化或多或少有联系。当社区文化贫乏时，意味着社区缺乏相应文化机制来促进或激励社区成员获得有效发展。例如，在一定社区文化环境下形成的滞后观念、价值和行动特征，尤其是对教育、发展、创新和合作的轻视态度等，会在较大程度上影响农村社区成员的发展能力。农村经济发展中的社区失灵，反映的就是农村社区文化激活有效率发展的功能处于薄弱甚至缺失状态。

农村经济发展基本问题的形成与农村社区发展所面临的问题有关。在市场转型与社会转型过程中，农村社区出现失灵现象，反映出农村社区在适应转型与发展方面存在一定障碍。面对快速转型的市场社会，农村社区难以在较短时间内动员或激活更加有效的发展资源。较多的农村社区以人口流动方式和策略来获得市场发展机会，但这一策略并未保障农民在市场中的公平地位。

市场、政府和社区的失灵对农村经济发展基本问题的形成共同产生作用，在有些情况下，甚至会出现叠加影响。例如，针对农村一些发展不充分地区的空落化和内生发展乏力问题，如果政府和市场不介入，就会加剧这些农村社区的衰落，使发展不均衡问题进一步扩大。

三、农村经济发展的出路

如何才能破解农村经济发展的基本问题？如何才能让农业、农村和农民在市场社会中获得充分、均衡的发展？关于农村经济发展问题，诱致性制度变迁理论提出了一种将制度、技术和文化之间的辩证关系协调起来，既有经济效率又有社会合法性的制度安排，这样的制度安排“只有通过从事工商和政府活动以及教育、研究和信息传媒的许多人的不断摸索才能实现”①。由此看来，要探索出一条理想的农村经济发展道路，仍需多方面力量共同参与，形成合力作用。

农村经济发展的基本问题与市场失灵、政府失灵和社区失灵密切相关，因而破解这一问题需要重点从三个方面发力，恢复市场、政府和社区在促进农村经济发展方面的积极功能。

首先，市场失灵的原因是市场逻辑与农村社会经济要素特征之间的背离，那么，要发挥市场机制在社会公平发展方面的积极功能，让广大农民获得更多的市场机会，就需要从三个方面完善市场制度：一要推进和完善市场主体的社会责任制度建设。一个健全的市场制度不光要追求效率，而且要承担起更多的社会责任，以促进社会公平、和谐发展。市场在向农村经济发展进行投入时，需要遵循公平责任第一、兼顾效率的原则。二要改善市场向农民提供的发展空间，健全市场平等开放机制。虽然农民和农民工在市场中获得了一些新的发展机会，但市场为他们提供的发展空间仍然有限，他们在市场中常处于劣势。健全市场平等开放机制，就是要让农民能在市场中获得相对公平的就业和收入机会。三要逐步建立起农村向市场的开放机制。农村的土地产权制度和社会治理结构制约着市场进入农村，产权主体的不明确和分散性大大增加了交易成本。而且农民的土地产权和物权属性的模糊，也影响着农民在市场开发中获得公平合理的收益。因此，在农村市场开发过程中，需要建立起公平合理的制度，以保障农民能够分享发展的成果。

其次，要恢复政府在促进农村经济发展方面的积极功能，关键在于制度安排和制度创新。政府要推动农村更有效率地发展，必须充分发挥制度和政策安排的调节、激励和支持功能。调节功能是通过制度规则调节宏观的投资结构，加大和引导政府和市场向农村的投资，激活和促进农村市场的发展。激励功能是政府充分激活农村社区的文化机制，调动起农村居民内生的发展积极性和发展能力。政府加大对农村教育的投入，以及改善乡村社会的治理结构，都将有助于发挥社区机制在促进农村发展中的积极功能。支持功能是指通过公共财政力量向农村提供更多的公共物

---

① 速水佑次郎．发展经济学：从贫困到富裕．李周，译．北京：社会科学文献出版社，2003：330.

品和社会保障，以支持和保障广大农民的基本发展需求，让农民获得更多的社会福利。

最后，为恢复社区对农村经济发展的促动作用，需要发挥农村社区文化所具有的调动、协调和整合功能。在社会现代化的新时代，农业、农村和农民要获得新的发展，仍需要调动和动员农民的积极性和能动性，激发农村社区内生发展。在激发农村社区内生发展方面，社区文化机制的作用非常重要。社区文化在发现自身特色资源、激励社区成员参与发展、重建发展自信、整合社区发展资源、协调利益分享关系等方面都起到了积极作用。

农村经济发展的基本问题属于结构性、深层次的社会问题，依靠单方面的力量难以解决，关键还要靠政府、市场和社区三方面共同努力，建立起合力作用机制，以达到激活更有效率的农村经济发展的目标。

本章要点

农业是人类社会的一个最为基本也最为特殊的产业，因为农业所生产的产品是人类生活所需的食物，即最基本的生活资料。农业与人类的生存安全息息相关，农业对土地资源高度依赖，农业受自然条件的约束较大。农业的作用并非仅仅限于经济作用，农业在社会系统中具有多功能性。从农业、农村和农民之间的联系来看，农业和农村社会的发展最终要通过农民去实现，农民问题是“三农”问题的核心。对农业发展问题的分析和认识，需要把握大背景和大趋势，即三大时代背景：市场化、全球化和现代化。

家庭农业是指以家庭为单位、以家庭成员为主要劳动力、以满足生计需要为主要目的而组织起生产经营的小规模农业，亦即小农农业。家庭农业的广泛存在和维续，说明家庭农业在社会现代化的过程中仍有较强的生命力。集体农业是指农业生产资料由集体所有和统一配置、生产劳动由集体统一组织、收入根据按劳分配的原则即劳动工分由集体进行分配的一种农业经济。集体农业限制了农民的自主性，且有效激励机制难以建立起来，农民的能动性和创造性无法得到发挥，因而容易陷入无活力的陷阱之中。现代农业是相对传统农业而言的，是指农业发展的一种形态、一种模式和一个阶段。广义的现代农业是指农业发展的现代阶段，农业综合生产力水平和经济效益较之传统农业有显著的提高。狭义的现代农业是指由现代公司组织、运用现代农业科技、专门为市场而生产的规模化和集约化的农业。

制度是一套被制定出来的、影响人们行动选择和行为方式的、正式和非正式的规则系统。制度存在于人类社会的各个领域，且对各领域的行动都会产生影响。制度变迁对农业发展有三种作用机制：限制机制、激励机制和引导机制。市场化已成为当今社会的现实，改革开放后，市场社会已经在中国兴起。市场化的作用体现在：(1) 在市场化条件下，农业发展出现了结构分化。(2) 市场化推动着家庭农业的两极分化。(3) 市场化为现代农业的发展提供了有利条件。世界农业有三种发展趋势：一是农业工业化，二是再小农化，三是农业失活。中国农业的未来发展不仅需要变革，而且需要走灵活多样的现代化道路。

农村经济发展受多方面复杂因素的影响，对这一复杂现象的认识和把握，关键在于抓住其基本问题。当前农村经济发展的基本问题可以总结和概括为农民如何公平地获得市场机会的问题。这一问题包括两个具体方面：一是农民如何获得充分就业的机会，即“有事可做”；二是农民如何获得理想收入，即“有收入的增长”。农村经济发展基本问题的成因，可归结为市场失灵、政府失灵和社区失灵的共同作用。解决这一问题需要一种将制度、技术和文化之间的辩证关系协调起来，既有经济效率又有社会合法性的制度安排。

关键概念

农业发展	农业经济	家庭农业	集体农业
现代农业	市场化	现代化	制度变迁
诱致性制度变迁	强制性制度变迁	引导性制度变迁	农业模式
小农农业	企业农业	资本主义农业	基本问题
市场失灵	政府失灵	社区失灵	合力作用机制

思考问题

1. 农业在现代社会发展中具有哪些作用？
2. 何为家庭农业？家庭农业有哪些优势与劣势？
3. 当今世界农业发展有哪些模式？如何理解中国特色农业现代化道路？
4. 中国农村经济发展的基本问题是什么？如何加以应对？

推荐阅读

1. 林毅夫．制度、技术与中国农业发展．上海：上海三联书店，上海人民出版社，1994.

2. 陆益龙．制度、市场与中国农村发展．北京：中国人民大学出版社，2013.

3. 舒尔茨．改造传统农业．梁小民，译．北京：商务印书馆，1987.

4. 王春光．从农业现代化到农业农村现代化：乡村振兴主体性研究．北京：社会科学文献出版社，2021.

5. GEERTZ C. Agricultural involution：the process of ecological change in Indonesia. Berkeley：University of California Press，1963.

第八章

农村政治与乡村治理

农村社会既是现代社会系统的组成部分，也是具有地域性的社会空间，农村在政治与乡村治理方面既受现代政治与国家体系的支配，又有一定的特殊性和地域特征。

第一节　农村社会中的权威

权威和权力是政治的核心要素，探讨农村政治与乡村治理问题，需要了解和认识农村社会的权威和权力的构成情况。

一、农村社会的权威类型

权威是指一种能够让人服从的权力和威望。关于社会中权威及其类型，韦伯曾根据权威的形成机制，将权威分为三类：魅力权威或卡里斯玛权威、传统权威和法理权威。魅力权威是指依靠个人人格魅力而获得的让人信服和遵从的权力与威望，传统权威是指按照习惯或传统规则而建立起来的权威，法理权威则是指根据理性和法律程序而确立的权威。

在讨论乡土社会的权力结构时，费孝通认为，仅仅分析横暴权力和同意权力是不够的，乡土社会还存在既非横暴权力亦非同意权力的教化性权力①。横暴权力是指上级对下级的支配、驱使的权力，是从社会冲突和斗争关系中产生的权力。同意权力是在社会分工和社会契约基础上共同授予的权力，是人们根据权利与义务而同意的权力。教化性权力则属于文化性权力，是在社会继替过程中通过教化作用而形成的规范权力，教化性权力在亲子关系中表现得最为明显。

从权威与农村社会的关系维度来看，农村社会中的权威可分为两大类：一类是

---

① 费孝通．乡土中国 生育制度．北京：北京大学出版社，1998：66.

国家权威，另一类是地方性权威。将农村权威分为国家权威与地方性权威两种类型，类似于费孝通等人曾就皇权与绅权进行的划分和讨论[①]。

国家权威是由国家输入农村社会的权威。国家权威既维系着国家与农村的治理关系，也为农村社会秩序的维护提供一种外在控制权力。农村社会中的国家权威并不是显性的存在，而是实质的控制。如在传统农村社会，皇权基本不下县，农民在平常生活中确实很少与县衙门打交道。然而，“乡村并非完全游离于官府的掌控之外；县级以下的行政治理也并不必然是杂乱无章、没有效率、弊窦丛生的”[②]。如今国家正式的行政管理体系已达乡镇一级，国家甚至通过公共服务和基层政权建设等形式，逐步在行政村级建立起村务中心之类的行政管理机构。由此可见，国家权威在农村社会已经越来越走向显性。

在农村社会，国家权威的作用形式包括国家象征权威、法律权威、政策权威以及行政权威等。国家象征权威是指通过输入代表国家主权和治理权力的象征资源而形成的权威，如国家核心价值观、国家象征符号等，这些象征资源会有形无形地存在于农村社会，并发挥权威性的作用。法律权威是国家权威的重要构成，是依靠法律规则和法律实施与执行而建立起来的权威。虽然传统乡土社会秩序的维持与法律的联系不多，但并不意味着法律权威不存在于农村社会。政策权威是指国家通过推行政策和制度安排而产生的权威，政策权威是国家影响和治理农村社会的主要方式之一。行政权威是国家行政体系的治理权力和威望，农村社会中的行政机关和政权组织反映着国家权威的具体存在和实质性影响。

农村社会的地方性权威是指在农村一定地域范围内产生的内部权威或地方权威。农村社会是由在一定地域之上的村落共同体组成的，村民长期稳定地居住生活在村落共同体之中，农村社会因此而具有较强的地方性或地域性特征，一个地方的农村社会通常有较高的独立性和自治性，社会秩序在很大程度上依靠自治的力量来实现。农村社会的地方性权威就是在相对固定的地域社会空间里的共同生活过程中形成的，并在当地社会享有一定的权力和威望，且这种权威只会在相应的地域范围内具有影响力。

农村社会的地方性权威有政治权威、经济权威、社会权威和神性权威。农村地方性政治权威是指在农村政治生活中形成的权力和威望，如农村基层组织的干部、一些家族组织的族长和管理层等，这些权威成为支撑农村政治系统运行的主要力量。农村地方性经济权威是指当地经济精英所具有的权威，例如在农村一些地方出现的经济“能人”参与村庄治理的现象，反映的是在地方经济活动中，会产生一些拥有权力和威望的人物。农村地方性社会权威是指那些享有很高社会声望的人士所具有的权威和影响力，如农村社会中的长老、德高望重的乡贤、人缘关系好的人等，他们在农村社会生活中起到地方性权威的作用，农村社会公共活动的动员、组

---

① 费孝通，吴晗，等．皇权与绅权．上海：岳麓书社，2012：67－74.

② 李怀印．华北村治：晚清和民国时期的国家与乡村．北京：中华书局，2008：2.

织和协调，民间纠纷及问题的调处，常常需要有社会权威的参与。在农村社会，权威并非都是由人所拥有的，民众出于对神的信仰，也会形成自愿服从神性权威的倾向。在农村社会的民间信仰活动中，自然而然产生神性权威。农村社会中的神性权威不仅在非世俗的信仰活动中具有重要影响力，在地方性社会的运行中也发挥着整合作用。

国家权威与地方性权威虽是两种性质不同的权威，但在农村政治与乡村治理中，两者并存不悖，较少出现冲突。对乡村政治系统的运行来说，只有这两种权威处于融合状态，分工与合作良好，农村社会才能达到理想的秩序状态。

二、农村社会的权威构成

从社会现实生活的角度来看，农村社会的权力和权威主要包括：（1）法理权威；（2）家族权威；（3）神性权威；（4）财势权力；（5）势力权力；（6）礼俗权威；等等[①]。这些权威在农村社会生活中，影响着人们的行为选择，并对秩序维持与社会运行产生重要影响。

法理权威是由国家政权机关在实施和执行国家法律、政策以及推进行政治理过程中所形成的权威。在农村社会，乡镇一级的国家法律机构如乡镇派出所、法庭和检察室等的设置，代表法理权威并执行法理权力。乡镇党政机关按照国家法律制度和政策维持着对农村的行政管理和治理，也被村民认同为法理权威或官方的、正式的权威。农村社会已是现代社会的有机构成部分，村庄与国家及外部世界的联系越来越多、越来越密切，因而也越来越需要法理权威来调节和维护农村与外部的事务和关系。

家族权威是传统农村社会里的主要权威，家族制度通过相应规则和仪式赋予家族组织中一些长者或威望较高者以一定的权威。在家族或宗族组织中，仪式的举行是家族制度中的一项重要内容，家族组织常见的仪式是祭祀祖先的仪式。经历“文化大革命”的冲击，传统家族权威随家族制度的衰落和家族组织的瓦解已渐渐衰弱。改革开放后，虽然农村的家族文化在农村社会得到重现，但以往的家族制度并未重建。只不过在当下农村，家族权威以及家族力量的作用仍不容忽视。家族作为一种共同体，是村民寻求利益保护而自愿结成的组织或联盟，虽然家族以血缘关系和亲属关系为纽带，但在此基础上建立起来的组织其实是利益共同体，甚至可能是地方性政治组织。随着后乡土社会的来临，农村的家族力量或权力已逐渐趋于非正式化和非组织化，“家族不再是传统的简单延续和复原，而是在现代社会的再建构。尽管家族力量对乡村治理和法律秩序有时会有消极作用，但一般情况则是家族在乡村社会更多的是发挥民间信仰和公共文化的功能”[②]。

---

① 陆益龙．农民中国：后乡土社会与新农村建设研究．北京：中国人民大学出版社，2010：266.

② 陆益龙．后乡土中国．北京：商务印书馆，2017：207.

农村社会中的神性权威与民间信仰相关联，在民间宗教与信仰活动中，一些村庙、仪式以及民间宗教组织和人员会在此过程中产生一定的威望和影响力。民间信仰和对神的崇拜活动是农村社会与文化生活的重要构成部分。在较多农村地区，几乎每个自然村都有自己的崇拜神和信仰，较多村落建有村庙。村庙、神、仪式及组织不仅在村民的精神世界中享有象征性权威，在处理世俗生活的秩序问题时也有权威。“作为一种民间权威的村庙，同时还担当着乡村法庭的功能。”[①] 由此表明，神性权威在农村社会中占据着特殊的地位，发挥着特殊的作用。

农村社会的权威构成还有一种财势权力，此类权威是指农村先富阶层所拥有的影响力和威望。改革开放后，农村部分成员通过创新，率先走上了致富之路，成为农村先富阶层。先富阶层由于在经济上拥有较为雄厚的基础和实力，在参与农村公共事务过程中容易获得政治上的威望。他们有能力承担更多的义务或摊派，能为农村公益事业提供经济支持，做出实质性贡献；更重要的是，村民希望从他们的致富经验中获益，让他们带领自己走上致富之路。因此，那些先富阶层一般会享有相应的影响力和威望。村民往往愿意接受和支持这种权威的决策和计划，往往较为信任这种权威，相信这种权威会给他们带来利益而不会有损于自己。财势权力反映了村民对村落政治权力的形成及特征的一种偏好，这一偏好是基于理性的，即成本最小化而收益最大化。村民希望有较强经济实力的人享有村落政治权力，相信这些人在获得权力后不会从群众处榨取利益，只会给群众带来福利，不会谋取私利的权力是村民所希望看到的权力。

势力权力属于一种人类自然的、原初状态的权力，是依靠人力、身体和暴力而赢得的权威和权力。在农村社会现实中，势力权力较为广泛地存在并有一定的社会影响。例如，一些村庄的村民自治选举，可能会受到势力权力的影响和干预。势力权力虽然存在合法性的问题，受到法理权威的抑制和约束，在有些地方难以产生较大影响，但是，有些地方的势力权力借助于暴力，以及与其他暴力集团结盟，大大增强了自身在农村社会的权力和影响力。尤其在国家权威控制较为薄弱的农村地区，势力权力常常会积累自己的暴力力量，形成农村社会的黑恶势力。这些黑恶势力不仅影响村民的利益，而且对农村社会秩序乃至整个社会都构成较大威胁。

在农村社会，礼俗会对人们的行为选择和社会事务具有较大影响和作用，在这个意义上，礼俗也有一定的权威。礼是在熟悉的社会环境中形成的一种“合式的”行为规范和实践经验，亦即如果按照礼的规范来行事就符合社会期望，也是行得通的行为方式。习俗则是人们在日常生活中形成的习惯，以及众人所采用的行为方式。农村社会的礼和俗之所以具有权威特征，是因为礼俗规则不仅规范、约束和引导着社会行为方式，而且能够让众人自愿地遵从。礼俗权威的形成与社会环境的特征也有一定关系，在现代都市社会，由于社会系统是开放的、多元的，虽然也有一

---

① 赵旭东．权力与公正：乡土社会的纠纷解决与权威多元．天津：天津古籍出版社，2003：202.

些都市风俗，但这些风俗并不具备构成礼俗权威的条件，因为个人并不需要遵从这些风俗，而是可以有自己的选择。然而在稳定的、封闭的或半封闭的村落社会环境里，礼俗规则相当于一种权威命令，村民需要去遵从，违背礼俗规则是不合适的。在相对稳定和相对封闭的环境中之所以容易产生礼俗权威，是因为礼俗规则是大家平时共同行事的基本方式，长期如此，不仅得到了大家的共同认可，而且形成了一种定势力量，要改变这种方式，则需要更大的力量。因而，礼俗成为一种影响、制约和引导人们做出行为选择并在秩序构建中发挥重要作用的权威力量。

三、农村社会权威的功能

权威的作用并不只是在政治领域中才会体现出来，在社会生活的各领域其实都有权威影响的痕迹。农村社会同样如此，权威既在农村政治生活中起着支撑的作用，对农村的经济和文化生活也有着重要影响（见图 8－1）。农村社会存在着多样的权威，不同权威在多种生活领域具有多样的功能。

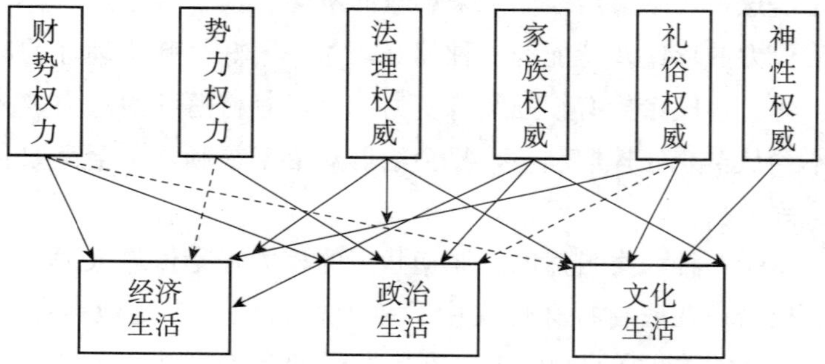

图 8－1　权威与农村社会生活的关系

资料来源：陆益龙．农民中国：后乡土社会与新农村建设研究．北京：中国人民大学出版社，2010：271.

从功能主义角度看，农村社会之所以在诸多领域广泛存在权威，是因为这些权威承担着重要的社会功能。概括起来，权威之于农村社会主要有这样几个方面的功能：(1) 控制与秩序维持功能；(2) 动员与集体行动发起功能；(3) 整合与社会团结促进功能。

在农村社会，并没有大量警察巡逻，也鲜有法律机关存在，但农村居民能有序地生产和生活。那么，农村社会秩序的形成机制是怎样的呢？探讨农村社会秩序的形成机制，需要认识权威在农村社会控制和秩序维持方面所发挥的不可或缺的功能。

社会秩序的形成与维护离不开一定的社会控制，一个社会在进行控制时，需要有一定的权威力量。一般而言，社会控制分为外在控制和内化控制。外在控制是通过外在力量来对行动者的行为选择加以控制，如法律的强制、惩处和禁止。内化控制是指依靠行动者将合理的、一致的价值与行为规范内化为自己行动选择的准则，如礼俗规则、教化作用。在农村社会，权威的控制与秩序维持功能体现在三个方面：首先，权威是规范的主要提供者。为维持秩序而进行的社会控制，一般是通过建立起统一的行为规范，让社会成员按照规范行事，这样就能达到秩序状态。能够发挥控制和约束功能的规范，通常是由权威提出和提供的，只有那些具有权威性的规范才容易为人们所认同和遵从。其次，权威是遵从规范的重要榜样。要让人们遵从规范、按照规范来行事，权威的带领和示范作用很重要。在农村相对稳定的社会环境中，权威人物的榜样作用较为显著。最后，权威是规范执行的有效监督者。规范的执行对秩序维持来说非常重要，在保障规范得以执行的过程中，需要有一定的监督机制，从而使违反规范的行为得到及时、有效的监督，由此促使人们遵从规范，维护秩序。

农村社会中的权威具有集体行动的动员与发起功能。在一般情况下，农村中的农户处于相对独立、分散的状态。要将分散的农户组织起来，应对某种公共问题，或是发展村庄集体事业，需要统一的集体行动和公共参与。在此过程中，权威的力量至关重要。通过权威的动员和发动，农村一些集体性活动以及公共事务就可以有效地组织起来。从一些现实经验看，农村社会中的集体抗争事件的发生与草根动员机制有着密切关系，在农村内群体与外群体如本村与外村、本家族与外人之间发生纠纷和冲突时，集体对抗或集体抗争行为时有发生，村庄内部的权威往往会在其中起到动员和组织的作用。

权威在农村社会中还发挥着团结与整合功能。农村社会中的各个组成部分能够团结起来，整合为一种共同体或集体，权威在其中所起的凝聚作用非常重要。让分散的个体整合为社会系统，主要是依靠社会整合机制来实现的。农村社会系统的一个重要整合机制是共识达成机制。所谓共识，一是指共同体或共同性意识，即人们意识到自己是共同体的成员、相互之间有着共同性；二是指共同一致的意见和认识，即在社会互动过程中形成相同和统一的意见。在农村拥有一定权力和威望的人，通常会起到意见领袖的作用，他们的意见更具号召力和影响力，因而也更具凝聚力，能够促进众人达成共识，促进社会团结。例如，一些农村地区出现的“能人”治村现象，反映出农村中“能人”之类的权威在村民中享有较高威望，有利于将相互独立、相对分散的农户整合为具有活力的集体或共同体。

农村社会中的权威是多种多样的，权威的社会功能也复杂多样，控制与秩序维持功能、动员与集体行动发起功能和整合与社会团结促进功能反映的是功能的三个主要方面，农村权威在现实社会中还有各种各样的具体作用。

第二节　政治力量与农村政治

任何社会都会有政治，农村社会也不例外。在传统乡土社会，政治表现出“无为政治”的特点[1]。那么，当前农村社会政治系统的运行呈现出什么样的特征呢?

一、农村社会的政治力量

农村政治力量是指维持和推动农村政治系统运行的主体和力量，亦即参与并影响政治活动或政治行为的个体和集团，如政治人物、政治组织和政党等。社会中的政治活动和政治系统属于上层建筑领域里的复杂社会现象，是围绕政治权力和利益分配而展开的治理活动。尽管每个社会成员都会与政治活动相联系，但具体参与政治活动的则是社会中的各种政治力量。

在农村这一社会场域中，政治力量主要包括农村政府机关、行政村“两委”组织和农民群众等。在一些特殊的农村地区，可能存在黑恶势力集团参与并影响农村政治的现象。

农村政府机关代表国家权力治理着农村社会，政府机关是在农村社会占主导地位的政治力量。这一政治力量支配和主导着农村政治的基本方向和核心事务，对农村政治的影响最为显著。直接参与和影响农村政治的政府机关主要为县市政府和乡镇政府，这两级政府机关直接参与农村政治事务和政治活动，如农村政策的具体落实和执行、农村基层社会的治理包括村民自治选举活动等，都需要县市和乡镇政府机关加以组织、领导和监督。就农村政治而言，县市政府具有中心地位，因为农村社会的利益分配和治理与其有着直接的联系。乡镇政府则是基层政治机构，与农村群众直接打交道，且是政策的具体执行者，在农村政治生活中的影响既大且广泛。

在农村基层政治生活中，行政村成为最主要的政治活动空间，在此空间中，村“两委”组织即村委会和村党支部委员会是“主角”，具体负责、参与并影响基层的农村政治活动和政治系统的运行。作为一种重要的农村政治力量，农村基层政治组织并不拥有正式的行政权力，但是农村基层组织享有合法性和制度性权力，是由制度确立的、直接参与农村社会治理的政治力量。

从某种意义上说，农民群众也是农村重要的政治力量，因为农村政治生活实际上离不开农民群众力量的支撑。在农村政治系统之中，虽然农民群众不代表有组织的力量或政治派别，但在利益需求方面，他们有较多的共同之处，由此农民群众自然成为一种具有群体性的政治力量。

从农村政治变迁的历史角度看，无论是在土地革命、“四清”运动还是在人民公社化运动等政治运动中，农民群众都曾是被调动起来的重要政治力量。正是通过发动农民群众广泛参与，并通过群众运动的推动，农村的一些政治过程才得以推进并产生相应的社会影响。如果从底层社会与抗争性政治的角度看，历史上农村底层社会的政治抗争或农民起义[2]，所依靠的力量就是农民群众。

---

① 费孝通．乡土中国 生育制度．北京：北京大学出版社，1998：59.

② 裴宜理，阎小骏．底层社会与抗争性政治．东南学术，2008（3）.

从农村政治的现实情况看，农民群众是参与、推动并影响农村政治系统运行的主体力量。虽然农民群众并不拥有具体的政治权力，但农村政治权力的产生和运行离不开农民群众的参与和支持。例如，村委会成员是通过农民群众参与村民自治选举而产生的。广大农民群众对基层政府的运行，既有支持作用，也有监督作用。

在农村政治生活中，有少数农村地区也存在着黑恶势力参与并影响政治的情形。黑恶势力干预农村政治并不是普遍的现象。黑恶势力一般在国家权力控制相对较为薄弱的地方，以及在有黑恶势力滋生土壤的农村地区较容易产生。当国家权力和法律权威在农村得不到有效施行时，黑恶势力就可能乘虚而入。这一势力为获得不正当利益，往往会通过干预和控制农村政治，或是利用农村家族力量来实现其目标。

当黑恶势力演变为农村政治力量后，会产生非常危险的社会影响。首先，黑恶势力控制的农村政治将发生性质的转变。“政者，正也。”政治的本质是为了实现社会的正义，而黑恶势力介入政治会使政治变为恶霸政治，违背人类社会基本的公平正义原则。其次，黑恶势力控制农村政治之后，会逐步壮大其力量，从而构成对国家权力和法律权威的严重威胁。最后，黑恶势力介入农村政治，将严重侵害更多群众的正当权益和安全。因此，针对农村黑恶势力影响农村政治的问题，需要依法加强对这一势力的打击和遏制，严防其介入和影响农村的政治生活。

在农村政治舞台上，除了上述主要政治力量扮演着主角之外，还会存在各种各样的民间团体、组织、派别等力量，这些力量虽并不参与农村政治的主流活动，但也可能以多种不同方式对农村政治产生一定的影响。

二、农村政治系统的运行

政治系统是指由政治机构和政治活动主体组合而成的相互关联的完整体系。农村社会的政治活动并非为孤立的个体行动，而是通过政治系统构成的相互联系的政治活动。从系统论的角度来考察农村政治，需要重点把握两个方面的问题：一是农村政治系统的结构，二是农村政治系统的运行状况。

所谓农村政治系统的结构，是指在农村政治活动中重要主体的构成及其关系模式。关于中国农村政治系统的结构，有学者从乡村治理模式角度提出“县政—乡派—村治”为理想的系统结构。“县政”是指政权机关或行政机构到县级为止。“乡派”指在乡镇只设县政权和行政机关的派出机构，而不再单设一级政府，乡镇机构由县财政承担。乡镇机构的主要职能是负责人口工作、社会治安、村民自治。“村治”是指村民自治，即现行的村民自治管理，村委会由村民直接选举产生并对本村公共事务负责，协助政府工作。[①] 当前中国农村政治系统结构可概括为“县政—乡管—村治”。县政代表县级政权和行政机关在农村政治系统中的核心地位，这一机

---

① 徐勇．县政、乡派、村治：乡村治理的结构性转换．江苏社会科学，2002 (2).

构不仅是处理国家与农村、国家与农民关系的关键机构，也是农村治理的重要机构，因为基层的财政权和人事权归县级政府所有，乡村治理与发展的决策集中在县政过程之中。乡管反映的是乡镇政府在乡村治理中主要负责具体事务的管理、落实和执行。乡镇政府虽仍是一级政府机构，但没有独立的财政权和人事调配权，因而职能已转换为对农村公共事务的管理，例如，向村级组织传达县政的决策部署，布置村干部调查收集相关信息，然后向县政府上报农村哪些基础设施需要建设、哪些贫困户需要保障、需要哪些项目支持等。村治并不仅是指村民自治，也指行政村一级的治理，其中包括村民自治和村级管理。村民自治体现为村民参与村委会的直接选举以及村委会在管理村级公共事务方面的作用，村级管理则是随着国家农村建设的推进，由政府所开展的村级公共管理。村治既是农村政治系统的“末梢”，也是系统的输出结构，村治的状况会直接反映出农村政治系统的运行效果。

农村政治系统的运行状况是指农村政治系统与环境的关系状态和系统的输出效果。对农村政治系统运行效果的衡量与考察，通常会采用两种方法：一种是客观指标法，即政绩考核法，主要通过农村经济增长情况、农民收入状况、建设发展情况以及有无群众上访事件等客观指标来考核农村政治系统的运行绩效。另一种是主观指标法，即以基层民众的主观评价和态度作为衡量农村政治系统的运行效果的指标，如通过抽样调查方法让民众为政治系统中的各级政府和基层组织打分加以评价（见表 8－1）。

表 8－1　农村居民对村委会和政府的评价

分数（分）	村委会（%）	乡镇政府（%）	县政府（%）	中央政府（%）
<60	23.2	25.3	22.8	11.8
60～79	19.7	24.9	27.0	10.4
80～89	18.1	19.5	20.7	16.3
90～100	39.0	30.3	29.5	61.5

资料来源：陆益龙．后乡土中国的权力结构与村官政治．江苏行政学院学报，2016（2）．

虽然基层民众的评价反映的是人们的主观态度，但民众对政府的主观感受的分布情况也能反映出政治系统的输出效果。如果多数人对基层政府和组织的主观评价较好，那就反映出政治系统运行的整体状况趋于良好。给予好评的比例越高，则反映出政治系统运行的状况越趋于良性。相反，给予差评的比例越高，则反映出政治系统运行可能存在的问题越多。根据表 8－1 的调查结果，给村委会评分在 80 分以上的村民占 57.1%，给乡镇政府评分在 80 分以上的村民占 49.8%，给县政府评分在 80 分以上的村民占 50.2%；而给村委会、乡镇政府和县政府差评的比例分别为 23.2%、25.3%和 22.8%。由此看来，农村政治系统整体上处于良性运行状态，多数农村居民对政治系统内权力机构的运行持良好评价，表明政治系统的输出效果较为良好。超过 20%的村民给农村政治系统中的主要权力机构以差评，则反映出系统运行过程中仍存在一些问题，系统运行仍有较大改善空间。

农村政治系统的结构与运行状况之间存在一定的相关关系。一方面，系统结构的合理、协调和完善，是系统保持稳定、协调、良性运行的重要基础。建立结构合理的农村政治系统意义重大。另一方面，系统的运行状况对系统本身有较为直接的影响，如果农村政治系统保持稳定、良性的运行，对维护系统内权力结构的均衡与稳定就会有积极的作用。

三、村干部政治及其特点

对农村政治的理解，还要把握其基本性质。从基层看上去，中国农村政治的基本性质属于村干部政治。所谓村干部政治，是指在农村基层的政治活动中，是由村级正式和非正式官僚或村干部行使政治权力并具体负责基层社会的治理事务。

农村的村干部政治主要体现为乡村基层权力机构即村“两委”干部逐渐趋于官僚化和正式化，村干部的权力已为正式制度和法规所支持与规范，并得到基层社会的认可。由此，村干部已具有“公共型”地方精英的性质。[①] 村干部权力的正式化强化了村级组织的行政功能以及权威合法性的基础，使得政府力量在农村建设、发展与治理中的作用越来越大。政府力量在农村社会发挥作用的机制，便是村干部政治的运行。

村干部政治的另一个重要体现是国家权力在农村由村干部代理，由此形成村干部代理制。村干部虽不在国家行政官僚体系之列，却实质上代理国家权力，在乡村社会发挥着治理的中心作用，国家政策的落实和乡村自治的维持主要依靠村干部。关于村干部代理制，戴慕珍认为它在集体经济时代就已经存在，当时农村集体中的大队干部就相当于国家权力在农村的代理人，他们为国家代理农业生产计划、征购和分配等任务[②]。村干部代理国家权力反映了农村政治发展的一个阶段性特征，在这一阶段，农村政治系统中来源于乡村社会与文化网络的权威已不再发挥主导作用。与此同时，国家行政权力或制度化的权威尚未完全替代农村政治权力，而是由来自农村内部、能代表国家权力且受制度约束的村干部来代理行使农村社会的治理权力。

村干部政治主要有这样几个方面的特点：第一，村干部政治将国家治理与乡村自治有机地糅合在一起。在农村政治系统运行中，国家对农村社会的治理占据主导地位，国家治理农村的基本途径是让村干部代理行使权力并负责具体的治理事务。国家在治理农村的实践中，通过基层乡镇政府来领导和督促村干部，由村干部具体落实和实施国家政策措施，维护农村社会秩序，促进农村社会各项事业的发展。在乡村自治方面，由于村干部是通过基层民主选举产生的，村干部又代表着乡村内部的权威，这种权威对于处理和管理乡村内部的公共事务较为有利，由村干部负责执行和实施的农村治理也就具有乡村自治的部分特征。

---

① 张静．基层政权：乡村制度诸问题．上海：世纪出版集团，上海人民出版社，2007：46.

② OI J C. State and peasant in contemporary China：the political economy of village government. Berkeley：University of California Press，1989.

第二，村干部政治具有农村政治现代化的过渡性特点。在社会现代化过程中，政治也在走向现代化。政治现代化的典型是蒂利模式，其进程是由统一的现代国家权力机关和行政系统替代各种传统的权力机构。在村干部政治格局下，农村社会中的权威与国家权力则处于共存与糅合状态，具有自治传统的农村权力机构并未完全由现代国家权力与行政机关代替，而是由具有正式化趋势的村干部来代理农村基层治理事务，这一格局显现出农村政治正逐步向现代化过渡。

第三，村干部政治具有施惠型政治的特点。施惠型政治是指政治活动的主要任务在于实施和分配国家惠农利益和社会福利，农村政治的这一特点与20世纪上半叶的“乡权政治”有着本质差别。“乡权政治”是现代化国家政权利用“赢利型经纪体制”来征收赋税，有计划、有系统地摧毁乡村权力的文化网络，从而导致“国家政权内卷化”。[①] 农村施惠型政治是在国家经济发展到一定程度、产业结构发生重大转变以及农业税费全面取消的背景下形成的，国家权力在农村社会的行使，已经不是为了征收赋税，而是为了农村社会的治理，维护农村秩序和促进农村发展。村干部在治理农村社会的过程中，主要任务发生了转变，重点是如何将国家的惠农政策付诸行动，让国家和社会福利惠及广大农民群众。

从“无为政治”到“乡权政治”再到“村干部政治”的转变，反映出农村政治的变迁过程。在此过程中，农村政治系统中的权力结构以及各种权力之间关系的性质发生了一定程度的变化。村干部政治反映了农村社会已经不再处于“天高皇帝远”的无为而治状态，国家也不是通过赢利型的乡权经纪来治理农村，而是通过村干部代理制实现国家治理与乡村自治的结合。通过村干部的代理作用，国家在农村的治理活动更为实在、更为具体、更为广泛；随着村干部参与并负责农村公共事务的治理，乡村自治逐渐趋于制度化和行政化。

第三节　农村社会的治理

社会治理是指通过权力机关、团体、组织和个人来对社会中的公共事务进行协调和管理的活动过程。农村社会的治理问题关系到农村社会秩序的维持和农村社会的发展，值得关注和探究。

一、农村社会的治理结构

农村社会的治理结构是指参与农村社会治理的主体和力量的构成以及它们之间

---

① 杜赞奇．文化、权力与国家：1900—1942年的华北农村．王福明，译．南京：江苏人民出版社，1994：236.

的相互关系和实践构成。就中国农村社会治理的现实而言，治理结构是由国家机关、地方政府、基层政府和村级组织构成的农村治理体系。在这一治理结构中，国家和地方政府的力量占主导，社会治理的主体和治理的权力大部分来自政府。从这个角度看，农村社会的治理结构属于政府主导的治理结构。

从实践构成角度看，农村社会治理实际上由两个方面的内容构成：一是“治”，二是“理”。农村社会治理中的“治”实质是农村政治，亦即各级政府在农村工作中的政治任务。具体而言，农村社会“治”的任务主要包括：首先，制定、传达和执行国家法律法规及政策。在治理农村社会的过程中，中央政府需要制定、出台合理有效的法律法规及相应宏观政策。对地方政府来说，主要任务是传达和落实国家法律法规和政策，基层政府和村级组织，则负责执行和实施国家政策。其次，整治农村社会的公共秩序及公共问题。秩序构建是农村建设和农村发展的社会基础，在农村社会治理中，核心任务是围绕农村秩序及相关问题而开展整治与控制活动。在农村秩序的维持和整治中，不同层级的政府力量发挥着不同作用，中央政府提供法律法规的控制，地方政府主要提供整治秩序的资源，基层政府和基层组织负责执行整治秩序和解决问题的具体事务。① 最后，维持农村基层自治体系的运行。农村社会治理的一项重要内容是基层社会的组织和村民自治，要将农村社会有效地组织起来，保障各种治理措施在农村基层得以有效实施，需要依靠完善且有效的农村基层自治体系。在农村基层自治体系运行过程中，乡镇政府、村级组织以及村内组织是执行具体治理措施的主体，基层之上的各级政府扮演规则和资源的提供者角色。

农村社会治理不仅有“治”，也有“理”。农村社会治理中的“理”是指管理和协调农村发展及其相关事务。具体来说，在管理和协调农村发展方面，主要任务可概括为三个方面：第一，负责和协调农村公共物品的供给。为推动农村社会的发展，加强农村公共基础设施建设、扩大农村公共物品供给非常重要。要不断增加农村公共物品的有效供给，一方面需要国家惠农支农政策不断加大对农村道路、水利等公共基础设施建设的投入，另一方面也需要发挥乡镇政府在农村公共物品供给中的主导和枢纽作用，以及村基层组织在村级公共建设中的动员和组织作用。第二，管理和配置农村资源及其开发利用。农村的发展离不开对资源的开发利用，如何更加有效地配置和利用农村资源，推动农村更好地发展，涉及农村社会治理中的发展规划与决策。在农村社会治理中，治理体系如果能够根据本地资源特征，做出科学合理的发展计划和决策，就能达到充分利用农村资源、促进农村更好更快地发展的目的。在农村社会治理中如何合理地配置和开发发展资源，关键取决于农村治理体系的能力和策略。第三，动员和协调多方面的农村发展力量。农村自身的发展需要来自农村内部力量的支撑。一些农村地区的衰落，一方面反映出社会现代化进程中的结构性问题及趋势，另一方面反映出农村的治理不善，亦即农村社会治理未能与时俱进，根据社会变迁的规律，有效动员起农村发展动能，创新农村发展方式。从

① 陆益龙．乡村社会治理创新：现实基础、主要问题与实现路径．中共中央党校学报，2015，19（5）．

农村社会学角度看，社区文化对农村社会经济的发展有较大程度的影响作用。就一些先富裕起来的农村地区发展经验而言，这些地区一般有积极的社区文化发挥着调动农村社会成员发展积极性的作用；而在发展滞后的农村地区，面对着社会经济的脆弱性问题，往往出现“社区失灵”现象，即社区文化不能够有效地调动和协调多种社区发展力量。农村社会治理在推动和促进农村发展方面，需要大力推进社区的社会建设和文化建设。通过社会建设和文化建设，可以更加有效地凝聚农村社区共识，更加有效地组织起社区发展力量。

要提高农村社会治理的效率，还需创新农村社会治理结构。为推进农村社会治理结构创新，努力的重点方向包括：首先，通过社会体制的深化改革，广泛引入社会力量和市场力量参与到农村社会治理之中。农村社会治理结构的特点是由政府主导且在各个方面有依赖政府的趋势。创新农村社会治理结构，要鼓励一些社会力量如社会公益组织、社会工作专业队伍进入农村，此外，引导一些市场力量参与农村经济发展和农村社会事业发展非常重要。那些致力于农村发展的企业组织参与乡村社会事业发展，对增强农村社会治理的力量，提高农村治理的实效，会起到积极的作用。

其次，建立起有效的农村社会治理的参与和沟通平台。合理、有效的农村社会治理结构应该是一个开放的结构，这样可以吸纳多方面、多种多样的力量参与和支持农村社会治理和发展。为促进农村社会治理结构的开放，公共的参与和沟通平台显得尤为重要。通过治理的参与和沟通平台建设，让更广泛的社会力量能够有渠道参与到农村社会治理之中，既能大大增强农村社会治理的力量，也能促进农村社会治理结构内的关系更为均衡。

最后，创建起相互协调的多元农村社会治理结构。提高农村社会治理的效率，如果仅仅依靠政府的力量，则可能会面临各种各样的限制。虽然政府在农村社会治理中的主导作用较重要，但政府并非万能的。合理、有效的农村社会治理结构应该是一个多元治理结构，是充分发挥政府、市场和社会三方面力量的协调、多元的治理结构。农村多元治理结构的建立和完善，将会促进农村政治建设、经济发展和社会与文化建设的有效分工和合作，由此实现农村社会治理效率的不断提高。

二、农村社会治理面临的问题

通过治理创新来改善农村社会治理、提高农村社会治理的效率虽是可能的，但亦非轻而易举、一蹴而就之事。在现实社会中，农村社会治理的创新和改善会面临多种困难和问题。从中国农村社会治理的现实经验来看，农村社会治理所面临的突出问题可重点从五个方面加以把握。

第一，农村社会内生发展动力不足问题。在现代化、城镇化和市场化的大背景下，农村社会在发展过程中普遍面临着内生发展动力不足问题，这一问题既有深层次结构性原因，也有社会体制原因。在社会快速转型过程中，农村社会处于结构性弱势地位，加之社会体制的叠加效应，城乡差距在不断拉大，由此驱动着农村居民大量向城市迁移流动，从而导致农村空落化乃至凋敝和衰退。

面对这一结构性和转型性问题，农村社会治理要想有效地组织和动员农村社会的内生发展资源，或其他可资利用的发展资源，就要在治理体制和机制上有所创新和突破。既然问题是结构性的、转型性的，那么创新和突破的方向就要朝着结构调整和产业转型的方向努力，逐步培育起适应社会现代化的农村发展新动能。

第二，农村社会的精英向外净流出问题。在“大流动”时代，农村社会发展面临的一个突出问题是：大量农村人口包括农村社会中的各类精英向农村之外净流出。所谓净流出，是指外流的人口较少回流到农村，在农村生活和发展。就农村社会现实而言，农村的文化精英通过升学渠道流向各类城市，部分经济精英则通过外出打工或经营渠道流入城市，只有较少政治精英留下来担任乡村干部。

对一个社会来说，人力资源是重要的发展资源。农村发展是农村社会治理的核心任务之一，农村发展需要有人才支撑和支持。伴随着农村精英的向外净流出，农村社会治理需要面对一个精英匮乏或精英结构不均衡的社会。因此，要更好、更有效率地治理农村社会，让农村社会重新振兴，必须面对和解决这一结构不均衡问题。

第三，农村公共事务的有限参与问题。能否提高农村社会的治理效率、改善农村治理效果，在较大程度上取决于农村社会主体的积极参与程度。然而，当前农村社会治理实践，面临着农民的公共参与度趋于下滑和不足问题，较多农村基层干部反映，农村越来越难以动员群众去应对和处理一些公共事务。

在农村社会治理中出现的公众参与不足问题，与农村社会人口流动有密切关系。由于多数青壮年劳动力外出打工，留守在农村的主要是一些妇女、儿童和老年人，农村社会出现了空巢期和空巢结构，也就是在一年中大部分时间里，农村社会的主要成员处于外出和空缺状态，在此状态下，参与农村社会常规治理的群体主要是老年人和妇女，这些参与群体在某种意义上属于社会的弱势群体，他们无论是在资源拥有还是在治理能力方面，都存在一定局限。当农村治理主要由农村弱势群体参与时，治理的决策效率和执行效率会受到较大程度的限制。从现实经验来看，较多村干部反映，在应对和处理农村公共事务上，老年人和妇女常常做不了主，而且有很多公共事务不适合他们去应对和处理。

第四，农村社会的共识基础削弱问题。维系和谐的社会关系，促进秩序稳定和社会发展是社会治理的重要目标。就社会秩序的形成机制而言，有效达成社会共识对秩序构成和维持意义重大。因而在农村社会治理中，促进广大村民社会共识的形成是重要内容与任务。

然而，随着农村社会的现代变迁和分化，越来越多的村民已经外出从事不同职业，文化和价值观出现多样化，农村社会内部渐渐形成阶层差异，多种复杂因素的影响在不断削弱农村社会的共识基础，使得农村在公共事务治理方面达成共识或一致目标的难度加大。农村社会的共识基础削弱问题属于乡村社会治理机制方面的问题。解决这一问题需要进行农村社会治理机制的创新，以应对和解决新常态下农村社会如何有效形成社会共识的问题。[①]

第五，农村发展与矛盾递增的悖论问题。所谓发展与矛盾递增的悖论问题，是指一些农村地区随着经济开发程度的不断提高，获得了较快发展，然而与此同时，由于缺乏清晰的、被共同认可的利益分配制度规则，出现了由集体产权收益分配、农地征用补偿等方面矛盾引发的较多群体性矛盾和群体性事件。这些矛盾的产生通常是因为发展起来之后，资源的边际收益大大增长，以往未明确的、模糊的权益关系演化为放大了的矛盾关系。

农村发展与矛盾递增的悖论问题反映出农村治理手段方面存在的问题或缺陷，悖论问题产生的根源在于社会治理缺乏前瞻性和规范性，农村社会的产权、权益关系因制度和习俗的影响而缺乏清晰的、确定的、法制化的规定，这些模糊空间往往演化成利益纷争的空间，甚至成为社会冲突和群体性事件的发源地。

三、农村社会治理的走向

在现代化、城镇化的大背景下，中国农村社会治理将沿着什么样的方向发展呢？或者说，中国农村社会治理的理想模式是什么呢？关于这一问题，有学者提出了“乡治—村政—社有”模式。“乡治”是指乡镇自治，即把乡镇作为一种社区自治体，由地方自治体依法设立，财政和人事由地方自治体统一规定，主要职能为社区服务。乡镇自治体作为公法人享有自主权，乡镇长及自治代表机构由选民直接选举产生。“村政”是把行政村作为一级政府派出机构——“村公所”，成员由乡镇政府委派或由原村委会成员兼任，纳入公务员系列，由乡镇财政支付。行政村的议事机关为村民代表会议，不设定职，会议期间给予适当补贴。“社有”就是通过立法成立村社组织，村社组织属于依法占有、管理和处置农村土地及收益的法人。村社设立村社委员会，按村民委员会的直选方式成立，也可由村民委员转成，村社委员会为村社的法人代表，其成员不设定职[②]。也有观点认为，理想的模式是“县政—乡派—村治”模式[③]。从理论上看，无论是“乡治—村政—社有”模式还是“县政—乡派—村治”模式，其实都只是一种理想型（ideal type），与传统、体制和现实有着较大距离。作为一种理想型，当然在原理上可能有某些优势，如有助于促进基层社会管理的民主化、减轻民众的负担、提高农村资源的利用效率等。但是，理想模式要付诸实践，要求具有很多前提条件，其中有些条件在一定时期内几乎不太可能实现。此外，中国的区域差异非常大，统一的理想模式在不同区域的实践效果会存在较大差异，控制潜在不良社会效应非常困难。

---

① 陆益龙．乡村社会治理创新：现实基础、主要问题与实现路径．中共中央党校学报，2015，19（5）．

② 沈延生．村政的兴衰与重建．战略与管理，1998（6）．

③ 徐勇．县政、乡派、村治：乡村治理的结构性转换．江苏社会科学，2002（2）．

对农村社会治理走向问题的把握，一方面要顺应社会治理现代化的总体趋势，遵照社会现代化的原则和规律，推进农村治理的现代化。农村社会治理包括两个基本维度：构建秩序和促进发展。推进农村社会治理的现代化，首先在农村社会秩序构建方面，要不断增强法治力量在维持秩序中的作用，要推进农村社会的法制建设，让法制与农村社会文化法则逐步融合起来。

在促进和推动农村发展方面，农村治理现代化要与国家治理现代化高度统一起来，需要在城乡一体化的发展进程中，依靠有效支持农村发展的宏观政策，依靠农村社会产业结构调整，广泛引入新的生产要素，提高资源利用效率，开创农村社会经济发展的新机会和新途径。

另一方面，农村社会治理在方向选择上，依然要充分考虑农村社会的历史传统、现实特征以及区域差异性。如果农村社会的现代发展尽可能地延续农村社会的历史传统，在现代转型中尽力留住乡愁，在新时代有新的发展路径和新的面貌，把农村传统与现代发展有机结合起来，那么将是一种理想的发展方向。如果农村发展是以城市取代农村的方式推进，那么这一发展道路虽能有效解决一些发展滞后问题，但发展的代价则是农村社会的终结。当然，随着城镇化的不断推进，城市扩张会使得周边一些农村社会城市化，这只是农村发展的一种结局。对多数农村而言，发展的方式和道路需要多样化。

鉴于农村社会具有一定的历史延续性和地方性特征，未来农村社会治理的基本走向可能仍是把村民自治与公共管理更好地结合起来。影响和决定农村社会治理这一走向的主要因素包括：(1) 农村社会的地域边界性因素。由于农村社会是由一个个相对独立的村落组成的，要更加有效地应对和处理村落的内部事务、更好地组织村落社会生活，发挥村民自治的功能仍是必要的。(2) 制度的惯性作用因素。农村集体制度仍将对农村社会运行产生影响和作用，由于农村资源是在农村集体基础上配置的，所以农村具有一定程度的自治性。(3) 社会转型的因素。随着现代社会转型，农村发展面临一些挑战。农村如果仅仅依靠自身内部的力量，那么难以适应社会现代化发展的需要。农村社会治理要与时俱进，根据社会治理现代化的要求，引入公共资源和力量，充分发挥公共管理的功能，促进农村社会的协调发展。

既然未来农村社会治理既需要村民自治的力量，又需要发挥公共管理的作用，那么，将两种不同性质的治理方式付诸农村治理实践，需要把村民自治与公共管理有机地融合起来，让两种治理在农村社会产生合力效应，使农村秩序和农村发展都能得到进一步改善。

第四节　村民自治和公共管理

乡村治理一般包括村民自治和公共管理两个方面，两者在乡村的治理实践中，既有差别和分工，也有关联和合作。

一、村民自治制度的意义

村民自治制度是中国农村基层的一项基本政治制度，是广大农民通过“民主选举、民主决策、民主管理和民主监督”的基层民主方式，实行“自我管理、自我教育、自我服务”的乡村治理体制。

村民自治制度的法律基础是 1998 年第九届全国人民代表大会常务委员会第五次会议通过的《中华人民共和国村民委员会组织法》，2010 年第十一届全国人民代表大会常务委员会第十七次会议修订了该法。此项法律确立了村民委员会的自治性质，规定了村民委员会的组成、职责和选举办法，村民会议和村民代表会议的程序和权力，以及民主管理和民主监督的原则和方法。

村民委员会简称“村委会”，是村民自治制度的组织载体，由主任、副主任和委员共三到七人组成。村委会的成员由村民定期按照法定程序直接选举产生，任期为 3 年，每届任期一满即举行换届选举。村委会的选举和形成规则是村民自治制度的重要内容，村委会选举由村民选举委员会主持，由登记参加选举的村民直选提名即海选出村委会成员候选人，然后由登记参加选举的村民以无记名投票方式选举产生村委会的组成成员。

从法律规定的层面看，村委会的职责和功能包括：支持和组织村民依法发展各种形式的合作经济和其他经济，承担本村生产的服务和协调工作，促进农村生产建设和经济发展；管理本村属于村农民集体所有的土地和其他财产，引导村民合理利用自然资源，保护和改善生态环境；宣传宪法、法律、法规和国家的政策，教育和推动村民履行法律规定的义务、爱护公共财产，维护村民的合法权益，发展文化教育，普及科技知识，促进男女平等，做好计划生育工作，促进村与村之间的团结、互助，开展多种形式的社会主义精神文明建设活动；支持服务性、公益性、互助性社会组织依法开展活动，推动农村社区建设；等等。

在村民自治制度中，还包括由基层自治组织在广泛征集村民意见的基础上制定的村民自治章程、村规民约等制度规则。村民自治章程一般是各个村根据《中华人民共和国村民委员会组织法》和本村实际需要，经村民会议讨论和通过，由村委会组织实施，村民会议负责监督执行。村民自治章程一般会规定一些保障村民行使民主权利的具体规则，主要包括民主议事规则、民主管理规则和民主监督规则，如一些村民自治章程中规定的“一事一议”规则、村民监督委员会监督机制、村务公开制度等。村规民约也是由基层制定的一种村民自治实施细则，通常是通过村民会议协商讨论并自主制定的村民进行自我服务、自我管理和自我约束的行为规则。

资料库 8-1

《中华人民共和国村民委员会组织法》

第一章 总 则

第一条 为了保障农村村民实行自治，由村民依法办理自己的事情，发展农村基层民主，维护村民的合法权益，促进社会主义新农村建设，根据宪法，制定本法。

第二条 村民委员会是村民自我管理、自我教育、自我服务的基层群众性自治组织，实行民主选举、民主决策、民主管理、民主监督。

村民委员会办理本村的公共事务和公益事业，调解民间纠纷，协助维护社会治安，向人民政府反映村民的意见、要求和提出建议。

村民委员会向村民会议、村民代表会议负责并报告工作。

第三条 村民委员会根据村民居住状况、人口多少，按照便于群众自治，有利于经济发展和社会管理的原则设立。

村民委员会的设立、撤销、范围调整，由乡、民族乡、镇的人民政府提出，经村民会议讨论同意，报县级人民政府批准。

…………

作为与乡村治理紧密相关的基本制度，村民自治制度的社会意义体现在三个方面：(1) 确立了乡村自治的合法性。乡村自治是指由乡村居民自主管理乡村内部事务、自行解决乡村公共问题的治理方式，有着较为悠久的历史，也是乡村社会历史发展状态的一种自然反映。《中华人民共和国村民委员会组织法》的出台，意味着乡村自治有了法律依据，此法为现代社会的乡村自治赋予了合法性。(2) 构建起农村基层民主政治。村民自治制度的核心意义在于为村民行使民主权利提供制度保障，广大农民可以直接参与自治组织的选举，并可按照村民自治章程对村级事务决策、村庄管理进行民主监督。即便村民自治制度在运行实践中依然存在一些问题，但这一制度为农村基层民主政治架构了一个雏形。(3) 促使乡村治理走向制度化。村民自治制度的推行，从法律高度确立了乡村基层治理的主体、关系、内容以及相应规则，从而为乡村治理提供了正式化、规范化的法律依据，由此乡村治理将不断走向制度化和现代化。

二、农村的公共管理

乡村治理并非仅仅是乡村内部的事，不能完全依靠村民自治来达到理想的治理目标。历史上，乡村治理是国家治理与村民自治相互作用、共同实现的治理过程，“治理是国家权威和乡村居民共同参与的一个过程，它在帝制时期包含了不仅满足统治者而且因应村民需求的一系列内生性制度安排”①。由此看来，国家力量或公共

① 李怀印．华北村治：晚清和民国时期的国家与乡村．北京：中华书局，2008：2.

部门进入农村社会，介入和参与乡村治理，是农村社会发展的历史规律使然。

农村公共管理不同于村民自治或乡村自治。公共管理是指以政府为核心的公共权力机关为实现社会公共利益，对社会公共事务开展管理的活动和过程。在农村社会，基层的政府机关和公共部门为乡镇政府及其他公权力机关。乡镇政府在农村公共管理中处于最基层同时又处于中心位置。随着国家对农村建设的不断加强，公共管理力量逐渐进入农村村级治理之中。这些公共管理力量是以乡镇以上政府和党组织下派到村级组织挂职或任职的形式进入村级治理的，如在一些村的基层党组织中，有各级政府派遣的挂职蹲点干部。[①]

与乡村治理的历史相比，农村社会中的公共管理力量与以往乡村治理中的国家权威已有较大程度的区别。以往国家权威对农村治理的主要目标不外乎两个方面：一是向农民征收赋税和徭役，二是维持农村社会秩序的稳定。如今，农村社会公共管理的主要目标是实现社会公共利益。就农村社会现实而言，农村公共管理的主要任务是向农村社会提供有效的公共物品，即通过公共物品的有效供给，来实现社会公共利益。

所谓公共物品，是与私人物品相对应的，不具有专用性和排他性，由政府或其他公共部门提供，供社会成员共同享用和使用的物品。公共物品需要由公共部门来供给和管理，主要有两种原因：一是有些公共物品不能由私人或市场机制来提供，如国防、公共安全等方面的公共物品；二是私人或市场组织不会无偿提供公共物品。尽管在公共物品的供给过程中，政府等公共部门有时也会引入一些市场机制，但公共物品的供给和管理仍依靠政府等公共部门。

自农村税费改革之后，中国农村公共管理已发生重大转型，农村公共管理部门的目标和职能已有根本转换，从税费征收型管理转换为公共物品供给型管理。随着新农村建设的进一步推进，由国家惠农支农政策提供的公共物品不断增多。就现状而言，农村公共物品供给的范围和效率相较以前有了明显的扩展和提高。农村公共物品供给状况的改善体现在：第一，社会保障和社会救助的供给明显增多。在社会保障与社会福利供给方面，农村老年人能够享受到一定的养老补助，最低生活保障已覆盖农村，新型农村合作医疗为农民提供了医疗保险，特殊困难户亦可获得有效的社会救助。第二，农村的交通、医疗和文化教育等公共设施建设明显改善。在新农村建设过程中，“村村通”工程得以全面推进，农村交通、通信等基础设施得到大大改善。此外，公共财政在农村医疗机构标准化建设、农村文化设施建设和农村校舍改造以及免费义务教育等方面的投入不断加大。第三，农村的法制及公共安全等方面的公共物品供给不断增长。在“送法下乡”活动开展过程中，农村法治建设得到不断推进，法治在农村社会秩序构建中的作用逐渐增强。此外，公共管理为农村社会治安提供的公共资源和公共服务也在不断增长。

在乡村治理中，公共管理显得越来越重要、会发生转型，与农村社会发展的大

---

① 陆益龙．嵌入性政治与村落经济的变迁：安徽小岗村调查．上海：上海人民出版社，2007：241.

趋势、大方向以及时代条件有密切关系。在社会现代化的大趋势下，农村社会发展同样面临现代化的任务。如果仅仅依靠乡村自治力量，农村社会现代化就会面临动力不足问题。如果将农村依然置于国家治理现代化体系之外，就会在一定程度上制约农村现代化进程。在农村社会发展进程中，利用公共管理来协调和综合多方力量参与农村发展显得越来越重要。

随着社会经济现代化水平的不断提高，国家与农村、国家与农民的关系在逐渐发生转变，以政府为主导的农村公共管理也在发生转向。农村、农民和农业在现代社会已成为公共部门支持的对象，而不再被作为税赋的来源。因此，随着工业化、城镇化水平的提高，公共财政能力的提升，农村公共管理的职能逐渐转向实施“工业反哺农业，城市反哺农村”的政策措施，不断增加农村社会公共物品供给，不断缩小城乡之间的差距和发展不均衡。

三、村民自治和公共管理的结合

从农村社会长远发展角度看，村民自治力量和公共管理力量将并存于乡村治理活动与过程之中。既然两种治理力量和治理方式会长期并存，那么，促进并维持两者之间的并行不悖对于改善乡村治理、提高乡村治理效率就显得格外重要。

在乡村治理中，将村民自治与公共管理有机结合起来意义重大。对村民自治与公共管理相结合的重要性的理解，可从两方面去加以把握：一方面，农村社会具有相对特殊的结构和环境，较为适合以自治来实现自身秩序和关系的均衡，其社会生活中的事务较适合用自治方式来处理。在农村社会，经济生产以家户为单位、相对独立，以小规模生产经营为主，村民之间基于分工的社会联系较少，村民的个体性和独立性相对较强，那些因相互联系、社会互动而产生的公共领域或公共事务则相对较少。那些在日常生活中形成的联系，更多是情感的、文化的联系，维系这种联系主要通过传统、习俗和惯例来实现。所以，维持农村社会一定程度的自治，既是农村社会生活的一种内在要求，也是能顺利在农村推进公共管理的重要社会基础。

另一方面，在新时代要治理好农村社会离不开公共管理力量所发挥的功能。关于村民自治的政治学研究，常从国家与社会、国家与农村的分析框架出发，将有效实现村民自治视为未来乡村治理的一种理想状态，因为实现村民自治会达到农村政治的民主化。其实，这一分析视角将国家力量介入与农村政治民主化对立起来。如果把国家在农村社会推进的公共管理理解为国家权力对乡村自治的干预、对乡村政治民主化的妨碍，忽视国家公共管理力量在农村建设和农村发展中的综合性和协调性功能，那么，让公共管理力量退出农村社会则更加危险。

国家力量或公共管理的退场和缺席并不必然带来纯粹的、理想的农村政治民主化。即便村民拥有直接选举和民主监督的权利，也无法保证乡村自治过程走向民主化。因为在缺乏公权力的监督和保护时，村民自治选举可能会被某些非法集团或黑恶势力“钻空子”。这样，国家权力实际上让位于那些非法集团权力，乡村自治不是走向民主化，而是走向集团政治，为一些特殊利益集团所控制的乡村政治。

国家力量或公共管理介入农村社会，并不一定会削弱农村政治的民主化。国家政权建设和农村公共管理可以与村民自治很好地结合起来，在党组织和政府的有效领导下，基层自治组织会更好地发挥乡村自治作用，更好地实现农村社会的公共利益。从一些村民自治实践可以看到，那些党组织和政府领导作用效果理想的农村地区，村民自治所取得的成就也更为明显。[①] 此外，国家力量或公共管理进入农村基层社会的主要目的是实现基层社会秩序的稳定和向农村提供公共物品与福利。所以，国家在农村推进的公共管理与村民自治之间并不对立，而是有很多结合点。

既然乡村治理需要将村民自治与农村公共管理有机结合，那么，两种不同治理力量和治理方式该如何结合起来呢？无论是从理论还是从实践角度看，村民自治与农村公共管理之间都存在一定差异，两者并不会自动地相结合。要将两者有机结合起来，并达到良好的结合效果，需要在两者之间找准恰当、理想的结合点。

两种不同力量之间恰当、理想的结合点一般是它们的共同点和均衡点。在村民自治与农村公共管理之间，共同点和均衡点有四个：一是以农民为中心，二是以公共利益为目标，三是以公共事务为对象，四是以基层组织为基础。

如果村民自治与公共管理都坚持以农民为中心的原则，坚持来自群众、依靠群众、服务于群众的治理原则，那么两者在乡村治理实践中自然会实现高度统一。社会治理的根本目标在于实现社会公共利益，村民自治与公共管理如果真正坚持以社会公共利益为目标，就可以妥善解决治理实践中出现的村民个人利益、村庄内部利益与公共利益之间的矛盾问题，实现两者的相互融合。村民自治和农村公共管理都以农村公共事务为治理对象，应对和处理各种公共问题，在这一点上两者可以进行很多合作和相互促进。此外，村民自治和农村公共管理可以通过基层组织这一平台，开展有效的互动联系，并在具体乡村治理事务中进行协调与配合，这样两者就能形成基层治理的合力，对促进乡村治理效率提高将起到积极的作用。

本章要点

农村社会中的权威可分为两大类：一类是国家权威，另一类是地方性权威。国家权威是由国家输入农村社会的权威，既维系着国家与农村的治理关系，也为农村社会秩序的维护提供一种外在控制权力。地方性权威是指在农村一定地域范围内产生的内部权威或地方权威，包括政治权威、经济权威、社会权威和神性权威。从权威构成看，农村社会的权威包括：（1）法理权威；（2）家族权威；（3）神性权威；（4）财势权力；（5）势力权力；（6）礼俗权威；等等。农村社会权威的功能主要有：（1）控制与秩序维持功能；（2）动员与集体行动发起功能；（3）整合与社会团结促进功能。

---

① 徐勇．中国农村村民自治．武汉：华中师范大学出版社，1997：26.

农村社会的主要政治力量包括农村政府机关、行政村“两委”组织和农民群众等，在一些特殊的农村地区，可能存在黑恶势力影响农村政治。农村政治系统结构可概括为“县政—乡管—村治”，基层民众的主观评价能反映出农村政治系统运行的状况是否趋于良性。村干部政治是指在农村基层的政治活动中，由村干部来行使政治权力并具体负责基层社会的治理事务，村干部逐渐趋于官僚化和正式化，村干部的权力已为正式制度和法规所支持与规范，并得到基层社会的认可。

农村社会治理由两个方面的内容构成：一是“治”，二是“理”。“治”是指农村政治，“理”是指管理和协调农村发展及其相关事务。农村社会治理面临着内生发展动力不足、精英向外净流出、公共事务的有限参与、共识基础削弱、发展与矛盾递增的悖论等问题。农村社会治理一方面要顺应社会治理现代化的总体趋势，推进农村治理的现代化。另一方面在方向选择上，依然要充分考虑农村社会的历史传统、现实特征以及区域差异性。

村民自治制度是中国农村基层的一项基本政治制度，其意义在于确立了乡村自治的合法性、构建起农村基层民主政治、促使乡村治理走向制度化。农村公共管理是指以政府为核心的公共权力机关为实现农村社会的公共利益，对农村社会公共事务开展管理的活动和过程，其主要任务是向农村社会提供有效的公共物品。村民自治与农村公共管理之间有四个共同点和均衡点：以农民为中心，以公共利益为目标，以公共事务为对象，以基层组织为基础。

关键概念

农村权威	法理权威	家族权威	神性权威
财势权力	势力权力	礼俗权威	政治组织
政党	政治系统	村干部政治	社会治理
乡村治理	治理结构	治理创新	村民自治
公共管理	公共物品	村民委员会	基层政权建设

思考问题

1. 农村社会的权威构成有哪些？权威在农村社会主要有哪些功能？
2. 什么是村干部政治？村干部政治有哪些特点和意义？
3. 农村社会治理所面临的问题有哪些？为什么会有这些问题？
4. 村民自治和公共管理为何并存于乡村治理之中？两者的主要结合点是什么？

推荐阅读

1. 陆益龙．农民中国：后乡土社会与新农村建设研究．北京：中国人民大学出版社，2010.

2. 陆益龙．后乡土中国．北京：商务印书馆，2017.

3. 张静．基层政权：乡村制度诸问题．上海：世纪出版集团，上海人民出版社，2007.

4. 李怀印．华北村治：晚清和民国时期的国家与乡村．北京：中华书局，2008.

5. 贺雪峰．乡村治理的社会基础．北京：中国社会科学出版社，2003.

第九章

农村的社会分层与流动

考察农村的社会分层与流动问题，可以从中了解和认识农村社会经济的变迁及其规律性，把握社会经济制度变迁与农村社会分层和流动体系之间的内在联系，以及农村社会分层与流动机制的变化所蕴含的社会学意义。

第一节　农村社会分层的维度

社会分层是指社会在结构上所分化出的层级差别，亦即人群之间的社会差别或不平等现象。农村社会的分层现象虽不像城市社会分层那样复杂，但也有多种不同的维度。尤其是随着农村社会的现代变迁，社会分层越来越明显，农村社会在职业、阶层以及主观认同等维度呈现出了一定程度的分化和差别。

一、农村社会的职业分化

职业分化反映出社会成员的谋生手段或所从事的职业出现差异的现象。由于职业的差异可能会进一步导致其他相应的社会差别，因此，职业分化是考察社会分层的重要维度之一。农村社会的职业分化现象是指农村社会劳动力所从事的职业在类型和性质上出现区分和差别，农村劳动力以往被统称为农民，所以有研究将农村社会的职业分化视为农民的职业分化，并认为农民的职业主要受城市化、工业化等因素影响而出现多元化、区域差异化的分化[①]。在传统农村社会，虽然多数人是从事农业的农民，但也有人操持着其他职业，如手工业等非农职业。

从职业类型分化的角度看，农村劳动力所从事的职业大体分为三种类型：一是纯农业，二是非农业，三是兼业。在农村社会，仍有一部分劳动力维持着以从事农业为自己职业的状态，他们属于真正意义上的农民，在农村社会从事着农业劳动。

① 李逸波．现代化进程中的农民职业分化研究．北京：中国社会科学出版社，2014：128.

专门从事农业的劳动力是留守在农村社会的主体成员，他们的农业生产活动大体有三种形态：一是维持着小规模的家庭农业耕作与经营，在自家承包耕地上开展农业生产。二是农业大户的生产经营，通过土地流转扩大家庭的农业生产规模。三是合作化的农业生产，通过合作社等组织形式开展合作化的农业生产。就纯农业职业的从业现状而言，多数从业者是农村老年人、妇女。在经济收益水平上，他们的收入水平一般处于较低状态。

农村非农业的从业状况是农村社会职业分化的集中体现。农村社会的非农从业者分两种情形：一种是在农村从事非农业者，如干部、教师以及各种工商业者；另一种是农村劳动力外出从事非农业，如大量农村外出打工者在城镇各行各业从事多种非农职业。农村社会并非仅由农民构成，而是由农民与其他非农职业者共同构成的社会有机体。即便在一个小小的村落社会里，也一直存在着一些非农职业者，如小商贩、手艺人等。农村劳动力外出从事非农职业是农村社会职业分化的一种新常态，在工业化、市场化和现代化的社会变迁过程中，农村社会对农业劳动力的需求，以及农村劳动力对不断提高经济收入水平的需求，加上市场的日益开放，让越来越多的农村劳动力离开农村、离开农业，到城镇劳动力市场寻求非农从业机会，形成了较大规模的“农民工”群体，这一群体有大量人员从农业中分离出去，不再从事农业生产经营活动，而是在城镇从事建筑业、制造业、服务业以及商业等各种非农职业。

农民兼业现象是农村社会职业分化的一个突出表征。在向外流动的农民工群体中，还有一部分并未彻底地从农业中分离出去，他们既在农村维持着家庭农业生产，又在农业之外兼营其他职业——或在农村兼营手工业、商业和服务业，或到城镇打工。

迈入新时代，农村社会的职业分化表现出三个重要特点。

第一，农村社会的职业分化在形态上具有多样性特征。改革开放以来，农村社会成员在职业上已从以农业为主转向分布于多种多样的职业，农村社会职业结构变迁反映出农村社会的结构特征。农村社会成员向多种职业的分化和转移，意味着农业的职业地位和农村职业关系发生了变化。人们向农业之外的多种职业转移，主要目的是寻求更多、更新的发展机会。

第二，农村社会的职业分化呈现出职业化水平低与多变性的特征。大量农村劳动力向各种各样的非农职业的分化与转移，较多是以非正式途径和形式实现的，较少为职业化的转换，因而职业化水平相对较低。职业化水平较低表现在两个方面：一是对职业技能和职业经验的要求较低，二是用工形式具有非正式性。从现实经验看，较多农村劳动力以“闯市场”方式寻找更多赚钱机会，而非经过职业训练再转向其他相应职业。正是因为职业分化与转移的非正式性，职业的不确定性较高，较多农村劳动力通常会不断地变换职业。

第三，农村社会的职业分化具有异地化特征。从现实情况看，农村社会的职业分化是异地转移而非就地转化，较多农村劳动力在向多种非农职业转移时，被迫离开农村，要与家乡分离，亦即“离土也要离乡”。职业分化的异地化既反映出职业与家庭生活在一定程度上的分离，也体现了农村职业分化的社会代价。

二、农村社会的阶层分化

阶层分化是指社会结构在社会运行过程中出现的在资源获得、权力和地位等方面的层级差别，亦即社会结构形成高低不等的层级群体。对社会结构层级分化与不平等现象的分析，马克思主义强调用阶级分析法，如以往将农村社会分为地主、富农、中农、贫农等阶级。韦伯的社会分层理论则提出阶层分化有三个维度：一是市场机会和收入的分化，二是权力的分化，三是职业和社会声望的分化①。

在社会转型过程中，农村社会的阶层分化已有了新的特点。

首先，农村社会的主体成员并非全是依靠农业生产的农民，农民范畴已有了新的拓展。运用富农、中农和贫农的分析方法已不能准确地概括和反映农村社会阶层分化的现实。在农村社会的成员构成中，传统意义上专门从事农业生产的农民只是其中的一部分，越来越多的人已经转向非农职业或兼营其他职业。

其次，农村社会空间结构已非静态的单一结构，而是已演变为向农村之外伸展的动态结构。在静态的、封闭的单一结构中，社会阶层分化现象更易于显现出来，且分化的维度较为单一和明显。如在传统农村，社会阶层分化从家庭拥有的土地资源和农业生产经营状况方面即可充分地体现出来。如今农村是一个大流动的社会，虽然农户在土地占用和农业经营状况方面存在一定差别，但这并不足以显现出农户之间的层级差别，土地和农业的收入状况对经济地位的形成已不具有决定性的意义，农村社会的不同家庭可以在农村和农业之外获得一些新的要素或资源。

最后，农村社会的阶层分化改变了既有结构，但并未形成固化阶层。改革开放以来，以家庭为单位的农村基本经营体制得以确立和维持，农村不同家庭在调动生产经营能动性方面的差异逐渐打破了集体经济时代的平均主义格局，农户之间的层级差别渐渐显现出来。然而，农村社会的分化与差别并未形成固化的阶层结构。由于不同的农村家庭皆在寻找非正式的市场机遇，阶层分化或社会差别的形成只是反映出一段时期内不同家庭所抓住的市场机遇有所不同而已，并未形成较为稳定的阶层。

就社会分层的一般原理而言，一个社会的层级大体可分为上层、中上层、中层、中下层和底层，只是在不同的社会，各个层级的构成亦即涵盖的比例会有所差别。对农村社会阶层分化的认识，可从农村社会的层级结构视角出发，考察和了解不同层级所占比重以及不同层级的构成情况。

处于农村社会上层的是少数富裕家庭，所占比例比较低。农村先富裕起来的家庭是一些专业户、包工头、私人工商企业主。专业户一般掌握并运用现代种植技术

---

① 韦伯．经济与社会：上卷．林荣远，译．北京：商务印书馆，1997：32.

和养殖技术，通过规模化生产实现经济收益的提高，由此成为农村改革后的先富阶层。此外，那些较早流向城镇的农民工，较多从事建筑业，其中有一小部分人在经验积累的基础上发展为包工头，他们通过承包建筑工程而获得可观的经济收入，并成为农村的富裕家庭。在市场转型过程中，也有一些农民在农村或到城镇创办工商企业，并能维持理想的经营状态，这些家庭属于农村社会的上层。在城镇化快速推进过程中，伴随数字经济快速发展，一些外出经营的农户获得理想的商机，经营效益大大改善，成为农村较为富裕的家庭。此外，在一些靠近旅游景点地区的农村，农户从发展民宿和农家乐旅游服务业中走上致富之路。

农村社会的中上层一般是经济收入水平相对较高的家庭，在农村所占的比例并不高。这一层级的农村家庭包括那些家庭劳动力多且无赡养负担的家庭、在外打工或经营服务业状况比较良好的家庭，以及一部分农业大户。他们的生产经营取得了相对理想的市场效益，家庭经济地位得到较大程度的提高。

在农村社会处于中层的占多数，比例比较高。较多农村家庭处于中间状态，既谈不上富裕，也不贫穷，处于衣食无忧、生活从容的状态。农村社会的中层是有足够劳动力的家庭，既能维持家庭农业，也可外出打工经营，家庭负担系数不高。

农村社会的中下层指经济地位与生活状况不太理想的层级群体，这一阶层在农村的比例也比较高。那些以农业为主的家庭、劳动力少且负担系数高的家庭、有一定困难或障碍的家庭，由于客观条件的限制，难以在市场中获得理想的发展机会，社会生活维持着温饱水平。

处在农村社会底层的群体是指农村的经济社会地位相对低下的家庭或农户，他们在农村占比也不高。底层群体的构成包括那些资源地位相对低、相对贫困和发展机会较为有限的困难户、纯老年户。此外，一些失地农民也容易成为农村社会的底层。自 21 世纪以来，中国农村约有 5 000 万失地农民，其中约有 20%的失地农民的生活水平有不同程度的降低[①]。就社会分层而言，总会有底层存在。社会发展的目标是尽量降低底层群体的比例，并尽可能解决底层群体遭遇的困难，改善其社会生活。

三、农村社会的主观分层

社会分层或不平等是复杂的社会现象，并非仅从某个客观维度即可把握和理解。虽然一些客观维度和标准是认识社会分层的重要视角，但社会成员的主观认同也是不可忽视的重要分层维度，主观维度既更能反映社会成员对阶层分化的主体性感受、认知和态度，也能反映社会阶层分化的相对性。

如果按照国际社会经济地位指数（ISEI）来划分社会阶层，中国社会的阶层结构会呈现出倒“丁”字形。构成倒“丁”字一横的是广大的农民群体，由于他们的

① 陆学艺．当代中国社会结构．北京：社会科学文献出版社，2010：411.

教育、经济收入和职业地位的综合分值较低，且所占比例较高，所以他们构成了社会的底层大众。[①] 然而，如果从农村居民的主观阶层认同来看，并非所有农民都认为自己属于社会的底层，那些客观指数测量与农村居民的主观认同之间有较大差异。例如，从对农村社会的抽样调查情况看（见图 9－1），农村居民对自己所属阶层的主观认同似乎并未显现出倒“丁”字形结构特征，表明社会分层的客观维度与主观维度存在较大差异。将自己认同为社会底层的农民只是一部分，所占比例为 22.5%，更多的（39.6%）农民则认为自己属于社会中层。农民对自己所属阶层的主观认同，呈现出“五边形”的结构特点。

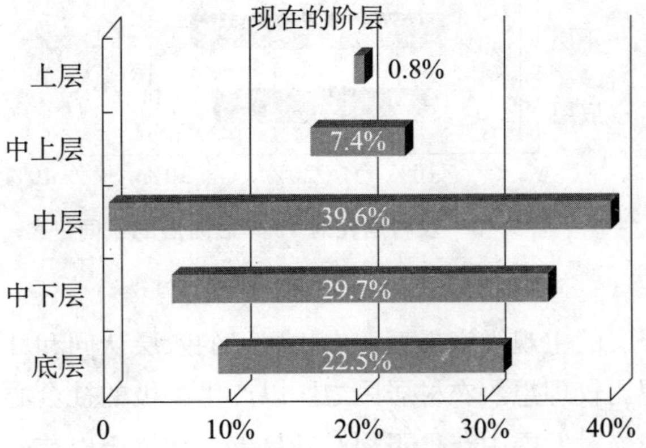

图 9－1　农村居民对当前阶层的认同

资料来源：2012 年“千人百村”调查。

农村居民对阶层的主观认同不仅具有主观性，也具有变动性特征。农村居民对 10 年前自己所属阶层的主观认同，则显现出“三角形”或“金字塔形”的结构特征（见图 9－2）。由此可见，农村居民对自己以往的阶层地位给予了较低的认同，多数人将自己视为社会的低层。

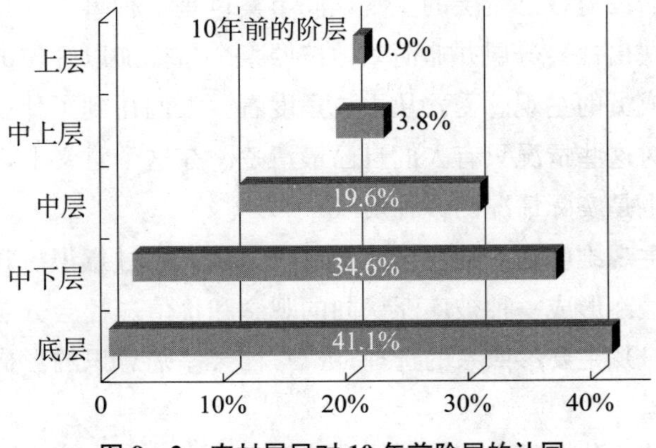

图 9－2　农村居民对 10 年前阶层的认同

资料来源：2012 年“千人百村”调查。

① 李强．“丁字型”社会结构与“结构紧张”．社会学研究，2005（2）．

农村居民对10年之后自己所属阶层的主观认同，则显示出“六边形”的结构特征（见图9－3）。从农村居民阶层认同结构的变化趋势中，我们不仅可以理解他们的社会经济地位的实际变化，也可看到他们对阶层分化的积极态度。

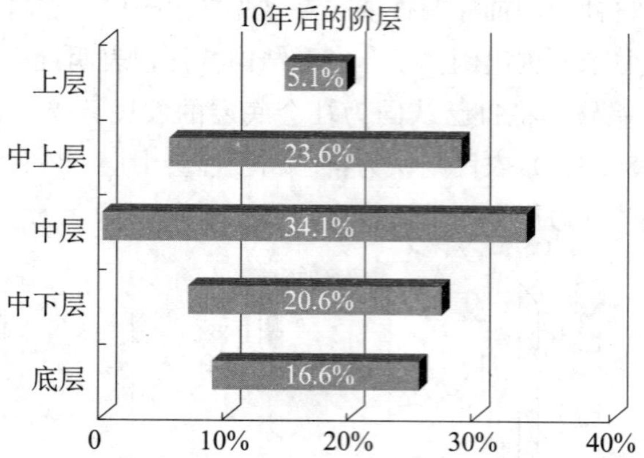

图9－3　农村居民对10年后阶层的认同

资料来源：2012年“千人百村”调查。

从农村社会分层的主观维度来看，农村居民的阶层认同和社会心态趋于乐观向上，对未来的期望比较理想。农村居民之所以产生积极的社会心态，是因为他们从农村社会所取得的绝对发展中获得了相对满足感，相比于以前的社会经济状况，他们会有较大的满足感。①

农村社会分层的主观维度与客观维度所出现的偏差现象，并不意味着人们在主观上试图遮蔽社会分层的客观实际，而是反映出人们对阶层分化的感知情况以及对社会公平问题的主观感受和评价。就社会分层的现实情况而言，由于城乡差别依然存在且有拉大的趋势，较多农村居民的社会经济地位会在一定时期内处于相对劣势状态，他们在社会分层中仍会处于相对较低的层级。

然而，农村居民对自己阶层的主观认同事实也是一种事实，是一种主体性的事实。这种事实反映出社会分层并非简单地按照某个指标加以客位的阶层划分，而是需要考虑到社会成员的主观感受。从主位角度看，人们得到了什么，以及自己的生活状况怎么样，对这些情况只有人们自己最清楚。在这个意义上，农村居民对自己阶层的主观认同也是实际情况的一种反映。

社会分层的主观维度是一种社会建构过程，人们通过意识、观念和态度的传播以及互动作用，最终形成一种被广泛认同的观念和价值。社会分层的主观建构包括三个组成部分：（1）主要参照系的选择；（2）社会差别意识的形成；（3）对分配现实与原则的评价。

农村的主观社会分层具有积极建构的特征。首先，在主要参照系的选择上，更多的农村居民选择与自己过去的阶层状况相比较，而不是选择横向地与城镇高收入

① 陆益龙．从农民的社会心态看乡村社会的发展态势：基于“千人百村”调查．探索与争鸣，2013（10）．

群体进行比较，选择纵向参照系一般不易于产生相对剥夺感。其次，农村居民较少会有宏观的社会差别意识，关于社会差别的意识更多基于微观生活经验而形成，因而农村居民的社会差别以及阶级阶层意识并不强。宣传和环境会对人们的差别意识产生重要影响，农村居民所接受的有关社会差别意识的传播相对较少，形成强烈的社会差别与阶层意识的可能性较小。最后，农村居民一般更容易满足于现状，只要生活上没有遭遇大问题，就不会对既有的分配现实和分配制度提出质疑，更不会有批判和反抗的态度。因此，虽然农村居民的实际社会经济地位总体上要低于城镇居民，但农村居民的主观阶层认同有偏高的趋势，而城镇居民的主观阶层认同往往有偏低的趋势，这种差别表明农村居民对社会分层的主观认同更为积极向上。

第二节　农村社会分层的机制

农村社会分层的机制是指农村阶层分化产生的动力、过程和作用机理。农村社会分层机制问题包括两个核心问题：农村居民得到了什么？他们为什么会得到这些？这两个问题涉及社会利益与资源分配的动力学问题，即哪些资源和利益通过何种力量被分配到农村居民手中。

一、再分配机制与农村社会分层

再分配机制是人类社会进行利益和资源分配的基本制度之一，是由公共权力部门集中社会主要资源和直接生产的产品，然后在全体范围内进行集中统一分配。农村社会的分层状况及动因，归根到底与利益和资源分配关系最密切。作为一种社会分配制度，再分配机制构成农村社会分层的一种动力机制。如泽林尼认为，社会分层或不平等存在于任何制度之下，但在不同制度条件下，社会分层机制不同。再分配经济制度下，不平等是由再分配制度形塑的，市场机制提供的开放机会有助于降低不平等；而在市场经济制度下，不平等则是由市场机制造成的，再分配机制会对不平等有缓和作用。①

中国农村在集体经济时代，社会分层受再分配机制的影响。在农村社会内部，由生产小队集中统一分配口粮，由生产大队统一核算工分值，然后按工分分配社员的劳动收入。在一些主要生活用品如布、糖等的供应上，按照计划实行凭票供应。在这一计划式再分配机制的作用下，农村社会内部基本上达到平均主义的平等状态，阶层分化并未明显。所以在这一时期，再分配机制对农村社会分层的作用表现

---

① SZELENYI I. Social inequalities under state redistributive economies. Journal of comparative sociology, 1978 (1).

为消除了内部的分化和差别，实现了内部的平均主义。

然而，集体经济时代的再分配机制并未彻底消除不平等或社会差别，并造成了其他社会差别，如城乡差别和身份差别。计划经济再分配的制度安排形成了城乡二元的分配格局，城镇居民与农村居民所分配到的资源和福利存在较大差别，城镇居民的经济待遇和生活水平明显优越于农村居民，城乡差别由此形成并得以固定下来。此外，再分配过程中，资源配置和福利分配总要按照一定标准去执行，身份于是成为再分配的重要标准——不仅有干部、工人和农民的身份之分，还有全民、集体和个体所有制的身份之别。不同身份之间在资源和福利分配方面存在一定差距，由此形成身份差别。无论是城乡差别还是身份差别，都与再分配制度安排有着不可分割的关联，且都对农村社会分层产生巨大影响，再分配机制形塑了农村居民的较低地位和身份。在计划经济时代，人们关于“城里人”与“乡下人”的称呼就反映了城乡差别的分层事实。①

在集体化时代，再分配机制对农村社会内部结构平等化的作用是通过两种机制实现的：一是农村资源和产品的集体统一转移、控制与分配机制，二是阻止集体成员在集体外获取私人收入的控制机制。在农村集体经济中，农户除了拥有按人口分配的自留地之外，其他资源和产品几乎全部被统一转移到集体之中，由集体统一控制和平均分配，这在较大程度上决定了各家各户在分配所得上的平均化趋势。集体不仅是农户获得资源和利益分配的基本来源，也是唯一来源，因为个体从集体之外获得资源的途径几乎全被控制。

农村社会分层中的再分配效应是通过惠农政策和反哺机制实现的。惠农政策是国家为加强农业基础、支持农村发展、促进农民增收而推行的倾斜与优先政策，包括政府财政支出向农村基础设施建设、社会保障与福利、农业生产经营等方面的倾斜。惠农政策的再分配效应体现为广大农村居民所获得的公共物品明显增多，反映出再分配政策的宏观调节对缩小城乡差别发挥一定作用，例如，养老保障、最低生活保障、医疗保险等公共物品以往只在城镇供应，如今已逐渐向农村社会覆盖，由此降低了农村居民的生活保障支出，无形中提高了农村居民的利益分配水平。

农村社会分层中再分配的反哺机制是指城市反哺农村、工业反哺农业的补偿与支持机制。在城市化过程中，计划经济的再分配机制将农村一部分资源和农产品以较低价格集中起来并转移至城市，支持城市的发展。所以在城市快速发展过程中，农村社会为之做出过重要贡献。为缩小现代化进程中的城乡差别，城市反哺农村既具备一定物质条件，也具有合理性。同样，在工业化实施过程中，国家通过工农产品剪刀差的再分配机制，从农业、农村和农民那里得到大力的支持。随着工业化水平的不断提高，再分配的调节策略可以进行转向，转为工业反哺农业、工业支持“三农”发展，以便缩小工农差别。

① 陆益龙．户籍制度：控制与社会差别．北京：商务印书馆，2003：141.

二、市场机制与农村社会分层

按照韦伯的社会分层理论，市场机会、政治权力和社会声望是衡量阶层分化的三个核心依据。市场机会是指个人在市场上所占有的地位，包括拥有的资源、收入状况和消费水平。在农村社会分层中，居民所得到的市场机会差别虽然受多种复杂因素的影响，但其中有一个重要形成机制，那就是市场机制的作用。

所谓社会分层的市场机制，是指市场通过自由交换的方式来配置不同资源和分配不同经济收入而产生社会阶层分化或社会差别的过程及机理。在市场经济中，社会资源和利益分配是通过市场机制进行的，个人可以在市场交易中获得相应资源和收入。但由于个人在资本存量以及人力资本等方面存在着差异，因而获得的市场机会也就出现较大差别和分化。虽然市场机制的作用是在完全竞争和自由交换基础上产生的，但该机制更容易造成社会差别。按照市场机制的逻辑，为追求更高效率，需要对参与市场竞争的主体进行有效激励；而要实现有效激励，就要通过资源配置和利益分配上的差别待遇。不过，市场机制并非只有导致社会不平等的作用，有些情况下也具有缓和社会不平等的功能。当开放的市场能够为一些弱势群体提供就业机会时，就能为消除绝对贫困、缓和社会不平等起到一定积极作用。

改革开放后，农村集体经济体制被家庭联产承包责任制取代，计划经济逐步过渡到市场经济，农村社会的阶层结构由此发生新的变化，阶层结构变迁是由社会分层机制变化所引发的。关于中国农村社会分层机制变化问题，市场转型理论认为，经济改革推动农村社会分层机制从再分配机制向市场机制转型，农村社会“分层机制的变化源于以市场制度为中心的收益和利润机会的扩展。随着市场取代和扩展国家所控制的机会结构，机会具备了更为广泛的基础并变得更为多样化”①。关于农村社会分层的市场转型理论，包括三个理论命题：（1）市场权力命题，是指从再分配向市场机制的转型会产生有利于直接生产者的权力转移，即市场交易会增加直接生产者对资源控制、劳务条款和商品价格的决定权力；（2）市场动力命题，是指由于报酬与个人生产效率紧密挂钩，市场能够为直接生产者提供更强的动力刺激；（3）市场机遇命题，是指市场转型导致以市场为核心的新机会结构，市场机会为社会流动开辟了新渠道②。

市场机制在农村社会分层中的作用集中反映在三个方面：第一，市场的开放导致农村社会的职业分化。在市场机制的作用下，农村社会的劳动力对自己的劳动和职业选择有了更大的自主决定权，不再像在集体经济的再分配体制下，大多数农村

① 倪志伟．一个市场社会的崛起：中国社会分层机制的变化//边燕杰．市场转型与社会分层：美国社会学者分析中国．北京：生活·读书·新知三联书店，2002：220.

② 倪志伟．市场转型理论：国家社会主义由再分配到市场//边燕杰．市场转型与社会分层：美国社会学者分析中国．北京：生活·读书·新知三联书店，2002：189－190.

劳动力被迫从事集体农业生产——因为除此之外，他们难以获得就业机会。随着劳动力市场的开放，农村劳动力有了更大的自主选择空间，所从事的职业已经转向多样化。第二，市场机制激发了农村内部社会经济地位的分化。农村在向市场经济转型的过程中，经济效率和农民生活水平确实得到了较大幅度的提高。但与此同时，农村社会内部的分化较之前变得更为明显，社会差别明显拉大。在市场经济中，农村居民要直接面对市场而从事生产与经营，他们所得到的收入和效益取决于自己的生产经营效率。由于个人及农户的生产经营效率之间总是有差异，因此产生分化或社会经济地位差别也就不可避免。所以，市场机制在为农村居民提供更多、更有效率的机会的同时，也加剧了农村社会的阶层分化。第三，市场机制促使城乡差别新形态的形成。在计划经济体制下，城乡差别的形成是由再分配机制形塑的。然而，从再分配向市场机制的转型过程中，虽然“三农”得到了更多的发展机会，但市场似乎并未消除或缩小城乡差别，甚至出现城乡收入差距拉大的趋势，市场机制成为城乡差别新形态形成的重要影响因素之一。越来越多的优势资源从农村向城市转移和集中，“三农”显现出弱势与衰退的趋势。由此表明，市场转型并不能解决城乡差别问题，在缩小城乡差别方面，存在着市场失灵。

三、农村社会分层的混合动力机制

随着社会转型的加速，农村社会的阶层分化与阶层结构越来越趋于复杂化、多样化，影响农村社会分层的因素显得更为复杂。如果仅以再分配理论或市场转型理论来解释中国农村社会分层的动力机制问题，可能难以理解许多社会现实。

按照分配动力学的理论，社会资源和利益是由一些力量通过某种作用方式分配到每个人那里的，由此构成社会分层的动力机制，不同的人在这一动力机制的作用下，得到不同的资源和社会地位。那么在农村社会分层中，究竟有哪些力量作用于资源和利益的分配呢？是再分配的力量还是市场的力量，抑或还有其他力量？关于社会分层的动力问题，再分配理论和市场转型理论往往倾向于把驱动社会阶层分化的力量归结为其中一种，然而在社会现实中，阶层分化和社会差别的形成并非由某一种力量所造成，而是由多种力量混合在一起影响所致。在不同制度背景下，混合动力的主要成分和构成结构有所不同。在集体经济时代，国家、集体的再分配力量在农村社会分层混合动力中是主要力量，而社区的文化力量和个人的能动性也是农村分层动力的构成部分，只是其作用没有再分配力量那样显著。在市场转型过程中，虽然市场成了农村社会阶层分化混合动力系统中的主要构成，但政府的政策力量、社区的文化力量以及个人的能动性依然在农村社会分层中具有一定影响力。

在农村社会分层的混合动力中，自然条件也是一种重要动力。农村社会差别的一个突出体现是区域差别较大，就农村社会经济的发展水平与总体地位而言，中国的东部、中部和西部农村之间存在较大社会差别。农村社会出现这一空间地域上的明显分层，既有再分配力量的作用，自然力量也是非常关键的影响因素。东部地区社会总体发展水平较高，从而为农村发展提供了得天独厚的环境，这样，地理位置自然成为东部地区农村的优势资源。

农村区域之间社会差别的形成与固化，既非再分配机制也非市场机制独立作用的结果。因为如果是再分配的结果，那么应该可以通过逆向再分配政策来均衡差别。如果是因市场自动调节而产生的，那么随着区域人口的自由流动，落后地区人口在发达地区即可找到发展机会，也可均衡区域间的社会差别。然而现实是农村社会区域差别一直存在，且有固化之趋势，这表明有更多因素对其有影响。其中，区域社会体制可能是一个关键影响因素，这一体制包括唯利型生产体制、分离型消费体制和非均衡型公共服务体制三种具体体制，这些体制阻碍了农村流动人口的本地化①，因而制约了社会均衡发展。

理解农村社会分层机制问题，不仅要看到影响农村资源配置和利益分配的各种动力，还要弄清这些动力以哪些方式作用于资源分配——这就是动力机制，指各种分层力量发挥作用的方式和原理。

既然作用于农村社会资源与利益分配的是混合动力，那么混合动力又会以何种方式以及通过何种途径作用于农村社会分层呢？首先，再分配的力量以政治方式，通过规则、政策、制度的制定和变动等途径，建立起资源配置和生活机会的总体框架，由此架构起农村社会阶层群体的利益格局和阶层结构。例如，新中国建立初期的土地改革运动，是运用划分阶级成分的政治方式，推动农村土地资源的重新配置和均等化改革，身份在农村社会资源配置和生活机会获得方面发挥着重要作用。

其次，市场的力量是以自由交换的方式，按照经济效率原则自动调节资源配置的，由此形成开放的机会结构，也产生差别化的利益分配格局和阶层分化。市场动力在农村社会分层中的作用集中体现在对农民生产积极性的激励上，农民作为直接生产者在面对市场时，由于自己的报酬直接与生产效率挂钩，所以农民会充分发挥各自的优势来安排生产经营，农民之间也会因效率高低而出现经济收益的差别乃至阶层分化。

再次，社区的力量是以文化方式，通过环境塑造和价值引导等途径来影响社区成员的社会团结关系和个体行动选择的。不同社区环境构成不同社会资本，影响着成员和社区的发展，构成社区之间的社会差别。

最后，个体的力量则以实践互动的方式，通过自身能力或能动性的改变，来调整个人资源与利益的获取量，由此产生在同一制度背景下个体之间的分化和差别。分配动力学理论和再分配理论往往只注重分配的动力作用，而忽视个体能动性的作用。在农村社会分层的混合动力机制中，包含了农村居民自身的实践行动在发挥作用。无论是在集体经济中还是在市场体制下，农村居民个体间的社会差别都会存在。即便在同一个农村社区中，也会存在农户或农民之间的差别，这种差别在一定程度上可归因于个体力量所发挥的作用。

---

① 王春光．外来农村流动人口本地化的体制性困境．学海，2017（2）．

第三节　农村的社会流动状况

社会流动是指社会成员的社会位置移动现象，包括空间位置、职业位置和阶层地位的移动。传统农村社会相对较为封闭，社会流动现象出现较少。随着农村社会的现代转型，社会流动也成为一种较为常见的现象。考察农村的社会流动现象，是认识农村社会结构形成和变迁规律的重要视角。

一、农村社会的人口流动

人口流动是指社会成员在空间位置上的移动现象，既是人口迁移的一种，属于非稳定定居的迁移行为，也是社会流动的一种，属于社会空间流动。从空间位置的变动情况看，人口流动包括农村—农村、农村—城镇、城镇—农村、城镇—城镇四种类型（见表 9－1）。对农村社会来说，人口流动包括农村流向农村、农村流向城镇两类。而从农村社会现实来看，大多数人口流动属于农村—城镇流动。

表 9－1　人口流动的类型

空间位置	流动时间			
	每日	周期性	季节性	长期性
农村—农村	耕作、采集	狩猎	畜牧、采摘	做工
农村—城镇	交易	朝圣	做工	做工
城镇—农村	耕作	经商	做工	经商
城镇—城镇	城镇间交易	朝圣	经商	经商、公务

虽然农村社会的人口流动表现为农村居民活动的空间位置的变化情况，但其意义远远超越了空间位移现象。农村人口流动不仅反映出城乡社会关系的性质发生转变，也意味着农村社会结构正经历着前所未有的变迁与转型。正是从农村人口流动现象中，我们可以看到农村社会正进入“大流动”的新时代，农村人口流动也反映出农村社会已演变为由老年人、妇女和儿童留守的“空巢社会”。[①] 从微观层面看，农村人口流向城镇，发生变化的不仅是活动空间，还包含着生活方式、职业性质、经济收入水平、社会地位以及价值观和社会关系等诸多方面，由此可见，农村社会流动常常嵌入人口流动之中。

影响和推动农村人口流动的因素复杂多样，有较多因素和动因来自社会结构和宏观制度背景。在传统农村社会，由于社会结构是相对封闭的，因而人口流动现象较少

① 陆益龙．农村的劳动力流动及其社会影响：来自皖东 T 村的经验．中国人民大学学报，2015，29(1)．

发生。在计划经济时代，受生活用品配给制亦即凭票供应的制约，以及城乡壁垒的阻隔，农村人口很少流向城镇。在改革开放初期，由于城乡二元社会经济体制依然维续，加上城镇粮油的计划供应，农村人口流动以早出晚归的“钟摆式”流动为主。

关于农村人口流动的原因，推-拉理论和二元结构论从不同角度进行了理论解释。推-拉理论认为，人口迁移流动行为是推力和拉力加上中间阻力共同作用的结果。流出地的自然资源枯竭、劳动力过剩、收入水平降低等消极因素通常会构成人口迁移流动的推力，而目的地较多的就业机会、较高的收入水平、较好的文化和公共设施、较好的教育条件等积极因素往往成为人口迁移流动的拉力（见图 9-4）。

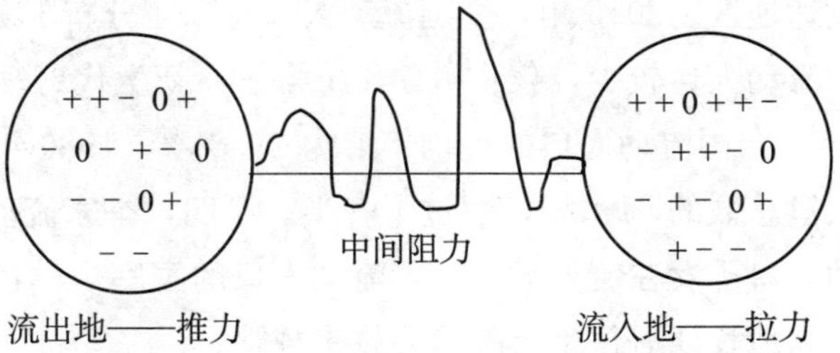

图 9-4 人口迁移流动的推拉模型

二元结构论则认为，农村人口向城镇流动的根本原因在于社会经济存在二元结构，即有发达的现代部门和滞后的传统部门。在发展中国家，只要劳动力的自由流动被许可，农村劳动力向城镇流动就不可避免。这是因为城乡平均工资率存在着较大差别，城镇与农村居民的实际收入存在着明显差距。即便城镇存在着较高的失业率，农村居民对在城镇找到工作的可能性仍报以较高预期，这种社会预期成为农村劳动力流动的最重要驱动力。①

从中国农村人口流动的现实经验看，人口流动的动因大体可分为三种：一是富余结构的驱动，二是比较收益的驱动，三是惯性作用的驱动。

富余结构的驱动是指农村劳动力的相对富余成为农村人口流动的结构性动因。随着农业生产力的不断提高，农业生产对劳动力的需求在逐步减少，农村的农业劳动力有富余的趋势，这些富余劳动力就有向外转移的需求。然而，由于工业化的推进模式是将主要工商业集中于城镇，所以农业劳动力转移就需要向城镇流动。

比较收益的驱动是指城乡之间、农业与非农业之间存在着明显的经济收益差别，城镇比农村、非农业比农业的平均收益率要高得多，由此驱动着农村劳动力向外流动。非农经营的高收入、高收益弹性以及现金收入方式，是越来越多农村劳动力向外流动的重要动力，甚至是农村人口流动的根本原因。

惯性作用的驱动是指村落社会场域中人们所建构的流动惯性的现实构成了一种趋同压力，这种压力成为驱动农村劳动力特别是年轻劳动力外出流动的主要动力。在村里，大多数年轻人会外出，这无形中建构了外出流动的合理性现实，年轻人不

① 托达罗．经济发展．黄卫平，彭刚，等译．北京：中国经济出版社，1999：6-16.

外出流动而是留在村里会被视为“奇怪”的、难以理解的现象。事实上，并非所有外出流动的劳动力都能获得比留在村里从事农业生产更高的收入，并非在外从事非农经营比在家从事农业劳动更轻松，但是，流动在外的生活和经营状态已经超越了村庄的压力场。所以，不论在外经营是好还是坏，在惯性流动被建构成一种社会现实的情况下，农村的新生代劳动力总是会年复一年地按照习惯选择向外流动。

从流动人口的宏观监测情况来看，农村社会的人口流动主要呈现出这样一些特点：第一，流动人口的规模维持在较高水平。2015 年全国流动人口的规模为 2.47 亿，在总人口中占 18%，其中来自农村的流动人口占绝大多数。第二，人口流动的主要方向是东部发达地区。2015 年，全国流动人口有 3/4 分布于东部地区，而流向中部和东北地区的流动人口较少，仅占 8.7%。第三，新生代劳动力依然是流动人口的主力。2015 年，全国流动人口的平均年龄为 29.3 岁，1980 年后出生的新生代流动人口占流动人口总数的 51.1%，超过了一半。第四，举家流动有不断增长之趋势。越来越多流动人口子女在流入地出生，流动人口的家庭规模在扩大，这些都反映了流动人口在流入地长期居住生活的趋势越来越强。

资料库 9-1

农村居民认为 14 岁时家庭的层级位置

等级	人数	百分比	累计百分比
1（低）	1 043	29.18	29.18
2	631	17.66	46.84
3	584	16.34	63.18
4	383	10.72	73.90
5	444	12.42	86.32
6	124	3.47	89.79
7	52	1.45	91.24
8	64	1.79	93.03
9	19	0.53	93.56
10（高）	22	0.62	94.18
未作答	208	5.82	100.00
总计	3 574	100.00	

农村居民认为自己现在的阶层地位

阶层	人数	百分比	累计百分比
上层	26	0.73	0.73
中上层	168	4.70	5.43
中层	1 181	33.04	38.47
中下层	1 035	28.96	67.43
下层	1 082	30.27	97.70
未作答	82	2.29	99.99
总计	3 574	99.99	

资料来源：2021 年中国综合社会调查（CGSS 2021）。

二、农村社会的职业流动

职业流动是指劳动者职业类型、性质、声望和地位以及劳动角色发生变换的过程，是社会流动的基本形式。农村社会的职业流动是指农村居民的职业和劳动角色的变换过程，亦即农村居民在职业生涯过程中的位置和地位变动情况。

个人的职业与个人获取生存和生活资料的途径密不可分，也是个人作为社会成员而存在和工作的方式。对农村社会成员来说，似乎只有一种职业——农民。就广义的职业而言，农村社会其实并不是只有农民一种职业，而是存在多种不同职业。农民既是一种农村职业类别的统称，也被用来代表一种社会身份。理解农村社会的职业流动，须从广义的职业角度出发，更加具体地考察和认识农村居民所从事的职业性活动发生着哪些变化。

就社会流动的一般原理而言，职业流动分为两大类：一是水平流动，二是垂直流动。职业的水平流动是指在同一个职业地位上的平行位移和变动，如农民工改变打工地点，但从事的工作和他们的地位并未变化。垂直流动也叫上下流动，是指个人在职业上的地位变动情况，包括职业晋升或降级。从现实经验来看，农村社会的职业流动有四种形式：一是职业地域的流动，二是职业种类的流动，三是职业地位的流动，四是职业的代际流动。

对农村劳动力而言，职业地域的流动现象较为普遍，也可以说是职业流动的主要形式。此种职业流动的动力源自两个方面：一是劳动力市场的开放性，即农村劳动力可以根据自己的选择在不同区域寻找市场机会。二是农村劳动力非农就业的非正式性，大量农民工流向城镇并在非农行业就业，但他们的就业形式大多以非正式、灵活就业为主，职业位置也具有高度的不确定性。一方面，雇用者可以随时裁员解雇；另一方面，农民工也可随时离职。正是在这种背景下，大量农民工会经常变换自己的打工地，到效益更好的区域去寻找新的就业机会。

职业种类的流动之于农村劳动力来说是较为普遍的现象。为了获得比较理想的经济收益，农村劳动力通常会在不同种类的职业间频繁地变换。在现实需求和比较利益的驱动下，许多农村居民成了职业"多面手"。例如在安徽省东部的一些村庄，改革开放初期，大多数外出打工者主要从事建筑业，之后逐渐转向装修行业，然后大多数人又转到餐饮服务业。总之，哪个职业好做、哪个职业效益高，他们会快速转向那个职业。

农村劳动力的职业地位的流动是指在职业生涯中所发生的职位升迁情况，或是在不同社会声望的职业间的变换情况。由于劳动力市场实际上存在着二元分割的格局，较多农村劳动力在流向城镇劳动力市场后，虽然能找到工作机会，但是多数农民工难以获得职业化发展的机会，因而对他们来说，出现职业地位的流动则是很少发生的现象。

代际流动是一种能够反映出社会结构开放性和平等程度的社会流动，是指新生代从其父辈的职业和社会地位转向其他职业和社会地位的状况。按照社会流动的一般原理，代际流动有三种理想型模式：（1）自由竞争模式，即个人凭借自己的能力在市场竞争中获得流动机会。（2）家庭地位继承模式，即依靠家庭的地位基础而得到职业位置。（3）国家庇护流动模式，指通过国家政策和制度的干预，使得有些阶层获得更多的流动机会。[①] 在传统农村社会，子承父业属于正常、普遍的社会流动方式，表明职业的代际流动率很低，也反映传统农村社会结构的封闭性。如今的农村社会，新生代从其父辈的职业流向不同种类、不同地位的职业的现象已越来越多。农村年轻一代要么通过学校教育阶梯在城镇体制内谋求到稳定职位，实现向上的职业流动，要么在离开学校之后便进城打工，留在农村继承父辈的农业劳动的已寥寥无几。

在农村社会，究竟有哪些因素会影响到人们的职业流动呢？关于职业位置与流动机会获得的影响因素问题，关系网络理论和社会资本理论做了社会学的解释。如格兰诺维特认为，由于人们找工作的经济行为嵌入社会关系之中，关系网络发挥了“信息桥”的功能，亦即发挥了信息传播的作用。一般相识的“弱关系”通常能够提供更多的、路径更短的团体间的信息传播渠道，因而在求职和职业流动上更具优势。[②] 林南则将关系网络与社会资本联系起来，认为社会关系网络涵盖了多种社会资源，人们可以通过关系网络来争取社会资源，关系网络由此成为重要的社会资本，影响个人的资源和地位获得以及社会流动[③]。关系网络理论和社会资本理论是基于城镇社会的职业流动经验而总结概括出来的，用来解释农村社会的职业流动或许有一定局限性，因为毕竟农村居民所面对的职业市场与城镇社会仍有一定程度的差异。

农村社会也在经历着市场转型，农村劳动力可以凭着个人的人力资本在开放的劳动力市场寻求到工作机会和职业流动的机会。在市场经济中，个人的人力资本因素似乎成为影响农村劳动力职业位置获得和职业流动的决定性因素。对农村劳动力来说，如果他们有一技之长、有丰富的工作经验，加上有吃苦耐劳的精神，他们的人力资本就会比较多，获得职位和职业流动的机会也会增加。

无论是个人的社会资本还是人力资本，都在一定程度上影响个人的职业流动。然而，对农村社会而言，宏观体制因素对劳动力职业流动的影响可能显得更突出。一些实证研究显示，农村劳动力在向非农职业流动的过程中，主要通过“闯市场”机制来获得就业机会。所谓“闯市场”机制，是指农村流动者只有在与市场进行互动和共同演化过程中才会产生临时的、不确定的收入机会。[④] 农村劳动力获得的就

---

① 李煜．代际流动的模式：理论理想型与中国现实．社会，2009，29（6）.

② 格兰诺维特．镶嵌：社会网与经济行动．罗家德，译．北京：社会科学文献出版社，2007：74.

③ LIN N，et al. Social capital：a theory of social structure and action. Cambridge：Cambridge University Press，2001：3－29.

④ 陆益龙．关系网络与农户劳动力的非农化转移：基于2006年中国综合社会调查的实证分析．中国人民大学学报，2011，25（1）.

业机会和职业流动更多是靠他们“闯”出来的，而不是通过获得编制内空缺职位来实现的。

三、农村社会流动的效应

随着农村社会流动的增多，其所产生的社会效应也在扩展，这些效应在四个方面有所体现：（1）农村的个体及其家庭；（2）农村社会；（3）城镇社会；（4）城乡关系。

对农村的个体及其家庭来说，社会流动带来的积极效应包括：首先，社会流动会带来经济收入增长效应。当农村居民实现社会流动后，无论是空间位置的移动还是职业地位的升迁，都会使大多数人得到增加收入的机会。农村劳动力从农村流向城市、从一个城市转向另一个城市、从农业转向非农业，所有这些决策乃至最终付诸实践，其根本动力是要提高自己的收入水平，因而农村社会流动最为明显的效应便是促进了农村居民增收。

其次，社会流动具有促进农村家庭内部分工和提高经营效率的功能。对农村家庭而言，如果劳动力能够在流向非农职业的同时又维持着家庭农业，就会实现家庭收入的增长和家庭经营效率的提高。现实经验表明，较多的农户会让青壮年劳动力向外流动，而年长者和妇女儿童会留守在家，从事小规模的家庭农业和生计农业，尽可能保障家庭的粮食和蔬菜自给，由此实现了家庭内部的分工与合作，对提高家庭经济效益起到积极作用。总体来看，随着农村社会流动率的提高，农民以及农户的经营效率一般会得到不同程度的提高，经济收入得以增长的现象较为普遍。

最后，社会流动会产生拓展农村居民发展机会的效应。对实现社会流动的农村居民来说，他们的流动经验将成为个人的重要人力资本，为以后的发展提供一定的基础和条件。在流动过程中，流动者也会接受现代化和城市文明的影响，对拓展个人的眼界起到积极作用。

当然，农村社会流动在给个体及其家庭带来积极效应的同时，也会产生一些负面的社会效应。较为突出的负面效应是农村劳动力的流动所带来的家庭生活分离，这种分离性生活方式不仅增加了流动的社会代价，而且对农村留守群体的社会福利有较大的消极影响，农村留守老年人的养老问题、妇女儿童心理需要的满足与社会支持等问题，在一定程度上皆与农村劳动力流动相关联。

对农村社会来说，社会流动所产生的效应突出表现在两个方面：一是村落的空落化效应；二是经济结构的裂变效应。随着越来越多的农村人口向外流动去寻求更多的市场机会，越来越多的村落面临空巢期的空落化问题。一年当中，村落里的青壮年劳动力外出打工之后，只剩下寥寥无几的老年人和儿童留守在家，由此村落呈现出空荡荡的、一片凋敝的景象。不过，村落的空落化并不等同于农村社会的衰落和凋敝，而只是农村人口流动所产生的一种社会效应而已。

市场转型和现代化进程中农村社会的人口流动并非单纯的空间位置移动，而是包含着职业转换等在内的社会流动。农村居民在向城镇流动的同时，也在向非农职业流动。农村居民的职业转换所产生的社会效应不仅是让农民和农户收入得以增长，而且可能导致农村社会的经济结构发生裂变。之所以说是“裂变”，是因为这种变化具有突然性、跨越性。以往，农业是农村社会的基础产业，也是农户收入的主要来源，农民兼营一些副业一般只是为了扩充和改善一下家庭收入。然而在大量农村劳动力流向非农产业之后，无论是对农户还是对农村社会而言，经济收入结构都可能发生了根本性转变，亦即农户的非农业收入在家庭收入结构中超过农业收入而占据主要构成，农村社会中农业与非农业的格局在发生逆转，由此使得农村社会经济结构出现裂变效应。

农村社会流动对城镇社会所产生的社会效应主要有：一方面，农村社会流动的溢出效应体现为对城镇劳动力市场结构的改变。农村劳动力进入城镇劳动力市场，不仅仅增加和补充了城镇劳动力供给，更重要的是为城镇提供了大量廉价、能非正式雇用的劳动力，因而改变了城镇劳动力市场的供给结构。另一方面，农村流动人口在推动城镇繁荣的同时，也给城市管理提出挑战。中国城市的快速扩张和发展，离不开农村劳动力参与城市建设所做出的贡献。城市制造业和服务业对农村劳动力的需求在扩大，但城市管理体制和城市治理实践似乎在面对农村流动人口时仍有诸多的困惑与困境。

农村社会流动的另一个重要效应是对城乡关系的影响。如果有越来越多的农村居民能够实现社会流动，那么根据推-拉理论的原理，说明制约农村居民迁移流动的中间阻力在降低。从现实经验看，影响流动的中间阻力主要是城乡体制的壁垒。这一壁垒作用的削弱乃至消除，意味着城乡关系的分割局面得以缓和，城镇社会已向农村流动人口开放。但是，人口流动的现实反映出城乡二元关系并未根本消除，城乡一体化依然任重道远。

第四节　农村社会流动的机制

社会流动机制是指个人或群体出现社会位置或地位转换和变动的原因以及产生流动的过程及动力原理，简言之，一个人或一个阶层群体为何会从某一社会位阶流动到另一社会位阶，在此过程中，是什么样的动力作用方式导致了流动的产生。农村社会不同于城市社会，基于城市经验而提出的社会流动理论并不一定适用于对农村社会流动机制的解释。更好地理解农村社会流动发生的动因和机理，须从经验事实出发。

一、农村人口流动的差别机制

从农村社会流动的基本事实来看，农村人口从农村向城镇的流动最为突出，影响也非常显著。那么，农村这一类型的社会流动为何发生，又是如何实现的呢?

农村人口向城镇流动的根本原因可归于城乡收入差距，人口流动的动力学机制可概括为城乡差别机制。城乡收入差距的存在是一种客观的事实，这种差距是由"偏向城市的政策和制度"造成的，这些政策又通过阻止农村劳动力迁移流动而发挥作用①。社会流动的产生会遵循一般规律："人往高处走，水往低处流。"当社会空间位置之间形成一定的落差或社会差别之后，也就为人口流动创造了基础条件。虽然有些人口流动是在同一水平位置上的平行流动，但现实社会发生此类流动的情况并不多见，更多的是人们为了获得更高的收入和地位而去流动。

就微观行动选择的动因而言，从农村向城镇流动的个体做出流动决策的首要目标是获得比在农村更高的收入水平。农村劳动力之所以要到城镇去争取更高收入，是因为城乡收入存在差距的现实。2022 年中国城镇居民人均可支配收入为 4.93 万元，而农村居民人均可支配收入为 2.01 万元，城镇收入水平是农村收入水平的约 2.45 倍。正是城乡收入水平的较大落差，为农村劳动力向城镇流动提供了前提基础。

尽管城乡收入差距会成为农村个体流动者选择向城镇流动的直接动因，但农村大量人口向城镇流动现象的出现，依然离不开相应的社会流动动力学机制，也就是社会中存在着相应驱动机制，这一机制为农村人口流动提供了动力。从中国经验来看，驱动农村人口流动的基本机制是城乡差别机制。

城乡差别机制之所以让农村人口流动成为普遍的现实，是因为三个具体的作用机制：第一，城乡分割机制。因为城镇与农村是通过身份、社会认同和资源配置体制进行二元分割的，城镇与农村的差别得以突出出来。假如城乡是一体化的，那么乡—城人口流动现象就不会凸显出来。由于农村与城市被分割开来，所以形成了两种有差异的社会空间，为乡—城人口流动创造了物质基础。

第二，城市偏向机制。在农村与城镇被二元分割开之后，两种社会空间在发展政策和制度安排中，并非享有均等地位，更不是农村社会获得优先发展地位，而是政策偏向于城市发展，财政、金融以及社会资源偏向于向城市集中。在城市偏向的政策与制度安排下，自然形成城市空间的社会地位高于农村社会空间。这样，在"人往高处走"法则的作用下，农村人口自然而然会向城市流动。农村人口流动既是在城乡两种空间位置上的流动，也是社会地位的流动。

第三，社会排斥机制。社会排斥是指一个群体通过多种社会阻隔和抵制方式防止群体外成员的进入和融入，尽量把现有成员之外的人排除在群体之外。在城市偏向政策的作用下，城市社会享受更加优厚的社会福利，形成了城市社会既得利益群体。当越来越多的农村人口涌向城市时，城市会通过政策达到社会排斥的目的，限制农村人口分享城市的公共资源和社会福利。这样，农村流动人口虽然进城了，但难以融入城市社会。所以，农村人口需要在农村与城市之间不停地流动，而不是迁

① 蔡昉．城乡收入差距与制度变革的临界点．中国社会科学，2003 (5)．

移到城市定居生活，这就是社会排斥和非融入性机制作用的结果。例如，户籍制度依然通过对户口身份转换的控制，并将资源和福利分配与户籍身份挂钩，从而发挥着造成社会差别的功能。①

从二元经济论的视角来看，农村人口流动的差别机制可视为传统农业与现代工商业两大部门之间差别的作用。由于传统农业相对于城市里的现代部门来说，生产效率和经济效益较低，因而传统农业部门的劳动力会向效率更高的现代产业部门转移，如果劳动力的流动没有受到专门制度的限制，那么自然会出现农村人口向现代城市部门的流动。

此外，对农村人口流动发挥推动作用的城乡差别机制还来自城乡劳动力结构上的差别。对农村社会而言，农业的劳动力需求越来越趋于富余，呈现出富余结构的特点，而城镇在快速建设与发展过程中，产业走向多元化，对劳动力的需要随经济增长而不断扩大，城镇劳动力市场结构呈现出动态需求结构的特点，即对新增劳动力会保持一定的需求。在这种情况下，农村劳动力的富余结构与城镇劳动力的不断需求结构构成互补性的关系，这一互补关系成为推动农村劳动力向城镇流动的重要动力和条件。一方面，农村劳动力流向城镇社会并寻找到非农就业机会，农村劳动力富余压力随之缓解，农业富余劳动力即可顺利实现转移；另一方面，农村劳动力进城在非农业行业就业，也是对城市劳动力市场供给的一种补充，可以满足城市建设和非农产业发展对劳动力的需求。

二、农村社会流动的双二元机制

伴随着农村人口流动，农村居民的职业流动、代际流动和地位流动等社会流动的范围在不断扩大，在“大流动”时代的农村社会，人们获得社会流动的机会不断增多，农村社会越来越走向开放。那么，农村社会流动究竟是在什么样的动力机制作用下发生的呢？

从中国农村社会流动的经验事实来看，社会流动的机制可概括为双二元机制，亦即双重二元结构所产生的动力对农村社会流动发挥着关键性作用，农村社会流动所具有的特点和性质皆与双重二元结构有着密切关系。所谓双重二元结构，是指由城市与农村分割而形成的城乡二元结构，同时在城镇社会体系内又形成体制内与体制外相区别的二元结构，两种二元结构在城镇社会相叠加而形成双重二元结构。

传统农村社会是一种流动率较低的社会，生活于村落社会中的农民大多世代沿袭着农业生产并长期定居于同一地域，社会流动较少发生。在现代化和城镇化的进程中，宏观的社会结构和社会环境已经发生变化，农村已经从封闭、稳定的社会系统不断转为开放、流动的社会。农村社会流动发生的重要动力源泉就是城市的发展。

---

① 陆益龙．户籍制度：控制与社会差别．北京：商务印书馆，2003：226.

正是有了城市的发展，才出现了城乡二元的结构。社会系统出现城市与乡村相分割的二元结构，意味着两种结构之间会形成一定的张力，这一张力会给社会流动提供动力。尽管在社会治理中通常用二元体制来维持二元结构的稳定运行和延续——二元体制一般对社会流动起到抑制和阻止的功能——但作为社会流动的动力源，二元结构的存在总是会驱使着农村居民沿着社会流动的阶梯升迁到城市社会。

农村居民向城市的社会流动渠道有两类：一是通过教育途径流向城市社会。这是农村居民实现向城市体制内流动最为重要的途径，即通过接受高等教育，并在正式的职业招聘中成功应聘而获得正式的非农职位，由此得以立足并融入城市社会。教育渠道是农村居民代际流动的主要形式，新生代通过获得足够的教育资本而实现从父辈的职业和社会地位中流出。二是通过打工途径向城镇流动。这一渠道是农村居民社会流动的主要渠道，较多人的流动方式为进城打工。

农村居民进城打工的社会流动方式的产生，受城市社会体制内与体制外之分的二元结构所形成的动力推动。农民工在进城流动过程中，收入水平和经济地位发生了上升流动，而社会地位总体上没有明显流动，社会身份也没有明显变化。[①] 出现这种只有收入增长而无地位改变的农民工社会流动模式，根本原因在于城市体制内与体制外的二元结构。体制内与体制外的二元结构是计划经济遗留的结构，在市场经济中又以新的形态得以维续。

从现实经验来看，大多数进城打工的农民工所获得的流动机会属于体制外的机会，农民工大多在城市体制外进行流动，而很少能够真正地融入城市体制。所以，虽然农民工从农业转向了工商业、从农村进入了城市、从低收入到收入水平的提高，但是这些流动其实并未让他们的阶层地位发生质的飞跃，亦即没有发生结构意义上的上升流动。

虽然体制外或编制外的就业机会给进城农民工提供了增加经济收入的机会，但与体制内员工进行横向比较，可以看到他们的待遇和地位有质的差别。体制外的农民工不仅面临着同工不同酬的待遇，也不享有与体制内员工同等的职业发展和职位晋升的机会。

双重二元结构的存在并维续，表明这种结构在社会运行和社会转型的过程中，依然发挥着一定的功能，其中对农村社会流动就起到了推动的作用。一方面，对农村社会来说，尽管由双重二元结构驱动的社会流动并未达到理想的公平状态，但是它对促进农村社会缓解劳动力富余压力、提高收入水平、改善社会生活都会起到积极的作用。进城打工式的社会流动虽然难以让农民工享受到体制内的社会福利待遇，但对提升他们在农村社会的经济和阶层地位会有一定积极功能。在城市体制外的流动，既提高了流动人口社会适应的弹性，在不能融入城市社会时仍能返回乡村社会，再依靠耕地维持基本生活，也扩大了向城镇流动的机会空间，毕竟体制外有更大的灵活性，因而也会衍生出更多的机会。

---

① 李培林．流动民工的社会网络和社会地位．社会学研究，1996 (4).

另一方面，对城市社会来说，虽然体制内与体制外的二元机制在公平性上存在缺陷，或者说存在程序正义问题，但在实际运行中，这一机制既有助于城市有效解决和应对一些短期内的棘手问题，比如城市公共物品供给短缺、公共资源供给压力、大城市病等问题，也有利于城市向农村流动者提供更多的就业机会。假如没有体制外机会供给的调节作用，城市用统一而严格的制度来规范和约束社会用工行为，那么随着用工成本的提高，市场提供的正式职位会大大减少，这样无形中会大大减少农村居民社会流动的机会。所以，对双二元机制的功能需要辩证地看待，当然在社会公平方面仍要不断地向前迈进。

三、农村社会流动和结构再生产

在现代社会，农村的社会流动率不断提高，尤其是农村人口向城镇流动和聚集的趋势较为明显。在农村“大流动”的背景下，人们常常担忧这样一个问题：社会流动特别是人口流动是否会导致农村社会的终结或消失？这个问题实际上是社会流动与农村社会未来发展的关系问题。

社会流动对农村会产生两个方面的影响：一方面，农村社会流动现象的增多、社会流动率特别是职业和地位流动率的提高，反映出农村社会越来越走向开放，越来越多的农村居民能够得到向上流动的机会，能够在外面的世界获得改变命运的机会。这样，农村社会流动的结果对流动者个人及其家庭来说，无疑具有积极的意义。另一方面，农村社会流动尤其是人口流动和精英外流，又会让农村社会陷入空落化和农村发展内生乏力的困境。随着越来越多的农村人口进城打工，农村在平常时段里会出现人口稀少的空落化景象。农村人口的大量外流不仅对农村社会生活产生一些不利影响，而且在一定程度上制约着农村发展。特别是农村社会精英的外流，会进一步加剧农村发展内生动力不足问题。由此看来，农村社会流动面临着一个重要的悖论问题：流动与乡土维续的相背离。

要使农村的社会流动能够促进农村的繁荣，理想的途径是让农村居民“离土不离乡”，即让一部分劳动力在从农业中转移出来的同时又不向城市集中。要达到这两个目标，唯有让“工业下乡”。[①] 依靠“工业下乡”，通过发展乡镇企业使农村富裕起来的“苏南模式”成功地实现了农村“离土不离乡”式的社会流动。但是，苏南农村有着自身地理位置的独特性，为工业成功下乡和农民就地发展提供了独特的基础和条件，“苏南模式”的发展经验可以学习和借鉴，但要推广、复制，可能会遇到种种困难和问题。

那么，农村人口流动式的社会流动是否会最终导致农村社会的终结呢？有一种流行的观点认为，农村人口大量外流导致农村“空心化”，乃至农村的凋敝衰落，最终会导致村庄的消失。这一对农村未来发展较为悲观的观点是基于非辩证地看待

---

① 费孝通．从实求知录．北京：北京大学出版社，1998：178.

农村社会流动及其溢出效应。无论是人口流动式还是城市融入型社会流动，虽然都会给农村社会带来诸多的冲击和挑战，但也能让农村居民看到新的希望和发展机会。如果用禁止的眼光看待农村社会流动，或是只强调流动对农村造成的负面效应，就容易产生消极的观点和态度。

从一般意义上说，社会流动性的提高会增强社会发展的活力，正如一个封闭不流动的水塘里的水不会比奔流不息的河流之水更加有活力。农村社会流动的增多，总体而言会促进农村社会的发展，对农村发展内生动力的影响则是暂时的、间接性的。诚然，农村社会流动的增多、流动性的增强，不可避免地会带来农村社会结构和形态的一些变化，每个个体的流动本身就包含位置和地位等结构特征的变化，但社会流动并不必然导致村庄的消失或农村的终结。

通常情况下，村庄的消失或农村的终结是由城市扩张、巨大外力作用导致结构裂变所致，例如大型建设项目的拆迁或强制性移民工程、自然环境恶化迫使的搬迁，以及其他人为措施对农村的改造等，这些强大外力往往会使农村社会结构发生裂变，以至于使农村走向终结。

农村社会流动不至于使农村走向终结，一个重要原因在于农村社会自身具有一定的社会再生产功能。从某种意义上说，农村社会系统的运行方式包括两种：一是社会流动，二是结构再生产。一方面，农村社会成员通过社会流动的方式改变着农村社会的形态和结构；另一方面，农村社会自身又有着社会再生产的机制，以此来达到农村社会结构的再生产，从而使农村社会得以维续。从农村社会实际来看，尽管农村社会有大量人员流向农村和农业之外，改变并冲击着农村的形态和结构，但与此同时，总是有一定的人口坚守在农村并支撑和维续着农村社会的正常运行。这些留守人群包括受学校教育较少、年龄较大的男性村民以及妇女[①]，他们既支撑着农村社会，也再生产着农村社会结构。

农村社会结构再生产是指农村社会的结构要素通过系统维持功能和社会继替机制得以重新生产并延续下来，让体现农村社会特征的一些结构要素能在社会变迁中得以更新和维续。农村社会结构再生产包括经济结构的再生产、人口结构的再生产和社会文化结构的再生产。农村经济结构的再生产体现为农业生产经营在农村经济中仍占据一定位置；人口结构的再生产是指总有一定的人口会延续和支撑起农村社会；社会文化结构的再生产则是指在村落社会的空间延续过程中，具有乡村特色的文化得到维续。正是由于农村社会系统具有结构再生产的机制，所以即便在社会转型加速和社会流动增多的情况下，农村社会仍将在相当长的时期内不会走向终结。

本章要点

在社会现代化进程中，农村社会分层越来越明显，农村社会在职业、阶层以及

① 陆益龙．向往城市还是留恋乡村?：农民城镇化意愿的实证研究．人文杂志，2014（12）．

主观认同等维度呈现出了一定程度的分化和差别。受城市化、工业化等因素影响，农村职业出现多元化、区域差异化的分化。农村职业分化表现出形态上的多样性、职业化水平低且具多变性、分化具有异地性等特征。

农村社会阶层分化的新特点有：(1) 农村主体成员并非全是依靠农业生产的农民，农民的范畴已有新的拓展；(2) 农村社会空间结构已演变为向农村之外伸展的动态结构；(3) 农村社会的阶层分化改变了既有结构，但并未形成固化阶层。从农村社会分层的主观维度来看，农村居民的阶层认同和社会心态趋于乐观向上，对未来的期望比较理想。

再分配机制是指由公共权力部门集中社会主要资源和直接生产的产品，然后在全体范围内进行集中统一分配。在集体经济时代，再分配机制对农村社会分层的作用表现为消除了内部的分化和差别，实现了内部的平均主义。再分配效应是通过惠农政策和反哺机制实现的。社会分层的市场机制是指市场通过自由交换的方式来配置不同资源和分配不同经济收入而产生社会阶层分化或社会差别的过程及机理。市场转型理论认为经济改革带来农村社会分层机制从再分配机制向市场机制的转型，农村社会分层机制的变化源于以市场制度为中心的收益和利润机会的扩展。对农村社会资源与利益分配起作用的是混合动力，分层机制属于混合动力机制。

农村人口流动现象反映农村社会正进入“大流动”的新时代，也意味着农村社会已演变为由老年人、妇女和儿童留守的“空巢社会”。中国农村人口流动的动因包括：(1) 富余结构的驱动；(2) 比较收益的驱动；(3) 惯性作用的驱动。农村职业流动是指农村居民的职业和劳动角色的变换过程，即在职业生涯过程中的位置和地位的变动情况。农村社会的职业流动有：(1) 职业地域的流动；(2) 职业种类的流动；(3) 职业地位的流动；(4) 职业的代际流动。农村劳动力主要通过“闯市场”机制来获得非农就业机会。“闯市场”机制是指农村流动者只有在与市场进行互动和共同演化过程中才会产生临时的、不确定的收入机会。农村社会流动所产生的社会效应体现为对四个方面的影响：(1) 农村的个体及其家庭；(2) 农村社会；(3) 城镇社会；(4) 城乡关系。

人口流动的动力学机制可概括为城乡差别机制，包含三个具体的作用机制：(1) 城乡分割机制；(2) 城市偏向机制；(3) 社会排斥机制。农村社会流动的机制可概括为双二元机制，亦即双重二元结构所产生的动力对农村社会流动起着关键性作用，流动的特点和性质皆与双重二元结构有着密切的关系。农村社会结构再生产是指农村社会的结构要素通过系统维持功能和社会继替机制得以重新生产并延续下来，包括经济结构的再生产、人口结构的再生产和社会文化结构的再生产。

关键概念

社会分层	社会流动	农村职业分化	农村阶层分化
主观社会分层	再分配机制	市场机制	混合动力机制

人口流动　　职业流动　　城乡差别　　双二元机制
再生产

思考问题

1. 农村社会职业分化有何特点？为何出现职业分化？

2. 当前中国农村的阶层分化有哪些特征？阶层分化的主要动因是什么？

3. 什么是农村社会分层的混合动力机制？混合动力机制是如何推动农村社会分层的？

4. 什么是“空巢社会”?“空巢社会”与“空心化社会”有何不同？

5. 农村社会职业流动有哪些？农村劳动力非农化转移的机制是什么？

推荐阅读

1. 边燕杰．市场转型与社会分层：美国社会学者分析中国．北京：生活·读书·新知三联书店，2002.

2. 李强．社会分层十讲．北京：社会科学文献出版社，2008.

3. 陆益龙．户籍制度：控制与社会差别．北京：商务印书馆，2003.

4. 伦斯基．权力与特权：社会分层的理论．关信平，陈宗显，谢晋宇，译．杭州：浙江人民出版社，1988.

5. LIN N，et al. Social capital：a theory of social structure and action. Cambridge：Cambridge University Press，2001.

第十章

乡土文化与农村生活方式

文化，按照泰勒的经典定义，是指由知识、信仰、艺术、道德、法律、习俗，以及作为社会成员所习得的其他一切能力和习惯所构成的复合整体。《辞海》中的“文化”定义是：在历史上一定的物质资料生产方式的基础上形成和发展的社会精神生活形式的总和。农村文化作为农村社会精神生活形式，在农村社会运行和变迁中有着丰富而重要的意义。

第一节　乡土文化的特质

农村文化是对农村社会生产和生活的反映，农村文化所表现出的特征是农村社会基本特征的一种反映。关于农村社会的性质特征，费孝通认为，农村基层社会是乡土性的，具有“乡土本色”[①]。那么，农村文化可以说具有乡土性，其性质是乡土文化。

一、乡土文化的社会基础

任何文化都是在一定的社会基础之上形成和发展起来的，乡土文化所赖以生长和发展的基础便是农村的物质资料和社会生活。正是因为有历史悠久、分布广泛、多种多样的农村社会的存在和延续，丰富多彩的乡土文化才得以滋生、培育和发展起来。

乡土文化与现代城市文化之间有着鲜明的差别，其根本原因在于两种文化的社会基础存在着质的不同。城市文化是基于城市社会生活而形成和发展起来的文化，乡土文化则是在乡土社会的基础上形成和发展起来的。

就文化的性质及其形成机制而言，乡土文化的形成和发展依托于三个社会基

① 费孝通．乡土中国 生育制度．北京：北京大学出版社，1998：6.

础：一是农耕社会，二是地域社会，三是血缘社会。乡土文化的乡土性特征与“土”有着密切的关联，“土”即土地，象征和代表着一种生产和生活方式，这一生产和生活方式就是农耕社会的生产和生活方式。在这个意义上，乡土文化属于农耕文化。当然，乡土文化的社会基础也包括以牧业、渔业和林业为生计的社会。

农业是农村社会的基本生计模式，乡土文化的基本元素和特征是在农业生计模式基础上形成和发展起来的。按照文化生态论的观点，人类文化的类型是由生态环境的类型影响决定的，人类社会的政治制度、婚姻家庭制度以及价值观的形成皆与生态环境有着密切的关系，而生态环境影响文化的途径和机制就是生计模式。一定的生态环境决定着人们的生计模式，人们在共同创造出一种维持生计的方式的过程中，也创造出一种类型的文化。乡土文化正是广大农民在创立以农业为主的生计模式的过程中，形成和积淀起一套完整的文化系统，其中既包括物质形态的文化，如与农业生产密切相关的民居、生产工具、生活器具以及生活资料等，又包括政治制度、社会制度、风俗习惯、艺术和信仰等精神形态的文化，如官僚体系与乡村自治并行的政治体制、从夫居的父权制婚姻家庭制度、节日庆典、民间手艺、祖先崇拜等。

农村社会是一种相对稳定的地域社会，人们长期稳定地居住生活在某个地域而形成社会。在一个地域内稳定定居生活不仅成为乡土文化丰富内容的源泉，也是乡土文化地域差异和多样性特征的根源。

乡土文化的很多内容，是农民在地域共同体中的日常生活知识和经验，或者说是一种“地方性知识”，因为常识其实是一种文化系统，是由松散的结构联结起来的信仰和判断体系①。农村社会不同于城市社会，农村是由一个个村落共同体构成的，村落是农民祖祖辈辈定居生活的地方。在长期共同生活的地域之内，形成并积淀起许许多多的生产经验和生活常识，各种风土人情、习俗惯例在这个共同生活的地域中得以形成，并成为地方文化系统的组成部分。

乡土文化既代表着农村社会在文化方面具有一定共性特征，也反映着农村文化的地域性和多样性特征。由于乡土文化是在不同地域社会基础上形成的，因此地域之间的差异性导致多样性的乡土文化的形成和发展。“三里不同乡，五里不同俗”，表明乡土文化在地域上存在着巨大差异性，以及不同地方文化共同构成具有多样性的乡土文化。

亲属关系与血缘联系是构成乡土社会特征的又一重要方面。长期共同居住生活在一定地域范围之内，总会形成以姻亲和血亲为纽带的社会联系，这种亲缘关系与城市社会的分工和职业关系有着质的不同。基于亲缘和血缘的社会联系一般包含着特殊的情感成分，这种社会关系成为乡土文化诸多方面要素构成的基础，例如，农村中的很多风俗习惯与人际交往相关。各种礼俗规则是乡土文化的重要组成部分，这些礼俗规则是在平常的社会交往互动中形成的，其中包含一些亲属与血缘团体的

---

① 吉尔兹．地方性知识．王海龙，张家瑄，译．北京：中央编译出版社，2004：11.

社会交往和行动规则，如家规家训、族规祖训、宗法规则等。

在农村，人们的社会生活在较大程度上和较广范围内受血缘联系的影响，文化源自现实生活，因而乡土文化在较大程度上反映出农村社会血缘联系的特征。那些在亲缘联系实践基础上形成的文化，如家族文化等，既成为乡土文化的重要表征，也是乡土文化区别于城市文化的标志。

乡土文化根植于乡土社会，在乡土社会滋生、成长和发展。然而，乡土文化的社会基础并非一成不变的。伴随着社会现代化，乡土性的社会基础在一定程度上发生变迁，乡土文化也在变迁之中，只不过农村社会中的农业生计方式、村落共同体以及农村亲缘与情感联系依然部分地保留并延续着，这些依然是乡土文化得以存续和发展的社会土壤。

二、乡土文化的本色

文化有两个基本特征：一是普遍性特征，即文化普遍地存在于人类社会之中。二是特殊性特征，即每一种文化都是特殊的、独一无二的。对乡土文化来说，普遍性表现为其普遍存在于农村社会，以及普遍具有农耕文化传统；特殊性则反映为每一个地域乃至每一个村庄都有自己独特的文化，或具有自己的文化特质。

在文化相对论看来，文化特质是每一种类型的文化所具有的特点，这一特点既反映着该文化的性质，又代表着其不同于别的文化。显然，乡土文化是一种不同于现代城市文化的文化类型，那么究竟是什么样的文化特质反映着乡土文化有别于现代城市文化呢？从某种意义上说，“乡土本色”既代表着乡土文化所具有的一种特质，也是乡土文化与城市文化相区别的突出标志。

“乡土本色”被费孝通用来描绘农村基层社会特点，它也可用来代表农村文化具有的独特性。农村文化的“乡土本色”由两个具体元素构成：一是民间性，二是传统性。

乡土文化的民间性是指这一文化系统是由民间大众创造和发展起来的，正如周星认为，民间大众的知识体系“不仅构成了日常生活的基本‘文脉’，其中自有‘文法’与逻辑存在，同时也不断地‘再生产’着富于智慧的价值和意义”①。相对于乡土文化而言，虽然现代城市文明和文化离不开人民群众的创造，但城市文化在形成和发展过程中，其民间性、生活性特征并不太突出，而市场推动机制则更为明显。受市场规律的支配，城市文化一般会朝着统一化、标准化、规模化和产业化方向发展，正如我们在现实中看到现代城市通常有诸多相似之处，现代性的特征较为突出。

具有乡土本色的文化不仅体现在民众的创造性之上，而且反映为文化是在日常生产和生活中创造和发展起来的。农村社会的日常生产和生活成为乡土本色元素的

---

① 周星．乡土生活的逻辑．北京：北京大学出版社，2011：3.

主要来源，广大农民的生活文化是乡土文化的主要构成部分。

乡土文化的传统性主要指乡土文化具有一定的历史传统，是经过长期筛选、积淀而传承下来的文化。乡土文化区别于现代性的城市文化的一个突出的特征或标志是乡土文化具有传统性的特征，代表着乡土文化经历了悠久的历史演变，并通过代代相传而得以沉淀下来。所以，在乡土本色的文化中，我们能够找寻到文化的渊源和演变历程。

在某种意义上，乡土文化可以说是传统文化的一种形式。在圣贤的经典思想中，我们能看到文化的“大传统”，而在民间的生活文化中，我们则可以了解到文化的“小传统”。所谓文化的“小传统”，是指民众在生活实践中创造并在小范围内传承下来的文化传统。乡土文化代表着一种文化小传统，这一传统既承载着文化的历史变迁，又是现实文化的来源之一。

在与现代城市文化的交汇碰撞中，乡土文化还被赋予“土气”的特征。确实，乡土文化根植于“泥土”，发展于农耕生产生活，因而散发出“土”的气息，有纯朴自然的禀性。但是，“土气”只是表明乡土文化不同于城市文化，并不意味着城市文化必然比乡土文化更高级，因为乡土文化蕴含着基层民众丰富的智慧和长期积淀的实践经验。乡土文化虽从表面看是不系统地散布于民间平常的实践活动之中的，但实际上也按照文化自身的法则一脉相承地延续和发展。

在现代化和城市化的大趋势下，乡土社会正面临着诸多方面的冲击和挑战，农村基层社会的乡土性也已发生了变迁和转型，逐渐形成和出现后乡土性特征。特别是在城乡交往互动日益频繁的情况下，乡土文化的本色已渐渐地被冲淡，传统与现代、乡土与城市之间的文化边界在不断被消解，不同文化在越来越开放的社会中不断地相互交汇，并逐渐走向融合。如今，虽然在农村社会还能看到乡土文化传统的一些痕迹，但现代文化元素已大量地融入农村社会生产和生活，使得乡土文化的本色发生蜕变。

三、乡土文化的功能

按照文化人类学的一般原理，人类文化的功能可概括为两个方面：一是适应功能，二是进化功能。人类社会与动物界的重要区别在于人类会创造并运用文化，通过文化机制，人类可以更好地适应自己所生存的环境。例如，人类文化中普遍存在禁忌规则，包括乱伦禁忌、食物禁忌等，人类通过这些文化规则调节人与人、人与自然的关系，以更好地适应环境、更和谐地发展。文化的功能不是让人类被动地适应环境，而是驱动人类进行创新、促进社会变迁。例如，韦伯曾试图论证西方社会在宗教改革中出现的新教伦理对资本主义生产方式的形成起到的关键作用。信仰与伦理规则的设置是一种文化机制，信仰对社会变迁所起的作用说明文化对社会生产方式变迁具有一定功能。

乡土文化是在乡土社会基础上形成的包括知识、技能、艺术、信仰、道德以及各种风俗习惯在内的复合整体，既包括以物质形态呈现的文化，又包括各种精神生活的形式。如果从功能主义文化论的角度看，乡土文化是一种完整的文化系统。对乡土文化功能加以认识和理解，须从整体的角度，关注和考察乡村社会多种多样的具体文化现象，从每一种具体文化现象中，去理解各种文化构成在文化整体中所具有的功能。

乡土文化在政治方面的功能可概括为“教化”功能。人类社会政治系统的运行，离不开权力的推动和维持。关于政治权力，有两种理论倾向：一种是冲突论与斗争论的倾向，认为暴力权力或专制权力是达到政治统治、实现社会秩序的重要保证。另一种是契约论的倾向，认为同意权力或契约权力可以实现社会秩序。费孝通认为，在暴力权力与同意权力之间，还存在第三种权力，即教化权力。在费孝通看来，如果完全依靠传统来规定全部的社会生活，这个社会就没有政治，只有教化了，因为“教化过程是代替社会去陶炼出合于在一定的文化方式中经营群体生活的分子”。虽然这样的社会是一种想象，但乡土社会比较接近这一情形。①

乡村政治中的教化权力来源于乡土文化，是一种文化性的权力，即通过文化的涵化机制而产生社会规制力量。在传统乡土社会，政治可以说处于一种“无为政治”的状态，也就是“天高皇帝远”的状态，“皇权”并非密集地存在于乡村社会，乡村依靠“礼治”而实现自治。“礼治”是一种“无法”的治理形式，乡村可不直接依靠国家法律的力量而达到秩序状态。那么，“礼治秩序”究竟是依靠何种力量来维持的呢？从本质上看，乡土社会“礼治秩序”的实现和维持就是以乡土文化为基础的。

乡土文化的教化功能不仅表现为文化提供行为规范或规制力量，而且表现为乡土文化提供规范内化的机制。因为乡土文化是乡村居民在共同生产和生活过程中共同创造和积淀下来的，其中包括法律、道德和经验等行动规范，这些规范由于不是外在强加的，而是在共同体生活中形成的，因而通过文化的潜移默化作用，自然而然地为共同体成员所接受，这一过程即行动规范的内化过程。

在经济运行和发展方面，乡土文化的功能是资源调动与整合功能。资源是一切经济活动的基础，资源的有效开发和利用对一个社会的经济发展来说至关重要。但是，对社会经济系统而言，有效资源并非绝对的、固定的存在，而是相对经济活动主体的能动性而言的。有效资源需要人们去认识、发现和调动起来，才会被开发出来，并被运用到经济活动之中，才会转变为经济效益。文化的意义在于让人们能够认识到哪些是最为有效的资源，以及如何调动并整合好这些资源为经济生产和社会生活服务。

乡土文化之于乡村经济活动而言，通过共同积累的生产经验和民间智慧，帮助农民发现可用的资源，并通过文化途径建构起社区的分工合作机制，调动和整合有效的资源，并最终组织起有效的生产经营活动。在乡村经济发展的差异中，影响因

① 费孝通．乡土中国 生育制度．北京：北京大学出版社，1998：66.

素不光是自然条件和经济基础，乡村社区文化在其中也具有重要的功能。那些发达和富裕的农村地区，其经济成就通常与社区文化所起的作用密切相关。从某种意义上说，富裕的农村一般有丰富、深厚的社区文化，这种文化往往能将民众团结起来，有效地开发利用身边的资源。相反，在那些发展相对滞后的农村地区，通常存在着一些与之相连的乡土文化。既然乡土文化有着重要的经济功能，那么，在推进乡村经济建设过程中，需要注重把乡村文化建设与经济建设有机地统一起来。

乡土文化的主要社会功能可以看作“位育”功能，亦即调节与适应（adjustment and adaptation）功能。在“鸡犬之声相闻，民至老死不相往来”的乡野里，各家各户都过着自给自足的生活，然而乡村并非“原子化”的空间，而是联结成一种社会共同体或社区。那么，是什么机制将乡村个体或农户联结成社会共同体呢？很显然，这与乡土文化的调适机制分不开。

在乡村社会的整合中，乡土文化的“位育”功能是不可或缺的。所谓“位育”，按照潘光旦的“社会位育论”，是指让人能“安其所，遂其生”①，亦即通过心态的调节来达到关系的协调。在乡土文化的熏陶下，人们懂得自己的社会角色，学会如何去扮演自己的角色，由此构建起社会秩序。传统农民的那种“安分守己”的意识，是经过乡土文化调节而形成的。乡土文化也通过协调机制，引导人们在自己的位置上得以更好地成长和进步，由此推动乡村社会不断地变迁和发展。

既然乡土文化对于乡村社会的整合起着重要作用，那么在推进乡村和谐社会建设过程中，民生建设等社会建设固然重要，但乡村文化建设也需要加强。通过乡村文化建设，可以构建起协调的社会心态秩序，对乡村社会的协调发展来说有着重要意义。

第二节　农村民俗文化

民俗即民间风俗习惯，实际是人民的生活文化。在农村社会，从人们的衣食住行，到生老病死，每一种生活领域都包含一些习惯和趋势，也都饱含民众的智慧和知识。农村民俗文化来自生活，其范围非常广泛，既包括与生计相关的传统，也包含农村生活中的各种礼俗，还包括多种多样的生产生活技能等非物质文化遗产。

一、农村的生计传统

在农村的不同地区，一般都有着与当地生态环境相对应的生计模式（subsistence pattern）。所谓生计模式，是指一个群体赖以生存和生活的主要生产经营方式

① 潘乃穆，潘乃和．潘光旦文集：第1卷．北京：北京大学出版社，1993.

和谋生手段，是人们在生存竞争中根据经验积累而选择的相对固定的谋生方式，如农耕模式、游牧模式、农牧结合的模式、农渔结合的模式等。生计模式中包含着民众长期积累的生产经验和丰富的民间智慧，因而是农村民俗文化的集中体现。

一个农村地区的生计模式也代表着该地区的生计传统，因为一种谋生手段演变为模式化的过程，是文化的传承和积淀过程。在这一过程中，某种生计方式的合理性和适应性逐渐为广大民众所认知和认可，于是这种生计方式被广泛接受和选择，并通过社会继替的途径代代相传，从而得以留存和延续下来。如中国南方农村的稻作生产方式，与气候等自然条件相适应，具有一定的优势和合理性，在长期积累生产经验和农艺的基础上，逐渐演变成南方农村的生计传统。

农村生计传统的意义体现在：

第一，农村生计传统是一定范围内的农民（牧民、渔民）群体共同遵从的生产和生活模式。作为一项传统，生计模式并不是某个个体的谋生方式，而是集体认同和选择的生产和生活方式。在这个意义上，生计传统是集体选择的结果，蕴含着集体智慧。

第二，生计传统反映一定条件下的合理性。农村生计传统在一定阶段被一定地域范围内的农民集体遵从和选择，一个重要原因在于传统中包含着一定合理性。例如，内蒙古牧民的游牧生计传统，其游牧、轮牧等技术传统蕴含着民间的环境知识，相对于定居生活，游牧对于保护草原生态平衡、防止草场沙漠化具有合理性①。生计传统能够得以保留、传承和沿用，与其自身所具有的内在合理性有着不可分割的关系。当然，传统中的合理性成分是相对于一定阶段的技术和自然条件而言的。生计传统并非一成不变的，而是会随着技术革新和环境变化不断地变迁与发展。

第三，生计传统是以一套技术为核心的文化系统。一种生计传统既包含一套核心的生产技术和工艺，也包含与这套技术相关联的生产经营体系。例如，在传统农耕生计模式中，既包括从选种、播种、施肥、养护、灌溉到收获等的一整套农业生产技术，也包括生产工具的制作技术等。除这些核心技术之外，还包括农业生产的组织和经营方式——以家庭为单位组织小规模的生产。既然是一个系统，其中所包括的各种经验、技术和制度也就是相互配套、相互衔接的。如果改变某个关键要素，就有可能出现系统性问题。如在合作化运动时期，将农业家庭经营体制改造为合作社，相当于打破了农业生计传统，结果出现事与愿违的效果，合作化经营非但没有提高经营效率，反而给农业生产、经营和管理带来诸多困境。

第四，生计传统包含生产与生活文化的社会记忆和传承机制。生计传统得以留存下来并被继续沿用，表明民间社会有一套记忆和传承机制。民间的记忆和传承有两种方式：一是家庭继替，二是社区趋同。家庭继替的方式是指在家庭共同生产和生活过程中，农业生计会通过潜移默化的方式实现代代相传，这样传统在家庭代际继替中得以记忆并传承下来。社区趋同的方式是指在农村共同体中，农民文化学

---

① 麻国庆．草原生态与蒙古族的民间环境知识．内蒙古社会科学（汉文版），2001（1）．

习、记忆和传承的基本方式是在生产和生活实践中趋同或模仿。在村落社会中，农民的重要实践策略便是趋同，也就是遵从多数人的行动方式。在生产和生活实践中参照和遵从众人的行动策略，这就构成传统的集体记忆机制，亦即民众用自己的行动实践来记忆和传承生计传统。

在技术日新月异的时代，农村生计传统面临着巨大的挑战。生计传统与创新、生计传统与变革、生计传统与农村发展等关系问题，变得越来越重要、越来越需要谨慎地处理。随着农业新技术，如化肥、农药、生物技术和农业机械等的出现，广大农民已经广泛接受并使用这些新技术，这意味着以往的农业生产传统将被改变乃至被放弃。那么，农村的一些生计传统要不要保留？如何在快速变迁和发展中对待传统？舒尔茨提出的"改造传统农业"是不是发展的唯一出路？[①] 对这些问题，仍值得进行广泛而深入的研究和反思。

二、农村的礼俗文化

礼和俗是农村社会生活文化的重要构成部分。作为农村民俗文化的组成部分，"礼"并非仅指儒家的伦理思想，而是指民众在生活实践中建构起来的、用以指导人际互动的文化法则。虽然"礼"的法则是普遍的，但"礼"的具体内容和形态则各地有各地的特点。在农村，人们常常背后议论或当面指责某某人"不懂礼"，这里的"不懂礼"并不是指不了解圣贤的礼教思想，而是指不了解共同体的行为规矩，即文化法则。

在农村社会的日常生活中，"礼"主要包含这样几层意义：(1) 礼貌。在农村社会交往活动中，人们需要"懂礼""遵礼"，这是指个人与他人的交往行动要遵循礼貌的原则。特别是与长辈或长者，以及客人交往时，需要表现出对他们的尊敬、热情，这便是礼貌。(2) 合理。"礼"即"理"，在民间交往活动中，人们常说要讲"礼"，也寓意要讲"理"，意思是在"礼"的规则中包含了合理的成分，是符合道理的。所以，在农村社会生活之中，民众通常会把那些具有合理性的行为规则建构为"礼"，以促使大家尽可能地按照统一的规则来行事。(3) 伦理。农民在日常生活中，还会赋予"礼"以伦理规则的意义。"礼"之所以对大家来说很重要，大家都要遵守，是因为人们将其上升到伦理、道德的高度。一个人如果不按照"礼"的规则行事，就会面临共同体内部的舆论压力和道德谴责。(4) 人情往来。农村社会中的"随礼""送礼"现象较为普遍，这里的"礼"与礼物相关联，其意义是维持民间社会的人情关系。在农村，"礼物的流动"之所以普遍且重要，是因为农村社会的关系结构是由流动的、个体中心的关系网络而非固定制度来支撑的。[②] 在这种非制度化的关系网络中，人们需要通过礼物交换的方式来增加情感联系，这样才有

① 舒尔茨．改造传统农业．梁小民，译．北京：商务印书馆，1987：1.

② 阎云翔．礼物的流动：一个中国村庄中的互惠原则与社会网络．上海：上海人民出版社，2000：14.

助于维护关系网络的畅通。

资料库 10-1

人情伦理体系有三个结构性维度：理性计算、道德义务和情感联系。人情在行动上的复杂性和弹性就源于这三个结构因素变动不定的组合。尽管在涉及人情的所有社会往来中，这三个维度彼此共存，但在特定的情况下，实际的重点可能是其中任何一个。

…………

对下岬村村庄生活的观察已使我得出结论：至少在礼物赠送和社会交换的领域，道德义务更可能主导人的行为。毕竟，下岬村村民生活在道义经济当中。

资料来源：阎云翔．礼物的流动：一个中国村庄中的互惠原则与社会网络．上海：上海人民出版社，2000.

在村子里，如果村民家里要办件“大事”，也就是人类学意义上的礼仪，如婚礼、生日礼、葬礼、房屋建成礼等，有人情往来的村民和亲朋好友就会来馈赠礼物。这种礼尚往来的活动既是一种风俗习惯，也反映了村民对人情关系和人情伦理的高度重视。

农村礼俗文化中的“俗”，是指农村社会生活中的风俗习惯，是在一定场域、一定阶段的平常生活中表现出的风尚、习俗、惯习等。就文化意义而言，农村的民俗包括：

第一，民间智慧。作为民间生活文化，民俗虽在平常生活中形成，也在平常生活中发展，但其中富含民众的智慧。从饮食习惯的形成到象征符号的创建，都包含着普通民众在生活实践中的智慧和创造性。农村“俗”文化与“雅”文化在内容、形式和功能上有一定的差别，且“俗”文化更加接近村民的生活，也蕴含着丰富的意义。

第二，约定俗成的规则。在农村社会，民俗还有一层重要的意义，那就是行动规则的意义。所谓风俗、习俗，是多数民众所遵从的一种行为规则、所采取的一种行动方式。风俗的形成，与农村社会相对稳定的、共同的、熟悉的生活环境有着密切的关系。一种行为方式一旦被大家认可和接受，也就容易固定下来，并逐渐成为人们共同的行动准则。这在开放的、流动的社会是很难实现的，在不断流动的现代城市中，我们就不会看到地方性的民俗。而在农村，我们需要“入乡问俗”“入乡随俗”。在某一乡村地域，生活在那里的人们会有约定俗成的一套社会规则，这套规则就相当于地方性的道德与法律规则，大家都按照这套规则来行事，彼此就会相安无事，秩序正是依靠这套规则而建立起来并得以维护。农村的风俗习惯虽没有成文的规章，但实际上相当于一种行动中的“法”，引导并约束着人们的行为选择。

第三，价值观与行为倾向。在农村的风俗习惯中，还隐含着村民的某种价值倾向和行为倾向。例如，在农村婚俗中，有关彩礼、嫁妆、婚礼的习俗规则，蕴含着一定时期内农村居民对待婚姻的价值观念，包括对嫁女、娶妻的态度和价值观念，以及对待男方与女方两个家庭之间关系、新生代家庭的态度和行为倾向。农村风俗成为流行的、被共同接受的行为方式，表明其背后的价值是被村民共同认可和持有的，在这种价值观的支配和影响下，其行为倾向也就可以预见。

三、农村非物质文化遗产

2011年公布和施行的《中华人民共和国非物质文化遗产法》规定，所谓非物质文化遗产（intangible cultural heritage），“是指各族人民世代相传并视为其文化遗产组成部分的各种传统文化表现形式，以及与传统文化表现形式相关的实物和场所。包括：（一）传统口头文学以及作为其载体的语言；（二）传统美术、书法、音乐、舞蹈、戏剧、曲艺和杂技；（三）传统技艺、医药和历法；（四）传统礼仪、节庆等民俗；（五）传统体育和游艺；（六）其他非物质文化遗产”①。

在快速现代化的今天，对非物质文化遗产的发现和保护已受到广泛关注和重视。做好非物质文化遗产保护工作，关键在农村。正如梁启超曾说，中国文化的根在农村。有着悠久历史和深厚文化底蕴的中国农村，孕育了辉煌灿烂的农业文明，自然也是非物质文化遗产的宝库。

农村社会有着丰富多彩、各具特色的民间文化，这些具有独特性、地方性的文化，既是农村的精神财富，也是人类共同的财富，它们对人类文化多样性发展来说有着重要意义。在现代化和全球化浪潮的冲击下，技术革命为人类带来了日新月异的现代产品，这些产品的广泛使用正快速改变着包括农村居民在内的人们的生活方式，一些民间传统的手工艺、民间艺术和民俗文化等由于没有受到市场的眷顾，渐渐地不受关注，甚至被遗忘和抛弃。当前的农村社会环境，已经让民间非物质文化的传承变得越来越困难。

《中华人民共和国非物质文化遗产法》的出台，将会有助于农村非物质文化遗产的传承，促进依法保护。然而，法律只是提供一个框架、一种理念，要让农村非物质文化在新时代得以更好地传承、延续和复兴，仍需要有更多的创新实践，来突破时代变迁给农村民间非物质文化的成长、传承和发展带来的巨大困境。

促进农村非物质文化的保护、传承、繁荣发展，重点要在实践中做出如下的调整：

首先，加强关于农村非物质文化的基础教育，培育和增强文化自觉意识。文化的传承和发展遵循着社会选择与过滤规律，被多数人选择、接受的文化就能传承和延续下去，选择和接受的人越少，文化传承就越困难。文化的社会选择受人们的文化意识影响较大，农村非物质文化在现代社会面临的困境，从根本上讲与民众的文化意识有关。如果让农村居民重新发现非物质文化的价值，增加对民间文化的自觉

---

① 中华人民共和国非物质文化遗产法（主席令第四十二号）.（2011-02-25）[2018-12-07]. http://www.gov.vn/flfg/2011-02/25/content_1857449.htm.

和自信，农村非物质文化就保有相应的社会基础。文化自觉是指通过反思增加对自己文化的认识，了解中华文化的包容性，理解“和而不同”“多元互补”“美美与共”的重要意义①。文化自觉意识的增强，有助于农村居民维护和发扬本土和地方文化传统，促进农村非物质文化的发展。

其次，创建高效的农村非物质文化遗产调查和发现机制。在农村社会不断现代化的进程中，为了避免一些重要的非物质文化遗产的灭失，一种有效办法是选择性地保护重要的、价值更高的民间文化传统。要做到对农村重点非物质文化遗产的更好保护，就需要加强对农村非物质文化遗产的调查和发现。《中华人民共和国非物质文化遗产法》强调各级政府的文化主管部门在调查和记录项目名录方面的责任，这将对农村重要非物质文化遗产的发现起到促进作用。与此同时，还需要调动基层民众在调查和发现农村非物质文化遗产方面的积极作用。通过官方和民间两种渠道，能使农村非物质文化遗产调查和发现的效率得以提高。

再次，创建农村非物质文化遗产传承和传播的有效激励机制。保护和发展农村非物质文化遗产，关键在于文化的传承和传播。一些非物质文化遗产面临的危机，是失传和缺乏文化受众的危机。这两种危机的产生，与社会文化变迁的大背景息息相关，应对危机的有效办法是创新激励机制。针对一些民间艺术、技艺后继乏人、受众减少的情形，要通过专门的激励机制，保障这些文化传统尽可能地传承下去。

最后，探寻农村非物质文化与新技术的兼容发展之路。传承和保护农村非物质文化遗产，并非对抗现代化。农村社会文化的现代化是大趋势，但现代化并不意味着非要让农村非物质文化遗产灭失不可。所以，在文化遗产保护与现代化发展之间，可以找到恰当的均衡点。例如，一些农村地区通过发现和开发当地民俗文化资源，结合现代旅游业发展，不仅让农村民俗文化得以传承和再现，而且为农村发展找到一条新的路径。要达到农村非物质文化遗产的有效传承和保护，较为理想的状态是探寻出一条民间文化传统与现代市场发展相融合的道路，亦即将文化传统转变为新的发展资源，在新的发展中传承并发展文化传统。

四、乡土文化保护和重建

现代化、城市化的浪潮既推动着社会向前进步，也吞噬着传统农业文明和传统乡村社会。一座座小洋楼在各地农村拔地而起，宽敞的水泥马路通向每一个村庄，各种各样的机器甚至转基因等高科技被广泛应用于农业生产之中，广大农民普遍使用现代通信手段。所有这一切都说明了一个不争的事实，那就是农村社会正在加速现代化。

在历史规律面前，我们只能顺势而进，不能逆势而为。既然现代化、城市化是社会发展的大方向、大趋势，那么我们既不能也不可能阻挡这一趋势。但是有一

① 费孝通．中国文化的重建．上海：华东师范大学出版社，2014：181.

点，既然人类能发现规律，那就应该根据规律，为保存人类的文明足迹和文化遗产而有所作为。

人类社会在变迁与发展过程中，不断地创造出新生事物，新生事物特别是新工具常常比旧工具更加先进，从而被越来越多的人接受，而旧的东西逐渐被新生事物取代乃至被淘汰。当铁制农具出现后，刀耕火种逐渐销声匿迹；当机械农具被生产出来后，越来越多的农民告别传统的农业耕作方式。如今手机、互联网和数字技术广泛使用后，传统的书信、电话、电报等通信与传播方式已逐渐退出历史舞台。

选择使用更先进、更有效的工具是人类社会行动所遵循的工具主义逻辑，这一理性选择原则不仅是无法改变的，也是社会进步和发展的基本动力。对普通民众来说，使用新工具就意味着要抛弃旧工具。但是对社会文化而言，旧的或落后的并不一定都是一文不值的，不一定都要被彻底抛弃。作为曾经是人类文明成果的过时工具，对人类生活曾发挥过作用，人类社会就应该对其有所记忆。正是通过社会记忆，我们当下的行动才具有文化意义。虽然落后的、过时的东西不再具有工具价值，但其文化价值并不随其失去工具性而消失，相反，其文化意义变得更为重要。因为如果我们不去有意识地保护、不去有选择地保存这些遗产，那么它们可能从社会记忆中彻底消失，那将是人类文化的损失。[①]

中华民族有着悠久的农业文明史，几千年来，传统农业文化孕育着各族儿女。在现代化、城市化的历史进程中，我们曾经一度落后，如今却能以跨越式发展模式，正在实现“赶超”西方的夙愿。在改革开放后短短几十年里，我们实现了经济总量跃居世界第二，城市化率从2001年的37.7%增长到2020年的63.9%。现代化和城市化在取得巨大成就的同时，也给农村传统文化带来了一些挑战，传统的小农生产技艺、村落和民间文化正在加速走向终结。当然，这些是现代化和城市化的必然结果。我们不可能也没有必要去阻挡这一大趋势而去挽救所有的传统村落和所有的乡土文化，因为乡村及乡土文化总要向前发展。

但是，当我们看到这样一种不可逆转的趋势时，当我们看到有着几千年积淀的传统农业文明就要为现代工商文明所取代时，我们可以采取一些积极的文化措施，有选择地去保护和留存下那些具有典型特色的传统农业技艺、村落和乡土文化。让生活在现代社会的人乃至我们的后代依然能看到人类文明的“活化石”，让古老文明在失去实用价值时依然能保留其文化意义，这样才会让人类文化真正维持多样性。

对乡土传统特色的保护，既并非对现代化或城市化的反抗，也不是怀旧主义的徒劳，更不是逆势而为的冲动。首先，保护传统特色是在现代化、城市化的大背景下提出的，保护是发展中的保护与留存，而不是通过阻止发展来进行保护。其次，保护传统农业文明及乡土文化，是政府有选择、有计划推进的文化保护战略，不是让所有传统的生产方式和民间文化都原封不动地保存下来，而是要让那些有典型意

---

① 陆益龙．政府要加强乡土传统特色的保护．探索与争鸣，2012（11）．

义、有特色的传统能完整地保存下来。此外，从历史发展的角度看，中华传统文化中的许多精髓之所以能流传下来，不完全是因为考古发现，而要归功于我们祖先有意识的保护与保存。比如，即便在一些小村庄，那里的人们也能坚持记录“村志”。如今，政府作为一种公共力量，具备更强的文化保护能力，对部分有特色的传统村落和乡土文化进行保护和保存，完全具有可操作性。

乡土传统特色的保护计划既属于非物质文化遗产保护之范畴，又与一般意义上的保护有所不同。这一保护计划应该属于政府推进的重点保护，是对那些具有民族性、典型性和独特性的乡村社会及乡土文化进行整体性的保护和留存，使其成为传统农业（牧业、渔业）文明的“活化石”。所谓整体性保护，是指不仅要加强对器物遗产的保护，也要加强对其文化主体及生活方式与文化的保护和留存。在保护计划中，一方面，政府需要对文化主体或乡土文化持有者所承担的文化保护任务给予足够的补偿；另一方面，文化保护的承担者也要依据法律，负责任地维持和保护文化传统。当然，对保护范围内的社会成员来说，需要给予他们充分的自主选择权，依法建立合理的退出机制。

对一个国家、一个民族和一个社会而言，真正的科学发展不仅是追求工具效率的发展，而且应该是追求人文关怀的发展。所以，政府在推动城市化发展和农业农村现代化的同时，要重视和加强对乡土传统特色的保护。在传统农村快速走向消失的今日，应尽早采取必要措施，挽救和保存下那些富有文化价值的文明遗产，为子孙后代留下有意义的社会记忆。

第三节　农村社会的文化生活

社会生活由两大部分组成：物质生活和精神文化生活。农村社会的文化生活状况是农村社会运行和发展状况的重要方面，对其加以考察有助于我们了解和理解农村社会，了解农村居民的精神面貌和生活水平。

一、农村公共文化设施

文化生活能满足人们的精神需求，但其通常需要一定的物质基础，民众文化活动的开展，要有相应的公共文化设施。农村公共文化设施是村民共享、共用的文化场所、实物以及其他文化产品等基础设施，如农村文化健身广场、活动中心、农家书屋、庙宇等。在农村，公共文化设施有三个重要来源：一是村内的公共供给，二是社会资助，三是政府提供的公共物品。

在农村处于相对自治的时期，村庄公共文化设施的主要供给方式属于第一种，即村内的公共供给。村内提供的公共物品一般是在村民通过共同协商之后，每户按照某个标准平均分摊公共设施的建设和维护费用。例如，传统农村的村庙、神社等民间信仰设施，一般是村民按人头来共同承担设施供给费用。家族的宗祠是亲属集团内的公共设施，由集团内成员共同分担相应费用。

农村有些公共文化设施可能是由社会上的慈善人士或机构捐赠建设的，如一些小学、祠堂、庙宇、文化活动中心等，会得到社会资助。社会资助一般以个人捐资兴建、基金项目等形式来向农村提供公共文化设施。

政府为加强农村文化建设，丰富村民的文化生活，不断增加农村文化公共物品的供给，其中包括农村文化基础设施建设，以及农村公共文化服务。随着越来越多的国家支农资源输入农村，政府提供的公共文化设施在农村已经逐渐增多且占主导地位。从农村调查的情况看，农村公共文化设施的供给在村庄之间存在一定差别（见表 10－1）。

表 10－1　村庄拥有公共文化设施的情况

		有		没有	
		村庄数	占比（%）	村庄数	占比（%）
1	幼儿园	42	46.2	49	53.8
2	小学	53	57.0	40	43.0
3	体育健身场所	44	50.0	44	50.0
4	老年活动室	34	39.1	53	60.9
5	图书室（馆）	64	69.6	28	30.4
6	公园	11	12.6	76	87.4

资料来源：2012 年“千人百村”调查。

在农村公共文化设施的供给方面，面临着一个悖论问题：农村公共文化设施的有效供给和有效需求都存在不足。

一方面，农村在公共文化设施的有效供给方面，明显存在不足，这一点在农村相对稀少的文化设施方面得以体现出来。虽然政府加大了在农村文化建设方面的投入，但与城市相比较，农村公共文化设施的有效供给依然偏少。

另一方面，农村也出现对公共文化设施的有效需求不足的问题。所谓有效需求不足，是指已建成或供应的文化设施和文化服务很少有人使用。例如，一些村庄的农家书屋，面临无村民光顾的局面；有一些健身活动场所，使用率较低。农村出现对公共文化设施有效需求不足问题的主要原因可从三个方面加以理解：第一，农村社会处于流动性很大的阶段，大量农村人口的外出流动直接影响到对公共物品的有效需求，流动人口有很长一段时间并不居住和生活在农村。第二，农村一些公共文化设施的供给不太符合村民更广泛的文化需求。一般而言，村庄内部供给的一些公共文化设施利用率最高，是因为这些设施的供给能够满足村民普遍的文化需求。而其他一些公共文化设施之所以很少被利用，是因为村民对这些文化设施和相应的文化活动没有广泛的需求。特别是政府建设的农村公共文化设施，通常是按照统一的标准来配套和建设的，其供给过程行政性较强，但实用性较低。第三，在丰富村民文化生活方面缺乏有效的引导和推广机制。农村一些新建的公共文化设施对较多村民来说可能属于新鲜事物，要让这些设施真正为村民所用，还需要有相应配套的文化活动，让村民学会利用并习惯于使用这些公共设施。

此外，在农村公共文化设施建设方面，还面临着公共设施的维护问题。农村公共文化设施的维护关系到文化建设的可持续性，如果建成的设施得不到有效维护，其文化功能就将不可持续。农村公共文化设施的维护存在困境，根源还在于体制与经费问题，现行农村社会治理体制并没有把公共文化设施建设与维护纳入制度化的范围之内。所谓制度化，也就是稳定、可预期。而现在的公共文化设施建设较多是以项目的形式来推进的，而项目是周期性的。在项目周期之外，设施的维护就成了大问题。

二、农村公共文化活动

农村公共文化活动是指由村民共同参与的、具有集体性的文化活动，如农村的庙会、划龙舟、民间竞技、民间戏曲以及节庆仪式等活动，通常是在共同体内发起、由成员参加，并由相应的集体来组织协调的农村公共活动。

农村公共文化活动看似平常生活中的集体活动，但在农村社会运行中有着多方面的功能，从某种意义上说，具有公共性的文化活动相当于农村社会的黏合剂。具体来看，农村公共文化活动的功能主要包括：

首先，公共文化活动在促进村民的社会认同方面发挥着积极功能。在农村社会，各家各户表面上看是在自给自足地生产和生活，然而任何一个村落都并非“原子化”单位，而是彼此熟悉的共同体。村落共同体的形成和维续，其根基在于乡土文化。在各种各样的公共文化活动中，村民培育并不断增强了对共同体的认同意识。一项公共文化活动的发起和举办，包含着村民之间基于认同感而达成的默契和协作关系。

其次，公共文化活动对培育村民的合作精神和公共意识有促进作用。通过集体性的文化活动，村民之间不仅认同感增强，而且人际情感得以加深。由文化活动培养出来的情感联系，对促进村民之间的合作、提升村民的公共意识会起到相应的作用。从农村的现实经验来看，一地公共文化的发展情况在当地社会经济发展中常常会发挥重要的作用，公共文化活动越活跃的农村，村民间的合作意识会越强，公共事业发展得会越好。相反，公共文化活动越少的地方，越缺乏合作的精神。农民并非像一些人所认为的那样是分散的、难以合作的，农民间的合作情况与农村文化氛围有着密切的关系，各地农村的文化建设不同，农民合作与公共事业的发展状况就会产生差异。

最后，公共文化活动能够丰富村民的社会生活。农村公共文化活动既不同于日常生活的活动，也不同于个人的文化生活，而是具有庆典性、集体性的文化活动。那种集体庆典活动一般是在特定的、重要的日子举办的，通过这种活动可以调节农村常规生活的平淡，使平常生活具有更多样的活动形式、更丰富的意义。

综合起来看，公共文化活动之于农村社会而言，是一种重要的文化资本或文化资源，培育和发展这一资本或资源，对农村发展有巨大的促进作用。组织、举办和延续农村公共文化活动，不仅会逐渐形成一种地方性文化传统，也会积淀起越来越多的文化资本，这些皆是农村未来发展可资利用的无形资源。

农村社会在开展公共文化活动方面常面临三个问题：

一是经济基础薄弱问题。组织和举办公共文化活动的一个前提条件是有相应的公共文化投入，这种投入需要以经济为基础和后盾。而在农村，仍然有较多地方处于经济欠发达的状态，在物质生活都面临困难的情况下，向文化活动投入的可能性会大大降低。

二是社会主力外流问题。农村公共文化活动的开展，离不开人的组织和参与。如今农村多数地方面临着大量人口特别是农村主力群体外流的问题，一些农村干部常反映，农村现在要办件公共事务非常困难，原因是找不到做事的人。在人口大流动的情况下，农村公共文化的筹办，不仅缺少得力的组织协调者，参与者也比较匮乏。

三是文化传统断裂问题。农村在经历“破四旧”运动之后，很多民间文化传统被污名化为“封建落后文化”，并遭到禁止和破坏。在传统受抑制或失传之后，一些地方的村民难以找到新的公共文化活动形式，甚至影响其参与公共文化活动的热情和积极性。在这种文化背景下，农村要让公共文化活动再度活跃起来面临着重建和复兴的困难与阻力。

当然，在推进农村文化建设过程中，需要针对这些问题找到有效的应对办法，促进农村的公共文化活动广泛开展起来、活跃起来，让农村社会生活更富活力和意义。

三、农村文化的创新发展

文化是一个动态的系统，需要不断地创新和发展。农村社会孕育了多姿多彩的乡土文化，积淀了丰富而深厚的民间文化传统。优良的乡土文化传统，以及其中的文化精华，值得传承和保留。传统的传承并不排斥发展，文化传承的过程是一个扬弃过程。

农村文化的创新发展是指在社会经济的变迁与发展进程中，创新农村文化价值体系和规范策略，以保持文化的适应性和活力。在某种意义上，农村文化创新发展的基本目的是创建“可持续的农村文化动力”[①]。在现代社会，农村一些传统文化面临着发展的困境和危机。从客观因素来看，那是社会现代化的一种后果；从文化自觉的角度看，那是因为农村的文化创新动力不足。文化的传统传承与创新发展之间

---

① 李长健，伍文辉．社会主义新农村建设中的文化创新研究．东南学术，2006 (6).

是辩证统一的关系，加强对农村文化传统的保护和传承，要在创新发展中加以推进。

在创新内容方面，农村文化发展的重点努力方向包括：（1）增强开放性。农村文化创新发展的关键在于发展理念的更新调整，而制约创新发展的重要因素之一是文化系统的封闭性和排斥性特征。在通常情况下，一个文化系统定型之后，往往会趋于封闭和稳定，并对系统外的新内容有所排斥。文化创新发展首先需要突破自身的封闭性，增强系统的开放性。开放的系统才有利于吸纳新的东西，才有利于与新文化兼容并包。推动农村文化的创新发展，要建构起开放的发展理念和文化价值，唯有这样，文化系统的开放性才会增强。（2）增添新元素。文化由各种元素构成，新文化也是由一些新的文化元素构成的。推进农村文化创新发展，实质是发展新文化，亦即给农村社会增添与现行文化有所不同的新元素。例如，随着网络社会和数字时代的来临，互联网、现代通信技术和数字平台是先进的、新的现代文化元素，在农村文化发展中，若能增添诸如此类的新文化元素并使其融于现行农村文化之中，就会实现农村文化的新发展。（3）增设新机制。农村文化的可持续发展要有可持续的动力，这些新动力从何而来呢？要寻找农村文化可持续发展的新动力，就要创新农村文化的动力机制。在现代化进程中，农村文化发展所面临的压力和危机，反映出旧的文化运行机制难以提供有效的发展动力。因此，改变和创新文化运行机制，可能会解决发展乏力的问题。例如，一些传统文化在现代市场机制的运行中显得难以适应，以致面临传承和延续的危机。如果能顺应时代特征，在传统文化传播和发展中引入新的市场机制，那么或许能为那些传统文化找到新的发展动力。

实现农村文化的创新发展，需要注重以下几个方面的结合：

首先，传统文化与现代文化结合。农村文化的发展属于有机系统的成长与变迁过程。文化是有“根”的系统，其创新和发展要立足于自己的根基。在这个意义上，推进农村文化创新发展，不宜脱离农村文化的根基，要在传承传统的基础上开展文化创新。农村文化要有新的发展，必须吸纳新时代的一些优秀文化和先进文化成果。在将传统与现代文化元素有机统一起来、结合起来之后，也就达到了一定程度的创新发展。

其次，文化事业发展与文化产业发展结合。文化发展包括两个方面：一是文化事业，二是文化产业。文化事业是指公共机构提供的用于满足人们精神文化生活需要的公益性公共物品和公共服务，如图书馆、青少年宫等公益性文化服务。文化产业是指以生产和经营文化产品及服务为主的经济业态。在市场化大背景下，如果将农村文化事业与文化产业有机地结合起来，那么将有助于农村文化的发展。因为仅仅向农村提供公益性的文化公共物品和文化服务，其范围较为有限，且难以持续。如果引入市场机制，推动农村文化产业的发展，那么将会促进农村文化的繁荣发展。因此，农村文化的创新发展在较大程度上取决于文化运行机制的创新。

最后，民众创造与政府推动结合。农村文化创新的基础是民间的草根创造，文化归根到底既来源于民众生活，也服务于民众生活，民众在生活中的创造是文化发展的原动力，农村文化真正的创造和创新者还是广大农民群众。在现代社会，农村文化发展要面对市场化、全球化的挑战，如果仅仅依靠农村民众的创造，那么可能会遇到动力不足或其他一些发展瓶颈。所以，为给农村文化创新发展增加动力，要将民众创造和政府推动的力量相结合。

第四节　农村生活方式及变迁

农村生活方式是指农村居民在一定价值观支配下的生活形态，包括物质生活和精神生活方面的观念和方式。考察和了解农村生活方式，为理解农村社会运行状态和社会关系的特征提供了一个重要视角。

一、农村家庭的消费结构

消费结构是生活方式特征的集中体现，因为消费结构不仅能反映出收入的状况，也代表相应的消费方式，以及与这一消费方式相对应的生活质量和生活方式的特征。考察农村家庭的消费结构，是为了认识农村社会在一定时期内的生活方式的现状、特征及问题。

从消费社会学的角度看，驱动人们的消费行为的动机大体可分为三大类：需要、享受和炫耀。根据消费行为的动机来划分，消费可分为需要型消费、享受型消费和炫耀型消费。需要型消费是受生活的基本需要所驱动的消费行为，如人们在日常生活中为满足衣食住行等基本需要而进行的消费支出。享受型消费是个人或群体在基本生活需要之外为追求闲暇娱乐和其他享受而进行的消费行为，如人们在休闲娱乐、健身以及身体保健等方面的消费。炫耀型消费是指人们为达到炫耀的目的或出于虚荣心而进行的消费行为。

农村居民的消费究竟处于何种形态呢？对农村社会消费现状的认识，可以调查事实为依据。从社会调查的情况看，农村社会仍以需要型消费为主（见表 10 - 2）。

表 10 - 2　农村居民家庭每年的消费支出情况

	平均数（元）	标准偏差	最小值	最大值	观察值（人数）
食品支出	7 346	11 366	0	300 000	2 136
服装支出	2 183	5 034	0	100 000	1 983
居住支出	1 627	7 512	0	230 000	1 918
住房支出	7 817	45 663	0	900 000	1 386
耐用品支出	1 942	7 382	0	120 000	1 601
日常用品支出	1 037	1 964	0	27 000	1 748

续表

	平均数（元）	标准偏差	最小值	最大值	观察值（人数）
交通通信支出	1 940	14 208	0	603 500	1 931
休闲支出	462	2136	0	60 000	1 553
子女教育支出	4 022	10 506	0	323 200	1 856
成人培训支出	132	881	0	10 000	1 362
自付医疗费支出	3 378	9 375	0	159 600	2 043
人情往来支出	3 285	21 239	0	900 000	1 915
赡养捐赠支出	888	2 588	0	50 000	1 518
家庭经营支出	2 252	35 581	0	1 200 000	1 395
购买生产资料支出	3 760	34 313	0	1 000 000	1 787

资料来源：2012 年"千人百村"调查。

表 10－2 显示出农村居民家庭主要消费支出的描述统计结果。就消费平均水平而言，排在前 3 位的消费支出依次是：住房支出（每年 7 817 元）、食品支出（每年 7 346 元）、子女教育支出（每年 4 022 元）。由此可见，住和食在农村家庭的消费支出中占非常重要的位置，休闲支出的平均水平仅为每年 462 元，表明休闲娱乐消费对农村居民来说，并不是主要的消费，农村居民的休闲消费的水平较低。至于农村家庭在子女教育方面的支出，也可以说是需要型消费支出，因为子女的教育是每个家庭必须承担的责任和任务，为子女受教育而支付教育费用也就属于基本民生需要。子女教育支出在农村家庭支出中显得较高，反映了农村家庭的教育负担相对较重。虽然国家在农村地区已推行免费义务教育的政策，甚至向不发达地区的农村学生提供了一些生活补助，但是，高中阶段以及大学阶段的教育对农村学生及其家庭来说，仍旧显得比较昂贵。

在农村，住房支出的意义相对较为复杂。虽然住是生活的基本需要之一，但农村居民建房并非完全由基本需要所驱动。对村民来说，房子不仅是用来住的，而且是家庭财富和实力的象征。较多村民一旦经济收入水平提高了，就会想到要改变家里的住房面貌。在农村的较多地方，出现村民盖房攀比的现象，村民为显示自家的优势而竞相盖起一座比一座更加气派的房子。由此就不难理解为何农村家庭在住房方面的消费支出的平均水平处于第一位。

食物消费支出在家庭消费支出中所占的比例，叫作恩格尔系数。恩格尔系数越高，反映家庭收入和生活水平越低。相反，恩格尔系数越低，则表明家庭生活水平越高。农村居民食品支出的平均水平处于较高的位置，说明农村居民的食物消费支出与其他消费支出相比，所占比例仍相对较高，表明农村家庭的消费水平和生活质量尚未产生质的变化。

影响农村家庭消费结构的主要因素可概括为三个方面：一是农村居民家庭的经济收入水平，即家庭经济因素。二是宏观社会与经济制度因素。三是农村居民的价值观念因素。

二、农村居民的闲暇生活

从时间分配的维度看，人们的日常生活是由三个部分组成的：劳作时间、闲暇时间和休息时间。在劳作时间里，人们从事着各项工作和生产活动。闲暇时间指非劳作亦非睡觉休息的时间，在此期间人们会有各式各样的消遣和休闲方式。休息时间是个人身体恢复的自然过程，即睡觉时间。劳作时间和休息时间由工作制度和生理规律决定，变动的弹性较小，而闲暇时间则是由个人所支配的，闲暇生活表现为人们以什么样的方式度过闲暇时间，因而闲暇生活是反映生活方式差异性的重要维度。

如果从“有闲阶级论”的角度看，那么农村居民的闲暇生活属于“劳动阶级”生活方式的内容，在农村社会，还不存在完全的“有闲阶级”[①]。在农村，社会成员共同生产、共同生活于小规模的社区之中，相互之间关系平和，并不具备产生“有闲阶级”的掠夺性社会关系。

从综合社会调查的结果（见表 10-3）来看，看电视是农村居民闲暇生活的主要内容之一，从不现场看比赛、看电影、读书看报和参加文化活动的农村居民占较高的比例，有超过 3/4 的农村居民在闲暇时间从不做手工。农村居民每天看电视、上网和体育锻炼的人占比相对较高。总体来看，农村居民的闲暇生活方式基本上属于居家过日子型，即闲暇生活主要围绕家庭生活而展开，既未显现出前沿现代性的转型，也未表现出对传统的发扬光大。

表 10-3　农村居民的闲暇生活（%）

	看电视	看电影	购物	读书看报	文化活动	亲戚聚会
每天	43.14	0.28	4.20	4.64	0.67	0.67
一周数次	22.78	1.04	17.21	5.99	0.81	2.57
一月数次	12.73	5.99	29.13	8.31	4.03	11.14
一年数次或更少	9.57	22.47	22.72	15.61	21.10	60.88
从不	11.42	70.03	26.41	65.17	73.00	24.43
未作答	0.36	0.19	0.33	0.28	0.49	0.36
N=3 574						

	朋友聚会	在家听音乐	体育锻炼	现场看比赛	做手工	上网
每天	2.69	17.40	19.28	0.76	2.55	43.06
一周数次	7.36	16.28	11.33	1.37	3.33	8.48
一月数次	16.98	10.58	9.90	2.80	4.90	3.25
一年数次或更少	36.99	10.72	10.69	10.41	11.95	2.49
从不	35.73	44.63	48.60	84.08	76.72	42.33
未作答	0.25	0.39	0.20	0.58	0.55	0.39
N=3 574						

资料来源：2021 年中国综合社会调查（CGSS 2021）。

① 凡勃伦．有闲阶级论．蔡受百，译．北京：商务印书馆，2019：5.

就农村社会的实际情况而言，村民在闲暇时间里的主要活动方式大体有三种：第一种方式是串门闲聊。村庄的人彼此熟悉，在闲暇生活中，他们相互之间频繁串门，在一起闲聊。闲聊既是农村信息传递的一种方式，也是农村舆论压力的作用机制之一。第二种常见方式是打牌赌钱娱乐。农民在闲暇时间打牌赌钱娱乐的现象在农村相对较为普遍，对农村打牌赌钱现象不宜一概而论，不能将其统一地判断为赌博行为。村民平常在一起玩玩牌，增添一些小额金钱刺激，既属村民的生活习惯，又是村民打发闲暇时间的一种方式，也是村民之间交流互动的一种形式。对农村赌博等违法行为需要打击，但不宜将村民的休闲娱乐与赌博行为混为一谈。第三种较为流行的农村休闲方式是走亲访友。村民通常会选择在闲暇时间走亲访友，或进行各种密切群体的聚会。这种休闲方式虽然并不是很频繁，但在村民的闲暇生活中有重要意义。通过走亲访友，村民不仅加强了人情关系网络的联系，也丰富了闲暇生活的方式。例如，在安徽省东部的一些农村地区，如果一个村庄举办一些唱戏等文化活动，那么村民常会邀请自己的亲朋好友到自己的村庄来看戏，这种风俗反映了走亲访友在村民的闲暇生活中的多重意义。

农村居民的闲暇生活方式总体来看还是较为简单的，对其产生影响的因素主要包括：第一，生产劳作方式与经济实力在较大程度上影响着村民闲暇生活的形式及范围。由于村民以农业生产为主，农业劳作基本在村庄周围田间进行，小规模的耕作仍以人力劳动为主，这意味着村民的农业劳动强度较大、劳作时间较长、季节性较强，而经济收益相对有限，这些特点决定着村民的闲暇生活方式和特点。第二，村民的主体性特征在较大程度上限定着他们的闲暇生活方式。村民在文化水平、兴趣爱好、价值观念等方面的特征，影响着他们对闲暇时间的活动方式的选择。例如，村民关于身体的观念和态度，影响着他们对体育和健身等休闲娱乐方式的选择。

当然，农村居民的闲暇生活方式及其特征的形成，并非由某种单一因素所决定，而是经济、社会、文化和个体等方面因素共同作用的结果。

三、农村生活方式的变迁

农村生活方式是指农村居民在一定时期内基于经济生产活动而形成的生活模式。农村生活方式虽具有相对固定的模式化特征，但这些特征主要限定在一定的时期或历史阶段，而不是固定不变的模式。

在社会快速转型时代，农村居民的生活方式正经历着巨变。就中国农村的经验现实而言，农村生活方式的变迁已呈现出这样几个突出特征：

首先，农村居民已从稳定的村落定居生活方式转变为流动的、乡城“两栖”的生活方式[①]。与传统农村相比，农村居民已不再是一辈子都面朝黄土背朝天地在农

① 陆益龙．农村劳动力流动及其社会影响：来自皖东T村的经验．中国人民大学学报，2015，29（1）．

村劳作，而是四处“闯市场”，在此过程中形成了在农村老家和城镇打工场所两地生活的模式。“两栖”生活方式可以说是农村生活方式的突出特征，这一特征在很大程度上反映出农村社会运行与变迁的基本形态。

其次，农村居民生活中的现代性元素越来越多。随着现代技术的日新月异，技术革新不仅影响着城市生活方式，也已对农村居民的生活方式产生广泛的影响。所以，在农村的生活方式中，无论是在物质设施方面，还是在文化观念方面，现代性元素都越来越多，也越来越显现出来。特别是在通信技术快速发展的今天，移动通信已经让广大农民跨步迈入网络社会。在农村，使用手机已经是普遍现象，运用手机上网也非常普遍。在社会实际中，使用微信的农村居民较为普遍。即便有些农民并不会用文字聊天，他们照样可以在微信里用视频或语音通话闲聊，有时讨论家乡的公共事务。

最后，农村生活方式已出现多元化之趋势。在社会现代化过程中，农村社会开始走向分化，村民不再都从事一种职业——农业，而是流向四面八方从事各种各样的工作。不同个体有不同的职业、不同的经历和不同的经济状况，意味着生活方式在个体间会出现较大差异。由此，农村居民的生活方式也出现多元化的格局。

虽然推动农村生活方式变迁的动力复杂多样，但作用明显的、可见的动力包括：(1) 现代化的推动力。人类社会正处在快速现代化的进程之中，现代化的趋势成为推动和影响社会变迁的最为显著的力量。现代化不是局限在某个领域、某个方面，而是表现在社会生产和生活的方方面面。现代化既包含生产的现代化，也包括社会和文化的现代化。现代化过程的推进，使得社会各个方面都在发生变化，其中自然包括生活方式。(2) 市场的力量。市场转型犹如“看不见的手”，不仅调节着经济领域里的活动，而且对社会与文化生活产生着巨大影响。正是在市场机制的作用下，才出现大量农村居民进城寻找机会的现象，出现农村人口大流动，并形成农村居民“两栖”生活方式。在此过程中，市场机制起到了关键性的作用。(3) 社会政策的形塑作用。一定时期的社会生活方式，在较大程度上受该时期社会政策的制约。社会政策对社会生活方式的形塑作用是通过两种途径实现的：一是社会政策背后的意识形态。通过意识形态的宣传和影响，社会成员的核心价值观得以统一和模式化。二是社会政策的规制作用。社会政策包含以国家权力为后盾的规则和制度体系，这些规则和制度会对社会成员的行为方式和生活方式起到规制和约束作用。如果社会政策发生转变，那么其形塑的社会生活方式也会随之发生变迁。例如，在政策严格控制和限制乡—城人口流动的时候，农村居民生产和生活在农村这一社会空间，并形成相对单一的乡村生活方式。而在人口流动控制政策放松之后，也就出现越来越多的乡—城人口流动，并使以往的农村单一生活方式转变为乡—城“两栖”生活方式。

虽然农村生活方式的变迁表现为生活中的一些活动方式的变化，但这些变化蕴含着深刻的社会意义。关注和考察农村生活方式的变迁，对把握和理解农村社会乃至整个社会的运行和变迁来说，有非常重要的参考价值。

本章要点

乡土文化的形成和发展依托于三个社会基础：一是农耕社会，二是地域社会，三是血缘社会。在社会现代化过程中，乡土性的社会基础已发生变迁，乡土文化也在变迁之中，只是农业生计方式、村落共同体以及农村亲缘与情感联系依然部分地保留并延续着。“乡土本色”既是乡土文化所具有的一种特质，也是乡土文化与城市文化相区别的突出标志。“乡土本色”由民间性和传统性两个具体元素构成。乡土文化在政治方面的功能为“教化”功能，在经济方面的功能是资源调动与整合功能，在社会方面的功能是“位育”功能，即调节与适应功能。

生计模式是指一个群体赖以生存和生活的主要生产经营方式和谋生手段，是人们在生存竞争中根据经验积累而选择的相对固定的谋生方式。农村生计传统的意义是：第一，农村生计传统是一定范围内的农民（牧民、渔民）群体共同遵从的生产和生活模式。第二，生计传统反映一定条件下的合理性。第三，生计传统是以一套技术为核心的文化系统。第四，生计传统包含生产与生活文化的社会记忆和传承机制。礼和俗是农村社会生活文化的重要构成部分。“礼”是指民众在生活实践中建构起来的、用以指导人际互动的文化法则。“俗”是指农村社会生活中的风俗习惯，是在一定场域、一定阶段的平常生活中表现出的风尚、习俗、惯习等。

非物质文化遗产是指各族人民世代相传并视为其文化遗产组成部分的各种传统文化表现形式，以及与传统文化表现形式相关的实物和场所。当有着几千年积淀的传统农业文明就要为现代工商文明所取代时，政府有必要采取一些积极措施，有选择地去保护和留存下那些具有典型特色的传统农业技艺、村落和乡土文化。让生活在现代社会的人乃至我们的后代依然能看到人类文明的“活化石”，让古老文明在失去实用价值时依然能保留其文化意义，这样才会让人类文化真正维持多样性。

农村文化生活状况是农村社会运行和发展状况的重要方面。农村公共文化设施有三个重要来源：一是村内的公共供给，二是社会资助，三是政府提供的公共物品。农村公共文化活动面临三个问题：一是经济基础薄弱问题，二是社会主力外流问题，三是文化传统断裂问题。农村文化创新发展的基本目的是创建“可持续的农村文化动力”。农村文化创新发展需要朝着三个重点方向努力：(1) 增强开放性；(2) 增添新元素；(3) 增设新机制。农村生活方式变迁的突出特征是：(1) 农村居民已从稳定的村落定居生活方式转变为流动的、乡城“两栖”的生活方式；(2) 农村居民生活中的现代性元素越来越多；(3) 农村生活方式已出现多元化之趋势。

关键概念

乡土文化	乡土本色	“大传统”	“小传统”
农耕社会	位育	生计模式	生计传统

礼俗文化	民间智慧	教化权力	非物质文化遗产
文化重建	文化创新	生活方式	闲暇生活
有闲阶级	消费结构	“两栖”生活方式	

思考问题

1. 何为乡土文化？乡土文化具有哪些功能？

2. 何为农村生计传统？农村生计传统蕴含着哪些意义？

3. 传承和保护农村非物质文化有哪些重要性？如何实现农村非物质文化的有效传承和保护？

4. 农村文化传统传承与文化创新发展之间有着怎样的关系？如何实现农村文化创新发展？

5. 中国农村生活方式变迁具有什么样的突出特征？它是由哪些因素影响导致的？

推荐阅读

1. 费孝通．中国文化的重建．上海：华东师范大学出版社，2014.

2. 吉尔兹．地方性知识．王海龙，张家瑄，译．北京：中央编译出版社，2004.

3. 阎云翔．礼物的流动：一个中国村庄中的互惠原则与社会网络．上海：上海人民出版社，2000.

4. 周星．乡土生活的逻辑．北京：北京大学出版社，2011.

第十一章
农村社会问题及其应对

社会问题是指在社会系统的运行过程中出现的影响正常社会生活且影响面较为广泛、需要社会多方力量和社会成员广泛参与才能解决的问题。由于社会问题的成因与社会系统的运行状况密切相关，因而其具有普遍性，而不是局限于某个子系统之中。农村社会问题主要是相对农村社会系统而言的社会问题，这些问题在成因、形态、特征以及应对方式等方面会具有农村社会的一些特殊性。

第一节　后脱贫时代的贫困治理

贫困是指生活处于贫穷和困难的一种状况，是基本的生活需要难以得到满足的困境状态。对贫困的定义有较多争议，因为对贫困的理解受政治、道德观和经济的影响。① 贫困的绝对论把贫困视为社会中的一种绝对窘迫的状态，即贫困是一种生存状态，穷人无法通过合法的途径来获得足以支撑生活所需的资源。世界银行 2015 年将贫困线定为人日均支出水平低于 1.9 美元，中国政府在 2011 年将农村贫困线定为农民年人均纯收入低于 2 300 元。相对贫困是指因获得相对较少的发展机会和成果而产生的相对剥夺状态。贫困问题在城市和农村都不同程度地存在着，中国农村已在 2020 年年底实现全面脱贫目标，标志着农村绝对贫困问题得以解决，农村发展迈入后脱贫时代。在后脱贫时代，贫困治理的中心任务转换为巩固脱贫成果，防范系统性返贫风险，消解相对贫困，实现乡村振兴与巩固脱贫的有机衔接。

一、农村贫困的形态及特征

农村贫困问题其实是一种复杂的、多样的社会问题。农村贫困有两个典型形态：一是农村的个体贫困，二是农村的连片贫困。农村的个体贫困是指农村社会中

---

① 波谱诺．社会学（第十版）．李强，等译．北京：中国人民大学出版社，1999：275.

存在个别农户、某些个人面临贫穷和发展困境的状况；连片贫困是指某些农村地区广泛地存在贫穷和发展困境的状况。

作为农村贫困问题的表现形态之一，个体贫困的特征体现在这样几个方面：

首先，在表现形式上，农村的个体贫困具有个别性与特殊性的特点。从现实经验来看，农村社会存在的个别贫困者或贫困户，一般有着自身的一些特殊困难。他们之所以陷入贫困状态之中，是因为各种不同的特殊因素——要么是身体上的特殊情况，要么是遭遇特殊事件。农村个体贫困实际是一种特殊贫困现象。

其次，在贫困发生上，农村的个体贫困具有偶发性。就个体贫困问题而言，其发生范围并不广泛，也不具有明显的规律性。在实际社会生活中，一些个体出现贫困状态通常是偶然的，而集中大规模爆发的贫困并不属于个体贫困问题。

最后，在存在方式上，农村的个体贫困具有绝对性。个体贫困不是仅存在于农村社会，而是在任何社会、任何时期都存在，所以社会中的特殊个体的贫困现象总是存在。在这个意义上，贫困是绝对的，因而社会福利、社会慈善与社会救助事业需要常态化的发展。一个社会可以通过发展来消除结构性的、连片的贫困问题，而特殊个体贫困不可能不发生，但一个社会可以通过慈善、救助等社会支持体系让个体贫困者摆脱贫困的困境。

农村个体贫困的产生，通常与个体性的、差异性的因素有密切关系。从个体资本的角度来看，农村个体贫困的产生是因为个体在身体资本、物质资本、货币资本以及社会资本等方面存在短缺与匮乏，从而陷入贫困或困难的境地。然而，个体陷入贫困是有差别的、特殊的和偶发的，并没有一种固定模式、统一的困难。农村个体贫困既具有相对贫困的特征，也有绝对贫困之意。相对性反映在个体间的发展和机会的差异性，绝对性则表现在他们的困难和问题是实在的。个体贫困问题反映出在社会中总存在着某些家庭和个体会遭遇这样或那样的生活困难，在这个意义上，贫困问题是绝对的。①

农村连片贫困是贫困问题的基本形态。与个体贫困问题不同，农村连片贫困问题不是个体性的、局部性的，而是区域性的、广泛存在的问题。在全面脱贫之前，中国农村的连片贫困问题主要集中在西北、西南和东北的边疆偏远山区和少数民族聚居区。

农村的连片贫困是全面脱贫前中国农村贫困问题的主体构成部分，表现为一些农村地区的贫困落后状况，这种贫困落后状况通过一些国家级贫困县得以集中体现出来。国家级贫困县是国家扶贫攻坚的重点对象，由国务院扶贫开发领导小组办公室根据三个标准来加以划定，这三个标准是：贫困人口的比例、农民人均纯收入水平、人均 GDP 和财政收入水平。其中贫困人口的比例或贫困发生率是主要依据。贫困发生率是指人均收入水平低于国家贫困线的人口数（户数）在总人口数（户数）中的比例，这一指标是衡量农村连片贫困问题严重程度的重要依据。

---

① 陆益龙．农村的个体贫困、连片贫困与精准扶贫．甘肃社会科学，2016（4）．

到2017年年末，经过全国各省的统一认定，共认定了334个深度贫困县，这些贫困县的贫困发生率为11%，并确定了3万个深度贫困村。在这些深度贫困地区，贫困问题已经不是个别现象，也不是个体遭遇的特殊困难，而是一种区域性的、连片发生的贫困，反映出一种片区整体性发展滞后的状况。深度贫困县和贫困村的贫困问题，突出表现为较多农户或农民的收入水平和生活水平较低，还包括一些特别贫困的现象，域内社会发展的综合水平处于明显的滞后状态。这些深度贫困问题不仅影响着贫困农户的基本生活需要的满足，而且影响到社会经济的协调、均衡发展。

农村的连片贫困问题是一种既具有绝对性又具有相对性的发展问题。所谓绝对性的发展问题，是指这些农村连片贫困地区既属于发展绝对滞后的特困地区，也是发展条件处于绝对劣势的区域。所谓相对性的发展问题，是指农村连片贫困地区的存在反映了区域发展的不均衡和社会经济发展的不平等。

作为一种发展问题，农村的连片贫困问题又具有综合性。也就是说，农村的连片贫困问题不是单纯的经济贫困问题，也不仅仅是社会问题，而是包含文化的、政治的、生态的多维复杂因素的问题。

从贫困发生的根源角度看，农村的连片贫困问题则具有结构性贫困的特点。所谓结构性贫困，是指根源于社会系统结构因素的贫困，即贫困状况是由系统的结构所决定的。首先，就经济结构而言，处于连片贫困的农村地区，或者说深度贫困县和贫困村，其经济结构大多以传统农业为主体，这在现代化的背景下也就易于陷入整体性贫困状况。其次，在区域结构上，连片贫困地区大多是偏远山区和偏远农村地区，村民与发达城市距离遥远，由此决定了他们获得现代发展资源的难度加大。最后，在社会与文化结构方面，连片贫困地区的发展既受传统结构的制约，在突破结构约束的能动性方面又相对有限。

从主要分布区域来看，农村的连片贫困问题还具有一定的特殊性。农村连片贫困问题的特殊性体现为较多的连片贫困地区分布在西部地区、边疆地区、革命老区和少数民族聚居区，这些区域不仅在地理分布上具有特殊性，而且在国家发展战略意义上具有一定的特殊性。农村连片贫困问题分布区域的特殊性表明应对和解决这一问题具有特别重要的意义；它也意味着解决农村连片贫困问题特别是让深度贫困地区脱贫须解决一些特殊困难。

二、农村贫困问题的成因

关于贫困问题的成因，经济学家讷克斯曾提出一个命题——“一国穷是因为贫穷”，由此命题可进一步推导出“农村贫困问题的产生是因为贫穷”，这种对贫困所做的“恶性循环论”解释，认为收入水平低会导致储蓄和消费水平低，进而影响资本的形成和生产水平，生产水平低又会导致收入低，于是形成贫困因素的“恶性循环”[①]。

① 讷克斯．不发达国家的资本形成问题．谨斋，译．北京：商务印书馆，1966.

缪尔达尔对不均衡发展问题进行了类似的“循环累积因果论”解释，认为市场机制并不会自动调节资源要素配置区域间的不均衡问题，生产要素的“回波效应”会进一步拉大发达地区与落后地区的差距；只有在出现“扩散效应”即要素从发达地区向外扩散时，才有利于落后地区的发展①。由此看来，农村贫困地区的落后状况的产生，主要是因为资源要素倾向于向发达地区和城市集中，这样贫困农村地区的发展就变得越发困难。“贫困约束论”则将贫困形成的原因归结为约束因素，亦即在社会经济发展过程中，一些个体和群体的发展会受到一些因素的约束而陷入贫困状况。导致贫困问题发生的通常有三个关键约束因素，即环境、能力和权力对发展的约束。②

中国农村地域辽阔，区域的差异性很大，贫困现象与贫困问题更加复杂多样。从贫困发生的原因和形成机制来看，农村贫困问题大体可分为以下几种类型：

（1）自然条件禀赋性贫困。在广阔的农村地区，有一些偏僻山区有效资源相对匮乏，且与外界的交通和联系十分困难。居住和生活在这些地方的农民，只能依靠当地有限的自然资源从事农业生产，这种生计方式受气候等自然条件的影响程度较大。生存和生活在这种自然条件较为恶劣地区的人们，有着非常大的社会脆弱性，容易陷入贫困状况之中。自然条件禀赋性贫困问题的形成机制包括两个方面的因素：一是由于生存与生活的自然条件的不利影响，资源难以满足基本生活需要；二是难以获得有效的社会支持。两种因素的影响有相关关系，且共同起作用，使得贫困人群既难以从居住生活的环境中，也难以从社会中得到有效的生产和生活资源。

（2）生态环境脆弱性贫困。在一些农村贫困地区，贫困问题的产生与区域性生态环境的恶化以及为保护生态而实施的保护政策相关。由于传统农业对自然资源有较大程度的依赖，因而农户的收入和生活水平与他们所处的生态环境密切相关。随着人类的过度开发及气候变化等因素的影响，一些地区的生态环境处在不断恶化的危机状态，如一些地区出现荒漠化、盐碱化、水土流失严重、地下水水位下降等，直接削弱了当地农民的生产和生活基础，由此产生了农村贫困人群。此外，国家加大了环境保护的力度，在一些农村地区推进了退耕还林、退牧还草以及生态环境保护区建设等政策，这些政策在短期内会让一部分农牧户的生产规模降低，收入减少，而相应的补偿措施不足以改变他们生产和生活的困境，由此也给一些农村人口带来发展困境。

（3）不均衡发展诱致性贫困。生态环境的变化可能导致贫困问题的产生，社会经济环境的变迁也可能导致贫困问题的产生。在社会经济快速转型与发展的过程中，发展机会在区域、社会群体之间的配置难免存在不均衡的问题，获得较少发展机会的区域和社会群体，实际上陷入了欠发展的贫困境地。由此可见，社会经济的不均衡发展也可能造成一些贫困问题，尤其是一些相对贫困问题。不均衡发展诱致

① 缪尔达尔．世界贫困的挑战：世界反贫困大纲．顾朝阳，等译．北京：北京经济学院出版社，1991.
② 黄承伟．中国反贫困：理论·方法·战略．北京：中国财政经济出版社，2002.

性贫困的形成机制是发展机会的不均衡配置，其中主要是人的发展机会问题。在社会经济的发展过程中，当不同区域、不同群体、不同阶层的人们得不到均衡的、相对公平的发展机会时，一部分人群的资源和权利被相对剥夺的状况也就难以避免，从而导致部分人群陷入困境状况之中。

（4）社会经济结构性贫困。在全面脱贫之前，中国贫困人群和贫困问题主要集中在农村地区，这与社会经济结构性因素的影响有密切关系。所谓结构性因素，是指与社会结构和经济结构相连的因素，结构性贫困在一定意义上是由社会经济结构性要素决定的贫困问题。在市场化、城镇化、现代化的大背景下，以传统农业生产为主的农户，难以获得理想的市场机会、分享城镇发展的成果。一旦农业面临自然和市场的冲击，农民就容易陷入贫困境地。所以，农村结构性贫困的形成机制是传统生计方式在现代化、工业化、市场化和全球化的大环境下处于相对劣势地位和具有脆弱性，主要依靠家庭农业维持生计的农民在市场经济中面临着收入增长受阻的困境和消费增长的压力。

（5）特殊个体性贫困。如果说社会经济结构性贫困是片区的、局部性的问题，那么特殊个体性贫困则是偶发的、个体性的问题。在任何社会系统中，都会存在个体性的差异问题，社会中总有一些个体成员因为各种特殊原因，如家庭缺乏劳动力、疾病、突生变故等特殊情况，生活陷入贫困状态。特殊贫困问题不仅存在于农村地区，也存在于城镇。特殊个体性贫困的形成机制是由各种偶发的、特殊的困难造成的。

当然，无论是何种类型的农村贫困问题，致贫的原因都不会是单一的因素。尽管每一种贫困问题表面上看都是贫穷，然而农村贫困问题产生的原因复杂多样。不同地区、不同性质的贫困问题往往是多种因素交互作用或叠加影响而产生的，因而对农村贫困问题成因的把握，要从当地实际情况出发，并结合历史与文化传统去加以全面地理解。

三、精准扶贫与农村全面脱贫

农村贫困问题不仅影响着农村居民基本生活需要的满足，也影响着农村社会的协调发展。只要有贫困问题存在，就有社会的反贫困行动。反贫困是针对社会发展中的贫穷状况而采取相应的干预以求达到减少乃至消除贫困的政策和行动，反贫困的对象是发生范围相对较为广泛的贫穷状况，也就是减少贫困人口规模，降低贫困发生率，缓解贫困人群的贫困状态。

在宏观层面上，农村反贫困一般通过政府的发展战略和扶贫开发行动来实现减贫和扶贫目标。例如，在中国实施的西部大开发战略、精准扶贫和乡村振兴战略等重大发展战略中，就包含着反贫困的策略。2016 年国务院印发的《“十三五”脱贫攻坚规划》确立了精准扶贫、精准脱贫的基本方略，提出要举全国之力，打赢脱贫攻坚战，确保到 2020 年现行标准下农村贫困人口全部脱贫，稳定实现农村贫困人口不愁吃、不愁穿，义务教育、基本医疗和住房安全有保障的总体目标。

在微观行动策略上，农村反贫困行动有：产业扶贫、行业扶贫、人才培训与转移就业扶贫、易地搬迁扶贫、整村推进与片区建设扶贫以及社会扶贫等。产业扶贫是通过帮扶行动，帮助贫困地区发展起有特色的产业，如特色农林产业、乡村旅游业、农村电商业等。行业扶贫主要是由不同行业的主体单位利用行业优势参与农村的扶贫脱贫工作，如金融、教育、医疗卫生、旅游、交通、科技等行业，通过行业的项目和支持政策助力贫困地区发展，协助贫困地区脱贫。人才培训与转移就业扶贫是通过加强对贫困人口的职业技能培训和就业服务，促进区域间劳务协作，推进贫困人口转移就业。针对生活在自然条件恶劣地区的建档立卡的贫困人口，可通过易地搬迁安置计划，引导、动员和组织贫困人口通过易地搬迁来实现脱贫。整村推进与片区建设的扶贫行动策略是针对连片特困地区农村贫困问题而采取的区域整体性扶贫策略，通过整体推进项目和加强贫困地区建设以实现连片贫困地区的减贫和脱贫。社会扶贫行动包括企业、社会组织和个人参与的农村扶贫行动，如定点帮扶、社会协作、扶贫志愿活动等。

按照全面建成小康社会的总体要求，以及《“十三五”脱贫攻坚规划》的总体目标，2020年年底实现农村贫困人口全部实现脱贫。根据农村贫困人口情况（见图11－1)，农村的扶贫攻坚每年要实现1 000万以上农村贫困人口的脱贫任务。

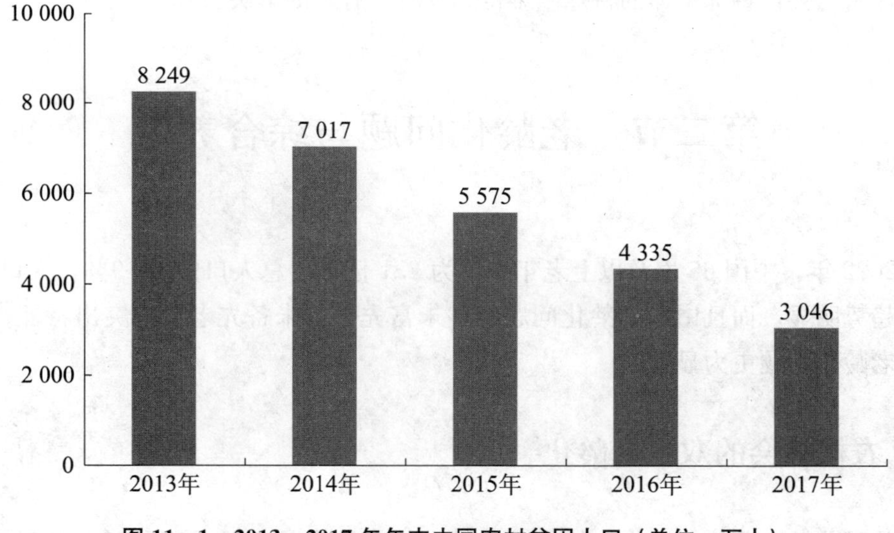

图11－1　2013—2017年年末中国农村贫困人口（单位：万人）

资料来源：中华人民共和国2017年国民经济和社会发展统计公报．(2018－02－28)[2018－11－16]. http://www.gov.cn/xinwen/2018－02/28/content_5269506.htm.

精准扶贫阶段的农村贫困问题属于深度贫困问题，致贫的因素复杂且顽固，扶贫脱贫的难度大。在那些深度贫困地区，经济基础和财力非常薄弱，基础设施建设相对落后，基本公共服务的供给能力较弱，自然环境的约束较大，产业发展的活力难以增强。针对这些困难，农村脱贫攻坚为实现战略目标，努力推进政策与制度的创新，实施了一系列精准帮扶和脱贫措施。

解决农村贫困问题既是社会协调发展的必然要求，也是农村发展的重要内容。在现代化全面推进的新时代，贫困问题之于农村社会发展而言又有了新特征，农村反贫困与巩固扶贫脱贫工作具有了新意义。

作为人类减贫史的奇迹，中国脱贫攻坚的成功关键在于扶贫脱贫精准度及效率的提升。在精准扶贫战略的推进过程中，农村扶贫脱贫行动力争做到“六个精准”：扶贫对象精准、项目安排精准、资金使用精准、措施到户精准、因村派人精准、脱贫成效精准。在实现农村全部脱贫的过程中，还实施了“五个一批”策略，即发展生产脱贫一批、易地扶贫搬迁脱贫一批、生态补偿脱贫一批、发展教育脱贫一批、社会保障兜底脱贫一批。

随着农村绝对贫困人口的全部脱贫，乡村振兴战略的全面推进，巩固脱贫攻坚成果与乡村振兴的有效衔接成为农村工作的重心。农村脱贫攻坚的成果来之不易，且脱贫成就并非一劳永逸的，在过渡时期，巩固已取得的脱贫成果不仅具有承上启下的作用，也是实现乡村振兴战略目标的重要基础。

巩固脱贫攻坚成果与乡村振兴有效衔接包含三方面的重要目标：一是防范已脱贫地区大面积返贫的系统性风险，为此要维持精准扶贫措施继续发挥功能，进一步夯实脱贫地区发展基础；二是积极应对农村发展新时期的相对贫困问题，不断消解不均衡、不充分发展矛盾；三是有效解决农村个体贫困，完善农村社会救助和社会保障体系，要让特殊个体的特殊困难得到及时、有效的解决。

第二节　老龄化问题与综合养老

2022年，中国65岁及以上老年人口为2.1亿，占总人口的14.9%，人口老龄化的趋势明显。而且中国老龄化问题有“未富先老，未备先老”的突出特征[①]，农村的老龄化问题更为显著。

一、农村社会的双重老龄化

伴随着社会现代化和人口结构的变迁，农村社会的老龄化问题日益凸显出来。在人口老龄化方面，农村社会的老龄化程度其实要高于城市社会，而较多关于老龄化与养老问题的讨论聚焦于城市社会。从农村人口的微观结构来看，受计划生育政策的影响，较多农村家庭的人口结构呈现为2+2+1或2+2+2模式，即以一个核心家庭为中心的主干家庭模式，这一模式由父母与他们的一个已婚子女及其配偶，以及一个或两个未婚孙子女构成。在此家庭模式中，当第二代进入老龄阶段，如其

① 邬沧萍．积极应对人口老龄化理论诠释．老龄科学研究，2013，1 (1).

父母仍健在，那么家庭的人口老龄化就会凸显出来。由此看来，随着农村家庭规模的小型化，人口老龄化程度将越来越高。

农村社会在人口结构上出现老龄化问题既是社会变迁及人口发展的一种趋势，也是农村社会所面临的一种挑战。对较多农村地区而言，需要面对“未富先老，未备先老”问题。一方面，农村居民的收入水平总体上低于城镇水平，离达到富裕水平还有一定距离。另一方面，农村为老年人提供支持和服务的公共机构与设施相较城镇有较大差距，农村养老处于真正的“未备”状态。

此外，值得注意的是，中国农村社会还面临着另一重意义上的老龄化问题，那就是农村社会结构的老龄化问题。进入后乡土社会，农村普遍出现劳动力及人口“大流动”，居住、劳动和生活在农村的多是老年人、妇女和儿童，导致农村在社会结构上出现老龄化问题，老年人成为农村平常生活的主体成员，并承担起支撑农村日常生活与社会运行的主体责任。农村在社会结构上的老龄化问题已成为后乡土中国较为普遍的问题，在中西部欠发达的农村地区表现得尤为突出，东部地区的农村虽然在经济上比较富裕，农业基础条件较为良好，但是，越来越多的劳动力依然会选择外出打工经商。在平常时间里，村里能看到的基本上都是老年人和孩子，大多数青壮年劳动力不在村里居住生活，留在村里的年轻人微乎其微。劳动力流动导致农村空巢社会的出现[①]，农村空巢社会成为真正意义上的老龄化社会，在这里，居住生活的基本上都是老年人。

农村社会出现人口结构和社会结构的双重老龄化问题，一方面反映了在现代化、城镇化背景下后乡土社会的一种新常态和一种走向，另一方面意味着农村老龄化问题和养老问题变得更为突出和重要，农村社会的老年群体和养老问题需要得到更多的关注。

农村社会出现人口老龄化趋势，有两个方面的原因：一是在社会转型的过程中，农民的生育观念和家庭结构发生转型。受现代化和市场化转型的影响，农民“多子多福”的传统生育观念已发生转变，越来越多的农村家庭已不再追求多胎生育，而是倾向于少生和偏重生男。较多的农村育龄夫妇意识到现代社会养育子女的成本大大提高，多生意味着家庭养育子女的压力会大增，所以较多农民在头胎生育男孩之后，会选择停止生育，他们要算计如果第二胎再生男孩，家庭能否承担起男孩成家的经济压力。少生及生男即止已成为较多农民自愿选择的生育行为。随着农村社会生育观念的转变，农村的家庭结构也发生巨大转变，小家庭和直系主干家庭在农村所占比例明显提高。[②] 农村家庭的人口在走向小规模化，导致农村人口结构逐渐发生转变。二是伴随计划生育政策的实施，农村的生育水平大幅下降，农村人口的增长速度快速放缓，人口结构老龄化趋势由此形成。

农村社会出现社会结构的老龄化问题，反映了农村空巢社会的来临。在大量农

① 陆益龙．农村劳动力流动及其社会影响：来自皖东T村的经验．中国人民大学学报，2015，29（1）．

② 王跃生．当代中国家庭结构变动分析．中国社会科学，2006（1）．

村青壮年劳动力离开农村外出打工之后，农村社会空间演变成主要由老年人守望的空巢社会。导致农村社会结构的老龄化的直接原因是农村社会流动，包括农村人口流动和社会流动。

在农村人口流动中，一般倾向于年轻人和男性劳动力向外流动。农村人口流动的主要驱动力是市场机会，农村劳动力为了获得更好的市场机会，不得不离开家乡而向城镇流动。人口流动不仅成为农村居民的生计方式，也已成为一种新常态。农村劳动力在年轻时向外流动以挣取更多的生计资本，年老时则留守在农村。其原因有：一是老年人外出获得就业机会的难度较大，二是老年人因年轻一代外出而承担起抚育孙辈的任务。

农村社会流动是指因农村社会结构分化而发生的流动现象，表现为人们职业和社会地位的升迁。随着社会转型的延续，农村社会的分化在加速，越来越多的年轻一代通过多种阶梯向农村和农业之外流动。一方面，升学渠道的拓宽扩大了农村年轻一代进行社会流动的机会；另一方面，市场的开放为更多农村青年的创业提供了广阔空间。随着农村社会流动性的增强，农村社会生活的老龄化趋势不断加剧。

二、老龄化问题带来的挑战

既然老龄化已是农村社会变迁的一种趋势，且农村还出现了双重老龄化问题，那么对于农村老龄化问题，须加以理性分析和积极应对。为积极应对农村社会的老龄化问题，必须认识到农村老龄化可能带来的挑战。

第一，农村人口结构的老龄化将对农村劳动力的供给产生巨大影响。农村老龄化问题带来的一个巨大挑战是农村劳动力市场的变化。随着农村老年人口比例的不断增长，劳动力规模和结构将会发生较大转型。农村劳动力供给规模将逐渐缩小，且供给结构趋于老龄化。农村劳动力市场的这种变化，不仅会影响到宏观经济的运行和社会经济的发展方式，而且将直接影响到农村家庭的经济生活和负担系数。农村人口结构层面的老龄化问题所导致的直接效应是农村社会生活的经济基础改变。

第二，农村人口老龄化将给农村社会养老问题的解决带来较大压力。农村人口中老年人比例的不断增长，老年人口规模的扩大，必然使农村养老问题变得更加突出。由于农村社会要面对“未富先老，未备先老”的发展局面，养老的压力将会大幅增大。就家庭收入总体水平而言，农村社会尚未达到富裕程度，且仍有一些农村家庭刚实现脱贫，对这些农村家庭来说，老龄化大大增加了家庭养老的压力。在农村养老方面，公共力量的介入一直处于相对滞后状况。虽然农村养老保障体系在不断完善，但其所能提供的养老保障服务和支持仍较为有限。农村老年人的养老模式主要是依靠家庭养老，然而一些农村家庭已不能够充分承担起养老责任，农村的家庭养老实际蜕变为自力养老。[①] 在农村家庭养老和公共养老的供给有较大局限的情况

① 陆益龙．后乡土中国．北京：商务印书馆，2017：186.

下，人口老龄化将让农村养老问题凸显出来。要积极应对人口老龄化问题，需要为满足日益增长的农村养老需求做更多的准备。

第三，农村社会结构的老龄化问题将直接影响农村老年人的福利和生活质量。农村社会生活的老龄化趋势反映出农村社会生活的基本形态已发生巨大变化，这种变化对老年人的生活来说，影响更为直接、更为明显。在农村社会结构走向老龄化的过程中，农村老年人成为支撑日常生活的主体，正是依靠那些留守在家的老年人，农村社会才得以正常运行。从表面上看，农村社会似乎是一种理想的养老社会空间，然而事实上，农村老年人承担了更多的、额外的社会责任。由于农村社会已演变为空巢社会，农村老年人担负起了农村社会生活诸多方面的重任，不仅家庭养老变成了老年人的自力养老，老年人还要负担家庭中的隔代抚育任务以及农村社会的运行和治理任务。在农村社会生活走向老龄化的过程中，农村老年人的负担实际上在加重。从事家庭农业生产和照看留守儿童等重任无疑影响着农村老年人本该享有的福利，也使农村“老有所养”的生活质量大打折扣。因此，在关注农村社会生活的老龄化事实的同时，也要对农村老年人的社会福利及晚年生活质量有更多的关怀。

第四，农村社会结构的老龄化问题导致农村内生发展动力被削弱。农村社会生活的老龄化趋势的出现，实际上与农村社会中坚力量或青壮年劳动力的外流分不开。尽管农村年轻人的外出对提高农村家庭的收入水平、改善农村社会生活有积极的贡献，但农村劳动力的净流出会导致一些负面的社会效应，其中对农村社会内生发展动力的不利影响毋庸置疑。受现实条件的限制，农民一般难以在农村找到增加经济收入的合适机会，他们为了挣取更多的收入而选择到城镇打工或经商。然而，随着农村社会主要成员的流出，会形成一种“回波效应”，进一步影响和削弱农村社会自身的发展。因为农村外流劳动力的贡献在城镇，他们为城镇的建设和经济发展做出了重要贡献，但对流出地农村自身的发展则产生一定的负面作用，劳动力外流既造成农村发展人才和劳动力资源的削减，也制约着农村消费市场的兴起与繁荣。

第五，农村社会的老龄化趋势在一定程度上影响到农村社会治理。由于老年人成为农村平常生活的主体构成部分，且老年人在家庭生活中扮演着多种角色，生产与生活的负担在较大程度上制约着农村老年人的公共参与。受精力和能力的限制，农村老年人较少积极主动地参与公共事务和农村社会治理。从农村社会治理所面临的一个突出问题来看，由于留守在农村的主要是老年人，农村的一些公共事业难以发展，公共事务缺乏主要劳动力来维护，这一状况严重影响着农村社会治理效率的提高。

老龄化问题已成为农村的一个突出社会问题，农村老龄化问题又具有农村社会的一些特殊性。这一问题的产生与社会转型、人口转变及社会政策有着密切关联，因而具有一定的趋势性和延续性。应对农村社会的老龄化问题，由于在一定时期内不可能让其发生逆转，因而要针对农村老龄化问题带来的社会效应，做出积极调整和准备。也就是说，面对农村老龄化问题，最好的应对办法是充分认识老龄化可能带来的社会影响，并积极地做好准备，以防范和解决老龄化给农村社会带来的消极影响。农村老龄化问题的影响是多方面的，既有人口方面的，也有经济、社会和文化方面的，积极应对农村老龄化，要从多方面进行充分准备。

三、农村综合养老模式的建构

伴随着农村社会转型与变迁的延续，人口不断趋于老龄化，农村养老问题将日益凸显。现有的养老问题研究较多聚焦于城市养老问题，对农村养老问题的关注明显不够充分。事实上，农村社会所要面对的养老问题，可能更为突出、更为严重，较多农村地区要在发展滞后的状况下应对养老问题。

一个社会的养老问题即老年人的供养问题，养老模式便是老年人的供养模式。老年人的供养问题包括两个主要方面：一方面是经济上的供养，指满足老年人晚年生活物质方面需求的经济来源；另一方面是社会生活上的赡养，指老年人晚年生活的陪伴、支持以及照料的方式，关系到老年人精神需要的满足和晚年生活质量。

在经济供养来源方面，中国农村养老主要依靠家庭、老年人自身和政府补贴，社会养老保障体系尚未全面覆盖。从制度安排的角度看，农村养老的经济供养来源尚处于缺乏充分保障的状况。

资料库 11-1

在后乡土社会，乡村老年人理应更体面地生活，养老不应只是他们自己的事，自力养老的现实需要改变。改变这种现状，关键在于制度和文化的力量。符合正义原则的乡村养老保障制度，需要公平合理地分配老年人的权利，以及乡村家庭和政府的养老义务。要让每个乡村家庭乐于养老、孝老，需要重建乡村社会的敬老文化。无论是养老制度建设，还是养老文化建设，政府的力量都不能再被忽略，新时期政府需要弥补在乡村养老问题上的缺位和不足，通过公权力的积极作为，以及主导和协调作用，共同建构起敬老文化，让乡村老年人能分享到发展带来的更好的晚年生活。

资料来源：陆益龙．后乡土中国．北京：商务印书馆，2017：195.

在老年人的社会生活赡养方面，农村养老以居家养老为主，也有少量的机构养老。农村老年人在家安享晚年，有家庭成员陪伴和照料，且不离开长期生活的村落，这是农村养老的传统方式。如今，由于大量农村青壮年劳动力为了给家庭增加收入而不得不离开家乡到外地打工，农村家庭养老逐渐演变成老年人自力养老。那些难以安排家庭成员照料老年人的农户，会选择将老年人送至附近的养老院。

就农村老年人赡养的社会环境而言，农村养老状况令人担忧。以往的宣传政策对传统孝道文化持批判态度，加上市场经济改革引入一些价值观以及公共舆论对农村老年赡养问题的日渐沉默和有意忽略，在较大程度上导致农村孝老文化的弱化。[①]

① 阎云翔．私人生活的变革：一个中国村庄里的爱情、家庭与亲密关系：1949～1999. 上海：上海书店出版社，2006.

从制度安排和社会舆论环境来看，农村养老问题特别是农村老年人的社会生活赡养方面的问题没有得到足够重视，由此出现农村敬老、孝老文化传统的式微。

在农村社会现代化过程中，农村社会产生新的养老需求，农村传统养老模式已难以适应新形势下的农村养老需求。要更好地保障农村老年人的福利和权益，让农村老年人的养老问题得到有效的解决，需要从法律、制度、政策和实践等多个层面，建构起农村综合养老模式。

所谓农村综合养老模式，是指能够将政府、市场、社会、社区、家庭和老年人等多方面的力量综合起来，为保障和改善农村老年人的经济供养和社会生活赡养状况提供保证的一种养老体系。农村综合养老模式并非一种具体的养老方式，而是为改善农村养老状况而提供的体制机制保障。

为积极应对农村老龄化问题，建构农村综合养老模式，首先要在农村养老的经济供养模式上，分区域、分阶段地建立和完善农村社会养老保障体系，将农村养老纳入社会保障体制之中，从制度上保障农村老年人的老年生活来源。

在农村社会，居家养老既是传统，也能发挥村落社区家户之间守望相助的优势，为老年人的晚年生活提供更多社会支持。然而，随着农村社会流动性的增强，农村家庭中的年轻劳动力需要向外流动，这一趋势在一定时期内难以扭转，因此，要向农村老年人提供更多、更好的生活支持，特别是向高龄老年人提供照料服务，完全依靠农村家庭和老年人自身显然已不现实，需要在农村老年人社会生活赡养模式上进行创新，通过公共力量、市场机制、社会组织以及社区力量的共同参与，建构起将居家养老、机构养老、社区养老有机结合起来的养老方式。例如，充分利用村落社区的公共资源，建立起村落老年人服务中心，引入公共和社会资源，让村落成员参与到服务中心的运行之中，这既能让具有自理能力的老年人在服务中心得到社会支持和服务，同时也能让那些半自理和无自理能力的高龄老年人得到医养结合的养老服务。这样，一方面能让农村老年人更好地适应养老服务，提高晚年生活质量；另一方面能在一定程度上帮助农村家庭分担一些养老的压力。

第三节　教育问题与教育改革

教育问题是关系到农村社会发展的重要问题之一，犹如一些发展经济学的观点认为，要改造传统农业，提高农业生产的效率，最为有效的途径是政府向农村教育增加投资，通过改变农民的受教育状况来改变农民对生产要素的使用方式①。之所以把教育问题看作一种农村社会问题，是因为教育不仅关涉到农业的发展，还影响到农村社会中人的发展以及农村的社会发展。

① 舒尔茨．改造传统农业．梁小民，译．北京：商务印书馆，1987：150.

一、农村教育问题的现实表现

在农村社会转型过程中，农村的教育发展存在或面临一些问题，这些问题要么未受到重视，要么一定程度被遮蔽。对一个社会来说，千年大计，教育为本。同样，教育对农村社会发展而言，也属一种根本问题。就农村教育与农村发展的关系现实而言，农村教育问题具体表现为以下几个方面。

首先，基础教育目标与“三农”发展目标之间出现偏离。农村在基础教育发展方面，已普遍实行免费义务教育，这既较大程度地提高了农村居民的学校教育水平，也大大扩展了农村社会的教育范围，让农村适龄儿童普遍能接受学校教育。农村义务教育特别是免费义务教育的推行，无疑促进农村教育发展上了一个新台阶，对农村社会发展具有积极意义。然而，在肯定农村教育取得实质发展的同时，也需要关注到在农村教育发展过程中出现的一些问题。虽然农村已普及并免费推行义务教育，但现实反映出这一政策措施并未让农民普遍地感受到获得感，农村学校出现学生中途辍学不完成义务教育任务的现象，在一定意义上反映出农村基础教育存在着教育本质与目标偏离的问题。基础教育阶段以高考应试为基本目标，而不是以为社会发展培养人为根本目标，导致那些高考应试成功无望的学生及其家庭不再选择学校教育现象的产生。学校教育成为单一目标导向的教育，这种单一目标导向与“三农”发展需要似乎有着较大偏差。

教育目标的偏离导致教育内容偏离社会实际需要。费孝通曾注意到乡土中国的“乡土损蚀与冲洗”问题，亦即“乡村子弟回不来家”，成为“流落于东西文化之外的寄生阶层”，这种现象反映出乡土社会被损蚀和冲洗、城乡关系的有机循环遭打破的过程[①]。农村孩子在涌向城市之后，既难以融入城市社会，又不能返回乡村，造成“乡土损蚀与冲洗”问题，其重要原因之一是学校教育存在问题。农村教育普遍追求应试目标和升学率，农村社会生产与生活的实际需要在教育过程中几乎全被忽视。这样，当升学目标实现不了时，学校教育的实质意义也就受到严重削弱。

其次，教育资源配置不均衡带来农村居民在教育获得上的不平等。公共教育资源在城乡之间、区域之间配置的不均衡，使得农村居民难以获得同等的优质资源。即便在由公开、统一考试来筛选升学资格的条件下，农村居民实际上也并不能获得同等的教育机会，因为考试制度的公平性会受公共教育资源是否均衡配置的限制。在教育获得方面，城乡之间各学龄组平均受教育年限的差别为 3 年。[②] 这一差别反映的是农村社会在教育方面所处的不平等地位。

在现代社会，农村所面临的教育不平等问题的影响显得更加突出。由于教育获得和受教育水平不仅已成为个人的重要人力资本，也是个人发展的重要条件和标

---

① 费孝通．乡土重建．上海：岳麓书社，2012：54.

② 刘精明．国家、社会阶层与教育：教育获得的社会学研究．北京：中国人民大学出版社，2005：212.

志，因此教育不平等会加剧社会不平等，影响社会的协调发展。

再次，教育发展强化了农村居民的社会不平等地位。随着教育的发展，社会成员的受教育水平会得到普遍提高，人们获得教育的机会随之增大，可能在一定程度上对社会不平等有缓解作用。然而，从实际经验来看，虽然教育发展总体上对推动农村社会经济发展起到一定积极作用，但不容忽视的现实是，教育发展并未明显改善社会差别问题，尤其是教育发展反而对农村居民的社会不平等地位起到一定强化作用。

由于受教育水平在形塑社会阶层地位方面起到重要作用，广大农村居民在教育获得方面的劣势地位制约着他们阶层地位的流动性，受教育状况对阶层固化的作用日趋明显，教育的非均衡发展在较大程度上强化着农村社会不平等问题。

最后，农村教育资源重组带来了一些具体教育问题。农村社会的快速转型，特别是农村人口转变、人口增长速度大幅下降、人口流动不断增加，对农村教育特别是小学教育构成一定冲击。一些农村小学的学生人数锐减，教育主管部门为了降低办学成本，实行对农村教育资源进行重组的措施，其中主要包括对农村小学的拆校并校。一些村庄的小学由于生源减少而被合并到中心小学，或与相邻村庄的小学进行合并。此外，一些乡镇范围内的初级中学也被合并重组，一般一个乡镇只保留一所初级中学。农村中小学校的数量在减少，中小学校在向集镇或中心地区迁移合并，农村基础教育资源经历着重新组合和配置的过程，教育资源越来越多地离开农村。

农村教育资源重组如果从经济角度来衡量，那么会提高公共教育资源的利用率。然而值得注意的是，农村公共教育的重新配置，也带来了一些问题。尤其是从农村学生及其家庭的角度来看，农村中小学校的拆并现象，影响了儿童或学生就近入学的权益，给农村家庭增加了一些额外负担。随着附近学校的停办或拆除，农村儿童需要到更远的学校上学，由此农村儿童上学面临着交通问题和相应负担，安全风险也大大增加。

教育问题的影响常常是潜在的，因而农村教育问题往往难以得到广泛重视。而且教育常被视为个人和家庭选择的事，所以农村教育存在的问题也很少被视为一种社会问题。事实上，农村教育问题已是一种严重的社会问题，不仅制约着农村社会发展，而且会影响到整个社会系统的协调运行。

二、农村教育问题的影响因素

农村教育问题是一种复杂的社会问题，早期的乡村建设学派曾将教育问题视为农村社会的基本问题之一，由此提出并倡导旨在改善农村教育状况的“平民教育运动”①。虽然当下中国农村社会的教育问题显然已与 20 世纪上半叶的教育问题截然

---

① 晏阳初．晏阳初全集：第 2 卷．长沙：湖南教育出版社，1992：35.

不同，但教育问题其实依然存在并影响和制约着农村社会发展，只不过当今农村教育问题所呈现的特征以及影响因素有所不同。导致农村教育问题产生的原因同样较为复杂，概括起来，主要的影响因素包括以下几个方面。

第一，发展约束因素的恶性循环。农村教育发展的相对滞后性，以及农村在教育方面所面临的不平等问题，从本质上看都是发展问题，这些发展问题在某种意义上是由一系列制约发展的因素循环累积而造成的。教育的发展离不开必要的经济基础，农村社会经济发展水平的相对滞后，在较大程度上制约着农村教育的发展。社会经济的繁荣发展，又依赖于丰富的人力或人才资源，人力或人才资源的增长则要通过发展教育来实现。因此，教育发展的滞后又在较大程度上制约着社会经济的发展。

发展约束因素的循环累积效应不仅在社会宏观层面得以体现，在农村家庭的微观层面也有相应的影响。对普通农户来说，发展教育需要进行大量的投资。而较多农户的经济收入水平相对较低，且家庭教育投入的周期长，现实经验让农民大大降低了对教育收益的预期。受经济条件和现实环境的影响，农村一些家庭不倾向于对子女受教育追加投入，而倾向于让子女尽早投入为家庭增收的打工行列，由此导致更多的农村学生较早地离开学校，进而导致农村社会居民总体受教育水平相对偏低以及教育方面的城乡差别。农村家庭在教育人力资本上的弱势地位，又制约着农村居民的发展以及农村家庭经济的长远发展。由此可见，农村教育问题之所以复杂，是因为这一问题由制约发展的复杂因素导致恶性循环的结果。

第二，政府的重视不足及政策导向的作用。由于政府在教育发展中起主导作用，因而农村存在的教育问题与政府有一定关系。作为一种社会问题，农村教育问题一般难以得到地方政府特别是市县政府的重视。在追求经济增长优先的政策环境中，地方政府更倾向于发展经济效益明显的行业，注重向经济效益良好的部门增加投资，尽量在教育发展开支上进行“节省”，因为发展农村教育需要不断投资，需要增加财政支出，教育投入不会直接带来利润和财政收入。农村中小学校数量减少的问题，以及农村基础教育质量下降、教育本质与目标偏离等问题的出现，与地方及基层政府重经济轻教育的发展理念和政策导向密切相关。

农村居民面临的教育获得方面的不平等问题受农村教育资源配置的影响，农村基础教育中的优质教育资源在城镇化环境中逐渐流失，导致优质资源相对匮乏，使得农村学生在公平的考试选拔制度中处于相对弱势地位。在基础教育资源的配置方面，政府的重要职能是通过政策工具和行政措施，力求资源在学校、区域和群体之间实现配置的均衡，让社会成员能够公平地获得教育资源。政府在教育发展中的作用还体现在对教育方向的引导以及对教育过程的监管上，农村基础教育的越来越单向度发展和脱离农村社会经济生活的实际问题，虽影响因素较多，但政府的监管和引导不到位是重要影响因素之一。

第三，社会选择的强化作用。农村教育问题的产生，与社会成员参与和建构有一定的关联。就受教育情况而言，个人或其家庭有着较大的选择权和能动性，人们按照自己的意志和意愿来选择在教育方面的投入水平，因而农村教育出现的一些问题自然也受到民众个人选择的影响。

一些农村学生选择在义务教育阶段辍学，或不倾向于选择继续升学，这种选择虽受到现实环境的制约，但个体主观因素特别是教育观念在很大程度上发挥着作用。因为在这种选择背后，实际上隐含着部分农民所持的“教育无用论”观念。这种观念和社会选择在一定意义上强化了农村教育发展的滞后性问题。

三、迈向乡村重建的教育改革

农村教育不仅是组成农村社会系统的有机成分，也是农村社会发展的重要动力和内容，农村教育问题自然会影响到农村社会的协调发展。农村教育问题的本质是发展问题，应对和解决这一问题的路径也要在改革与发展中去探寻。

既然教育是农村社会的有机构成，那么农村教育改革的基本方向要围绕着为农村社会建设服务。农村社会与城市社会有一定差异，在社会现代化进程中，社会建设有着以城市社会建设为标准的倾向，无形中轻视甚至忽视农村社会的历史与乡村价值。农村社会实质上是一种历史的、有机的连续统，其变迁过程有着自身的内在要求。教育的现代化更多地注重为城市化发展服务，农村教育在现代化过程中出现脱嵌于农村社会的趋势。要扭转这一状况，农村教育改革需重视乡村社会的价值，要为新时代乡村重建做出贡献。

在推进农村教育改革的过程中，首先，需按照城乡统筹发展原则，加大国家对农村教育的投入，逐步缩小教育资源配置的城乡差别和区域差别。在公共教育资源配置方面，国家的主导作用非常重要。国家可以通过宏观政策来调节教育不均衡发展问题，解决教育不平等问题。

其次，需进行农村教育体制改革，构建起农村教育的双轨体制。农村基础教育正单向度发展——只有应试升学一个目标、一条轨道，素质教育和职业教育几近缺位。教育要为乡村重建做贡献，必须为乡村社会培养人，尤其是要培养符合农村经济与社会生活需要的劳动力。因此，农村职业教育的发展显得尤为重要。尽管在发展农村职业教育的过程中面临诸多障碍和挑战，但通过体制机制的改革创新，仍然可使农村教育双轨并行发展。推进农村职业教育的发展，关键在两个方面：一是制度或政策创新。通过制度与政策安排，鼓励和大力支持农村职业教育发展，让农村学生在受教育方面有两个方向的选择，且两种选择并非彼此排斥的。与此同时，要对职业教育的选择给予积极引导和激励。这样既能实现农村居民的受教育水平普遍提高的目的，也能让教育更好地为农村社会生产与生活服务。二是增加教育投入。发展农村职业教育是长远之计，需有大量的投入，且在短期内收益并不一定明显。因而，要改善农村职业教育状况，需要依靠政府的公共教育资源的投入。

最后，农村中小学校的调整与重构，需要遵循以人为本、以乡村为本的原则。随着农村社会转型和人口转变，农村中小学校的生源规模和结构皆已发生较大变化，较多中小学校的学生人数大量减少，在一定程度上冲击着学校的正常运转。为应对这一社会人口变化带来的影响，主要措施是停办与合并农村的一些中小学校，然而这一措施其实更多是从学校的角度、经济效益的角度出发，而既不是从学生及其家庭的角度，也不是从乡村社会长远发展的角度出发。把农村学校向县城、集镇集中，虽然能够提高一所学校的办学效率，但实际上牺牲了众多学生及其家庭的利益，削弱了乡村社会的价值。乡村要重建，乡村要发展，当然离不开乡村教育的发展，教育只有融入乡村社会，才能真正为乡村社会发展做出贡献。

第四节　医疗卫生问题与医疗保险

农村的医疗卫生条件直接关系到农村居民的健康问题，在社会发展过程中，农村医疗卫生事业的发展则显得较为滞后，这不仅影响到农村居民健康权益的获得，也不利于社会的协调发展。因而，农村医疗卫生问题已成为农村社会发展所要应对和解决的社会问题之一。

一、农村医疗卫生的主要问题

在农村社会，“看病难，看病贵”的问题更加突出。农村的村级诊所或卫生室由于医疗卫生条件差，乡村医生的医术水平有限，所提供的医疗卫生服务主要局限于常见的小病范围之内，如给感冒发烧的患者开药打针、给有外伤的患者包扎换药之类。对一些稍复杂的疾病，村级诊所或卫生室并不能提供有效诊断和治疗。乡镇卫生院也无法提供相应的医疗服务，农村居民在遭遇一些大病的情况下，必须到城市里的大医院去看病。农村居民要想看病，遇到的困难比城市居民更多。城市医院是按照城市医疗卫生体系和城市收入水平而确立就医程序和医疗服务支出水平的，这样，农村患者到城市医院看病，相对于他们的经济收入水平而言，看病的费用比城市居民高，因为城市居民一般会享有更多的医疗保险福利。

由于农村居民真正面临“看病难，看病贵”的问题，较多的人在有患病征兆时，往往选择拖延看病，由此导致一些疾病的诊断和治疗不及时，从而加重病情，造成对身体健康的更严重损害。因此，农村居民“看病难，看病贵”的问题并非只是医疗卫生问题，也是关乎人民健康与社会福利的社会问题。

作为一种社会问题，农村医疗卫生问题还有一个突出的表现，那就是农村卫生枢纽服务功能的衰退问题。乡镇卫生院出现“大病看不了，小病无人看”的现象[①]，其为农村社会提供医疗卫生服务的功能严重受限。这样，农村医疗卫生的中心枢纽

① 王红漫．大国卫生之论：农村卫生枢纽与农民的选择．北京：北京大学出版社，2006：8.

在实际运行中面临着可有可无的尴尬局面。从农村医疗卫生体制的设置原则来看，一个乡镇设立一所中心卫生院，乡镇级卫生院要发挥农村基层医疗卫生服务的枢纽功能，能在农村基层医疗卫生体系中起到中心作用。农村患者应能在乡镇卫生院得到就近、及时的诊断、救治，一般常见病、慢性病理应能在乡镇卫生院得到基本治疗。这样既能缓解“看病难，看病贵”的问题，也能真正发挥乡镇卫生院的基层卫生枢纽功能。然而，从实际运行情况看，乡镇卫生院与村级卫生室并不能提供不同层级的医疗卫生服务，不能较好地满足农村居民不同层次的看病需求。那些在村卫生室看不了的病，在乡镇卫生院往往也看不了。这样，农村居民一般会在村卫生室看看小病，开些药，打打针，病情稍复杂的很少到乡镇卫生院或医院去看病，而是要么到城市医院去看，要么拖着不看，由此导致较多乡镇卫生院几乎处于空转状态，其医疗卫生服务功能渐渐弱化和衰退。

此外，农村医疗卫生还面临着一个较为普遍的问题，那就是“缺医少药”问题。这一问题反映出农村公共医疗卫生事业发展的相对滞后状态。一方面，村级和乡镇医疗卫生机构缺少专业性相对较强的医生，村级诊所的医生所接受的医学专业训练一般并不多，医疗水平较为有限。在乡镇一级卫生院或医院里，专业医生的配备较有限。“缺医”尤其是专业水平相对较高的医生的缺乏成为制约农村基层医疗卫生服务发展的短板，农村医疗卫生机构没有相应的医生配备，自然看不了一些病，无形中造成看病难、看病贵的压力。

另一方面，农村医疗卫生机构的“少药”现象不仅反映出农村医疗卫生条件的落后状况，也从一个方面反映出农村医疗卫生体制存在一定问题。农村基层医疗卫生机构不仅缺乏医学人才，而且医疗卫生设施条件普遍较为落后，一些贫困山区农村的医疗条件更差，难以满足农村患者的基本看病需求。从农村医疗卫生体制的角度看，农村县、乡镇、村三级医疗卫生体系的设立理应能满足农村居民的基本就医需求。然而实际情况是，基层医疗卫生机构特别是乡镇一级卫生院的医疗服务能力建设明显不足，这意味着农村医疗卫生体制的基础较薄弱，与“强基层”的政策目标有着较大差距。

医疗卫生问题既关乎广大农村居民的重大利益，也直接影响农村社会福利。农村社会在快速转型与发展过程中，医疗卫生事业得到一定发展，一些问题在逐渐得以缓解，同时又出现各种新的问题。农村医疗卫生问题实际上是一种社会问题，需要社会多方面的关注和努力，仅仅靠医院和市场机制难以有效应对这些问题。

二、农村医疗卫生问题的成因

既然农村医疗卫生问题是一种社会问题，而非单纯的医疗问题，那么导致农村社会产生多种医疗卫生问题的因素也来自社会的多个方面，较为复杂。概括起来，农村医疗卫生问题的产生与三个方面的因素密切相关：医疗卫生体制、政府投入和社会建构。

农村医疗卫生问题在较大程度上与城乡二元化的医疗卫生体制相关。从历史角度看，农村医疗卫生体制属于合作医疗体制，城市实行的是公费医疗体制。农村合作医疗体制依靠集体集资建立乡村卫生站，为农民提供低价的医疗卫生服务。在农村集体经济体制转向家庭联产承包责任制后，农村合作医疗体制缺乏集体资金来源，农村集体医疗卫生室逐渐过渡成乡村医生的私人诊所。这样，农村医疗卫生事业的发展出现公共医疗卫生资源的缺位问题。农民就医看病既得不到集体提供的低价医疗卫生服务，也没有医疗保险的补贴。对农民来说，看病完全靠自己来承担各种费用。自 2002 年后，随着新型农村合作医疗政策的推进，农民“看病难，看病贵”问题有了一定程度的缓解。但新型农村合作医疗体制处在逐步改革和完善的过程之中，新旧体制在过渡阶段不可能解决所有问题特别是深层次的问题。如农村公共医疗卫生体系基础薄弱、基层医疗卫生条件落后等问题，这些问题的存在表明农村医疗卫生体制建设仍有较多不完善的地方。

从经济基础的角度来看，农村医疗卫生问题产生的一个重要原因是政府对农村公共医疗卫生事业发展的投入有限。无论是在农村集体合作医疗时代还是在新型农村合作医疗时代，各级政府在农村公共医疗卫生资源投入方面都显得不够充分。尤其是在农村基层医疗卫生体系建设方面，之所以“缺医少药”问题较为普遍，关键是因为公共投入不够。农村基层医疗卫生事业的发展如果依赖农村基层的力量，那么显然难以得到提升和改善。因为农村地区特别是那些欠发达的农村地区，发展公共医疗卫生的经济基础相当薄弱，只有在国家增加对农村公共医疗卫生资源投入的情况下，农村基层医疗卫生体系的落后状况才能得到改善。乡镇一级卫生院的卫生服务功能之所以出现衰退，是因为乡镇卫生院的优质医疗卫生资源依然较为匮乏，难以满足农村患者的基本就医需求。

此外，农村医疗卫生问题的形成，在一定程度上与农村社会成员的社会选择和社会建构相关联。社会建构的作用是指社会成员在实践行动中，通过社会互动以及相互影响与相互作用的途径，形成具有某种倾向的社会现实。农村社会“看病难，看病贵”问题的形成，既有客观条件的作用，也有社会建构的作用。随着农村社会的变迁，农村居民对疾病的观念和就医模式发生了一定变化。农村的开放流动性增强，越来越多的农村居民在城市与农村之间流动，一些农村居民之所以有时不选择到农村医疗卫生机构看病就医，而选择到城市医院看病，是因为他们在了解城市医疗体系之后，改变了对农村医疗卫生机构的看法和态度，他们的就医模式由此而发生相应变化。

农村医疗卫生问题既有历史遗留下来的问题，亦即因体制和结构惯性的作用而形成的问题，也有在农村社会结构与制度变迁过程中出现的新问题。总体而言，农村医疗卫生资源的相对贫乏以及农民的医疗卫生支出负担相对较重是问题的集中体现。

三、完善新型农村合作医疗制度

新型农村合作医疗制度（简称“新农合”）是由政府组织、引导和支持，农民自愿参加，以大病统筹为主的农村医疗保险制度。这一制度自 2003 年开始试点推行，中央和地方财政给新型农村合作医疗的参保农民每年按人均 10 元的标准补助，到 2017 年，各级政府给新型农村合作医疗的补助标准提高到人均 450 元，农民个人缴费标准达到平均 180 元，农村居民的新型农村合作医疗参保率超过 98%。新型农村合作医疗制度是农村医疗卫生领域的一项基本制度。在此制度框架下，农村的一些医疗卫生问题如看不起病、因病致贫等在一定程度上有所缓解，但“看病难，看病贵”问题依然存续。为有效应对和解决农村医疗卫生方面的突出问题，仍要在进一步完善新型农村合作医疗制度方面做出努力。用发展的眼光来看，未来新型农村合作医疗制度重点要在四个方面不断进行完善：

第一，新型农村合作医疗制度需进一步扩展农村医疗卫生保障的范围。新型农村合作医疗制度设计的主要目标是农村大病统筹，防范农村因病致贫、因病返贫的风险，新型农村合作医疗制度的保障范围局限于少量的大病，农村居民从这一制度中受益的范围受到严重限制。随着新型农村合作医疗的保障范围不断扩大，报销比例不断提高，新型农村合作医疗制度所发挥的医疗保障功能在增强，但仍有进一步完善的空间。根据农村居民的基本就医需求和收入水平，继续扩大新型农村合作医疗制度的保障范围，将一些常见病、慢性病和多发病纳入保障范围之内。

第二，新型农村合作医疗制度要完善基金筹资机制。新型农村合作医疗基金的筹集途径主要是政府补助和个人缴费，筹资渠道较窄、筹资方式较单一、筹资水平较为有限，限制了新型农村合作医疗的支付报销水平。新型农村合作医疗制度要进一步完善，还需在基金筹资机制方面进行创新，使筹资能力得以提升。改善新型农村合作医疗的筹资状况，一方面需要依靠各级政府根据各地区经济发展水平逐步提高补助水平，另一方面需要采用个人弹性缴费办法，鼓励农村居民根据自愿原则积极参与购买不同层次的医疗保险。此外，应通过政策与机制创新，合理地引入市场机制，广泛吸纳社会资金参与新型农村合作医疗。

第三，新型农村合作医疗制度需不断完善基金管理，建立起科学、规范的管理系统。新型农村合作医疗制度要稳定运行，并取得理想的社会福利效应，还需有科学、规范的管理作为保障。新型农村合作医疗作为一项新型农村医疗保险体系，必须有完善的基金管理系统。一方面，系统平台建设要为农村居民就医和享受新型农村合作医疗待遇提供更多的便利；另一方面，要保证新型农村合作医疗基金的合理有效使用，建立起规范的新型农村合作医疗定点医疗机构选定、评估和监督体系，以及科学合理的支付、报销和结算程序，不断完善对新型农村合作医疗基金运转的监管体系。

第四，新型农村合作医疗制度需要加强制度整合，使新型合作医疗能更加有效地促进农村医疗卫生事业的发展、更加有效地分担农村患者的医疗卫生风险。新型农村合作医疗制度是农村医疗卫生体制的一种创新，作为一项新制度，还需不断与相关的体制进行整合，这样新制度的优势及社会效应才能更好地显现出来。在城乡一体化的背景下，新型农村合作医疗制度需要与城市基本医疗保险制度整合，以逐步构建起筹资合理、待遇公平的居民基本医疗保险体系。新型农村合作医疗制度与农村医疗卫生体制也要进一步整合，在新型农村合作医疗制度的实施过程中，医疗保险资金的支付要能够更加有效地支持农村基层医疗卫生机构的能力建设和基础建设，为农村基层提供更多的、更优质的医疗卫生资源，对改善农村基层医疗卫生条件真正起到积极作用。新型农村合作医疗制度还要与医疗商业保险制度进行恰当的整合，通过有效的合作机制，来提高医疗保险分担农村居民疾病与就医风险的效率，真正起到保障农村居民病有所医的作用。

本章要点

农村贫困问题是一种复杂的、多样的社会问题。农村贫困有两个典型形态：一是农村的个体贫困，二是农村的连片贫困。农村贫困问题大体可分为以下几种类型：自然条件禀赋性贫困、生态环境脆弱性贫困、不均衡发展诱致性贫困、社会经济结构性贫困和特殊个体性贫困。精准扶贫是农村反贫困的一种新策略、新模式。

农村社会已出现人口结构和社会结构的双重老龄化问题。社会转型带来的农民的生育观念和家庭结构的变迁以及计划生育政策推动的农村生育水平大幅下降、人口增长速度快速放缓，是农村社会人口老龄化趋势的主要成因。为积极应对农村老龄化问题，需建构农村综合养老模式。

农村教育问题体现为：基础教育目标与“三农”发展目标之间出现偏离，教育资源配置不均衡带来农村居民在教育获得上的不平等，教育发展强化了农村居民的社会不平等地位，以及农村教育资源重组带来了一些具体教育问题。

在农村社会，“看病难，看病贵”的问题、农村卫生枢纽服务功能的衰退问题、“缺医少药”问题等是医疗卫生问题的重要体现。农村医疗卫生问题的产生与医疗卫生体制、政府投入和社会建构三个方面的因素密切相关。

关键概念

贫困	反贫困	绝对贫困	相对贫困
贫困线	个体贫困	连片贫困	精准扶贫
全面脱贫	扶贫开发	老龄化	双重老龄化
家庭养老	机构养老	自力养老	综合养老模式
农村教育	义务教育	教育问题	单向度发展
医疗卫生问题	农村合作医疗	新型农村合作医疗	

思考问题

1. 何谓农村贫困问题？如何理解反贫困与巩固脱贫成果的关系？

2. 何为农村社会的双重老龄化？如何有效应对农村老龄化问题？

3. 农村教育面临哪些突出的问题？这些问题是如何产生的？

4. 农村医疗卫生问题有哪些具体的表现？新型农村合作医疗制度需重点在哪些方面进一步完善？

推荐阅读

1. 黄承伟．中国反贫困：理论·方法·战略．北京：中国财政经济出版社，2002.

2. 陆益龙．后乡土中国．北京：商务印书馆，2017.

3. 阎云翔．私人生活的变革：一个中国村庄里的爱情、家庭与亲密关系：1949～1999. 上海：上海书店出版社，2006.

4. 刘精明．国家、社会阶层与教育：教育获得的社会学研究．北京：中国人民大学出版社，2005.

5. 王红漫．大国卫生之论：农村卫生枢纽与农民的选择．北京：北京大学出版社，2006.

第十二章
农村社会变迁与乡村振兴

社会如同其他事物一样处于不断的运动变化之中，自进入近现代社会以来，人类社会的运动变化节奏进一步加快，正如马克思、恩格斯指出："生产的不断变革，一切社会状况不停的动荡，永远的不安定和变动。"[①] 这些是现代社会不同于过去一切时代的地方。处在巨变时代的农村社会，不可避免地经历并发生方方面面的变迁。

第一节　农村社会变迁

社会系统在空间维度上分为城市社会和农村社会两个子系统，社会变迁也包括城市社会变迁和农村社会变迁两个部分。相对城市社会变迁而言，农村社会变迁有着不同的表现形式、变迁过程和变迁机制。

一、社会变迁的内涵及类型

社会变迁是指随着时间的推移，社会系统中的关系、结构和现象所发生的变化及过程。例如，我们今天所看到的消费者与厂商的关系、职业结构以及城市生活方式等，较之以往都会有所变化和差异，这些都是社会变迁的结果。

社会变迁有两方面的内涵：一是社会现象发生变化的结果，二是社会现象发生变化的过程。前者指社会变迁的事实状态，后者则涉及社会变迁的时间维度。两方面的内涵既相互关联，又有所区别。对社会变迁的社会学考察，一般包含着这两方面的内涵，也可能有不同侧重。

我们可以把一切社会现象或社会事实、一切社会过程视为社会变迁，也就是

① 马克思，恩格斯．共产党宣言//马克思，恩格斯．马克思恩格斯选集：第1卷．3版．北京：人民出版社，2012：403.

说，社会变迁是普遍的、客观存在的，因此，社会变迁这一概念的范围非常宽泛。为更具体、更有针对性地考察和理解社会变迁的过程与事实，通常对社会变迁进行分类。常见的分类包括：

（1）社会进化与社会革命。此分类的标准是针对社会变迁的性质而设定的，根据马克思主义量变与质变原理，社会系统中发生的量变及过程也就是社会进化或社会演化。如果社会系统发生质变，那就是社会革命。

（2）结构性变迁与非结构性变迁。根据社会变迁与社会结构之间的联系，社会变迁可分为结构性变迁和非结构性变迁。结构性变迁是指社会系统内某种结构发生的变化，非结构性变迁是指一般社会现象所发生的变化。

（3）社会进步与社会退化。从社会变迁的方向来看，社会变迁有社会进步或社会发展与社会退化或社会退步之分。当社会变迁朝着人类社会前进、向上的方向发展时，就属于社会进步或社会发展；而当社会变迁的方向是循环或回归到过去的状态时，那就是社会退化或社会退步。

社会变迁是一个内涵及外延较为宽泛的概念，对其分类的方式还有很多，如社会演化与有计划的社会变迁、局部变迁与整体变迁、物质文明变迁与非物质文明变迁等。

在现实社会中，我们能看到或感受到的社会变迁有这样一些形式：生活变迁、技术变迁、制度变迁、政治变迁和文化变迁等。

生活变迁是最为容易被人们感受到的社会变迁，是指社会生活的基本情形发生的变化，如物质生活条件的变化等。

技术变迁是社会中人类生产技艺、技能和手段的变化。例如，人类通信技术从鸿雁传书到电话、电报，再到今日的电子邮件和移动通信，集中反映出人类社会技术的重大变迁。

制度是由制约和规范人们的社会行动的规则和设置构成的，制度为社会成员的行动提供了“选择集”。制度规则的确立，给人们提供了可以选择什么样的行动、不可以选择哪些行动的规范引导。制度既包括宏观的社会制度，如封建社会制度、资本主义社会制度，又包括社会中的一些法规制度，如经济制度、政治制度，还包括社会中的具体政策措施，如各项社会实践的实施细则。制度变迁是指社会中的法律制度和政策措施所发生的变化，社会制度的变化则在社会革命的范畴之中。

政治变迁是社会变迁的形式之一，表现为政治力量格局的变化，甚至政权的更替。政治系统是社会系统的重要构成部分之一，政治变迁既是社会变迁的组成部分，也对社会变迁产生重要影响。

文化变迁是一种综合性的社会变迁形式，既包含物质文化的变迁，也包含非物质文化的变迁。文化变迁是指社会文化从一个阶段向另一个阶段、从一种类型向另一种类型的变化过程，如传统文化到现代文化的转型过程，属于典型的文化动态变迁过程。在现实社会中，我们通常能感受到的文化变迁集中体现在生活方式变迁之上。

社会变迁不仅有多种类型，而且形式多样，对多种多样、丰富多彩的社会变迁产生推动作用的力量或因素也多种多样。那么，在推动社会变迁的多种力量中，有没有一种根本的动力呢？马克思主义社会变迁理论认为，推动社会变迁的根本动力是生产力，或者说经济因素。恩格斯指出："历史过程中的决定性因素归根到底是现实生活的生产和再生产。无论马克思或我都从来没有肯定过比这更多的东西。"①

社会变迁的根本动力是指推动社会变迁的最为基本的动力。所谓最为基本的动力，是指最主要的、最基础性的力量，其他力量的作用皆源自这方面。生产力或经济因素之所以是社会变迁的最为基本的动力，是因为人类社会的一切活动都是以生产力或经济因素为基础的，以物质资料生产为根本目的的经济活动是第一性的，对其他因素具有决定性的作用。

虽然经济因素是社会变迁的根本动力，但这并不意味着其他因素或力量对社会变迁所产生的非根本性影响作用不重要。发现和认识其他力量对社会变迁所产生的作用，将有助于我们更加全面地理解社会变迁。

在对社会变迁的动力加以认识的基础上，注重对人的因素的考察，或许有利于我们重视社会变迁中人的能动性，加强人的教育，提高人的素质，促进社会进步。

此外，对社会变迁动力的认识，既要看到经济的、物质的力量所起的决定性作用，也要看到观念的、非物质的因素所起的反作用，看到文化观念和意识形态对社会变迁所产生的影响作用。

农村社会和城市社会共同组成一个有机的社会系统，农村社会是社会的一个重要组成部分，社会变迁必然包含农村社会的变迁。农村社会又是不同于城市社会的社会构成，农村社会变迁具有自身的一些特点。

农村社会变迁的突出特点是变迁的两重性。"农村社会变迁的两重性表现在：一方面是变迁迟缓；另一方面是由于社会结构简单，可以发生突变。"② 相对城市社会而言，农村社会变迁较为迟缓。作为社会整体的构成部分，农村社会通常保留着更多传统的、历史的成分，从某种角度看，这是农村社会变迁迟缓的体现。农村社会变迁迟缓的一个重要原因在于农村的封闭性和低流动性。农民祖祖辈辈居住生活在村落社会里，从事着相对简单和熟悉的农业生产。在这种乡土社会里，社会关系和生活方式相对简单，在范围有限的村落社会里，人们彼此熟悉，甚或有远近不同的亲属关系，而且祖祖辈辈都依靠耕作而生活，传统的、历史的方法就足以让他们应对生产和生活中的问题。③ 因此，在农村社会生活中，对变迁的需要较少也较弱，这就意味着农村社会变迁的动力相对较弱。

农村社会结构简单体现为农村是一种生产和生活的共同体，或称为"社区"。

---

① 马克思，恩格斯．马克思恩格斯选集：第4卷．3版．北京：人民出版社，2012：604.

② 李守经．农村社会学．北京：高等教育出版社，2000：192.

③ 费孝通．乡土中国 生育制度．北京：北京大学出版社，1998：51.

共同体与现代社会在结构上有着本质差别，共同体是一种自然组成的机械联合体，现代社会则是建立在社会分工之上并依靠人为制度维持的有机体。[①] 就现实经验而言，农村社会依然是农民聚村而居的社会，这个社会是由彼此熟悉且彼此相似的人组成的，社会关系及社会结构较为简单。

农村社会的变迁迟缓和社会结构简单，并不意味着农村社会没有社会变迁。农村社会在结构未发生变化的情况下，社会其他现象则会发生各种各样的变迁。

农村社会变迁主要是通过两种机制来实现的：一是社会更替或社会继替机制，二是文化演化机制。社会更替或社会继替机制是指农村社会成员通过由新一代更替旧一代而出现的社会变迁，人总是有一定能动性，农村的代际更替总会带来一定社会变化。文化演化机制是指农村社会通过文化的演化而实现的社会变迁，虽然农村社会结构变化较小，但乡村文化处于动态的演化过程之中。文化是一个整体，随着乡村文化的变迁，农村社会也就会产生相应的变迁。

二、农村社会变迁的历程和特点

1949 年后，中国农村经历了两个阶段的社会变迁，农村无论是在面貌上还是在社会结构上，无论是农业生产还是农民生活水平都发生了巨大变迁。中国农村社会变迁的两个阶段可以 20 世纪 80 年代初的改革开放作为分水岭，即改革开放前的农村变迁与改革开放后的农村变迁。

改革开放前的农村变迁，表现在这样几个重要的农村建设实践方面：土地改革、农业合作化和人民公社化运动。中国革命和社会主义国家建设之所以将重点放在农村，是因为农村和农民的发展存在严重问题。费孝通对 20 世纪 30 年代的苏南农村进行考察后发现："中国农村的基本问题，简单地说，就是农民的收入降低到不足以维持最低生活水平所需要的程度。中国农村真正的问题是农民的饥饿问题。"[②] 新中国成立后，也面临如何改变农民命运和农村面貌的问题，农村建设始终包含于国家建设之中。

新中国成立初期，农村社会变迁体现在土地改革之上。1950 年中央人民政府委员会通过了《中华人民共和国土地改革法》，由此确立要在农村分地区、分阶段推进土地改革。

农村土地改革实际上是土地制度的重新安排，制度的基本目标是改变土地过分集中于少数集团和个人的局面，达到农村平分地权，实现耕者有其田，以促进农业生产效率的提高。为实现这一目标，国家通过农村基层的力量，在农村社会推行阶级成分的划分，然后运用阶级斗争的方式和策略来推进"抽多补少，抽肥补瘦"。如在河北省十里店村，为给贫雇农"补窟窿"分配土地，土改工作队动员在全村根

---

① 滕尼斯．共同体与社会：纯粹社会学的基本概念．林荣远，译．北京：商务印书馆，1999：54.

② 费孝通．江村经济：中国农民的生活．北京：商务印书馆，2001：236.

据家庭土地和经济生活情况来进行阶级划分，被划分为贫农、中农的，自然是团结对象，地主、富农也就成了斗争对象。①

农村土地改革对农村社会变迁所产生的影响表现在：

第一，确立了农村土地集体所有制，消除了农村阶级阶层差别的根基，农村社会结构更加趋于均等化。

第二，实现了广大农民“耕者有其田”的愿望，激发了广大农民的劳动积极性，促进了农业生产力的迅速提高。

第三，从根本上改变了农村底层群众的命运，使广大贫下中农的经济、政治和社会地位得以大大提高。

第四，土地改革的顺利推行，对巩固农业的基础地位，为新中国农村的各项事业发展打下了坚实的基础。②

总的看来，土地改革对新中国农业发展起到了极其重要的促进作用，而且在农村构建起新的社会秩序。土地改革过程中借鉴和沿袭了革命时期的政治运动方式，使得土地改革的政治运动化色彩较浓，给后来农村发展受政治干扰和影响埋下了隐患。

农村土地改革的成功经验在于农村土地使用问题的解决，即解决了土地与劳动力配置的低效率问题。随着广大贫下中农能够公平地分配到土地，土地的劳动力投入增加，促进了农业生产力的提高。在农村土地改革中，农业生产经营体制并未改变，农户自主经营的体制仍得以保留，这是土地改革能维持良好的农业生产效率的重要原因之一。在新中国成立初期土地改革之后，中央关于发展农业生产的十大政策依然允许维持农户的个体经济，中央农工部提出的农业发展策略是：“从小农经济的现状出发”，去大力发展农业生产力。③ 十大政策允许农户之间进行适当的土地调整、允许雇工、允许借贷、允许自由贸易。

虽然农户的个体经营体制属于小农经营，与大规模的农场经营机制存在一定差别，但是，在新中国成立之初，各项事业刚刚起步，农村及农业发展面临旧制度的阻碍，再加上战争的影响，农业发展水平较为低下，新的土地制度为农业生产的恢复创造了条件。在社会主义农业的起步阶段，农村维持小农经营体制，完全符合当时的历史条件，也符合农业生产发展的自身规律。在农业生产力水平相对较低的背景下，小规模的农户经营体制能更好地适应生产力发展的需要。在个体农户独立生产经营过程中，农业劳动生产率得到大大地提高。④

农业的家庭经营体制与中国国情非常相符。中国农村幅员辽阔，地域广阔，各地自然条件、社会经济发展水平、历史文化存在一定差异，农村生产条件也存在较

① 柯鲁克，柯鲁克．十里店（二）：中国一个村庄的群众运动．安强，高建，译．上海：世纪出版集团，上海人民出版社，2007.

② 陆益龙．中国农村社会阶级阶层结构六十年的变迁：回眸与展望．马克思主义与现实，2009（6）.

③ 杜润生．杜润生自述：中国农村体制变革重大决策纪实．北京：人民出版社，2005：32.

④ 同②.

大差异，针对不同的环境和生产条件，各地农业生产经营方式自然需要根据实际情况进行合理选择。

个体农户自主经营体制确立了以家庭为基本生产单位。把家庭作为农业生产的基本单位，比较符合传统农业生产的基本要求。从另一个角度看，正如周其仁所认为的那样，家庭具有作为传统农业生产基本单位的先天优势①。因为家庭内的亲密关系便于传统农业生产的分工合作，且家庭是传统农业生产高效的组织者，此外，家庭的生命和生活周期与传统农业生产有高度吻合之处，能更好地满足农业生产之需要。

从历史经验来看，1949—1953 年间农村土地制度改革与个体家庭生产经营体制能够保持相互协调，这一制度安排符合社会主义初级阶段的中国农村和农业发展的基本要求，能够提高农业生产要素的配置效率，因而促进了农业生产力水平的提高。尽管土地改革中的一些实践具有政治运动化倾向，但受其影响的毕竟是少数集团，其对调动多数农民群众的生产积极性则有积极作用。

农村社会的第二个重要变迁是农业合作化运动。1953 年是新中国第一个五年计划的开始年，“一五”计划掀开了中国社会主义经济建设和工业化的序幕。为实现“一五”计划的工业生产目标，农业生产水平和基础必须提高，于是，国家把农业社会主义改造作为促进农业生产力水平提高的基本策略，农业社会主义改造从互助合作开始，国家积极鼓励农户组成互助组，并逐步成立农业生产合作社，以此来提高分散农户间的互助合作水平，通过促进农户间的生产合作来提高农业生产效率。

农业合作化运动经历了从互助组到初级社，再从初级社到高级社的变迁过程。最初，互助组是在政策鼓励下由农民自愿组成的相互帮扶的临时组织，对促进农户间的相互合作有积极作用，但互助组并未改变生产经营体制和利益格局，对农村生产关系和经济绩效的影响基本是正向的。

为进一步提高农业生产的合作化水平，推动农业的规模化经营，政府开始倡导和推进农村的合作社经营体制，鼓励农村成立合作社，引导农户积极加入合作社。早期的合作社是初级农业生产合作社，农户可自愿地将土地和大型生产工具作为入社条件，在合作社进行合作化生产经营，合作社根据入社的份额和劳动量来核算收入并分配收益。由于初级社在农户入社的资金、生产资料、劳动与经营收入分配的关系等生产经营管理和实际操作上存在很多难题，因而自愿加入初级社的农户规模非常有限。此后，为扩大合作社的规模，全国农村广泛推行高级农业生产合作社政策。高级社的成立，是运用政治运动、意识形态宣传方式将所有农户强行拉进合作社。农户不再享有自愿加入和自由退社的权利，合作化运动将所有农户和农民强行纳入合作化和集体经营之中。

例如在安徽省凤阳县，一些农户并不愿意加入合作社，但在当时的政治形势

① 周其仁．农村变革与中国发展．香港：香港牛津大学出版社，1994.

下，农户如果不加入合作社，就被批为“小脚女人”、“走资派”、拖社会主义的后腿。所以，当农户不愿意将自己的田地、生产资料纳入合作社时，他们会选择宰杀耕牛等导致生产资料损失的行为。[①]

虽然农业合作化生产从理论上讲能大大促进农业劳动生产率的提高，但是，合作化要达到生产效率的提高，依然还需具备其他一些前提条件。例如，合作必须由农民自愿而非被强制；合作组织必须具备有效率的管理，缺乏有效管理的合作组织难以实现生产经营效率的提高。从当时中国农村社会的实际情况看，这些前提条件实际上并不具备。

然而在决策层看来，小农经营已经出现增产的局限，要进一步发展农业生产力，就要改造小农生产，推行农业规模化生产经营，促进生产的互助合作[②]。从实践经验来看，虽然小农经营分工合作水平有限，生产效率较低下，但如果外部环境并未发生质的改变，那么完全取代这一生产经营体制并非一件易事，操之过急往往会适得其反。这就是在改造传统农业、促进农村发展的过程中所面临的一大困境：一方面，需要提高小农生产的效率；另一方面，小农家庭的生产经营方式又不能被某一种效率更高的机制简单替代。

在改革开放前，关系到农村社会变迁的第三个重要事件是“大跃进”和人民公社化运动。1958 年，在全国上下建设社会主义、跨步迈入共产主义的热情极端高涨的背景下，农村各地掀起从高级社跨步迈向人民公社的“大跃进”与人民公社化运动。此后，人民公社制度迅速在全国农村建立起来，农村从此进入人民公社的集体化经营时代。

人民公社制度实行农业生产资料的公有制，即土地和其他主要农业生产资料属于集体所有。在生产经营上，实行“三级所有，队为基础”，即土地等生产资料和劳动产品归公社、生产大队和生产小队三级集体所有，其中生产队是基本单位，集体生产和分配在生产小队范围内进行。在农村管理方面，人民公社又是基层行政机关，管理着农村社会的公共事务。

“大跃进”和人民公社化运动跨越式地推进了农村所有制和生产经营体制的改革，这些改革自上而下地强制推行，在实践中未得到群众的普遍支持，违背了群众意愿和客观规律，因此提高农业生产力的目标其实未充分实现。在各地农村大步跨入人民公社之后不久，从 1959 年到 1961 年，农业和农村发展的危机得以暴露出来，农业生产陷入了艰难的困境，出现了粮食生产和供应的严重危机。

在改革开放之前，中国农村社会经历了从互助合作到“大跃进”和人民公社化运动，不仅农业生产出现了问题甚至危机，农村社会的关系结构和生活方式也发生了相应的变迁。一方面，农民及其家庭的个体性和独立性明显减弱，农村集体在农村社会中的作用明显增强，即农民和农户之间通过集体而产生了更多的交互关系。

---

① 陆益龙．农民中国：后乡土社会与新农村建设研究．北京：中国人民大学出版社，2010：192.
② 杜润生．杜润生自述：中国农村体制变革重大决策纪实．北京：人民出版社，2005：44.

另一方面，农村社会生活随农业生产绩效降低而出现较为普遍的温饱问题，广大农民在吃集体“大锅饭”时期，生活水平没有得到改善。

中国的改革开放始于农村改革，农村改革始于“大包干”。1978 年安徽省凤阳县小岗村的 18 户农民私下达成协议，将生产队集体土地分到各家各户，开始实行“大包干”。“大包干”的意思是“交足国家的，保证集体的，剩下都是自己的”[①]。小岗村的“大包干”取得了立竿见影的效果，在不到一年时间里，解决了一直困扰他们的温饱问题，摆脱了“三靠村”困境，真正实现了农业生产效率的大提高[②]。

安徽省小岗村的“大包干”改革实践逐渐得到政府的认可，自 20 世纪 80 年代初起，家庭联产承包责任制改革逐步在全国推行和推广，由此掀起了农村经济体制改革大潮。1984 年，农村人民公社制度走向了终结，随之建立起农村乡镇和村的管理体制。改革开放后中国农村社会的变迁突出体现在农业生产经营体制和农村社会管理体制改革上。

农村家庭联产承包责任制改革恢复和确立了个体农户的土地使用权和自主经营权，从而使得广大农民能充分发挥家庭人力资本的作用，通过自己的创新和劳动，来提高家庭的生产效率和收入水平。

农村改革带来了农村经济的改善和变迁，农业经济于是很快得到了迅速恢复，特别是粮食生产，改革后农村粮食播种面积和粮食产量得以大幅提高。1978 年，全国粮食总产量为 6 095 亿斤，在 1979—1998 年这二十年间，粮食总产量先后突破 7 000 亿斤、8 000 亿斤、9 000 亿斤和 10 000 亿斤四大关口，实现了历史性的飞跃。1998 年粮食总产量达到 10 246 亿斤，人均占有量达到 800 斤。[③]

农村改革还改善了农村的政治经济关系。随着农村生产经营集体的解散，嵌入集体经济中的政治影响大大削弱。在集体经营时代以阶级斗争为纲的思想，开始让位于对经济生产的重视。农村社会生活从以政治斗争为中心逐步走向以经济建设为中心，农村社会工作中心的转变是推动农村社会结构变迁的重要动力。

正因为农村劳动力在经济和政治上摆脱了集体的束缚，自主性和创造性得以恢复和发展，自 20 世纪 80 年代中期以来，东南沿海地区的农村乡镇企业广泛兴起，由此掀起中国乡村工业化的高潮。在江浙一带，乡村工业一开始是通过私人承包集体经济时期留下的社队企业而发展起来的，后来逐渐带动越来越多的农民创办私人企业。乡村工业的快速发展，改变了部分地区的农村经济结构。以往以农业产值占主导的经济结构，逐渐向以工业或非农业产值占主导的结构变迁，使得部分农村地区开始了乡村工业化的进程。

---

① 陆益龙．嵌入性政治对村落经济绩效的影响：小岗村的个案研究．中国人民大学学报，2006（5）．

② 陆益龙．嵌入性政治与村落经济的变迁：安徽小岗村调查．上海：上海人民出版社，2007．

③ 国家统计局农村社会经济调查司．历史的跨越：农村改革开放 30 年．北京：中国统计出版社，2008：7．

伴随着农村改革的继续深化、农村经济的快速发展，农村社会生活水平普遍得以提高。农村改革后 10 年左右的时间内，农民的生活从解决温饱逐步走向小康。例如，在 1978 年到 1991 年间，农民“人均纯收入从 1978 年的 134 元增加到 1991 年的 709 元，增长 4.3 倍，扣除物价因素，年均增长 9.3%；人均生活消费支出从 1978 年的 116 元增加到 1991 年的 620 元；恩格尔系数从 1978 年的 67.7%下降到 1991 年的 57.6%，下降 10.1 个百分点”①。

在接下来的十年间，农村居民的社会发展水平基本达到小康标准，农户家庭人均纯收入从 1991 年的 708.6 元增长到 2000 年的 2 253 元，人均消费支出从 1991 年的 619.79 元提高到 2000 年的 1 670 元，恩格尔系数从 1991 年的 57.6%降到 2000 年的 49.1%②。表 12-1 的统计数据反映了改革开放后农村居民的社会生活水平普遍得到了较大幅度的提高，消费支出水平增长了 20 倍左右。

表 12-1　农村居民家庭收入五等分组生活消费水平比较（单位：元/人）

	低收入户（20%）	中低收入户（20%）	中等收入户（20%）	中高收入户（20%）	高收入户（20%）
1980 年	105	126	152	190	261
1990 年	332	440	538	668	1 018
2000 年	977	1 233	1 501	1 877	3 086
2005 年	1 548	1 913	2 328	2 879	4 593
2008 年	2 145	2 653	3 286	4 191	6 854
2008 年比 1980 年增长（倍）	19.4	20.1	20.6	21.1	25.3
1980—2008 年年均增长（%）	11.4	11.5	11.6	11.7	12.4

资料来源：数据参考国家统计局官方网站《中国统计年鉴》。

改革开放后中国农村社会的变迁，还有一个突出表征是 1992 年后的市场转型。随着中国改革向纵深方向发展，建立社会主义的市场经济体制成为改革的重点。在市场经济体制改革过程中，粮食和主要农产品的统购统销政策逐渐被取缔，农民的生产经营逐步面向市场，意味着市场已经向农民和农村开放，为广大农户提供了更多发展机会。广大农户在巩固农业生产的同时，逐步掌握了按照市场规律和要求来调整生产经营结构，多数农户开始发展多种经营，走农业与副业相结合的道路，改变了依赖农产品产量增长和价格提升来提高收入水平的路径。也有很多农户通过家庭内的分工合作，让农业富余的劳动力向农业外转移，或者通过发展专业化、规模化经营，来促使家庭总收入提高。

农村社会的市场转型的一个鲜明的特点是，农村劳动力通过外出流动和进城打工，实现了家庭农业与兼业相结合，由此提高了家庭的经济收入。

① 新中国 60 年系列报告：城乡居民从贫困向全面小康迈进．(2009-09-10) [2018-12-11]. http://www.gov.cn/gzdt/2009-09/10/content-1413985.htm.

② 中华人民共和国国家统计局．中国统计年鉴-2008. 北京：中国统计出版社，2008：315-327.

三、农村改革的经验

回溯和纵观新中国农村的社会变迁历程，不难看出当代中国农村社会改革的进程具有发展与滞后并存、经验与教训兼具的特点。

从社会变迁的角度来看当代中国农村的社会改革进程，农村发展的经验和滞后原因可以总结为①：

改革开放前，农村通过土地制度改革和社会改革，既解决了农民的生产和生活基本问题，又在不同程度上出现了温饱问题。农村土地制度改革及一系列社会主义改造政策的推进，促进了农村社会的较快发展，农村社会明显走向平等，农民的生活水平得到一定程度的提高。但在农村社会变迁的过程中，“大跃进”和人民公社化运动则使农村生产生活出现挫折，集体经营体制不仅没有促进农民的合作、提高生产力水平，而且严重挫伤农民的积极性，对农村经济造成巨大的负面影响。

改革开放后，随着农村家庭联产承包责任制的全面推行，农村生产生活得到了恢复和快速发展，农民的温饱问题基本得以解决。此外，20 世纪 90 年代后的农村经济市场化改革，给广大农民带来了更多的自主权和市场机会。农村社会的一系列改革，让农村经济与社会出现快速发展的局面。但农村社会在取得快速发展的同时，也存在着某些社会事业和农民发展停滞的问题。农村社会存在的局部停滞现象，反映出农村发展所面临的一些结构性困境：一是农民的持续增收和可持续发展面临困难；二是农村社会事业发展处于相对滞后状态，农村与城市的反差呈拉大趋势（见图 12－1）。

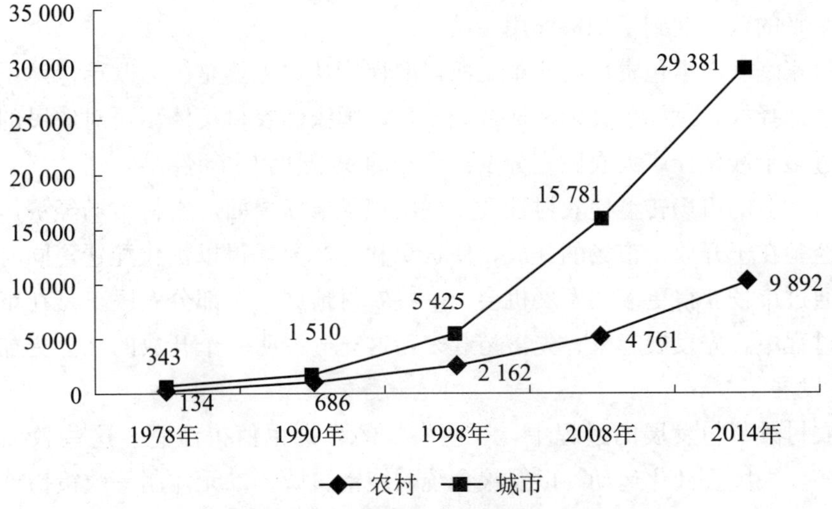

图 12－1　中国城市与农村居民人均年收入差距（单位：元）

资料来源：中华人民共和国国家统计局．中国统计年鉴-2015．北京：中国统计出版社，2015：181.

① 陆益龙．发展与滞后的并存：中国农村建设 60 年：一种农村社会学的视角．甘肃行政学院学报，2010（1）.

农村改革所取得的成绩，主要归功于改革将农村劳动力从集体中解放出来，让农民能够从农村、农业中走出来，自主地寻找更多的发展机会；而农村社会变迁的相对滞后性是由改革的局限性导致的。虽然农村改革已经让农民自主地走出来，但是旧体制并没有完全、彻底地接纳来自农村的劳动力，农村居民仍受城乡二元体制的排斥。中国改革要想进行得更为彻底，农村发展要想取得新的突破，必须改变那些阻碍农村劳动力进入非农业行业的旧体制，让广大农村居民更加自主、更加便利地进入自己所选择的生产和生活领域及场所。①

回顾新中国农村社会改革与农村社会变迁的历程，从中既可看到成功的经验，也能发现失败的教训，这一改革和变迁过程是经验与教训兼具的过程。

就成功经验来说，在农村土地改革、农业合作化改革、家庭联产承包责任制改革、市场化改革等农村社会的系列改革过程中，农民、农业和农村社会得到了相应的发展，表明这些系列改革对促进“三农”发展发挥了积极的效应。

从这些改革与农村发展之间关系的角度来分析，农村改革的成功经验可以总结为四个方面：一是公平，二是合作，三是自主，四是开放。

农村土地改革成功的关键在于改革解决了农村生产资料的公平配置问题，让土地资源在广大农民之间得到了公平合理的配置。农村土地配置走向更加公平，不仅仅提高了生产资料的配置效率，更提高了广大农民的生产积极性，从而对促进农村社会发展起到积极作用。

起初的农村互助与合作化改革，对农业生产和农村发展确实起到了良好的作用。初期的农业合作化改革的成功经验在于尊重了农民自愿合作的原则，在坚持这一原则的基础之上，农户之间的合作水平有所提高，从而对促进农业生产发展和农民生活水平的改善起到了积极作用。

农村家庭联产承包责任制改革之所以取得成功，主要是因为改革保障了广大农民的自主选择权，发挥了其创造性及能动性，国家和农村集体不再对农民的生产经营进行过多干涉，让广大农民充分发挥自身的积极性和主动性。

农村社会的市场转型使农村社会发展出现了崭新局面，农村市场经济体制改革的成功经验在于开放。市场的开放，使资源和生产要素得以优化配置，同时让广大农民能通过市场获得更多的发展机会。一些农村地区、一部分农民正是在市场不断开放的过程中，先发展起来、先富裕起来，这充分说明一个开放的社会更加有利于“三农”发展。

在农村改革与发展的过程中，一些失败的教训也值得注意，这些教训体现为“大跃进”、人民公社化运动，以及粮食统购统销、城乡二元体制等政策措施和制度安排，对农业生产、农民生活和乡村社会发展构成消极的影响或障碍。具体而言，失败的教训主要是：

首先，“一刀切”的政策安排和统一的制度模式违背了因地制宜、自主发展的

① 陆益龙．城乡体制改革：下一个改革目标：体制改革30年经验总结．甘肃社会科学，2008（5）．

基本原则和规律，对农村发展构成巨大的隐患。虽然人们通常把“大跃进”和人民公社化运动的消极后果看作极左思想所致，然而，这些政策产生消极的社会经济后果的真正原因则在于“一刀切”政策和统一制度模式造成的风险。我国农村幅员辽阔，区域间乃至农户间的异质性很大，用“一刀切”的方式来推进政策措施，违背了因地制宜原则，不可避免地导致政策措施在较多地方的不适宜，从而难以避免失败的风险。

其次，过多的政治干预影响和约束了农民的自主性和创造性，造成“瞎指挥”的失败风险。无论是农业合作化运动、“大跃进”、人民公社化运动，还是粮食统购统销等政策措施，之所以给“三农”发展带来消极影响，是因为这些政策过多地干预了农民的自主选择、自主经营，这些干预不仅会导致由“瞎指挥”造成的失败，而且严重影响农民的生产积极性和创造性。

最后，国家非平衡的投资策略导致城乡和区域之间的发展出现失衡。改革开放后，中国农村社会总体上的发展取得了较大进步，但与此同时，不可忽视的现实问题是，农村社会与城市社会之间、东中西部地区之间存在明显的不均衡发展，城乡和区域之间的差别并未出现明显缩小趋势。形成这一问题的根本原因在于国家投资的不平衡。

第二节 城镇化与农村社会现代化

城镇化（urbanization）既是现代社会变迁的一个突出特征，也是人类社会现代化转型的结果。在现代社会，越来越多的人过着城镇化的生活。城镇化的发展，自然而然会对农村社会变迁和发展产生相应影响。

一、城镇化与农村社会发展

城市或城镇的出现是人类社会发展到一定历史阶段的产物，城镇社会与农村社会虽在结构上有着本质区别，但共同构成社会整体。现代社会则出现了城镇社会不断扩展，而农村社会逐渐减少的趋势，由此构成了现代社会变迁的特征。

城镇化是指人们的职业向非农业转移、居住向城镇聚集、生活方式向现代城镇模式转变的一种社会变迁过程。城镇化过程通常与工业化密切相关，伴随着工商企业向一定地域集中，人口自然会向该地域聚集，进而形成人口聚集的集镇和城市，并构成城镇化的社会生活方式。

城镇化包含这样几层意义：一是人口意义。城镇化的人口意义表示城镇人口与农村人口的构成和关系。人们通常用城镇化率（index of urbanization，IU）来反映一个社会的城镇化状况，城镇化率也就是城镇人口在一个社会的总人口中所占的比例。城镇化率越高，表明城镇化水平越高。二是地理意义。城镇化的地理意义是指人们的居住空间向城镇的集中化，即来自不同地区的人向城镇的聚集过程。地理意义上的城镇化，反映社会居住格局或居住空间的变化过程和趋势。三是社会与文化意义。作为社会变迁的一种形式，城镇化实际上包含更为丰富的社会与文化意义。城镇化的社会与文化意义包含：(1) 社会结构的变化，即城市社会结构在社会结构中占主要地位。(2) 产业和职业结构的变迁，即工商业及与城镇发展相关的非农职业成为主导性产业和职业构成。(3) 生活方式的变迁。城镇化的一个突出特点是生活方式的城镇化，即人们的社会生活建立在分工而非自给自足的基础之上。(4) 文化及价值观的现代化。城镇化不仅是人口、空间和经济活动的城镇化，而且包含社会文化及价值观的现代化。[①]

城镇化是现代社会变迁与发展的基本特征和趋势，在考察现代社会农村发展问题时，从城镇化的视角来理解农村发展很有必要。跳出农村，通过城镇化的发展，或许能找到促进农村社会发展的新路径。

城镇化对农村社会发展的促进体现在四个方面：

第一，在社会结构变迁上，城镇化过程将推动农村实现质的飞跃和发展。农村社会发展的真正意义既不在于村庄面貌的改变，也不在于村庄里增加了几栋新楼房、修了几条新马路，或是农民增加了多少收入，这些方面的变化只能说是量变而非质变，是增长而非发展。只有在结构上发生质变，才可以说是真正的发展，否则只能是黄宗智所说的“没有发展的增长”或“过密型增长”[②]。增长仅仅是经济意义上的变迁，而非社会发展。农村社会的发展必须有结构上的、质的突破。结构上的发展是针对整个社会结构而言的，其包括经济和产业结构、职业结构、城乡结构和文化结构，农村社会发展的重要指标是经济结构从以农业为主向以第二和第三产业为主、从以劳动密集型的传统农业向以资本、技术和信息为依托的现代农业的转变，劳动力的职业结构以及人们的文化观念结构也从以农业为主的结构类型向城镇化类型方向转化。城镇化程度的不断提高，将为劳动力创造更多的非农业就业机会，随着越来越多的农村劳动力向第二和第三产业转移，农村居民的收入水平将得到提高。随着职业结构的变化、收入和生活水平的提高，农村生活方式将发生变迁，文化观念和结构将随之发生转变，由此将进一步推进农村文化和人力资本得到更多的发展机会和空间。

第二，在社会功能的演变上，城镇化将会提升农村发展的要素。随着城镇化程度的不断提高，城市的资本、技术和信息与农村的劳动力资源、土地资源以及其他自然资源将得到更加充分、更加优化的配置，从而可使农业、农民和农村赖以发展的各种要素得到更大的发展空间。例如，从江苏、浙江沿海地区的农村发展模式来看，乡村工商业的兴起带动了小城镇的发展，小城镇的快速发展实际上是城镇化发

---

① 陆益龙．城乡体制改革：下一个改革目标：体制改革30年经验总结．甘肃社会科学，2008 (5).

② 黄宗智．长江三角洲小农家庭与乡村发展．北京：中华书局，1992：12.

展的一种方式。虽然江浙的乡村工业化和小城镇化发展模式在其他地区并不一定具有可复制性，但其发展经验揭示了城镇化是农村发展的重要方向和动力。城镇化发展会带动乡村资源的重新配置和调整，在优化配置结构的过程中实现效率的提高，使乡村资源得以升值。乡村资源的升值意味着农村居民收入来源范围的扩大，从而不仅对收入增长起到促进作用，也为乡村居民发展奠定物质或经济基础。

第三，在人的发展方面，城镇化将为农村居民创造更多的、全新的发展机会与空间。农村社会变迁与发展的核心是人的发展，只有当农村社会成员在经济、社会与文化上得以转型和发展，农村社会才有真正意义上的发展。[①]

就中国农村现实而言，农村劳动力向外转移和发展依然是一个关键问题。据约翰逊测算，中国农村至少还需要转移 2/3 的农业劳动力，只需要保留 1 亿左右的农业劳动力[②]。要将几亿农业劳动力转移出去，依靠农村或者仅仅依靠现有的城市显然无法实现，因此需要不断推进和提高城镇化水平。

农村劳动力的转移和发展无法在静态结构中完成，而需要在农村向城镇化方向发展的过程中去逐步实现。一方面，现有的城市难以一次性容纳过多的农村劳动力；另一方面，大量农村劳动力也难以在短期内直接从农村移入城市。因此，只能在城镇化过程中逐步消化农业中富余的劳动力。城镇化过程属于一种动态的结构变迁过程，既包括现有城市的不断扩展，也包括农村社会向城镇社会的转变，以及城市与农村之间相互作用的过程。在城市和农村共同发展、相互促进的城市化过程中，会形成巨大的发展动力和发展空间，为农村劳动力的转移和人的发展提供平台或机会。

城镇化的真正意义并非农村人口转为城市人口，不宜将城镇化简单地理解为农村人进城。城镇化是一种结构变迁或转型过程，是农村人口在人力资本不断提高的前提下，改造传统农业和乡村社会结构，实现向现代结构的转型。所以，城镇化发展战略是结构调整和结构转型的战略，即通过调整城乡结构、产业结构来促进农村和城市的共同发展。

第四，在文化发展方面，城镇化将会促进农村文化及社会生活方式的变迁。农村社会变迁与发展不仅是经济的、社会的变迁与发展，而且包括文化的、观念的以及人们生活方式的变迁与发展。农村文化观念及生活方式由传统向现代的转型，农村生活方式的城镇化，既是农村发展的重要成果，也是农村发展的潜在动力。农村文化观念及生活方式的城镇化，也将改变人们的行动结构，进而对社会系统的变迁和发展产生深远影响。

总而言之，城镇化是农村社会发展难以回避的一个基本问题，要推进农村社会的发展，既不能用静止的眼光来看农村与城镇的关系，也不能以二元对立的态度去对待农村和城镇的发展，而要把农村发展与城镇化发展作为一种联动和相互作用的

---

① 陆益龙．多元城镇化道路与中国农村发展．创新，2010，4 (1).

② 约翰逊．经济发展中的农业、农村、农民问题．北京：商务印书馆，2004.

动态过程，在城乡互动和相互统一之中去实现农村发展①。

中国农村社会在变迁与发展过程中出现乡村集镇化的现象，一些农村居民在家庭经济条件改善之后，逐渐向集镇聚集定居和生活，这一现象反映了集镇化也是城镇化的一种形式。

自农村改革以来，一些地区的农民通过非农业生产经营，如外出从事工商业或服务业等，收入水平大大提高，较多农户的储蓄大大增多。在此情况下，不少富裕起来的农户开始在集镇附近购买房屋和商铺。集镇的房地产市场在活跃起来后，推动了集镇的快速扩展，于是乡村人口开始向集镇集中。此外，在乡镇企业快速发展的过程中，小城镇和集镇也大量兴起，为乡村人口向小城镇集中创造了条件。

乡村集镇化的发展路径其实适合较多地区的农村社会发展的需要，在城镇化的发展进程中具有广泛的适应性。关键问题是，推进乡村集镇化要把握和解决好以下几种关系。

首先，要把握和解决好农村建设与集镇或小城镇建设的关系。在农村建设的整体规划和投入计划中，需要从农村长远发展的角度出发，把握各地农村发展的方向和目标。如果将一个地区农村发展或城镇化目标定位为集镇化，就要把集镇或小城镇建设放在首位，通过集镇建设和乡村市场中心建设，来带动农村的建设和发展。农村建设的重点要围绕集镇建设，使乡村经济与社会生活向中心集镇集中。

其次，要把握和解决好基础设施建设与制度建设的关系。虽然小城镇和集镇的发展离不开城镇基础设施建设，但相应的制度建设更加重要。没有合理的制度安排和制度创新，集镇建设和发展要么出现无序状态，要么不可持续。集镇的建设和发展将带来乡村土地资源的重新配置、开发和利用，如果没有相应的制度来规范、引导和制约，那么新的配置不一定会带来效率的提高，反而可能潜伏新的问题。集镇建设和发展必须与系统的、合理的制度建设相配合，确保乡村集镇化道路朝着合理的目标发展。

再次，要把握和解决好内生型发展与外推型建设的关系。小城镇和集镇的建设和发展在经济较发达地区可能是内生的、自发形成的。随着收入和积蓄水平的提高，农民向外发展的动机和愿望加强，但他们积蓄的资本又不足以支持他们到城市生活，于是较多人会选择在家乡附近的小城镇或集镇购房，并转变家户的经济模式。这样，乡村中的集镇会吸引越来越多的农村人口，集镇建设也得以加速，这种集镇建设依靠乡村社会内部的自身力量而扩展，属内生型发展。在经济相对欠发达的地区，农村居民的收入水平较低，多数居民勉强能维持基本生活，家庭积蓄较少，不可能向外投资和发展。要改变欠发达地区农村的生活条件，仅依靠农民自身的力量无法实现；而且为了提高公共物品的供给和利用效率，方便落后地区的农民的生活，建设集镇使农村人口从分散走向集中就显得意义重大。在此情况下，需要依靠农村之外的力量来推动这些地区的集镇建设。其中，政府的公共财政是主要力

① 陆益龙．多元城镇化道路与中国农村发展．创新，2010，4（1）．

量，同时政府也可通过政策优惠，如土地使用税及工商税优惠政策等，激励其他社会力量参与落后地区的集镇建设。

最后，要把握和解决好产业发展与集镇建设的关系。乡村集镇化实际上属于乡村城镇化的一个阶段或一种方式，在集镇化过程中，不仅要让部分农村人口向集镇聚集，更重要的是要让他们实现职业的转变，即从农业向非农业的转变。因此，集镇建设和发展必须与相应的产业发展和产业结构调整结合起来，让聚居在集镇的农村人口和劳动力有相对充足的非农业就业机会。如果仅仅注重扩大集镇范围，而缺少足够的非农产业，就可能出现集镇劳动力过剩，影响到农业生产力，对农村发展和城镇化造成负面效应。在集镇的规划和建设过程中，既要设计合理的产业结构调整计划，也要采取积极的措施推进非农产业的发展。①

展望中国农村的未来发展，乡村集镇化将对很多地区的农村发展发挥积极的功能。在经济较发达的东南沿海地区，小城镇和集镇不仅具有悠久的历史传统，而且在乡村工业化的过程中，得到了进一步发展。如果再结合乡村振兴战略，进一步在制度建设和公共建设方面使小城镇和集镇的发展得以升级，就会促进乡村城镇化水平上一个新台阶。

即便在西部发展相对滞后地区，要提高农村发展水平，走乡村集镇化道路也是一条节约之路。在推进乡村振兴过程中，充分整合西部大开发战略资源，结合国家乡村振兴以及生态环境建设政策，以国家的建设力量为主导，采取灵活、有效的农村土地流转制度安排，积极推进西部地区的集镇建设，促进人口向小城镇集中，不仅可以提高乡村居民的生活水平，而且能从根本上解决西部农村发展问题。

虽然中国的农村地区幅员辽阔，地域差异较大，但从发展趋势的角度来看，不断协调推进城镇化和乡村振兴是所有农村地区共同的目标。在实现这一目标过程中，乡村集镇化道路可能具有广泛的普适性，只不过实现乡村集镇化的方式方法可以因地制宜，各地可根据自己的实际条件，发挥政府、市场和社会在其中的不同作用，形成自身的集镇化发展模式。

二、城乡一体化

统筹城乡发展是针对城乡二元对立、城乡分治而言的社会发展策略。统筹城乡发展的目标是实现城市和农村发展的双赢，促进城市与农村的协调、共同发展。针对中国城乡二元分割和城乡差别的现实问题，统筹城乡发展是通过充分发挥工业对农业的支持和反哺作用、城市对农村的辐射和带动作用，建立以工促农、以城带乡的长效机制，促进城市与农村的统一协调发展。统筹城乡发展的关键在于如何促进农村社会进一步发展，以消解不均衡、不充分发展的社会主要矛盾。

城乡差别较为突出地表现为城市与农村的社会生活条件和生活方式的巨大差

---

① 陆益龙．多元城镇化道路与中国农村发展．创新，2010，4（1）．

别。推进乡村生活方式的城市化，对城乡统筹和城乡一体化发展具有较强的针对性。乡村生活方式的城市化是指在乡村人口居住和生活空间结构不改变的情况下，实现生活方式向现代化和城市化的转变。生活方式的变迁是指具备城市化的精神实质。并非只有人口集中在城市才为城市化，当人们的文化观念、生活方式走向现代化时，也能实现城市化。走乡村生活方式的城市化道路对乡村人口众多的中国来说，是一条既经济又有效的发展路径。一方面，乡村生活方式的城市化从实质上解决了乡村人与乡村社会的发展问题，即实现了乡村社会的现代化和城市化；另一方面，乡村生活方式的城市化模式不需要人口在地理和空间位置上进行大幅度移动，可以在较大程度上缓解大量人口迁移给发展带来的压力，从而大大降低发展的成本。①

在统筹城乡发展的过程中，可以把促进乡村生活方式的城市化作为重要途径之一。乡村生活方式的城市化发展模式较为适合农业相对发达、人口居住相对集中的平原地区。这些地区既需要承担起维持农业基础地位的任务，也要在此基础上追求更加美好的社会生活，推进乡村生活方式的城市化能够满足人们这两个方面的要求。

在适当的农村地区推进乡村生活方式的城市化，需要重点解决好三个方面的问题。

一是农村公共物品的投入和公共设施的建设问题。公共投入少，交通、通信等基础设施较落后，不仅制约乡村经济发展和农民收入水平的提高，而且直接影响乡村社会生活质量。实现乡村生活方式的现代化和城市化，必须改变乡村的现有公共设施状况，为乡村社会生活水平的提高奠定物质基础。

二是农村文化教育的发展问题。农村居民受教育水平偏低是制约生活方式城市化的一个关键因素，受教育水平的高低影响到人们的观念及行为结构。没有接受包含现代精神的文化教育，人们的观念难以向现代化转变。没有接受现代知识和技术教育，人们的生活方式不会向现代化转型。

乡村的文化教育事业发展相对滞后，要改变这一状况，需要在农村发展多元化、多层次的教育。国家需要进一步加大对农村文化教育事业的投入，在农村建设起较为完善的文化教育体系。即在普及义务教育的基础上，进一步普及高级中等教育，其中包括中等职业教育和职业技能培训，逐步拓展成人教育和专业技能培训。

三是乡村社会的公共管理问题。城市化的生活方式包含一套系统的公共与社会管理系统，通过该系统，个人组成了有序的社会。相对于城市社会的治理机制，传统乡村社会依靠人们相互熟悉的社会关系，形成彼此认同的道德规范、习俗规则，并在此基础上构成乡村社会的秩序。

城乡一体化道路是统筹城乡发展的重要体制改革和创新。针对中国城乡二元体制问题，需要在体制机制上将城市与乡村两大社会子系统在经济、社会、文化教育

---

① 陆益龙．多样性：真正理想的农村发展道路．人民论坛·学术前沿，2012（10）．

及行政上统一、协调起来，而不是分割和对立起来。从某种意义上说，城乡二元体制不仅在很大程度上影响中国城镇化进程，也在一定程度上影响农村和农民发展。改革开放以来，农业生产发展了，整个国民经济持续增长，但城乡差距却在拉大，2007 年城市家庭人均可支配收入是农村家庭人均纯收入的 3 倍多①。中国农村发展的相对滞后，与长期以来工业和城市的发展对农村的经济与社会发展的挤压有重要关联。工业发展了、城市发展了，但周边的农村和农村居民并没有随之得到发展，虽然大量农民进了厂，但他们始终没有实现城市化。出现农民进厂而不能"进城"的悖论，正是城乡二元体制作用的结果。

改革开放后，城市快速繁荣，国民经济快速增长，但农村社会经济发展依然滞后，且呈现城乡差距拉大问题，这一问题的产生与二元体制在其中的作用分不开。具体而言：首先，农村居民没有获得与城市居民同等的社会福利、社会保障待遇，公共财政所提供的公共物品和福利在城市与农村之间形成鲜明差别：农村社会远远少于城市社会。其次，城市社会发展对农村居民发展存在排斥。在计划经济体制下，城市的就业机会基本排斥农村户口。城乡二元旧体制依然具有排斥农村居民的惯性作用，尽管农村居民可以流向城市，到城市里打工、经营、生活，但他们的社会地位和法律地位仍在城镇体制之外，他们属于体制外的外来人口或流动人口，未能充分享受同等的市民待遇。最后，也是最重要的，国家的公共财政投入更多集中在城市社会的建设和发展上，在农村建设和农村发展上的投入相对较少。农村社会的发展问题如此突出，城乡差别问题仍较严重，体制上的弊端已经引起人们的关注和反思。所以，城乡一体化的发展道路其实是针对旧体制而进行的体制改革和创新之路，可以为中国城镇化和农村社会发展创造更加合理、更加公平的制度环境。

推进城乡一体化，促进城乡统筹发展，农村建设实践需要重点加强如下方面的改革和创新。

首先，通过体制改革消除城乡体制壁垒，促进从农村转移出来的劳动力融入城市社会，提高城市化的速度。大量农村劳动力在向城镇非农业转移，但由于体制原因，他们难以城镇化，这在一定程度上制约着农民乃至农村社会的进一步发展。推进城市劳动力市场体制和社会治理体制的改革与创新，将有利于两亿左右的农村进城打工者逐步实现城镇化。

其次，改革现有的市管县的行政体制，发挥地级城市在城镇化中的中心作用；改革城市的财政体制和社会治理体制，建立中心城市统一的财政体制和社会治理体制，中心城市对辖区的基本公共物品供给实行统一的财政支出，实现城乡之间的公共物品供给均衡。尤其在义务教育、公共医疗卫生设施、基础设施、养老院等社会福利设施、基本生活保障等方面，力争公共财政投入的均衡。

最后，把农村城市化纳入中心城市统一的规划、建设和发展之中，逐步建立起以中心城市为中心的城镇带或城镇网络。在城市区位重新调整和布局规划中，通过

① 中华人民共和国国家统计局．中国统计年鉴-2008. 北京：中国统计出版社，2008.

工业区、城镇以及环境开发等工程建设，实现农村人口和劳动力有序地向城镇转移，并逐步提高农村的城镇化水平。[①]

三、农村社会现代化

实现工业、农业、国防和科学技术现代化，是中国共产党领导全国各族人民进行社会主义现代化建设的基本目标。推进农村社会现代化，是当前及未来中国农村发展的重要方向和任务。在建设中国特色社会主义现代化强国的新征程上，农村社会现代化是中国式现代化的本质要求。

广义的现代化是指人类社会自近现代以来从传统农业社会向现代工业社会变迁与发展的历史过程。狭义的现代化指人们在生产生活中的行动在现代社会的更新和转变。

现代化最为突出、最为重要的意义在于社会生产力发生质的飞跃，正如马克思、恩格斯指出："资产阶级在它的不到一百年的阶级统治中所创造的生产力，比过去一切世代创造的全部生产力还要多，还要大。"[②] 随着科学技术的突飞猛进、现代化的不断推进，现代社会的生产力水平在不断快速提高。

中国社会的现代化起步较西方国家迟，具有自己的独特条件、经验、路径和目标，因而可概括为"中国式现代化"。改革开放以来，中国现代化的步伐迅速加快，在短短 40 年左右的时间内，创造了令世人瞩目的经济奇迹。由此可见，现代化对社会生产力的促进作用非常巨大。

社会现代化包含城镇化的意义。随着社会现代化，人们的生活方式走向现代化。现代化的生活方式表现为高度分工的城市化生活方式。

社会是由人组成的，社会现代化也是由人所创造的历史过程。社会现代化的意义中包含着人的现代化意义。所谓人的现代化，是指社会成员具有现代社会发展所需要的精神品格和能力素质。一方面，人的现代化受社会发展环境因素的影响，在现代化发展程度越高的环境里，人越容易受到现代化的熏陶。另一方面，人的现代化取决于现代化的教育。现代社会通过加强对人的教育和专业训练，使人的素质和能力普遍得以提高。

农村社会是传统社会的主体构成部分，相对城市社会来说，农村社会的传统性更强。农村社会的现代化面临着更多、更为艰巨的任务。

西方工业化国家的社会现代化过程，基本上是由工业取代农业、城市取代农村的社会变迁过程。也就是说，随着社会的现代化变迁，传统农业逐步走向消失，传统农村走向终结。[③] 当大量农村消失在现代化大潮中之后，实际上就没有农村社会

---

① 陆益龙．多元城镇化道路与中国农村发展．创新，2010，4 (1).

② 马克思，恩格斯．共产党宣言//马克思，恩格斯．马克思恩格斯选集：第 1 卷．3 版．北京：人民出版社，2012：405.

③ 孟德拉斯．农民的终结．李培林，译．北京：中国社会科学出版社，1991：1.

的现代化了。

虽然社会现代化是人类社会变迁的普遍趋势，但社会现代化在不同社会之间存在特殊性。对许许多多发展中国家来说，在如今的现代化大背景下，目前以及在未来的一定时期内仍会存在大片的农村。所以，对发展中国家的农村社会而言，现代化背景和进程与工业化国家过去的农村社会有所不同。一方面，农村难以在短期内为工业城市所兼并；另一方面，农村置身于现代社会，自然有现代化的需求。在这一双重的背景下，发展中国家包括中国的农村社会，面临着一个重要的变迁任务：在现代社会实现农村的现代转型。

农村社会的现代转型是指农村在维持社会实体存在的情况下，取得与现代社会相协调和均衡的发展，或得到现代化的发展。在现代社会，广阔的农村地区依然适宜人类居住，农村社会的居住空间可以维续下去，但需要现代化的发展，如基础设施的改善、公共服务的增多等。此外，农村社会的现代转型还将依赖于人的现代转型，即农民的现代转型。现代化的农民不仅要有现代精神品质，还需从单一化的农业生产走向多元化经营。[①] 从某种意义上说，当代农村社会变迁的主要表现形式是传统乡村逐渐吸纳现代社会元素，并渐渐实现现代转型。

发达工业化国家的农村现代化的实现途径是工业化和城市化，也就是通过工业向城市的集中，城市和工业得以发达起来，由此将农村劳动力集中到城市，从而实现农村的城市化。

农村社会现代化的途径并不仅有这一条。就中国国情而言，在一个农村人口规模庞大的社会，只通过农村人口向城市集中的途径，可能存在的隐患更多。在拉丁美洲的一些国家，由于农村人口过多地涌向城市，导致难以治愈的“城市病”。

在日本、韩国及中国台湾地区，农村社会的现代化是通过“新村”建设途径来实现的。新村建设实际是依靠政府和社会的力量，对乡村进行重建，一来保留部分乡村的居住和生活形态，二来改善乡村的社会生活水平。

中国东南沿海地区的农村，在改革开放初期，探索出一条“离土不离乡”的乡村现代化道路，即乡村工业化的发展道路。乡村工业化途径通过改变农村生产经营结构，从维持单一农业向发展多元化产业转变，一方面提高了农民的收入水平，另一方面维持了乡村社会的持续稳定发展。

随着中国产业结构的调整升级，一些有地方特色和人文特色的农村地区，依靠自身的自然和人文资源，发展起乡村旅游业。这既大大促进了农民增收，又使乡村生活得以维续。

农村社会现代化的途径并不是单一的。在探索农村社会现代化的过程中，各地农村需要因地制宜，充分动员起自身的特色资源，进行现代化的开发和利用，这样才可能实现促进现代化的理想目标。

---

① 陆益龙．乡土中国的转型与后乡土性特征的形成．人文杂志，2010（5）．

第三节　新农村建设

2005年，中共中央把建设社会主义新农村作为该时期农村工作的重大历史任务，提出“生产发展、生活宽裕、乡风文明、村容整洁、管理民主”的二十字方针。于是新农村建设开始在全国范围内广泛推进。

一、新农村建设的意义

社会主义新农村建设是21世纪中国农村建设与发展的一项重要战略选择。推进这一战略不仅让农村社会面貌得以更新，而且对中国社会发展产生重大影响。

关于新农村建设的内涵，可从两个方面去加以理解：一是新的农村建设，二是建设新的农村。

新的农村建设是指在新的时代、新的历史条件下推进农村建设和发展。在这个意义上，新的农村建设是旨在促进中国农村发展的一项新战略。既然是新的农村发展战略，其意义在于以新的方式、新的制度和新的策略，推动农村社会取得新的发展。新农村建设包括各种能促进新时期农村社会发展的制度创新和政策改革。① 新农村建设的责任和任务不仅仅属于农村，而需要全社会来共同承担，农村现代化需要全社会的共同努力。

如果把新的农村建设理解为广义的新农村建设，那么，建设新的农村便是狭义的新农村建设。建设新的农村是指通过在农村推进各种建设性行动，以改变农村的现状，让农村的面貌得以焕然一新。这样，建设新的农村，关键和主要任务就是改造和更新农村。

全面理解什么是社会主义新农村建设，关键要理解新农村中“新”字的内涵。新农村之为“新”，体现在三个方面：新结构、新功能、新主体②。

新结构是指新的生产结构、新的社会治理结构、新的行政管理结构、新的文化与知识结构。建设新农村需要培育和形成新的生产结构，新生产结构的主要特征表现在以农业为基础进行综合经营，即农业与工商业、农业与副业、农业与服务业、种植业与多种经营相结合。就现实而言，农村社会治理与行政管理基本是不分的，社会福利、社会保障、公共卫生等公共事务由基层乡镇政府和具有半政府性质的村民自治组织即村委会承担，发展农村社会公共事业的经费主要来源于地方财政，部

① 陆益龙．新农村建设的制度需求与供给．天津社会科学，2007（3）.

② 陆益龙．社会主义新农村建设的背景、模式及误区：一种社会学的理解．北京大学学报（哲学社会科学版），2007（5）.

分来自中央财政的转移支付。建设新农村需要建立统一的社会治理体制，发展农村基本公共事业，实现社会治理与地方自治的合理分工及有效合作。新的文化与知识结构是指更新农村社会成员的文化与知识结构，促进人的现代化。多数农民的受教育水平较低，这一结构与农村现代化的要求不相一致，建设新农村需要更新这种结构。

新功能是指农村社会结构的功能转换与更新。其主要包括：第一，农村生产组织从以供给为主的功能转向供给与需求满足相结合的功能。以往，农村生产单位是食物的生产者以及公共财政的供给者。建设新的农村，需要通过公共财政的支持和加大投入，使农村公共物品增多，使农村人能享受与城市居民同等的公共物品和公共服务。第二，农村基层政府功能要更新，基层政府和公共机关的功能要从以管理为主转向服务与管理相结合。在建设新农村的过程中，基层政府的作用在于通过政策和制度创新，为农村发展创造良好的环境，同时为农民提供更多的公共物品、信息服务、组织服务、技术服务，促进农民自我发展的社会资本的增长。第三，农村社会组织自治功能要提高。农村作为一种农村居民共同生活的社区，需要发挥社区组织在农村生活中的自治功能。在农村集体化过程中，农村社会经受了过度的政治嵌入[①]，农村社区自身的社会组织失去了自我调节及自我适应的功能；改革开放后，分散的家户经营使得农村公共事务缺乏足够的经济支持，农村社区组织及其自治功能没有得到充分恢复。建设新农村，要让农村社区组织得以成长发育，并促进这些组织的自治能力和自我发展能力不断增强。

新主体是指农村社会主体的结构得以转型和重新整合，实现农村社会主体的现代化。农村社会的主体基本上由这样几种类型的社会成员构成：一是在村农民，即完全居住和生活在农村并从事农业生产的纯农民，这一群体大多是年龄较长者和部分妇女；二是“两栖”农民，这一群体大多是青壮年农民，他们平时外出或进城打工，农忙和春节期间回到农村；三是非农职业者，包括生活在农村、不以农业为职业的人，如教师、管理者和工商业者等；四是不在村的农村人，包括那些年轻的农村人，他们从未且不会从事农业生产，完全依靠外出打工谋生；五是生活不能完全自理的非劳动力，包括未成年的留守儿童和高龄老年人。

中国农村的经济与社会发展状况存在较大的区域差异，各类社会成员的构成比例在区域间有着较大差别。新农村建设的重点目标之一，是通过制度安排，建立合理的社会行动选择集，使得各类社会成员的构成达到较理想的均衡状态。所谓均衡状态，即结构的均衡，是指既能为基本生产和生活提供必要资源，又能为发展提供开放机会的结构。

中国农村存在社会成员结构的不和谐和不稳定问题，突出表现为大量劳动力外出，且外出流动者的受教育水平和人力资本偏低，留守农村的主要是高龄和女性劳动力，以及大量的未成年儿童。新农村建设的任务之一，是调整和重新整合农村社

---

① 陆益龙．嵌入性政治对村落经济绩效的影响：小岗村的个案研究．中国人民大学学报，2006（5）．

会结构，使其达到均衡和提高效率。

资料库 12－1

理解社会主义新农村建设的意义，需要了解这一战略提出的大背景。作为一项重要战略，新农村建设的提出与三个宏观背景有着密切的关系。一是时代背景，二是中国现实背景，三是知识背景。

资料来源：陆益龙．社会主义新农村建设的背景、模式及误区：一种社会学的理解．北京大学学报（哲学社会科学版），2007（5）.

当今世界，人类社会正处在现代化、城市化、市场化和全球化不断延续、拓展和深化的状态之中。现代化、城市化、市场化和全球化既是一种社会变迁趋势，又是重要的时代特征。这一大背景，其影响具有普遍性和不可回避性。无论是对开放的社会系统，还是对较为封闭的社会系统，这一时代背景特征都会产生不同程度、不同方向和不同方式的影响。

中国推进新农村建设的战略，顺应了时代背景和社会发展趋势的要求。建设新农村符合时代发展的需要，顺应社会发展的大趋势和时代潮流。现代化是指自近代工业革命以来人类的生产方式、社会结构和价值观念不断从传统向现代的转型过程。现代化让“我们生活在一种混合状态中：既不能跟着大众文化的趋势走，又对我们的私人生活十分依恋”[①]。现代化既是一种持续过程，也是一种必然趋势。农村社会发展是现代化过程及趋势的必然要求，传统的农业、农村和农民发展，基本方向是向现代转变。中国社会发展也要顺应这一时代潮流，与时俱进，加快农村社会现代化。

市场化实际上是市场机制在经济领域和经济发展中的主导作用不断确立和巩固的过程。改革开放后，中国的经济体制逐步从计划经济向市场经济转型，由此迈入不断市场化。“对那些生活在计划经济中的人而言，市场是奇怪的、令人望而生畏的制度。”[②] 然而，市场体制对现代经济活动来说，是一项不断推广、影响越来越大的经济制度。如今，无论我们是喜欢还是不喜欢市场化，它都将以各种各样的方式进入我们的经济生活。

与现代化、市场化一起，全球化成为当今时代发展的重要趋势之一。伴随技术进步和市场经济扩展，经济、社会与文化联系已越来越多地扩展到全球领域。不论人们是否愿意接受，全球化的影响都已经成为一种事实。中国众多以传统生产方式为主、分散经营的农村，该以何种方式来适应这一变迁的大背景呢？从纯粹理想型的角度来看，建设新农村似乎能和新时代特征相一致。

就中国社会的现实背景而言，一个显著特征是在经济与社会快速增长和转型的同时，城乡差距越来越大，城乡隔离的格局越来越突出和固化。

① 图海纳．我们能否共同生存？．狄玉明，李平沤，译．北京：商务印书馆，2003：26－27.

② 约翰逊．经济发展中的农业、农村、农民问题．北京：商务印书馆，2004：329.

自改革开放以来，农村经济与农民的生活水平得以改善和提高。但自 20 世纪 90 年代中期，随着向市场经济的转轨，城市与乡村之间的收入差距明显拉大，且有扩大的趋势。到 2004 年，城市居民人均收入水平是农村居民人均收入水平的 3 倍以上。如此巨大的城乡差别显然与国家构建和谐社会的发展目标不相一致。那么，造成如此巨大的城乡差别的原因是什么呢？是政府再分配机制的作用，还是市场机制的作用，抑或是两者的共同作用呢？无论是哪一种情形，政府都有义不容辞的责任来改变这种社会不平等现象。

新农村建设的提出，表明政府已经意识到农村发展状况关系到能否建成更加和谐、更加稳定、更加安全的社会。如果不改变农村的发展现状，如果允许城乡差别继续拉大，社会结构的失衡就难以避免，并将危及中国食物生产和供给保障。因此，农村社会的发展水平，对整个社会的发展来说，具有“短板效应”，整个社会的发展水平在较大程度上取决于农村的发展水平。

新农村建设战略的提出，有一定的知识背景，从某种意义上说，是学术或知识话语转换为政策话语的结果。

从有关农村建设的学术或知识传统来看，早在 20 世纪 30 年代，一些知识分子就已提出乡村建设理论，并为之进行了艰苦的实践。如梁漱溟提出，中国的发展要靠乡村建设运动，培养乡村的力量，促进组织，形成自治，认为“新制度之运用实有资与新习惯”，倡导通过教育和训练，让人民养成政治新习惯[①]。晏阳初认为，中国问题的关键在农村：“中国之所以贫弱，主要的原因是‘忘本’，‘本’是什么？‘本’就是‘民’，‘民为邦本’……农村建设就是固本工作。”[②] 为推进农村建设，他们组织平民教育促进会，以河北省定县翟城村为试点，推进乡村平民教育和乡村改造实践。

乡村建设理论和实践建立在认为乡村是落后的因而是改造的对象这一基本认识基础之上，知识分子所倡导的乡村建设，主要内容实际上是教育。

在学术界，学者对“三农”问题做了广泛探讨，试图对传统乡村建设理论和实践资源加以动员和再利用，认为“三农”问题的症结在于农村内生力量的衰落，而中国又不可能走完全城市化的道路。于是，他们主张通过新的乡村建设，来提高农村的生产能力，改善农村的生活水平。他们在乡村建设的试验点定县翟城村，恢复了乡村建设学院，试图延续乡村建设运动，提出“实际上我们仅仅是改良主义者，和当年乡村建设运动的先驱者一样，是主张社会改良的”[③]。

正是因为新农村建设与时代背景、现实背景和知识背景高度吻合，所以，推进社会主义新农村建设在当代中国农村社会现代化进程中，具有特别重要的战略意义。

在新的历史时期，顺利推进社会主义新农村建设，需选择两条路径：一是发展

---

① 善峰．梁漱溟社会改造构想研究．济南：山东大学出版社，1996：53－58.

② 晏阳初．晏阳初全集：第 2 卷．长沙：湖南教育出版社，1992：34－35.

③ 温铁军．我们还需要乡村建设．开放时代，2005（6）.

路径。新农村建设是推进当代农村社会不断发展、不断进步的过程，建设新农村需要选择和经历发展的路径，要走能够引导农村不断向前发展的道路。二是更新路径。新农村建设是旨在解决“三农”问题、让农村焕然一新的政策选择，新农村建设要走农村改造与建设道路，即更新路径，亦即通过建设性力量的进入，来改变农村的现状，解决问题。发展路径和更新路径这两种路径之间并不是对立的、非此即彼的关系，而是相互包含、相互促进、各有侧重的关系。

在推进新农村建设的具体实践中，发展与更新的具体道路和模式是多种多样的。中国农村地区幅员辽阔，人口众多，各地农村差异巨大，再加上当今时代是一个现代化、全球化的复杂时代，不可能强求所有地区走同一条道路，采用同一种模式，而是要根据现实条件，选择各种各样的新农村建设模式。①

所谓新农村建设模式，是指农村发展模式，是“在一定地区，一定历史条件下，具有特色的发展路子”。“各地农民居住的地域不同，条件有别，所开辟的生财之道必定多种多样，因而形成了农村经济发展的不同模式。”②

就中国国情来说，农村社会的区域差异很大，决定了不可能把城市化作为统一的农村发展模式。中国在新农村建设的路径和模式选择上，不能走单一路径和采用统一模式，而要选择多元化的路径和新农村建设模式。从新农村建设的中国经验来分析，可概括出这样几个典型路径和模式：

第一，乡村工业化的路径和模式。中国东部沿海地区的农村，人均耕地少。通过乡村工商业的快速发展，乡村产业结构基本实现了工商业化。在这些地区，农民实现了“离土不离乡”的发展目标。这一路径和模式的典型是“苏南模式”，即依靠乡村内部动力发展乡村工业，从而发展出全新的农村社会。

第二，乡村集镇化的路径和模式。这一模式适合中西部地区的偏僻和落后地区。由于自然生态条件的制约，这些地区的农业及其他经济产业发展滞后，劳动力外流较多，留守农村的主要为老年人、妇女和儿童。在这些地区，可通过政府公共物品和公共服务向集镇集中的方式，并通过土地流转、社会保障和基础教育等制度安排，实现农村资源的再整合，从而达到乡村集镇化。这样，一方面可提高农村资源的利用效率和农业生产效率，另一方面也能提高公共服务的效率和乡村居民的生活质量。

第三，“美丽乡村”建设路径和模式，亦即乡村生活方式城市化模式。这一新农村建设路径和模式适用于以农业为主的平原农村地区和拥有特色资源的农村地区。在平原农村地区，耕地相对较多，农业较为发达，村庄规模大，人口聚集较明显。尤其在华北农村，村庄居住格局已呈街坊式，且集市发展有悠久的传统。把这样的农村建设为新农村，主要任务是实现村民生活方式的城市化，即社会的城市

---

① 陆益龙，王成龙．社会主义新农村建设的模式比较：凤阳县小岗村和赵庄的经验．江淮论坛，2007(4).

② 费孝通．从实求知录．北京：北京大学出版社，1998：201.

化。具体来说，就是增加公共设施和公共物品的投入，改善生活环境和治理体制，实现居民生活方式的现代化。在有特色自然或人文资源的农村地区，可通过“美丽乡村”建设，开发和利用特色资源，发展乡村自然景观和民俗文化旅游业，带动农村的现代化发展。

二、新农村建设的内容

“生产发展、生活宽裕、乡风文明、村容整洁、管理民主”涵盖了社会主义新农村建设内容，提出了新农村建设在农村经济、基础设施、农村文化、农村社区和农村治理等方面的建设任务。

推进社会主义新农村建设，国家对农村政策的基本原则是多予少取乃至不取。多予原则体现在中央财政尽量对农村经济与社会建设给予大力支持，国家加大了对农村基础设施建设的投入。

在新农村的基础设施建设方面，中央财政支持在全国农村建设“村村通”工程。“村村通”工程是要使全国每个村都通公路，公路建设对改善农村交通、发展农村经济无疑起到巨大的促进作用。

此外，中央财政还支持建设农村电网和通信工程。全国农村已实现电力和通信村村通，即便在高原山区的偏僻农村地区，也已通电力和通信。电力和通信设施的建设，大大改善了农村生活的基本条件。

在农村公共设施建设方面，中央财政也加大了投入，全国农村的小学校舍、村医疗诊所基本实现了标准化的建设。农村还建设起体育健身场所和“农家书屋”等文化娱乐设施。

伴随着新农村建设的推进，地方政府在农村村容整治方面逐渐加大财政投入。村容整治包括对农户危旧住房的改造和重修。政府采取补贴措施，鼓励和帮助贫穷农户重修危旧住房，改善居住条件，以达到村容整治的目的。一些地方还引入市场资金，通过对农村宅基地的整理和开发，建设统一的农户住房，让村庄面貌焕然一新。

新农村建设推行后，广大农村地区的基础设施建设普遍得以改善。农村居民无论是在农村居住生活，还是外出发展，都有了更好、更便利的物质基础。新农村的基础设施建设，在很大程度上促进了农村社会现代化。

在新农村建设中，国家对农村的多予少取政策不仅体现在中央财政对农村的基础设施建设投入的不断加大上，而且集中体现在农村民生建设的不断改善上。

在新农村的民生建设方面，中央政府推行一系列惠农政策，其中包括：(1) 2006年起全面免除农业税，农业税费全免政策让农民每年人均增收320元左右。(2) 实施粮食等主要农产品生产的补贴政策，从事农业生产的农民可从这一政策中直接受益。(3) 实施农机补贴政策。在购置生产资料和生产工具方面，政府对从事农业生产的农户给予一定比例的补贴，以减轻农民的负担，降低农户的生产成本，以促进农民增收。(4) 实施“家电下乡”政策。政府对农民购买耐用消费品如电视、冰箱等家电产品，实行一定的消费补贴措施，帮助农民改善自己的生活条件。(5) 实施农村免费义务教育政策。自 2006 年起，中央推行农村义务教育全部免费的政策。此外，对欠发达地区农村的住校生给予营养补贴。这一政策让广大农户大大减轻了家庭在教育方面的负担。(6) 农村社会保障体系建设不断加强和完善。首先，国家推行的新型农村合作医疗体制改革，使农村医疗卫生事业的发展有了新面貌。其次，在 2009 年，国家又启动了全面覆盖农村的养老保障体制改革，为农村老年人保障事业的发展开创了新局面。最后，最低生活保障制度已覆盖农村。

随着农村民生建设的不断加强，农村社会事业得到了质的发展。广大农村居民能够获得越来越多的社会福利和社会保障，农村社会的诸多问题随着民生建设的改善而得以解决或缓解。

为促进乡村管理民主化，在新农村建设过程中，民主建设在不断加强。新农村的民主建设体现在村民自治制度及其实践不断完善。村民自治制度的核心内容包括“四个民主”，即民主选举、民主决策、民主管理和民主监督。

农村基层政权组织由民主选举产生，村民自治组织由村民直接选举出来的村委会主任和委员组成，村党支部根据党章在党内通过民主选举而产生。

农村基层民主选举的推进和加强，促进了农村社会民主生活的社会风尚，为社会主义民主政治建设奠定了社会基础。广大农民参与到基层选举之中，增强了农民的民主精神、民主意识和民主作风，在乡村社会生活领域形成了民主化的风尚和环境。

在农村民主决策和民主管理方面，农村居民可以自主地选择自己的生活方式，对自己生活中的事务能够自主决策，能参与村庄内部生活中的共同事务的决策。例如，在广西河池市的一些自然村里，农民自主成立了“村级理事会”之类的自组织，对涉及村内公共事务和公共利益的事宜进行民主协商和民主决策，并对村内的公共事务进行民主管理。在有些地方，农村民主建设探索出了一种“党领群办”的模式，即发挥基层党组织和党员在村内的领导和带头作用，积极引导农民自主解决村内的公共事务和公共问题。

在农村民主监督方面，新农村建设广泛推行“村务公开”措施。实施“村务公开”，目的是加强群众对基层组织的管理行为的民主监督，让基层权力在公开、透明的状态下运行。

随着乡村民主建设的推进，农村社会治理状况得到了一定程度的改善。尽管乡村治理存在诸多不同的问题，但随着新农村民主建设的继续深化，一些问题逐步得到解决。①

三、新农村建设的实践

社会主义新农村建设这一农村发展战略提出之后，各地在实践中不断探索并推

① 陆益龙．新型城镇化与乡村治理模式的变革．人民论坛，2013 (26).

进新农村建设，开创了新时期中国农村社会发展的新局面。

新农村建设实践的推进，依靠三种力量的共同作用。这三种力量分别是：政府的力量、市场的力量和社区的力量。

政府的力量在新农村建设的实践中是主导力量，发挥领导性和引导性的作用。政府在新农村建设中的主导作用体现在这样几个方面：首先，政府通过制度和政策创新，为农村社会发展排除体制机制障碍，为新农村建设提供制度保障。其次，政府通过财政投入，支持新农村建设中的公共设施建设和民生建设。最后，政府领导和引导新农村建设的具体工作。

市场的力量是推动农村社会经济发展所不可或缺的重要力量。在新农村建设的实践中，发展经济仍是基础和重点。要促进农村经济的新发展，离不开市场机制的优化配置效率，市场机制可以给新农村建设提供新的活力。

社区的力量是指农村社区自身内部的力量。农村社区是一种社会共同体，共同体内的成员彼此熟悉，具有良好的团结合作的基础。如果充分发挥村落社区的社会资本优势，调动农民自身参与新农村建设的主动性和积极性，那么可为新农村建设实践的可持续推进奠定基础。

政府、市场和社区三种力量在性质上有差别，三种力量在新农村建设中的作用也不同，每一种力量有着各自的优势。推进新农村的建设实践，要把三种力量综合起来，形成推进新农村建设的合力。

在推进新农村建设的实践中，也要避免因认识上的偏差而使实践陷入某些误区。从农村社会变迁的历史经验和教训来看，农村建设与发展容易陷入政治运动、形式主义和机械模仿三个误区。[①] 新农村建设在推进实践中，尽可能规避了这三个误区：

第一，政治运动的误区。纵观新中国农村社会变迁的历史，从土地改革到农业合作化，再到“大跃进”和人民公社化，有很多政策是用政治运动的方式推行的。由于政治运动依赖于政治动员和激情，轻视对农村主体意愿和需要的尊重，且缺乏理性决策，非但未给农民带来真正的利益，反而影响农民积极性的发挥，最终导致事与愿违。新农村建设作为一项战略性政策，在贯彻和实施这一战略的过程中，基本采取理性推进方式，避免了陷入政治运动的误区。

第二，形式主义的误区。虽然盖新房、搞规划、整顿村容村貌是新农村建设的实践内容，但如果把新农村建设仅仅理解为村容村貌的改变，那么容易引发形式主义带来的风险，导致规划风、盖房风和浮夸风。新农村建设的关键不在于建设新的村容村貌，农村新风貌不仅仅是形式上的村容村貌更新，关键在于人们的观念、行为和生活方式的转变更新。新农村建设的重点是让人们接受市场理念、法制观念和现代文化，运用市场机制和法律法规引导和规范人们的行为，逐步推进乡村生活方

① 陆益龙．社会主义新农村建设的背景、模式及误区：一种社会学的理解．北京大学学报（哲学社会科学版），2007（5）．

式的现代化。

第三，机械模仿的误区。中国农村的异质性较大，各地在历史传统、自然条件和人文特征方面存在较大差异，在新农村建设过程中，各地因地制宜，选择不同的路径，采取不同的策略。苏南模式、温州模式等农村发展模式，具有自己的特殊性，其发展规律可以发掘和参照，但其路径并不可复制。如果盲目复制路径，则容易导致脱离实际，重蹈“农业学大寨”“大跃进”的覆辙。从新农村建设的推进实践看，较多农村地区充分调动自身的建设积极性，发挥自身优势，积极探索适合自身发展的新路子。

第四节　乡村振兴与中国式农村现代化

农村社会发展已进入新时代，关于新时代的农村发展，中共十九大提出要“实施乡村振兴战略”，“加快推进农业农村现代化”，努力把乡村社会建设成为“产业兴旺、生态宜居、乡风文明、治理有效、生活富裕”的社会。二十大提出以中国式现代化推进社会主义现代化强国建设，扎实推进中国式农业农村现代化成为新时代农村发展的重大战略构成。

一、乡村振兴的时代意义

乡村振兴既是新时代农村工作的基本方针政策，也是新时代国家农业农村发展的重大战略。作为一项国家发展战略，乡村振兴的重要意义体现在以下几个方面：

首先，乡村振兴是针对社会主要矛盾转变而实施的优先发展农业农村的战略。在经历社会转型之后，中国社会的主要矛盾已转变为人民日益增长的美好生活需要和不平衡不充分的发展之间的矛盾。为积极应对社会主要矛盾，需要重点解决发展不平衡、不充分的问题。从现实国情来看，在现代化进程中，农业农村所面临的发展不平衡、不充分问题尤为突出。农业强不强、农村美不美、农民富不富，决定着亿万农民的获得感和幸福感，决定着全面小康社会的成色和社会主义现代化的质量。推进乡村振兴，把农业农村置于优先发展的战略地位，对于实现均衡发展、协调发展意义重大。

其次，乡村振兴是重塑城乡关系、实现城乡融合发展的一种战略选择。随着中国经济呈现出新常态，从高速增长转变为中高速增长、从要素和投资驱动转变为创新驱动，社会发展也发生一定变化。乡村发展面临着新的机遇和挑战。一方面，工业化和城镇化的快速推进为“以工补农，以城带乡”创造了条件，新型城乡关系的建立具备了经济基础。另一方面，在工业化和城镇化快速发展的过程中，城乡差别在某些方面进一步凸显，城乡关系在新时期呈现出新的特点，乡村发展面临着诸多新的挑战。实施乡村振兴战略，可在既有发展基础上，积极应对乡村面临的挑战，重塑新型城乡关系，通过乡村振兴，促进城乡融合与协调发展。

再次，乡村振兴是对乡村价值的再认识和重建乡村的战略选择。在现代化以及工业化、城镇化、全球化的大背景下，传统农业、传统农村显现出弱势状态，出现乡村社会价值被低估的趋势，甚至还出现“乡村终结”的论调。乡村振兴战略则重新发现乡村社会的价值，认识到乡村社会守住“青山绿水”的自然田园风光，就是发现“金山银山”。乡村振兴战略的提出，既反映了对农耕文明和乡村价值的新认识，也体现了对乡村重建的自信，以及对中国式农业农村现代化的道路自信。在社会现代化过程中，出现城镇化的发展趋势，但城镇化并不必然排斥乡村社会的发展，乡村振兴亦非让农村变为城镇，而是要促进乡村社会获得均衡的、充分的发展机会，让乡村产业重新兴旺起来，让农村美丽起来，让农民富裕起来。

最后，乡村振兴是新时代“三农”工作的重点和方向。“三农”工作既是关系国家发展全局的一项工作，也是实现全面建成小康社会这一战略目标的关键，高效率地推进“三农”工作意义重大。在新的时代背景下，如何才能更加有效地推进“三农”工作呢？一个切实可行的办法就是确立一个重点、一个总目标，亦即“三农”工作的“总抓手”。把乡村振兴作为新时代“三农”工作的重点和总目标，其重要意义体现在为具体“三农”工作实践确立行动指南，从而为提高“三农”工作的效率提供政策保障。

乡村振兴战略为未来的中国农村社会发展描绘了一幅宏伟蓝图，随着这一战略的实施，乡村社会的诸方面将发生巨大变化，而乡村仍将以现代化的面貌得以维续和发展。

二、乡村振兴面临的挑战

现代化和城镇化浪潮确实给乡村社会的发展造成了巨大的冲击，在此大背景下，乡村能否振兴？在国家建设力量的推动下，乡村社会面对现代化的冲击，逐渐与现代化相交融。当然，乡村振兴之路并非笔直平坦的，而要应对巨大挑战。就现实而言，乡村振兴面临的主要挑战是：

第一，乡村振兴面临着农村人口流失的挑战。大量人口从乡村流向城镇，大量农村劳动力从农业转向非农业，较多农村地区在“大流动”的趋势下渐渐演变为一种“空巢社会”①。乡村社会流动虽给乡村和广大农民创造了一些新发展机会，但也意味着乡村原有经济与社会功能在一定程度上遭到削弱甚至丧失。人口与社会流动性增强的趋势，使乡村社会的内生发展和自循环面临着严重挑战。

在市场经济中，乡村人口的净流出不仅直接影响到乡村社会经济发展的劳动力供给，影响到乡村消费市场的兴起，而且单向的人口流动现实对乡村社会的信心产

---

① 陆益龙．后乡土中国．北京：商务印书馆，2017：33.

生一定冲击。推进乡村振兴，要有效地应对乡村大流动带来的挑战，要解决农村人口能回得去、农村能留得住人的问题。

第二，乡村振兴面临着制度惯性作用的挑战。乡村是一种具有自身特点的社会与文化空间，在城乡二元体制下，乡村社会的发展受到制度约束，处于相对劣势、相对滞后的状态。乡村在公共基础设施建设、公共事业和社会福利发展等方面，相较城市而言都处于被忽视状态。正是由于城市与乡村之间在制度安排方面的差别，农村人向往到城市里去成为常态。改革开放后，以及新农村建设推进后，基本公共服务均衡化的制度安排相继出台，在一定程度上缩小了城乡两种社会空间之间的等级差距。然而不容忽视的是，要完全消除制度对城乡差距的影响，仍需要一定的时间，因为制度的社会效应有惯性作用。即便旧体制已经进行了改革，其一些影响在新时代也会有相应的体现。如乡村社会出现的空落化现象、人口的单向流动现象，既是为客观物质条件的差别所驱动的结果，也与以往二元体制相对应的价值观和态度的作用密切相关。

随着改革开放的不断深化，制约乡村发展的制度安排在经历着改革和变迁，但仍有一些体制机制还在延续。在一段时期内，城市与乡村的社会体制完全实现融合、统一较为困难，也不太现实。由于城乡差距是长期积累而形成的，因此改变这种现状需要制度上的渐进式改革。乡村振兴要重塑新型城乡关系，需要克服体制的障碍。

第三，乡村振兴还面临着结构惯性作用的挑战。乡村社会所面临的困境，实质上是现代性困境，也可以说是结构性困境。因为在社会现代化进程中，具有传统特点的乡村在结构上与现代化并不太一致，难以适应现代化发展的需求，呈现出发展滞后性。乡村振兴是要促使乡村发展与社会现代化保持协调和统一，要达到这一目标，则需要乡村社会调整结构，包括经济结构、社会结构以及文化结构的调整与转变。然而，调整和改变现有乡村结构并非易事，因为结构的运行存在惯性作用。如较多地方的乡村经济在结构上是家庭农业和打工兼业的模式，要转变这种结构模式，乡村产业发展必须有巨大突破。

三、乡村振兴的有效推进

乡村振兴战略是一项复杂的、宏大的系统工程，关系到新时代“三农”发展的各个方面，需多方面力量的参与和采取多种行动策略来实现有效推进。乡村振兴并非一蹴而就之事，而是持续的战略实施过程。要有效达成战略目标，需分阶段分步骤有序推进。首先，在2020年年底实现乡村全部脱贫后，扎实推进巩固脱贫成果工作，构建起脱贫攻坚与乡村振兴相衔接的有效机制。其次，扎实推进乡村重建，恢复并提振乡村社会经济功能，到2035年农业农村现代化有新面貌。最后，探索社会创新，促进乡村社会创新性发展，到2050年实现乡村社会全面振兴，达到“产业兴旺、生态宜居、乡风文明、治理有效、生活富裕”。

乡村振兴有多种可能，处于现代性困境中的乡村所面对的问题各式各样，解决这些问题可能需要具体问题具体对待，不能指望有放之四海而皆准的标准化路径。要让差异性极大的乡村社会全面振兴起来，用一种模式、走一条道路显然行不通，只能因地制宜，发挥地方性社会的主体能动性和创造性，摸索和探索出与本地实际相适应的乡村振兴之路。

2021 年 4 月，全国人大常委会通过《中华人民共和国乡村振兴促进法》。这一法律的出台，为促进乡村振兴与脱贫攻坚的精准衔接提供了一条法治的路径，同时也从法律层面提出了促进乡村振兴的基本方法。

《中华人民共和国乡村振兴促进法》明确了促进乡村振兴的五个方面的原则和要求：产业发展、人才支撑、文化繁荣、生态保护和组织建设。依据法律所确立的方向和原则，各地再结合自身的实际状况，可构建起符合本地需要的乡村振兴精准衔接机制。所谓精准衔接机制，是指根据不同地区乡村的自然禀赋、历史文化传统、社会经济发展状况，因地制宜、分类指导、精准施策，科学、合理且有效地推进乡村振兴，实现战略规划的预期目标。就结构而言，精准衔接机制由三个方面的要素构成：精准分类、精准均衡和精准施策①。

探寻乡村振兴之路，强调坚持多样性、差异性原则，并不意味着排斥乡村振兴的共性之处。结合历史经验和社会转型的大势，可对乡村振兴的大方向做出一种判断和预测。实施乡村振兴的路径有多样选择，但在探索振兴道路的过程中，需要与时代特征和大方向保持一致。在新时代，乡村振兴整体上可朝着融合发展的大方向往前推进。

融合发展之路包括乡村产业的融合发展，亦即第一、第二、第三产业融合，发挥农业的综合功能，推动乡村第二、第三产业以及新业态的发展。融合发展还包括城乡融合发展。通过城乡统筹、城乡联动和城乡融合，促进要素、资源、体制的再调整和再整合，可充分发挥融合的优势，推动乡村社会的新发展。融合发展也包括区域融合发展。促进区域融合发展，在区域间和区域内建立起互补、合作、支持和均衡机制，可在宏观层面发挥统筹、协调和引导作用，在微观层面起到相互合作、相互支持、互补互助的作用，促进乡村振兴实践的有效推进。

四、中国式农村现代化

社会系统由城市社会和农村社会两个子系统有机组成，虽然社会现代化进程出现了城市化的大趋势，但这并不意味着城市完全取代农村，而是要达到城乡一体化协调均衡发展状态。在现代化进程中，农村面临的现代化任务更为艰巨、更加复杂。中国农村地域辽阔，人口众多，因而现代化意义重大，且任重道远。在地域辽阔的农村地区推进现代化，对实现区域间均衡发展尤为重要，在拥有巨大规模人口的农村推进现代化，对促进更广泛、更充分的发展有着积极的意义。在人口大国推

① 陆益龙．精准衔接：乡村振兴的有效实现机制．江苏社会科学，2021（4）.

动农村现代化，不仅可为农业现代化和农业强国建设奠定社会基础，也是实现国家粮食安全的重要保障。

中国农村在自然条件、历史背景、文化传统、社会制度和发展基础等各个方面有着自己的特色，因此，农村现代化是中国式的现代化。中国式农村现代化是在中国共产党领导下，立足于中国基本国情和发展需要，不断探索农村社会充分发展和实现共同富裕的过程。

关于中国农村现代化道路问题，陆学艺曾提出"四阶段论"，即：（1）家庭联产承包责任制是农村现代化的起始点；（2）乡镇企业是农村工业化的独特道路，是农民的"又一次伟大创造"；（3）小城镇建设是农村城市化的路径；（4）城乡一体化与区域现代化是农村现代化的方向[①]。

资料库 12-2

一个国家农村社会的现代化是整个国家现代化的有机组成部分。

只有广大的农村实现了现代化，我们中华民族才能跻身世界先进民族之林。所以说，实现农村现代化是我们这一代、这几代中华儿女应完成的历史使命。

资料来源：陆学艺．"三农论"：当代中国农业、农村、农民研究．北京：社会科学文献出版社，2002：261-267.

从发展战略的角度看，中国式农村现代化的根本目标是实现全体人民共同富裕。2020年农村实现了全面脱贫，完成了全面建成小康社会的战略任务。要在2050年左右实现全体人民共同富裕的现代化强国建设目标，必须有农村现代化的支撑。

从现实情况看，中国式农村现代化的中心任务是有效推进乡村振兴。依托乡村振兴的全面推进，农业、农村和农民将得到新发展，逐渐实现转型变迁，跟上现代化的步伐，实现更加均衡、更加充分的发展。

在路径选择上，中国式农村现代化道路并无固定模式，亦无最优路径。中国农村范围广泛，社会文化差异大，没有放之四海而皆准的榜样可以照搬复制，而是需要发挥农村主体的独立性、主动性和创造性，在实践中摸索和创新，闯出符合各地实际情况和发展需要的特色路径。

进入新时代，社会发展格局已发生新变化，农村发展的结构环境和制度环境有了非常明显的改变。虽然农村仍面临不均衡不充分发展的矛盾的挑战，但在党的新发展理念指引下，随着乡村振兴战略的全面推进、中国式现代化战略的实施，社会主义制度能集中力量办大事的优越性将进一步显现出来，建设现代化美好新农村的战略目标定将实现。

本章要点

社会变迁包含农村社会变迁。农村社会变迁的突出特点是变迁的两重性：变迁

① 陆学艺．"三农论"：当代中国农业、农村、农民研究．北京：社会科学文献出版社，2002：271.

迟缓和结构简单。中国农村社会变迁可分为改革开放前和改革开放后的农村变迁。

发达工业化国家通过工业化和城市化实现农村现代化。中国式农村现代化要因地制宜，充分动员起自身的特色资源。社会主义新农村建设的基本目标是："生产发展、生活宽裕、乡风文明、村容整洁、管理民主。"新农村建设的路径有两种：一是发展路径，二是更新路径。新农村建设在具体道路和推进模式上则可以是多种多样的。

乡村振兴既是新时代农村工作的基本方针政策，也是新时代国家农业农村发展的重大战略，其目标是乡村社会"产业兴旺、生态宜居、乡风文明、治理有效、生活富裕"。乡村振兴要与脱贫攻坚精准衔接，依法有效推进。

中国式农村现代化是中国式现代化的重要构成，其根本目标是实现全体人民共同富裕，中心任务是振兴乡村，实现路径是因地制宜走具有中国特色的多样化现代化道路。

关键概念

农村社会变迁　农村现代化　农村改革　城镇化
乡村集镇化　城乡一体化　新农村建设　新时代乡村振兴
中国式现代化

思考问题

1. 当代中国农村社会经历了哪些重要变迁？有哪些经验和教训？
2. 中国式农村现代化与工业化国家的农村现代化有何不同？为什么？
3. 何为新农村建设？社会主义新农村建设有何重要意义？
4. 乡村振兴具有哪些时代意义？如何有效实施乡村振兴战略？
5. 如何理解中国式农村现代化？

推荐阅读

1. 费孝通．志在富民：从沿海到边区的考察．上海：上海人民出版社，2007.
2. 陆益龙．制度、市场与中国农村发展．北京：中国人民大学出版社，2013.
3. 陆益龙．后乡土中国．北京：商务印书馆，2017.
4. 陆学艺，王春光，张其仔．中国农村现代化道路研究．南宁：广西人民出版社，1998.
5. 陆学艺．"三农论"：当代中国农业、农村、农民研究．北京：社会科学文献出版社，2002.

主要参考文献

奥尔森．集体行动的逻辑．陈郁，郭宇峰，李崇新，译．上海：上海人民出版社，1995.

巴比．社会研究方法．邱泽奇，译．北京：华夏出版社，2000.

巴顿．质的评鉴与研究．吴芝仪，等译．台北：桂冠图书公司，1995.

北京大学社会学人类学研究所．社区与功能：派克、布朗社会学文集及学记．北京：北京大学出版社，2002.

边燕杰．关系社会学：理论与研究．北京：社会科学文献出版社，2011.

边燕杰．市场转型与社会分层：美国社会学者分析中国．北京：生活·读书·新知三联书店，2002.

波谱诺．社会学（第十版）．李强，等译．北京：中国人民大学出版社，1999.

伯恩斯坦．农政变迁的阶级动力．汪淳玉，译．北京：社会科学文献出版社，2011.

布劳．社会生活中的交换与权力．孙非，张黎勤，译．北京：华夏出版社，1988.

蔡昉．城乡收入差距与制度变革的临界点．中国社会科学，2003（5）.

陈锡文．当前我国农村改革发展面临的几个重大问题．农业经济问题，2013（1）.

达尔文．人类的由来．潘光旦，胡寿文，译．北京：商务印书馆，2008.

狄金华．被困的治理：河镇的复合治理与农户策略（1980—2009）．北京：生活·读书·新知三联书店，2015.

迪尔凯姆（涂尔干）．社会学方法的规则．胡伟，译．北京：华夏出版社，1999.

迪尔凯姆（涂尔干）．自杀论．冯韵文，译．北京：商务印书馆，1996.

董磊明，宋苑．李村：就近城镇化与地缘圈的重构．北京：社会科学文献出版社，2021.

杜润生．杜润生自述：中国农村体制变革重大决策纪实．北京：人民出版社，2005.

杜润生．中国农村改革发展论集．北京：中国言实出版社，2018.

杜赞奇．文化、权力与国家：1900—1942年的华北农村．王福明，译．南京：江苏人民出版社，1994.

凡勃伦．有闲阶级论．蔡受百，译．北京：商务印书馆，2019.

范德普勒格．新小农阶级：帝国和全球化时代为了自主性和可持续性的斗争．潘璐，叶敬忠，等译．北京：社会科学文献出版社，2013.

费孝通．从实求知录．北京：北京大学出版社，1998.

费孝通．江村经济：中国农民的生活．北京：商务印书馆，2001.

费孝通，吴晗，等．皇权与绅权．上海：岳麓书社，2012.

费孝通．乡土中国 生育制度．北京：北京大学出版社，1998.

费孝通．乡土中国·乡土重建．北京：群言出版社，2016.

费孝通．乡土重建．上海：岳麓书社，2012.

费孝通．志在富民：从沿海到边区的考察．上海：上海人民出版社，2007.

费孝通．中国文化的重建．上海：华东师范大学出版社，2014.

冯尔康．18世纪以来中国家族的现代转向．上海：上海人民出版社，2005.

弗里德曼．中国东南的宗族组织．刘晓春，译．上海：上海人民出版社，2000.

格尔茨．文化的解释．韩莉，译．南京：译林出版社，1999.

格兰诺维特．镶嵌：社会网与经济行动．罗家德，译．北京：社会科学文献出版社，2007.

郭书田．中国农村经济：改革研究．北京：新华出版社，1995.

郭志刚．社会统计分析方法：SPSS软件应用．北京：中国人民大学出版社，1999.

韩俊．关于实施乡村振兴战略的八个关键性问题．中国党政干部论坛，2018（4）

韩敏．回应革命与改革：皖北李村的社会变迁与延续．南京：江苏人民出版社，2007.

贺雪峰．大国之基：中国乡村振兴诸问题．北京：东方出版社，2019.

贺雪峰．论半熟人社会：理解村委会选举的一个视角．政治学研究，2000（3）.

贺雪峰．乡村治理的社会基础．北京：中国社会科学出版社，2003.

黄承伟．中国反贫困：理论·方法·战略．北京：中国财政经济出版社，2002.

黄宗智．长江三角洲小农家庭与乡村发展．北京：中华书局，1992.

黄宗智．华北的小农经济与社会变迁．北京：中华书局，2000.

吉登斯．社会的构成．李康，李猛，译．北京：生活·读书·新知三联书店，1998.

吉尔兹．地方性知识．王海龙，张家瑄，译．北京：中央编译出版社，2004.

蒋国河．教育获得的城乡差异．北京：知识产权出版社，2007.

卡麦兹．建构扎根理论：质性研究实践指南．边国英，译．重庆：重庆大学出版社，2009.

柯鲁克，柯鲁克．十里店（二）：中国一个村庄的群众运动．安强，高建，译．上海：世纪出版集团，上海人民出版社，2007.

科尔曼．社会理论的基础：上．邓方，译．北京：社会科学文献出版社，1990.

库恩．科学革命的结构．北京：北京大学出版社，2003.

拉德克利夫-布朗．社会人类学方法．夏建中，译．北京：华夏出版社，2002.

李长健，伍文辉．社会主义新农村建设中的文化创新研究．东南学术，2006（6）.

李丹．理解农民中国：社会科学哲学的案例研究．张天虹，张洪云，张胜波，译．南京：凤凰出版传媒集团，江苏人民出版社，2009.

李怀印．华北村治：晚清和民国时期的国家与乡村．北京：中华书局，2008.

李景汉．定县社会概况调查．上海：世纪出版集团，上海人民出版社，2005.

李培林．村落的终结：羊城村的故事．北京：商务印书馆，2004.

李培林．流动民工的社会网络和社会地位．社会学研究，1996（4）.

李培林．中国式现代化和新发展社会学．中国社会科学，2021（12）．

李强，陈宇琳，刘精明．中国城镇化“推进模式”研究．中国社会科学，2012（7）．

李强．“丁字型”社会结构与“结构紧张”．社会学研究，2005（2）．

李强．农民工与中国社会分层．北京：社会科学文献出版社，2004．

李守经．农村社会学．北京：高等教育出版社，2000．

李亦园．李亦园自选集：从民间文化看文化中国．上海：上海教育出版社，2002．

李逸波．现代化进程中的农民职业分化研究．北京：中国社会科学出版社，2014．

李友梅．当代中国社会治理转型的经验逻辑．中国社会科学，2018（11）．

李煜．代际流动的模式：理论理想型与中国现实．社会，2009（6）．

梁漱溟．梁漱溟全集：第3卷．济南：山东人民出版社，2005．

林聚任，等．社会信任和社会资本重建：当前乡村社会关系研究．济南：山东人民出版社，2007．

林耀华．义序的宗族研究．北京：生活·读书·新知三联书店，2000．

林毅夫．再论制度、技术与中国农业发展．北京：北京大学出版社，2000．

林毅夫．制度、技术与中国农业发展．上海：上海三联书店，上海人民出版社，1994．

刘精明．国家、社会阶层与教育：教育获得的社会学研究．北京：中国人民大学出版社，2005．

刘明兴，等．中国农村社团的发育、纠纷调解与群体性上访．社会学研究，2010，25（6）．

刘守英、程国强等．中国乡村振兴之路：理论、制度与政策．北京：科学出版社，2021．

卢福营．经济能人治村：中国乡村政治的新模式．学术月刊，2011，43（10）．

卢晖临．村庄的未来：来自田野的观察和思考．学海，2019（1）．

陆学艺．当代中国社会结构．北京：社会科学文献出版社，2010．

陆学艺．内发的村庄．北京：社会科学文献出版社，2001．

陆学艺．“三农”续论：当代中国农业、农村、农民问题研究．重庆：重庆出版集团，重庆出版社，2013．

陆益龙．百年中国农村发展的社会学回眸．中国社会科学，2021（7）．

陆益龙．定性研究方法．北京：中国人民大学出版社，2022．

陆益龙．后乡土中国．北京：商务印书馆，2017．

陆益龙．户籍制度：控制与社会差别．北京：商务印书馆，2003．

陆益龙．农民中国：后乡土社会与新农村建设研究．北京：中国人民大学出版社，2010．

陆益龙．嵌入性政治与村落经济的变迁：安徽小岗村调查．上海：上海人民出版社，2007．

陆益龙．制度、市场与中国农村发展．北京：中国人民大学出版社，2013．

麻国庆．草原生态与蒙古族的民间环境知识．内蒙古社会科学（汉文版），2001（1）．

马克思，恩格斯．马克思恩格斯选集：第1卷．3版．北京：人民出版社，2012．

毛丹．浙江村落共同体的变迁．杭州：浙江大学出版社，2018．

孟德拉斯．农民的终结．李培林，译．北京：中国社会科学出版社，1991．

米格代尔．农民、政治与革命．李玉琪，袁宁，译．北京：中央编译出版社，1996．

缪尔达尔．世界贫困的挑战：世界反贫困大纲．顾朝阳，等译．北京：北京经济学院出版社，1991．

帕森斯．社会行动的结构．张明德，夏遇南，彭刚，译．南京：译林出版社，2003．

潘乃穆，潘乃和．潘光旦文集：第1卷．北京：北京大学出版社，1993.

潘泽泉．转型与发展：当代中国农村贫困问题研究．北京：中国社会科学出版社，2019.

裴宜理，阎小骏．底层社会与抗争性政治．东南学术，2008（3）.

恰亚诺夫．农民经济组织．萧正洪，译．北京：中央编译出版社，1996.

乔启明．中国农村社会经济学．北京：商务印书馆，1946.

秦晖．农民中国：历史反思与现实选择．郑州：河南人民出版社，2003.

渠敬东．坚持结构分析和机制分析相结合的学科视角，处理现代中国社会转型中的大问题．社会学研究，2007（2）.

善峰．梁漱溟社会改造构想研究．济南：山东大学出版社，1996.

沈延生．村政的兴衰与重建．战略与管理，1998（6）.

舒尔茨．改造传统农业．梁小民，译．北京：商务印书馆，1987.

斯科特．农民的道义经济学：东南亚的反叛与生存．程立显，刘建，等译．南京：译林出版社，2001.

斯密．国民财富的性质和原因的研究．郭大力，王亚南，译．北京：商务印书馆，1974.

速水佑次郎．发展经济学：从贫困到富裕．李周，译．北京：社会科学文献出版社，2003.

滕尼斯．共同体与社会：纯粹社会学的基本概念．林荣远，译．北京：商务印书馆，1999.

田北海．以农民需求为导向的农村养老保障制度研究．北京：中国社会科学出版社，2017.

田毅鹏．乡村“过疏化”背景下城乡一体化的两难．浙江学刊，2011（5）.

图海纳．我们能否共同生存？．狄玉明，李平沤，译．北京：商务印书馆，2003.

涂尔干．社会分工论．渠东，译．北京：生活·读书·新知三联书店，2000.

涂尔干．宗教生活的基本形式．上海：上海人民出版社，1999.

托达罗．经济发展．黄卫平，彭刚，等译．北京：中国经济出版社，1999.

王春光．从农业现代化到农业农村现代化：乡村振兴主体性研究．北京：社会科学文献出版社，2021.

王红漫．大国卫生之论：农村卫生枢纽与农民的选择．北京：北京大学出版社，2006.

王沪宁．当代中国村落家族文化：对中国社会现代化的一项探索．上海：上海人民出版社，1991.

王名，刘国翰，何建宇．中国社团改革：从政府选择到社会选择．北京：社会科学文献出版社，2001.

王斯福，赵旭东，孙美娟．什么是村落？．中国农业大学学报（社会科学版），2007（1）.

王跃生．当代中国家庭结构变动分析．中国社会科学，2006（1）.

韦伯．经济与社会．林荣远，译．北京：商务印书馆，1997.

韦伯．儒教与道教．洪天富，译．南京：江苏人民出版社，1995.

温铁军．“三农”问题与制度变迁．北京：中国经济出版社，2009.

邬沧萍．积极应对人口老龄化理论诠释．老龄科学研究，2013，1（1）.

吴重庆，张慧鹏．以农民组织化重建乡村主体性：新时代乡村振兴的基础．中国农业大学学报（社会科学版），2018，35（3）.

徐平．文化的适应和变迁：四川羌村调查．上海：世纪出版集团，上海人民出版社，2006.

徐勇．县政、乡派、村治：乡村治理的结构性转换．江苏社会科学，2002（2）.

徐勇，项继权．村民自治进程中的乡村关系．武汉：华中师范大学出版社，2003.

徐勇．中国农村村民自治．武汉：华中师范大学出版社，1997.

亚历山大．社会学二十讲：二战以来的理论发展．贾春增，董天民，等译．北京：华夏出版社，2000.

阎云翔．礼物的流动：一个中国村庄中的互惠原则与社会网络．上海：上海人民出版社，2000.

阎云翔．私人生活的变革：一个中国村庄里的爱情、家庭与亲密关系：1949～1999. 上海：上海书店出版社，2006.

叶敬忠．发展的故事：幻象的形成与破灭．北京：社会科学文献出版社，2015.

叶青．"文革"时期福建红卫兵"破四旧"运动述略．党史研究与教学，2004 (4).

约翰逊．经济发展中的农业、农村、农民问题．北京：商务印书馆，2004.

张静．基层政权：乡村制度诸问题．上海：世纪出版集团，上海人民出版社，2007.

赵晓峰．新型农民合作社发展的社会机制研究．北京：社会科学文献出版社，2015.

赵旭东．权力与公正：乡土社会的纠纷解决与权威多元．天津：天津古籍出版社，2003.

折晓叶．村庄的再造：一个"超级村庄"的社会变迁．北京：中国社会科学出版社，1997.

郑杭生，李强，李路路，等．当代中国社会结构和社会关系研究．北京：首都师范大学出版社，1997.

郑杭生，王万俊．二十世纪中国的社会学本土化．北京：党建读物出版社，2000.

钟涨宝．农村社会学．北京：高等教育出版社，2019.

周飞舟．从脱贫攻坚到乡村振兴：迈向"家国一体"的国家与农民关系．社会学研究，2021，36 (6).

周其仁．农村变革与中国发展．香港：香港牛津大学出版社，1994.

周星，王铭铭．社会文化人类学讲演集（上、下册）. 天津：天津人民出版社，1997.

周星．乡土生活的逻辑．北京：北京大学出版社，2011.

周雪光．组织社会学十讲．北京：社会科学文献出版社，2003.

周怡．中国第一村：华西村经济转型中的后集体主义．香港：香港牛津大学出版社，2006.

BERG B. Qualitative research methods for the social science. New Jersey: Pearson Education, Inc., 2007.

BURT R S. Structural holes versus network closure as social capital//LIN N, et al. Social capital: a theory of social structure and action. Cambridge: Cambridge University Press, 2001.

GEERTZ C. Agricultural involution: the process of ecological change in indonesia. Berkeley: University of California Press, 1963.

JENKINS R. Social identity. London: Routledge, 2008.

KOTTAK C. Anthropology. New York: McGraw-Hill, Inc., 1994.

LIN N, et al. Social capital: a theory of social structure and action. Cambridge: Cambridge University Press, 2001.

MURPHY R. Social closure: the theory of monopolization and exclusion. Oxford: Oxford University Press, 1988.

NEE V. The emergency of a market society: changing mechanism of stratification in China. American journal of sociology, 1996 (101).

NEUMAN W L. Social research methods: quantitative and qualitative approach. Boston: Allyn and Bacon，Inc.，1994.

OI J C. State and peasant in contemporary China：the political economy of village government. Berkeley：University of California Press，1989.

PARSONS T. The social system. London：Routledge，1991.

POPKIN S. The rational peasant：the political economy of rural society in Vietnam. Berkeley：University of California Press，1979.

RIESSMAN C. Narrative analysis. CA：Sage Publications，Inc.，1993.

SCOTT J C. The moral economy of the peasant：rebellion and subsistence in southeast Asia. New Haven：Yale University Press，1976.

SZELENYI I. Social inequalities under state redistributive economies. Journal of comparative sociology，1978（1）.

WERNER O，SCHOEPLE G. Systematic fieldwork. CA：Sage Publications，1987.

WOLF M. Women and the family in rural Taiwan. Stanford：Stanford University Press，1972.

图书在版编目（CIP）数据

农村社会学 / 陆益龙著. --2 版. --北京：中国人民大学出版社，2024.3
新编 21 世纪社会学系列教材
ISBN 978-7-300-32603-0

Ⅰ.①农… Ⅱ.①陆… Ⅲ.①农村社会学-高等学校-教材 Ⅳ.①C912.82

中国国家版本馆 CIP 数据核字（2024）第 039450 号

新编 21 世纪社会学系列教材
农村社会学（第二版）
陆益龙　著
Nongcun Shehuixue

出版发行	中国人民大学出版社		
社　　址	北京中关村大街 31 号	**邮政编码**	100080
电　　话	010-62511242（总编室）		010-62511770（质管部）
	010-82501766（邮购部）		010-62514148（门市部）
	010-62515195（发行公司）		010-62515275（盗版举报）
网　　址	http://www.crup.com.cn		
经　　销	新华书店		
印　　刷	北京溢漾印刷有限公司	**版　　次**	2019 年 1 月第 1 版
开　　本	787 mm×1092 mm　1/16		2024 年 3 月第 2 版
印　　张	20.25 插页 1	**印　　次**	2024 年 3 月第 1 次印刷
字　　数	419 000	**定　　价**	49.90 元

关联课程教材推荐

书号	书名	作者	定价
978-7-300-20395-9	农村社会学（第三版）	刘豪兴	58.00 元
978-7-300-28794-2	发展社会学	吴忠民 江立华	49.80 元
978-7-300-31633-8	社会问题（第三版）	向德平	59.90 元
978-7-300-30838-8	定性研究方法	陆益龙	49.00 元
978-7-300-31895-0	现代都市人类学	周大鸣	49.00 元

配套教学资源支持

尊敬的老师：

衷心感谢您选择人大版教材！相关的配套教学资源，请到中国人民大学出版社官网（www. crup. com. cn）下载。部分教学资源需要验证您的教师身份后，才可以下载，请您登录出版社官网后，点右上角“注册”，填写“会员中心”的“我的教师认证”项目，等待后台审核。我们将尽快为您开通下载权限。如您急需教学资源或教材样书，也可以直接与我们的编辑联系：

龚洪训　　电话：010-62515637　　电子邮箱：6130616@qq. com

专业教师 QQ 群：

195761402（全国社会学教师 QQ 群）

欢迎您登录浏览人大社网站，了解图书信息，共享教学资源

期待您加入专业教师 QQ 群，开展学术讨论，交流教学心得